학교 교육의 본질에 근접하는

교육정책과
교육행정 탐구

KB140250

학교 교육의 본질에 근접하는

교육정책과
교육행정 탐구

정일화 지음

한국학술정보

책을 펴내며

1985년 교단에 첫발을 내디뎌 비교적 늦깎이로 2007년에 박사 학위를 취득했다. 가르치는 시간을 쪼개 연구를 병행하기는 어려웠지만, 공부하는 데 머물다 보니 지금까지 교육학 전문서 11권과 학술지 논문 15편을 발표하게 되었다. 학교 현장에 뿌리를 내린 교육자이자 연구자로서 이룬 이 결과물은 학교 교육의 본질에 근접하고, 시간이 꽤 흐른 것들도 여전히 유용하다는 생각이 들어 보람을 느낀다. 이 책은 그동안 학술지에 게재된 논문을 엮어 서책의 모습으로 가독성을 높이고자 내용을 축약해 깁고 다듬었다. 책을 내는 것을 기쁘게 선뜻 허락한 논문의 공동 연구자들께 깊은 감사를 드린다.

2021. 1.

청운령 교정에서 정 일 화

차 례

제1부

학교공동체와 인성교육

제1장

학교의 공동사회·이익사회 지향성과 조직헌신[*]

1. 학교공동체의 가치 지향

Tönnies(1957)는 개인의 가치관을 반영한 사회체제를 공동사회 gemeinschaft와 이익사회gesellschaft로 구분하였다. Sergiovanni(1994; 주철 안, 2004 재인용)는 Tönnies의 공동사회를 공동체community와 관련짓 고 이익사회를 사회society와 관련지으며, 이 둘은 항상 상반되거나 고정적이지 않고 집단에 따라 상대적으로 강조되는 가변적인 가치 지향이라고 하였다.

공동체를 이루는 인간이 공동사회와 이익사회 지향성을 복합적 으로 지닌다면, 공동체를 제대로 이해하기 위해서는 어느 지향성 단면보다는 양면의 탐색이 필요하다. 그리고 학교공동체의 가치 지 향성 연구가 현장에 실질적 도움이 되려면 교사의 헌신, 학교 조직 의 건강, 학교 효과성 등의 상관 연구를 통해 학교에 어떠한 영향 을 미치는지 살펴야 한다. Sergiovanni(1994)는 학교의 공동체 규범 은 전문성의 지속 개발과 전문적 이상에 헌신하는 전문직 규범과

---

* 정일화(2009). 학교공동체의 공동사회·이익사회 지향성과 조직헌신도의 관계. 한국교원교육연구, 26(2), 323-244.

상당 부분 일치하고, 교직의 전문적 이상을 수업, 가치 있는 사회 목적, 돌봄과 윤리, 교직 자체에 대한 헌신으로 구성하여 공동체와 헌신의 관계를 고찰하였다.

따라서 이 연구는 초·중등 학교급별로 첫째, 교사-학생, 교사-교사, 교사-교장 관계에서 교사가 지각한 학교공동체의 공동사회와 이익사회 지향의 정도와 차이를 살핀다. 둘째, 교사가 지각한 조직헌신도의 정도와 차이를 살핀다. 셋째, 교사가 지각한 학교공동체의 공동사회와 이익사회 지향성과 조직헌신도의 관계는 어떠한지를 탐구하고자 한다.

2. 학교공동체의 가치 지향성과 조직헌신

학교는 배움의 공동체로서 교육의 본질과 전문적 특성을 중시해야 한다. 효율과 결과를 앞세우면 공동체 의식의 약화로 이어져 학교 본연의 특성을 훼손할 수 있다. 결과에 앞서 좋은 결과를 이끄는 바람직한 동기를 자극할 학교공동체의 가치 지향성과 조직헌신의 관련에 대해 고찰한다.

1) 학교공동체의 공동사회와 이익사회 지향성

공동체적 접근은 공교육이 직면하는 문제점을 해결할 유력한 대안이다(주철안, 2002). 학교가 공동체로 기능하기 위해서는 구성원이 목표와 가치, 규범, 신념, 정체성을 공유하고 조화와 협력의 가능성을 증대해야 한다(김영화, 2005). 학교공동체의 가치가 조직헌신과 조직효과를 상승시키는 방향으로 작용해야 하지만, 공동체에 관한 실증적 연구는 미미한 실정이다(박세훈·이정로, 2005; 정수현, 2003). 최근 교육계의 갈등이 구조적으로 심화하면서 공동체의 정체와 실상에 관한 관심이 높아지고 있다(정영수, 2004: 112).

공동체는 공유된 가치와 규범을 기반으로 형성된 인간관계의 결합체다. 공동체는 지리적 영역, 사회적 상호작용, 공통의 유대라는 세 가지 구성 요소를 지닌다. 공동체를 이루기 위해서는 핵심 가치와 규범 체계의 형성이 전제되어야 한다(정수현, 2003). 공동체를 세분화하면 친족의 공동체, 공간의 공동체, 의식의 공동체로 구분할 수 있다(Sergiovanni, 1994). 의식의 공동체는 공동의 목적, 공유가치, 존재와 행위에 대한 공유 개념에 따라 구성원이 상호 결속하여 나타난다(노종희, 1998).

학교공동체는 공간을 공유하면서 목적, 가치 공유, 존재와 행위에 대한 공감대를 형성하여 결속된 의식의 공동체다. 의식의 공동체라고 하더라도 공유된 가치의 지향에 따라 공동체의 성격이 달라진다. Tönnies의 구분에 의하면 학교는 공동사회에 속하지만, 조직 또는 구성원 간 상대적으로 작용하는 공동사회와 이익사회의 연속선 어딘가에 자리하며, 순수하게 공동사회나 이익사회가 아닌 두 가지 특성을 갖는다(허학도, 2005: 283; Sergiovanni, 1994). 학교가 어느 수준으로 공동사회와 이익사회를 지향하는지는 구성원의 가치 지향, 관계 유형 및 수준 등 조직의 문화에 따라 달라진다. 독특한 조직가치를 갖는 조직체에 대한 이해는 구성원이 공유하는 가치를 분석하면 알 수 있다(박세훈·이정로, 2005).

Parsons(1951)는 공동체 구성원의 관계 형성에 영향을 미치는 변인으로 ① 애정 지향성 대 애정 중립성, ② 집단 지향성 대 개인 지향성, ③ 특수성 대 보편성, ④ 귀속성 대 성취성, ⑤ 확산성 대 한정성을 제시하였다. Sergionvanni(2001)는 ⑥ 본질성 대 수단성, ⑦ 이타적 사랑 대 자아 중심적 사랑의 두 변인을 추가하였고, 공동체는 각각의 상대적 변인이 연속한 선상에서 역학적으로 작용해 공동사회와 이익사회 지향성의 색채를 강하거나 약하게 띤다고 보고, 교사와 학생, 교사와 교사, 교사와 교장 관계에서 가치 지향을 측정하는 질문지를 만들었다. 노종희(1998)는 공동사회 지향성의 관점과 인간관계 측면에서 학교공동체의 형태와 수준을 진단하는 척도를 개발하였다. 구성원의 공동사회와 이익사회 지향성이 복합적으로 작용하는 학교의 특성을 고려한다면, 지향성의 양면을 동시에 살필 필요가 있다.

2) 조직헌신

학교의 사회적 자본은 구성원의 관계, 규범, 기대 같은 형태로 존재하며, 교사의 헌신은 그 핵심이다(김태선·김혜영, 2008). 조직몰입이라는 용어로도 쓰이는 조직헌신organizational commitment은 헌신의 본질을 밝히려는 노력과 대상에 따라 개념의 강조점을 달리하나(신재흡, 2007), 조직 내에서 자신이 맡은 일에 최상의 결과를 얻기 위해 최선을 다하는 것이다. Sergiovanni(2001)는 헌신의 중요성을 강조하며 헌신이 없으면 최선을 다하지 않고 외적으로 보상받는 기본적인 일만 한다고 하였다.

Steers(1977)는 적극적 헌신과 소극적 헌신으로 구분하였다. 적극적 헌신이란 구성원이 조직의 발전을 위해 조직의 목표를 수용하며 구체적으로 노력하는 행동이다. 소극적 헌신은 구성원이 조직에 애착을 갖는 태도 수준에 머무르는 차원이다. 신재흡(2007)은 교직헌신을 확대하기 위해서는 교사의 내재적 만족과 공동체의 규범 확립이 중요한 요소라고 하였다. 학교조직에서 지도자의 리더십이 조직헌신에 영향을 미친다는 연구는 있지만(류윤석, 2006; 신동한, 2008 재인용), 학교의 공동사회와 이익사회 지향성 측면에서 조직헌신과 관련해 조망한 연구는 아직 없다.

이 연구는 Porter, Steers, Mowday, & Boulian(1974)이 제시한, 조직에 대한 구성원의 충성심, 조직 목표 달성을 위해 스스로 노력하는 자발성, 강한 신념에 의한 조직의 가치수용으로 조직헌신을 구분하는 분류를 따랐다. 그 이유는 Buchanan(1974)이 조직에 대해 애착을 느끼는 충성심, 자신에게 부여된 역할 행위에 심리적으로 몰입하는 관여(자발성), 조직의 가치와 목표를 수용하는 동일시(가치수용)로 조직헌신의 구성 요소를 구분하였고, 곽의영(1993; 강경식·김철구, 2007: 7 재인용)은 조직체에 대한 애정인 충성심, 조직의 목표 및 가치관과 관련하여 자기 역할에 집중하는 몰두의 개념(자발성), 개인이 조직의 가치관과 목표를 자신의 것으로 받아들이는 동일시(가치수용)의 개념으로 이를 구분하였기 때문이다. 또한 이는 Porter 등(1974)이 '충성심, 자발성, 가치수용'으로 분류한 것과 일치하며, 조직헌신의 구성 요소를 대표적으로 제시한다는 점에서 이 연구에 적용하였다.

3) 학교공동체의 공동사회·이익사회 지향성과 조직헌신의 관계

학교공동체가 추구할 가치 지향성을 확인하여 학교의 사회적 자본의 핵심인 조직헌신으로 이어져야 한다. 협동체적 관계는 조직헌신과 높은 관련성을 갖는다(Porter et al., 1974). 결속과 유대의 가치를 기반으로 하는 학교공동체는 학업성취도 향상 같은 교육의 효과성 측면에서도 바람직한 결과를 보인다(김범규·주철안, 2006). 하지만 차등성과급 도입처럼 교사의 자율적인 헌신과 장기적 교육의 효과성을 저해하는 이익사회 지향의 교육정책이 전개되고 있다. 성과의 중시와 경쟁의 심화로 인해 학교 교육의 본질적인 기능과 인간관계가 약해지면서, 공동체에 귀속감을 느낄 수 있는 새로운 학교조직의 필요성이 떠오르며 학교공동체 이론이 재조명되고 있다(허학도, 2006; Sergiovanni, 1994).

교사의 공동체 의식과 교직전문성의 지각 간에는 밀접한 관계가 있다(박상준, 2000). 교직의 전문성은 조직헌신의 자발성과 가치수용의 하위 요인인 참여의사, 직무노력 및 직무성과와 관련이 깊다(Steers, 1977). 직무만족이 개인이나 조직의 목표 달성을 위한 구성원의 직업적 관심 또는 열정이면, 이는 조직헌신과 유사한 직무태도와 관계가 있다. 교사와 학생, 교사와 교사, 교사와 교장의 관계 측면에서 교직과 관련한 직무만족 형성 요인을 제시하고 있듯이(Bently & Rempel, 1980), 교사의 인간관계는 직무만족에 영향을 주는 중요한 변인이다. 특히 동료 교사 및 교장과의 관계가 좋을수록 교사의 직무만족이 높아지기 때문에, 교사는 인간적, 사회적, 심리적 면을 배려하는 인간관계를 통해 직무에 만족하고 헌신할 수 있어야 한다(배원식, 2001).

우리나라의 학교공동체에 관한 연구로는 공동사회 지향성에 초점을 맞춘 공동체의 개념과 구축 전략에 관한 제시(노종희, 1998), 학습공동체 또는 가치공동체 측면에서 학교공동체 구축 전략을 모색한 연구(박선형, 2003; 정일환, 2003a), 배움과 돌봄을 위한 학교공동체의 실천 모형 탐색(한대동, 2004), 교육공동체 변화에 관한 연구(박부권·김경근·김영화·이미나·이혜영·심연미·조금주, 2002), 단위학교 교육공동체 구축의 원리와 상황적 조건에 관한 연구(주철안, 2002) 등이 있다. 이 밖에 학교공동체의 개념적 요인과 역할 탐색을 통한 학교공동체의 구성 요건(김영화, 2005), 학교공동체의 개념적 요인 탐색(김범규·주철안, 2006), 학교공동체 구성원의 역할 탐색을 위한 조사연구(허학도, 2006), 학교공동체 사회자본 측정도구 개발(김태선·김혜영, 2008) 등도 있다.

선행 연구는 공동사회의 단일 측면에서 살피거나, 상당 부분은 학교가 공동체로 전환해야 한다는 당위성에 머물러 실증적인 연구로서는 부족하다. 학교의 사회자본이 인간관계와 헌신이 핵심인 것처럼(김태선·김혜영, 2008), 학교급별 공동사회와 이익사회 지향성 및 교사의 조직헌신도의 수준과 차이, 그리고 학교공동체의 가치 지향성과 교사-학생, 교사-교사, 교사-교장 관계 측면에서의 조직헌신도 사이의 관련성을 밝힐 필요가 있다.

3. 학교공동체의 가치 지향성과 조직헌신도의 측정

교사-학생, 교사-교사, 교사-교장 관계에서 교사가 지각한 학교 공동체의 가치 지향성과 조직헌신도의 관계가 어떠한지에 관한 문제를 해결하기 위해, 교사를 대상으로 설문한 결과를 분석하였다. 연구의 개념적 틀은 [그림 1]과 같다.

[그림 1] 연구의 개념적 틀

홍재호(1994)는 효과적인 학교를 나타내는 학업성취를 종속변인으로 할 때, 효과적인 학교를 예언해 주는 주요 변인의 하나로 인간관계를 제시하였다. 학업성취와 연관이 있는 직무성과와 직무노력이 조직헌신의 결과 변수인 것을 고려한다면, 학교공동체의 가치 지향성이 조직헌신에 미치는 영향으로 변인 관계를 설정할 수 있다. 이 연구는 대전광역시교육청의 초·중·고등학교 682명 교사에게 편의표집 방법으로 설문 자료를 배부하였고, 이 가운데 93.7%인 639명이 응답했다. 불성실하다고 분명하게 판단되는 54부를 제하고, <표 1>과 같이 585명의 질문지를 분석하였다.

<표 1> 질문지 배포·회수 및 사용 현황

대 상	배포 부수	회 수		사 용	
		부수	회수율(%)	부수	사용률(%)
전체	682	639	93.7	585	85.8
초등학교	181	172	95.0	153	84.5
중 학 교	260	246	94.6	236	90.8
고등학교	241	221	91.7	196	81.3

* 회수율과 사용률은 배포한 부수에 대해 산출함

　학교공동체 가치 지향성의 측정은 Sergiovanni(2001)의 'Asses sing Organizational and Community Values'를 수정해 사용하였다. 이 측정도구는 교사-학생, 교사-교사, 교사-교장의 세 관계 각각에서 공동사회 지향성을 애정 지향성, 집단 지향성, 특수성, 귀속성, 확산성, 본질성 및 이타적 사랑의 7개 요소로, 이익사회 지향성을 애정 중립성, 개인 지향성, 보편성, 성취성, 한정성, 수단성 및 자아 중심적 사랑의 7개 요소로 구성하였으며, 총 42개 문항으로 이루어져 있다. 본 연구는 측정도구의 타당화를 위해 선형 결합을 가정한 주성분법을 실시하였고, 요인분석의 결과에 따라 <표 2>와 같이 2개 문항을 제외한 40개 문항을 분석하였다.

　교사-학생 관계에서 공동사회 지향성 문항은 .742~.376, 이익사회 지향성 문항은 .739~.247까지 요인별로 분석되었다. 노종희 (1998) 연구의 기준과 동일하게 요인계수 .3 이하 문항은 분석 대상에서 제외했다. 교사-교사 관계에서 공동사회 지향성 문항은 .814~.136, 이익사회 지향성은 .721~179까지 요인별로 분석되었다. 역시 요인계수 .3 이하로 분석된 문항은 제외했다. 교사-교장 관계에서 공동사회 지향성 문항은 .828~.658, 이익사회 지향성은

.731~.543 범위에서 분석되었다.

<표 2> 학교공동체 가치 지향성 요인분석 결과

교사-학생 관계 문항	요 인		교사-교사 관계 문항	요 인		교사-교장 관계 문항	요 인	
	공동	이익		공동	이익		공동	이익
7	.742	-.057	7	.814	-.134	5	.828	-.266
1	.716	.069	6	.740	-.149	3	.817	-.207
3	.669	-.025	5	.732	-.062	7	.807	-.272
4	.636	-.233	1	.723	-.057	4	.796	-.295
2	.606	.308	4	.721	-.017	2	.785	-.114
6	.545	.023	2	.633	.017	6	.748	-.110
5	.376	-.078	10	.286	.179	1	.658	-.231
11	-.082	.739	11	-.145	.721	12	-.245	.731
12	-.227	.716	9	-.052	.716	11	-.223	.707
13	-.131	.658	14	-.050	.714	13	.084	.643
9	.109	.617	12	-.399	.598	10	-.178	.608
10	.119	.547	3	.136	.417	9	-.387	.600
8	.373	.483	13	.264	.355	14	-.299	.572
14	-.202	.247	8	-.281	.348	8	-.471	.543

* 음영 표시는 분석 대상에서 제외된 문항임

　응답자의 생각이나 행동을 고려하여 Likert 5점 척도(5=매우 그렇다, 4=대체로 그렇다, 3=보통이다, 2=그렇지 않다, 1=전혀 그렇지 않다)로 문항에 표시하게 했다. 이 검사의 구성 및 신뢰도는 <표 3>과 같다. 학교공동체의 가치 지향성 가운데 공동사회 지향성 전체 문항의 신뢰도는 Cronbach α 값이 .89로 매우 양호하다. 이는 노종희(1998)가 공동사회 지향 측면에서 살핀 질문지의 신뢰도(.92)와 비슷한 수준이다. 하위 척도는 .73 ~.91로 양호한 편이다.

이익사회 지향성 측정의 전체 문항의 신뢰도는 Cronbach α 값이 .76, 하위 척도는 .64 ~.73으로 양호한 편이다.

<표 3> 학교공동체 가치 지향성 검사의 구성 내용 및 신뢰도

관계	가치 지향	문항 수	Cronbach α
교사-학생		7	.73
교사-교사	공동사회	6	.83
교사-교장		7	.91
	전체	20	.89
교사-학생		6	.71
교사-교사	이익사회	7	.64
교사-교장		7	.80
	전체	20	.78

조직헌신도 측정을 위해 개발한 Porter 등(1974)의 질문지를 김 창걸(1989)이 번역한 것을 사용한 나태순(2002)의 일부 문맥을 수정하고 재구성했다. 기존의 연구는 하위 영역별로 구분해서 15개 문항을 배열하였으나, 본 연구는 조직헌신도 전체에 미치는 영향에 관심을 두고 있어서 하위 영역을 구분하지 않았다. Porter 등(1974) 이 측정한 신뢰도는 .90이고, 정진환·심태은(2005)이 측정한 신뢰도는 .84였다. 이 연구에서 조직헌신도 측정 질문지 전체 문항의 신뢰도는 Cronbach α 값이 .89로 매우 양호하였다.

수집한 자료는 SPSS win 12.0 프로그램을 사용하여 분석하였다. 학교급별로 교사-학생, 교사-교사, 교사-교장 관계에서 교사가 지각한 공동사회 지향성, 이익사회 지향성의 정도와 차이 및 교사가 지각한 조직헌신도의 정도와 차이를 밝히기 위해 일원변량분석을 하였다. 교사가 지각한 공동사회 지향성과 이익사회 지향성이 조직헌신도와 어떠한 관계가 있는지를 밝히기 위해, 학교공동체 가치 지향성의 하위 요인을 독립변인으로, 조직헌신을 종속변인으로 해서 중다회귀분석을 하였다.

4. 학교공동체의 가치 지향성과 조직헌신도의 분석

학교공동체의 공동사회와 이익사회 지향성의 전반적 경향은 <표 4>와 같다. 전반적으로 공동사회와 이익사회 지향성의 전체 상관이 -.167(p<.001)로 유의한 부적 관계를 나타내고 있으나, 상관 정도로 판단하면 두 독립변인 간 공선성의 문제는 크지 않다. 학교공동체 가치 지향성의 하위 변인인 공동사회 지향성의 전체 평균은 3.39다. 이를 하위 요인별로 알아보면, 교사-학생 관계가 3.72로 가장 높았고, 교사-교장 관계는 3.10으로 가장 낮았다. 이익사회 지향성의 전체 평균은 2.74다. 교사-교장 관계가 3.01로 가장 높았고, 교사-교사 관계는 2.57로 가장 낮았다.

학교공동체의 가치 지향성 정도는 공동사회 지향성이 Likert 5점 척도(5=매우 그렇다, 4=대체로 그렇다, 3=보통이다, 2=그렇지 않다, 1=전혀 그렇지 않다)에서 보통보다 높으나 이익사회 지향성은 보통보다 낮게 나타났다. 학교공동체의 가치 지향성은 전반적으로 교사-학생, 교사-교사, 교사-교장 관계에서 공동사회가 이익사회 지향성보다 높았다. 공동사회 지향성은 교사-학생 관계가 가장 높으며, 교사-교사, 교사-교장 관계의 순으로 지각하고 있다. 이익사회 지향성은 교사-교장 관계가 가장 높고, 교사-학생, 교사-교사

관계의 순으로 낮아졌다.

학교공동체는 공동사회 지향성이 이익사회 지향성보다 높으나, 상대적으로 낮은 이익사회 지향성도 함께 작용하였다. 이에 비추어 앞으로 공동사회보다 이익사회 지향성이 우세하게 변할 가능성도 있다. 교사-교장 관계에서 이익사회 지향성은 보통 이상을 약간 상회하였다. 학교공동체는 협동적 학교조직문화를 지향하며, 협동적 지도성은 협동적 학교조직문화의 한 요인이다(정일환, 2003b). 학교공동체의 형성이 교육의 효과성 측면에서 매우 바람직한 결과를 이끄는 것처럼(김범규·주철안, 2006), 공동사회 지향성 측면의 정책이 중시되어야 할 것이다.

<표 4> 학교공동체 가치 지향성의 전반적 경향

관계	가치	평균	표준편차	상관	t값
교사-학생	공동	3.72	.45	-.009	36.388***
	이익	2.65	.54		
교사-교사	공동	3.34	.48	-.115***	26.794***
	이익	2.57	.44		
교사-교장	공동	3.10	.70	-.592***	1.944
	이익	3.01	.57		
공동사회 전체		3.39	.42	-.167***	25.837***
이익사회 전체		2.74	.37		

df 584, *** p<.001

학교공동체의 가치 지향성이 학교급별로 차이가 있는지를 분석한 결과는 <표 5>와 같다. 교사-학생 관계의 공동사회 지향성(F=4.11, p<.01), 이익사회 지향성(F=1.03, p<.001)에서 통계적으로 유의한 차이를 보였다. 교사-학생 관계의 공동사회 지향성의 평균

은 초등학교 3.64, 중학교 3.77, 고등학교 3.74다. 이익사회 지향성의 평균은 초등학교 2.62, 중학교 2.62, 고등학교 2.80이었다. 공동사회 지향성은 중학교, 고등학교, 초등학교의 순서로 지각 정도가 높고, 이익사회 지향성은 고등학교가 가장 높고 중학교와 초등학교는 같은 수준에서 지각하는 것으로 나타났다. 교사-학생 관계의 이익사회 지향성은 고등학교가 중학교와 초등학교보다 높았다.

<표 5> 학교급별 학교공동체 가치 지향성 차이(N=585)

관계	가치	학교급	사례 수	평균	표준편차	F	Scheffé
교사-학생	공동	초등(a)	153	3.64	.45		
		중학(b)	236	3.77	.42	4.11*	b>a*
		고교(c)	196	3.74	.48		
	이익	초등(a)	153	2.62	.61		
		중학(b)	236	2.62	.53	6.14**	c>a* c>b**
		고교(c)	196	2.80	.61		
교사-교사	공동	초등(a)	153	3.34	.51		
		중학(b)	236	3.43	.55	1.33	
		고교(c)	196	3.38	.54		
	이익	초등(a)	153	2.57	.44		
		중학(b)	236	2.50	.42	1.98	
		고교(c)	196	2.58	.48		
교사-교장	공동	초등(a)	153	3.18	.64		
		중학(b)	236	3.05	.72	1.69	
		고교(c)	196	3.10	.70		
	이익	초등(a)	153	2.98	.56		
		중학(b)	236	3.00	.58	.80	
		고교(c)	196	3.05	.56		

* $p<.05$, ** $p<.01$

    교사가 지각한 조직헌신도의 전체 평균은 약 3.44다. 이를 하위 요인별로 알아보면 가치수용이 3.53으로 가장 높고 자발성이 3.36으로 가장 낮았으나, 하위 요인 간 지각 차이는 크지 않았다. 조직헌신도가 학교 배경에 따라 차이가 있는지를 분석한 결과는 <표 6>과 같다. 학교급에 따른 조직헌신도의 지각은 통계적으로 유의한 차이가 없었다. 이 결과는 정진환·심태은(2005)의 연구와 일치한다.

<표 6> 학교급별 조직헌신도 차이(N=585)

구 분	사례 수	평균	표준편차	F	Scheffé
초등학교	153	3.38	.45		
중학교	236	3.43	.52	2.40	
고등학교	196	3.49	.52		

교사가 지각한 학교공동체의 가치 지향성과 조직헌신도의 상관관계를 알아보기 위해 상관분석과 중다회귀분석을 실시한 결과, 공동사회 지향성 전체와 조직헌신도의 상관관계는 .698(p<.001)이었다. 이익사회 지향성 전체와 조직헌신도의 관계는 -.269(p<.001)이었다. 교사-학생, 교사-교사, 교사-교장 관계에서 공동사회 및 이익사회 지향성과 조직헌신도의 세부적인 상관관계는 <표 7>과 같다.

<표 7> 학교공동체 가치 지향성과 조직헌신도의 상관분석

구 분	관계	가치	A1	A2	A3	A4	A5	A6
공동체 지향성	교사-학생	공동(A1)						
		이익(A2)	-.023					
	교사-교사	공동(A3)	.536***	.234***				
		이익(A4)	-.207***	.430***	-.206***			
	교사-교장	공동(A5)	.276***	.203***	.398***	.003		
		이익(A6)	-.098*	.059	-.209***	.299***	-.592***	
조직헌신도			.468***	.124**	.536***	-.193***	.591***	-.466***

N=585, * p<.05, ** p<.01, *** p<.001

공동사회 지향성일 때 조직헌신도 전체와의 상관관계는 교사-학생(r=.468, p<.001), 교사-교사(r=.536, p<.001), 교사-교장(r=.591, p<.001) 관계에서 통계적으로 유의한 정적 상관관계를 보였다. 교사-교장 관계에서 공동사회 지향성과 조직헌신도의 상관관계가 가장 높았다. 이익사회 지향성일 때 조직헌신도 전체에 미치는 영향은 교사-학생(r=.124, p<.01), 교사-교사(r=-.193, p<.001), 교사-교장(r=-.466, p<.001) 관계에서 통계적으로 유의한 상관관계를 보였다. 교사-학생 관계는 정적이나 교사-교사, 교사-교장 관계는 부적인 상관관계로 나타났다. 학교공동체는 공동사회를 지향할 때 조직헌신도가 높고, 이익사회를 지향할 때는 부정적인 영향이 나타난다고 할 수 있다.

학교공동체 가치 지향성의 조직헌신도에 대한 상대적 공헌도를 알아보기 위해 공동사회와 이익사회 지향성을 독립변인으로, 조직헌신도를 종속변인으로 중다회귀분석한 결과는 <표 8>과 같다. 교사-학생(β=.227, p<.001), 교사-교사(β=.228, p<.001), 교사-교장(β=.315, p<.001) 관계에서, 공동사회 지향성일 때 조직헌신도에 정적인 유의한 영향을 주고 있다. 이익사회 지향성일 때 교사-교장(β=-.194, p<.001) 관계에서 조직헌신도에 부적인 유의한 영향을 미친다. 학교의 공동사회, 이익사회 지향성의 조직헌신도 전체 변량에 대한 설명량은 약 52%로 나타났다. 학교장의 리더십 유형과 권한 부여 등 다른 요인이 더해진다면 조직헌신도의 설명량이 높아질 것으로 판단된다. 동료보다 경영주에 대한 신뢰가 조직몰입에 많은 영향을 준다는 연구 결과에 비추면(김왕배·이경용, 2002), 교사-교장 관계에서 신뢰가 높은 공동사회 지향성이 조직헌신을 높

일 수 있을 것이다.

<표 8> 학교공동체 가치 지향성 하위 요인이 조직헌신도에 미치는 영향

종속변인	독립변인		B	β	R^2	Adj. R^2	F
	관계	가치 지향					
조직헌신도	교사-학생	공동	.253	.227***			
		이익	.032	.038			
	교사-교사	공동	.213	.228***	.520	.515	104.53***
		이익	-.066	-.059			
	교사-교장	공동	.228	.315***			
		이익	-.171	-.194***			

*** p<.001

5. 학교공동체 지향성과 교육정책의 방향

학교공동체는 전반적으로 공동사회 지향성이 이익사회 지향성보다 높다. 교사와 학생 관계에서 공동사회 지향성에 대한 지각의 정도가 가장 높다. 다른 관계에 비해 교사-교장 관계에서 이익사회 지향성의 지각 정도가 높은 편이다. 교사-교사 관계의 공동사회 지향성은 다른 관계에 비해 두드러지지 않았다. 정수현(2003)이 교사 간의 관계를 개인주의적 공동체로 밝힌 것의 연장으로 여겨진다. 성공적인 학교를 이루기 위해서는 교사-교사 관계의 공동사회 지향성을 강화하는 정책적 고려가 필요하다.

학교공동체가 공동사회를 지향하면 교사의 조직헌신도가 높아지고, 이익사회를 지향하면 조직헌신도가 낮아진다. 특히 교사와 교장의 관계가 공동사회 지향성일 때 교사의 조직헌신도가 높아지며, 이익사회 지향성이 높아지면 조직헌신도가 낮아진다. 교사의 조직헌신을 높이기 위해서는 교사와 교장 간 인간관계가 공동사회를 지향하는 것이 바람직함을 시사한다.

상사의 지원과 동료의 지원 모두 직접적으로 조직몰입에 정적인 영향을 준다(손경애·고종욱, 2007). 교사와 교사, 교사와 교장 관계에서 공동사회를 지향해 조직헌신을 높이는 정책을 중시해야 한다. 학교는 경쟁보다는 적절한 보상에 초점을 둔 협력 체제에서 개인과 집단의 생산성, 과업 태도, 집단의 다른 구성원에 대한 책임감이 긍정적으로 높아진다(Deutsch, 1985: 196; 정영수, 2004 재인용). 연대, 협력, 인정, 윤리의 정서 등 공동사회 지향성에 초점을 맞추되, 협력 체제 내의 보상 같은 가치 균형적인 정책도 일부 병행할 필요가 있다.

참고문헌

강경식·김철구(2007). 학교장의 감성리더십과 교사의 학교조직몰입과의 관계 연구. 교육행정학연구, 25(4), 1-24.

곽의영(1993). 커뮤니케이션만족에 의한 직무만족과 조직몰입의 증대에 관한 연구. 박사학위논문. 인하대학교.

김범규·주철안(2006). 학교공동체의 개념적 요인 탐색. 지방교육경영, 11, 1-20.

김영화(2005). 공동체로서의 학교: 그 구성 요건. 한국교육, 32(2), 3-29.

김왕배·이경용(2002). 사회자본으로서의 신뢰와 조직몰입. 한국사회학, 36(3), 1-23.

김창걸(1989). 학교조직헌신성과 조직효과성과의 관계 연구. 인하대학교 인문과학연구소 논문집, 15.

김태선·김혜영(2008). 학교공동체용 사회자본 측정도구 개발. 교과교육학연구, 12(3), 957-977.

나태순(2002). 교사 권한부여와 조직헌신도의 관계 연구. 석사학위논문. 충남대학교.

노종희(1998). 학교공동체의 개념적 분석과 그 구축 전략. 교육행정학연구, 16(2), 385-401.

류윤석(2006). 교사가 지각하는 교장의 도덕적 지도성과 교사의 조직헌신도와의 관계. 한국교육, 33(1), 131-152.

박부권·김경근·김영화·이미나·이혜영·심연미·조금주(2002). 교육공동체 변화에 관한 연구-권력집중형 교육공동체로부터 탈중심형 교육공동체로의 이행. 교육정책연구 2002-특-09. 교육인적자원부.

박상준(2000). 학교의 사회적 조직이 교사의 공동체 의식과 조직전문성 지각에 미치는 영향. 석사학위논문. 한양대학교.

박선형(2003). 교육공동체 구축 전략 탐색: 학습공동체. 한국교육행정학회 2003년 연차학술대회 자료집, 105-126.

박세훈·이정로(2005). 학교조직가치와 조직효과성간의 인과모형에 관한 실증적 연구. 교육행정학연구, 23(2), 51-72.

배원식(2001). 학교조직에서 교사의 인간 관계와 직무만족과의 관계 연구. 석사학위논문. 충남대학교.

손경애·고종욱(2007). 교사의 직무스트레스와 직무만족 및 조직몰입의 관계에서 사회적 지원의 조절효과. 교육행정학연구, 25(4), 73-94.

신동한(2008). 학교장의 감성리더십과 교사의 조직헌신도 및 학교조직 효과성 간의 관계. 교육행정학연구, 26(3), 125-149.

신재흡(2007). 도덕적 지도성과 임파워먼트가 교직헌신에 미치는 영향 분석. 교육행정학연구, 25(2), 93-119.

정수현(2003). 교육공동체 개념에 근거한 학교평가의 방향 탐색. 교육행정학연구, 21(2), 205-227.

정영수(2004). 미래지향적 교육공동체 형성의 방향과 과제. 교육행정학연구, 22(1), 111-134.

정일환(2003a). 교육공동체의 유형과 구축전략: 가치공동체. 한국교육행정학회 2003년도 연차학술대회자료집, 131-153.

정일환(2003b). 협동적 학교조직 문화형성에 관한 연구-특성과 요인 분석-. 한국정책과학회보, 7(2), 301-320.

정진환·심태은(2005). 학교장의 자부심(self-esteem)과 교사의 조직헌신도(organizational commitment)와의 상호성. 교육행정학연구, 23(4), 155-173.

주철안 역(2004). 학교공동체 만들기. 에듀케어.

주철안(2002). 단위학교 교육공동체 구축의 원리와 상황적 조건. 교육연구, 12, 45-59.

한대동(2004). '배움'과 '돌봄'을 위한 학교공동체 실천모형 탐색. 2004 효원교육포럼 자료집, 5-18.

허학도(2005). 학교공동체 구성원의 역할에 관한 내용분석 연구. 교육행정학연구, 23(2), 281-302.

허학도(2006). 학교공동체 구성원의 역할 탐색을 위한 조사연구. 수산해양교육연구, 18(3), 364-373.

홍재호(1994). 교사문화와 효과적인 학교의 관계 분석. 박사학위논문. 한국교원대학교.

Bentley, R., & Rempel, A. (1980). *Manual for the Purdue Teacher Opinionnaire West Lafayette.* IN: Purdue University, Centre for Instructional Services.

Buchanan, B. (1974). Building organizational commitment: The socialization of managers in work organizations. *Administrative science quarterly*, 533-546.

Deutsch, M. (1985). Distributive justice: A social-psychological perspective.

Parsons, T. (1951). *The social system.* Glencoe, Ill: Free Press.

Porter, L. W., Steers, R. M., Mowday, R. T., & Boulian, P. V. (1974). Organizational commitment, job satisfaction, and turnover among psychiatric technicians. *Journal of applied psychology, 59(5)*, 603.

Sergiovanni, T. J. (1994). *Building community in schools.* Jossey-Bass.

Sergiovanni, T. J. (2001). *The Principalship: a reflective practice perspective.* Boston: Allyn and Bacon.

Steers, R. M. (1977). Antecedents and outcomes of organizational commitment. *Administrative science quarterly*, 46-56.

Tönnies, F. (1957). *Community and Society.* Harper Collins.

[부록] 학교공동체 지향성과 조직헌신도의 관계 질문지

※ 각 문항을 읽고 본인의 생각과 가장 가까운 곳에 ○ 또는 ∨표를 해주세요.

I. 학교공동체의 교사-학생 관계	전혀 그렇지 않다	그렇지 않다	보통 이다	대체로 그렇다	매우 그렇다
나는 …					
1 우리 학교 학생을 자식처럼 대한다.	1	2	3	4	5
2 우리 학교 전체의 발전과 이익을 위해 학생을 지도한다.	1	2	3	4	5
3 우리 학교 학생의 문제를 처리할 때 개별 상황을 고려해 해결책을 찾는다.	1	2	3	4	5
4 우리 학교 학생의 학업성취와 관계없이 인정하고 사랑한다.	1	2	3	4	5
5 방과 후나 휴일에 개인적으로 우리 학교 학생을 만나고 비공식적 관계를 중시한다.	1	2	3	4	5
6 교과목을 공부할 가치가 있는 지식으로 여겨 우리 학교 학생을 가르친다.	1	2	3	4	5
7 조건 없이 우리 학교 학생을 사랑하며 헌신적으로 가르친다.	1	2	3	4	5
8 객관적 도구를 적용하는 숙련된 기술자처럼 우리 학교 학생을 고객과 같이 대한다.	1	2	3	4	5
9 개인적 발전과 이익을 위해 우리 학교 학생을 지도한다.	1	2	3	4	5
10 우리 학교 학생의 문제를 처리할 때 정해진 일반 규칙에 따른다.	1	2	3	4	5
11 우리 학교 학생의 학업성취 정도에 따라 인정하고 사랑한다.	1	2	3	4	5
12 우리 학교 학생을 직무로 만나는 대상으로 여기고 공식적인 관계를 중시한다.	1	2	3	4	5
13 공부를 명문 대학에 진학하는 수단으로 여겨 우리 학교 학생을 가르친다.	1	2	3	4	5
14 우리 학교 학생을 가르칠 때 그에 따르는 보상을 원한다.	1	2	3	4	5

II. 학교공동체의 교사-교사 관계	전혀 그렇지 않다	그렇지 않다	보통 이다	대체로 그렇다	매우 그렇다
나는 우리 학교 …					
1 교사를 형제자매처럼 대한다.	1	2	3	4	5
2 교육계획을 수립할 때, 학교 발전을 먼저 생각하고 다른 교사와 협조한다.	1	2	3	4	5
3 교사를 특별하고 구체적 기준으로 판단하고, 이런 기준은 교사마다 다르다.	1	2	3	4	5

4 교사를 조건 없이 돕고 존중한다.	1	2	3	4	5
5 교사와 가족처럼 결속되어 있다.	1	2	3	4	5
6 교사를 순수한 마음으로 대한다.	1	2	3	4	5
7 교사를 아무런 조건 없이 사랑하며 돕는다.	1	2	3	4	5
8 교사와 업무상 맺어진 관계다.	1	2	3	4	5
9 교육계획을 수립할 때, 개인적 성취나 영예를 먼저 생각하고 다른 교사와 경쟁한다.	1	2	3	4	5
10 교사를 일반적 기준으로 판단하고, 이런 기준은 모든 교사에게 똑같다.	1	2	3	4	5
11 교사를 상대적 위치와 업무 능력에 따라 차별적으로 협조하고 대한다.	1	2	3	4	5
12 교사를 직무와 관련된 제한적 관계라고 생각한다.	1	2	3	4	5
13 교사를 인간 관리 측면에서 대한다.	1	2	3	4	5
14 교사를 도울 때 그에 따르는 보상을 원한다.	1	2	3	4	5

III. 학교공동체의 교사-교장 관계

우리 학교 교장은 …

	전혀 그렇지 않다	그렇지 않다	보통 이다	대체로 그렇다	매우 그렇다
1 나의 스승이나 부모처럼 여겨진다.	1	2	3	4	5
2 권위가 다소 손상되더라도 최상의 의사결정을 도출하려고 노력한다.	1	2	3	4	5
3 교사의 문제를 대할 때 개별 상황에 적합한 해결책을 찾기 위해 노력한다.	1	2	3	4	5
4 교사를 어떤 조건 없이 동등하게 인정하고 존중한다.	1	2	3	4	5
5 교사를 전인격적인 존재로 여긴다.	1	2	3	4	5
6 교무실 환경을 개선한다면 순수하게 교사의 편익을 위해서 한다.	1	2	3	4	5
7 아무런 조건 없이 교사를 사랑하고 돕는다.	1	2	3	4	5
8 단지 나의 직장 상사로 여겨진다.	1	2	3	4	5
9 권위를 유지하는 의사결정을 고수한다.	1	2	3	4	5
10 교사의 문제를 대할 때 개별 상황을 고려하기보다 규정에 따라 처리한다.	1	2	3	4	5
11 교사를 능력과 조건에 따라 차별해 대한다.	1	2	3	4	5
12 교사의 개별적 역할 및 역할기대에 따라 차별해 대우한다.	1	2	3	4	5
13 교무실 환경을 개선한다면 업무수행을 촉진하기 위한 수단으로 여긴다.	1	2	3	4	5
14 교사를 도울 때 그에 따른 보상을 바란다.	1	2	3	4	5

IV. 조직헌신도

나는 …

	전혀 그렇지 않다	그렇지 않다	보통 이다	대체로 그렇다	매우 그렇다
1 우리 학교가 잘되게 최대한 노력한다.	1	2	3	4	5
2 우리 학교에 재직하고 있다고 타인에게 자신 있게 말한다.	1	2	3	4	5
3 우리 학교에 소속한 것에 보람을 느끼지 못한다.	1	2	3	4	5
4 우리 학교가 근무하기 좋은 곳이라고 주위 사람에게 말한다.	1	2	3	4	5
5 기회가 주어진다면 이 학교가 아닌 다른 학교로 옮기고 싶다.	1	2	3	4	5
6 교사와 관련된 중요한 문제에 대한 우리 학교의 처사에 동의하기 어려울 때가 있다.	1	2	3	4	5
7 이 학교에서 열심히 하고 싶은 마음이 없다.	1	2	3	4	5
8 내가 일할 때 우리 학교는 기분을 좋게 해준다고 생각한다.	1	2	3	4	5
9 우리 학교의 미래를 진심으로 염려하고 잘되기를 바란다.	1	2	3	4	5
10 우리 학교를 위한 일이라면 어떤 업무라도 수락할 용의가 있다.	1	2	3	4	5
11 다른 기관에서 약간의 처우만 개선해 준다면 이 학교를 떠나고 싶다.	1	2	3	4	5
12 이 학교에서 근무하기로 정한 것은 나의 실수였다고 생각한다.	1	2	3	4	5
13 나의 가치관과 우리 학교가 지향하는 교육 목표가 일치한다고 생각한다.	1	2	3	4	5
14 많은 학교 가운데 우리 학교에 근무하는 것이 기쁘다.	1	2	3	4	5
15 내가 근무하기에 우리 학교는 매우 좋은 곳이라고 생각한다.	1	2	3	4	5

제2장
공감과 인성교육[*]

1. 21세기와 인성교육

21세기는 공감의 시대라고 일컬어진다. Rifkin(2009)은 인류는 겪어 보지 못한 새로운 엔트로피entropy의 세상에서 공감 능력의 획득 여부에 따라 개인과 집단의 운명이 결정될 것이라 하였다. 새로운 인간 능력으로서 공감의 등장은 근대와 현대사회를 떠받쳐 온 '이성의 시대'에 대한 근본적인 변혁을 예고한다. '바르게 알면 바르게 행한다.'라는 이성주의적 인성교육에서 '바르게 느껴야 바르게 행한다.'로 인식의 전환이 요구된다.

디지털 문명사회의 도래로 인해 신인류의 등장이라고 말할 정도의 미증유의 변화 속에서, 인성교육의 대안을 구성하는 공감에 대한 탐색이 필요하다. 최근 인간성이 피폐한 듯한 청소년의 잘못된 행동이 심각한 사회 문제로 부각하면서, 인성교육에 관한 논의도 기존의 인지적 요소와 더불어 정의적, 감성적 인성 요소를 제시하는 패러다임의 변화를 보인다. 인문적 소양, 예술과 체육활동, 체험

---

* 천세영 · 김수아 · 교신저자정일화(2015). 공감기반 인성교육의 필요성과 방향 탐색. 교육연구논총, 36(3), 221-244.

을 통한 실천 중심의 인성교육에 초점을 맞춰 '함께 느낀다feeling with'는 의미의 '동감同感', '감성sympathy' 교육을 강화할 필요성이 대두되고 있다.

이런 변화의 노력으로 2015년 시행된 「인성교육진흥법」은 인성교육의 7대 덕목으로 예禮, 효孝, 정직, 책임, 존중, 배려, 소통, 협동을 제시했으나, 마음가짐과 사람됨과 관련한 시민적 가치와 덕목의 나열로 기존 도덕교육의 한계를 벗어나지 못한 측면이 있다. 인성교육 패러다임의 변환기를 맞이하여 도덕적 덕목의 인지 혹은 단순히 감성과 같은 정의적 차원의 어느 하나에 머물기보다, 다양한 인성 요소를 포괄해서 구현할 수 있는 '핵심 능력'은 무엇인지에 대한 탐구가 필요하다.

이 연구는 Rifkin이 언급한 공감을 인류 생존의 '핵심 능력'으로 여겨 공감과 공감교육이 인성과 인성교육의 논의 구조에 어떻게 수용될 수 있는지를 찾아가는 관점에서 탐구하고자 한다. 이를 위해 전통적인 인성과 인성교육에 대해 동양과 서양의 조류를 고찰하고, 우리 교육의 인성과 인성교육의 현재를 돌아보고, 공감과 공감교육에 대한 수용을 제안하고자 한다. 다만 공감 기반 인성교육은 기존 해오던 인성교육을 대체하는 논의가 아닌 보완적 제안으로 수용되기를 바란다.

2. 인성과 인성교육

인성은 무엇이고 인성교육은 가능한 일인가에 대한 의견은 분분하다. 하지만 '사람은 가장 미성숙한 상태로 태어나 부모 등 주변인의 도움을 받아 성장해서 다른 사람과 더불어 살아가는 존재'라는 점에는 이의가 없을 것이다. 이런 면에서 인성교육은 사람이 서로 도우며 함께 살아갈 능력을 길러주는 가르침이라고 할 수 있다.

1) 인성의 개념 및 핵심 가치

인간 본성으로 포괄해 말할 수 있는 인성과 이에 따르는 인성교육은 다양하게 해석되기 때문에 고정된 의미로 공유되지 않는다(강선보·박의수·김귀성·송순재·정윤경·김영래·고미숙, 2008; 진미정·이현아·서현석, 2014 재인용). 인성 개념은 성품, 인품, 심성, 인격, 사람됨, 전인성, 도덕성 등 대체로 추상적으로 사용된다. 학문 분야마다 차이가 있고, 인성에 대한 관점에 따라 인성교육의 이론도 다르게 전개된다.

인성人性은 사람의 타고난 성품, 천성, 성질로 설명된다(홍석영, 2013). 미국 심리학계는 인성, 인격, 성격으로 번역되는 character와 personality를 혼용하다가, 최근에 도덕이나 윤리적 의미를 띠는 character보다 개성을 강조하는 personality를 사용하는 경향이 있다 (Jung, 2009; 진미정 등, 2014 재인용). 우리나라에서는 대체로 personality를 인성과 성격을 포괄하는 개념으로 쓰는 편이다.

<표 1>과 같이 인성의 개념과 정의는 학자에 따라 다양하다. 개성과 성격 등 개인의 심리 특성을 강조하거나, 인간성과 사람됨

그리고 도덕성을 강조하기도 한다. 의도적 교육이나 학습으로 습득하거나 변화가 가능한 인간의 성품(조난심·문용린·이명준·김현수·김현지·이우용, 2004), 또는 핵심 가치의 인식, 책임 있는 의사결정, 도덕성, 사회인식, 대인관계, 공감, 사회성, 자기인식, 자기관리, 긍정, 감성으로 인성 개념을 구분하기도 한다(천세영·김왕준·성기옥·정일화·김수아, 2012).

<표 1> 다양한 인성 개념 및 정의

학자	내용
조난심 등(2004)	의도적 교육이나 학습으로 습득하거나 변화가 가능한 인간의 성품
Lickona & Davidson(2005)	정직, 정의 등의 도덕적 인성과 인내심, 용기 등의 행동적 인성
미국 교육부 (2007, 2008)	존중, 공정성, 보살핌 등의 도덕적, 윤리적 가치와 책임감, 신뢰, 시민성 등의 개념. 개인과 집단의 정서적, 지적, 도덕적 자질의 친사회적 행동 발현
조연순 등(1998)	자신의 내면적 요구와 사회 환경적 필요를 지혜롭게 잘 조화시켜 세상에 유익한 영향을 미치는 인간의 특성
현주 등(2009)	긍정적이고 건전한 개인의 삶과 사회적 삶을 위한 심리적, 행동적 특성
2009 개정 교육과정(2011)	도덕 교과의 존중, 책임, 정의, 배려, 자율, 성실, 절제, 효도, 예절, 협동, 준법, 공익, 애국심, 통일의지, 인류애, 자연애, 생명존중, 평화
이명준 등(2011)	개인(자기, 타인)과 집단(사회, 인류 자연 생명)에 따른 6덕(존중, 배려, 책임, 신뢰성, 정의, 시민성)의 구체화
천세영 등(2012)	책임 있는 의사결정, 정직, 책임 등의 도덕성, 사회인식, 대인관계, 공감, 소통 등의 사회성, 자기인식, 자기관리, 긍정, 자율 등의 감성

* 손경원·정창우(2014: 31), 차성현(2012: 8), 천세영 등(2012: 41), 홍석영(2013: 189)의 개념을 발췌

미국의 인성교육 파트너십Partnership in Character Education은 인성의 개념을 배려, 시민성, 정의와 공정, 존경, 책임, 신뢰성, 베풂 등으로 제시하였다(이명준·진의남·서민철, 2011). Josephson(2002)은 신뢰, 존경, 책임감, 공정, 돌봄과 배려, 시민의식을 인성 요소로 제시하였다(차성현, 2012; 천세영 등, 2012). 이와 같은 인성의 가치와 덕

목은 <표 2>처럼 개인적 요소와 사회적 요소로 나눌 수 있다.

<표 2> 인성의 가치와 덕목 분류

출처(연구)	영 역		
	개인	타인 및 사회	
강선보 등 (2008)	· 전인성 · 도덕성 · 영성 · 생명성 · 창의성	· 관계성 · 민주시민성	
이명준 등 (2011)	· 자기이해, 자기존중 · 자기애, 자기계발 · 성실, 절제 · 진정성, 일관성 · 규칙 준수	· 포용, 수용, 용서, 이해심, 공감, 황금률, 공손, 공경, 예절 · 친절, 호의, 자선, 이타성 · 양육, 폐 안 끼치기 · 정직, 진실, 진솔, 신뢰 · 합리	· 관용, 다문화 · 협력, 협동 · 역할 충실, 충성 · 공동체 신의 · 자유, 평등
Josephson (2002)	· 신뢰: 정직, 성실, 성실 · 존경	· 책임감 · 돌봄 · 배려 · 공정 · 시민의식	
김숙자 · 박지수 (2013)	· 내면적 자아: 자기이해, 자기존중 등 · 외현적 자아: 용기, 인내 등	· 대인관계: 예절, 친절, 신뢰, 관용, 타 인존중, 친사회성, 배려, 우정, 사랑	· 민족성: 애국심, 전통존중 · 세계시민성: 인류애, 타문화존중, 지속가능성
교육부 (2013)	· (나) 정직 · 책임	· (우리) 존중 · 배려 · 공감	· (사회) 소통 · 협동

* 김숙자 · 박지수(2013), 이명준 등(2011: 27), 차성현(2012: 8), 천세영 등(2012: 47)의 연구에서 발췌

그동안 인성의 요소를 개인적 요소와 사회적 요소로 구분해 정의 하는 경우가 많았지만, 학교폭력과 자살의 문제가 사회적으로 심각 해지면서 정직, 배려, 책임, 절제, 존중, 용기 같은 인성 요소가 제 시되고 있다(이철주, 2014). 인성의 요소는 인류의 보편적 가치와 덕목을 포함하지만, 개인의 인성은 타인과의 관계에서 발현되기 때 문에 사회의 당면한 문제 상황, 중핵적 가치, 시대적 요구에 따라

강조되는 내용이 달라질 수 있다(천세영 등, 2012). 인류는 타인과의 소통과 협력이 더욱 중요한 디지털 문명 시대에 접어들었다. 혼자서는 살 수 없는 인간의 본성과 시대의 변화에 비추어, 더불어 살아가는 존재로서 지녀야 할 성질과 역량이 보다 강화되어야 할 인성 요소라고 할 것이다.

2) 인성교육의 관점

인성교육의 개념 정립은 인성교육의 목적이나 본질을 보다 명확하게 한다. 유가적 관점에서 인성은 심心, 성性, 정情, 의意를 포함한 지적, 정의적 능력, 도덕성을 아우르는 개념이다. 사람됨의 바탕을 이루는 품성을 하늘의 이치인 인의예지仁義禮智에 합당하게 형성하는 것을 인성교육으로 본다. 도가적 관점에서 인성은 정精, 기氣, 신神을 포함하는 개념으로 인위人爲를 가하지 않은 인간의 본원적 자연성을 말한다(정창우, 2010). 불교도 인간 본연의 성품인 불성佛性의 회복을 목표한다는 점에서는 도가와 일맥상통한다. 이처럼 유교, 도교, 불교는 인간의 본성을 외부에서 주어지는 것이 아닌 타고나 내재하는 것으로 바라본다는 점에서 공통된다(강선보 등, 2008).

플라톤은 인간의 본질을 비물질적인 불멸의 영혼으로 보았다. 인성교육은 영혼의 자기 응시를 통해 존재 인식인 이데아를 상기하고, 이데아에 따라 개인적 삶과 사회 질서를 형성하게 이끄는 활동인 파이데이아paideia를 뜻한다. 아리스토텔레스는 영혼과 육체가 결합한 '현세적 인간'에 관심을 두고, 자연, 이성, 습관이 조화를 이룰 때 인성교육은 성공한다고 보았다. 칸트의 인성교육은 감성의 속박에서 벗어나 이성의 자발성과 인격을 실현하게 하는 것이다(강선보 등, 2008). 이런 전통적 인성교육의 입장은 도덕교육을 포함하는 학교 교육에 영향을 주었다(Lickona, 1993).

동양의 관점은 내재한 인성을 중시하여 자기계발, 깨달음, 수양과 같은 내면의 근본적 변화에 주안점을 둔다. 서양 철학의 관점은 인성을 단지 천부적이거나 개인의 문제가 아닌 상황과 맥락, 사회적 조건의 관계에서 살펴야 하는 것으로 보고, 공동체 내에서 실천을 통해 발현됨을 강조한다(강선보 등, 2008). 인간의 본성은 태어날 때 이미 주어진 것이 아니라 교육과 학습을 통해서 끊임없이 발달하고 성취할 대상으로서(장성모, 1996), 동양과 서양의 관점은 다르지만 '인성교육의 가능성'은 일치한다.

3) 인성교육의 한계

인성교육의 가능성은 열려 있다. 그렇다면 인성을 어떻게 가르치고 기를 것인가? 우리는 전통적으로 충과 효를 근본으로 오덕五德인 인의예지신仁義禮智信을 중시했다. 협동 노동을 통해 공동체 의식을 북돋는 '두레' 정신은 인성교육이 자연스럽게 승화된 실천 사례다. 권선징악과 상부상조를 지향하는 향약은 공동체가 함께하는 인성교육의 표본이다. 우리 조상은 개인의 지知, 정情, 의意, 체體를 변화시켜 올바른 인간관계를 형성하는 품성 교육을 했다(천세영 등, 2012).

근대에 들어서도 인성교육은 학교 교육에서 중요하게 여겨졌다. 학교의 도덕교육은 학생이 자신을 이해하고 일상생활에 필요한 규범과 예절을 익히며 시민의 삶을 살아가는 데 도움이 되는 내용으로 구성되었다(김명진, 2007). 인성교육에 대한 우리의 오랜 사상이 서구의 입장과 만나면서, 인성교육의 방법으로 내용 중심의 주지주의적 도덕교육이 학교에 도입되었다(조연순 등, 1998). 그런데 도덕적 행위 및 실천과는 따로 떨어진 도덕적 사고나 지적 판단을 강조하여 지행합일知行合一에는 이르지 못하고 있다(장성모, 1996).

인성교육에 대한 사회의 요구가 높아지면서 모든 교과 활동에서 인성교육이 강조되고 있다(조연순 등, 1998). 종래의 관점과 다른 대안적인 시각에서 체험하고 실천하는 인성교육 방안이 모색되고 있다. 전통을 바탕으로 현대에서 강화될 인성 요소는 무엇인지 새로운 관점에서 생각하면서, 제대로 가르칠 방법적 접근의 고민이 필요하다. 그 대안의 하나로 '공감'을 중시하는 인성교육을 고려할 수 있다.

3. 공감의 개념과 공감 기반 인성교육의 필요성

공감을 기반으로 하는 인성교육은 이성理性교육의 부작용을 치유하는 감성感性교육 패러다임의 핵심이다. 세기적 변화에 부응하는 인성교육의 방향을 제시하고자 인성교육의 한 가지 덕목이 아닌, 다른 덕목을 포괄하는 핵심 능력으로서의 '공감'을 제시한다.

1) 공감의 개념

Mead(1934)는 공감을 사회적 상호작용을 촉진하는 요소로 가정하고, 타인의 역할을 수용하고 대안적 관점을 채택하는 능력을 갖추면 타인의 행동을 예측할 수 있다고 했다. Piaget(1932)은 자아중심성을 극복해야 타인의 관점을 수용하는 공감 능력이 발휘된다고 보고, 역할 수용과 관점 수용의 능력을 공감의 인지적 요소로 들었다. 즉 타인의 관점과 역할을 정확히 아는 능력을 공감의 핵심으로 정의했다(신경일, 1994).

Freud(1961)는 공감을 인지$_{cognition}$가 아닌 '정서적 공유', Hoffman(1982)은 다른 사람이 처한 상황에 부합하는 '정서적 반응'으로 보았다. 또한 Lipps(1903)는 공감의 최종 결과를 '공유된 느낌'으로 보았다. 이처럼 공감은 타인의 감정과 느낌에 대한 정서 반응으로서, 공감 대상자의 감정과 부합하거나 그것을 대리하는 것이다(박성희, 2004). 최근에는 공감을 인지와 정서적 요소가 모두 통합된 내적 과정으로 정의하기도 한다(김혜리·정명숙·손정우·박민·엄진섭·문은옥·천영운·최현숙·이수미, 2013).

상담과 심리치료 관점에서 상담자의 의사소통 요인을 강조한 입장이 Truax & Carkhuff(1967) 이후 계속되었다. 이들은 공감을 내담자의 현재 감정에 민감하고 내담자의 감정에 맞춘 언어로써 의사소통하는 능력으로 보았다(신경일, 1994). 공감하는 행위는 타인의 내면세계를 이해하고, 이를 정확하고 민감하게 전달할 때 완성된다(박성희, 2004).

Kunyk & Olson(2001)은 공감을 인간 본성, 전문적 특성, 의사소통 과정, 돌봄, 특별한 관계로 개념화하였다. 의사소통 과정의 공감은 상담자가 내담자의 감정과 상태를 이해하고 수용, 표현하는 과정에서 공감하여 내담자가 상담자의 이해를 인지하는 것이다. Barrett-Lennard(1981)는 공감에는 인지적, 정서적, 의사전달의 흐름이 내포되어 단일 차원으로 이해하면 무리가 따른다고 하였다. 이를 강조한 학자들은 <표 3>과 같다.

<표 3> 의사소통 과정으로서의 공감

구분 학자	1단계	2단계	3단계
Barrett-Lennard(1981)	공감적 경험	표현된 공감	지각된 공감
La Monica(1981)	도우미의 지각	도우미의 의사소통	고객의 지각
Olson(1995)	간호사의 인식	간호사의 공감 표현	환자의 공감 표현
Wheeler(1995)	공감 공명	공감 표현	공감 인식

* Kunyk & Olson(2001). Clarification of conceptualizations of empathy. *Journal of Advanced Nursing,*
35(3), 317-325.

공감은 상대의 주관을 정신적으로 의태擬態하는 역량이다. '의태이
론theory of simulation'에 따르면 상대의 관점을 모사模寫하여 상대의 행동
을 이해하고 예측하게 된다(Slaby, 2014). Hoffman(2000)은 공감적
고통은 동정적 고통이나 연민의 감정으로 전환될 수 있다고 보았다
(김태훈, 2015). 배려는 '나 이외 대상의 건강과 안녕의 회복과 지속
을 위해 나의 마음과 물질을 나누는 일'이다. 배려가 가능하기 위해
서는 타인의 정서에 공감하는 능력이 필요하다. 배려는 인간의 공감
능력이 사회적 관계에서 도덕적으로 실현된 상태다(조석환, 2014).
공감의 요소인 의사소통 측면에서는 '관계 형성'이 중요하다. 이처
럼 공감은 인간의 도덕적 정서 발달, 사회적 관계의 기초로서 배려,
정의 등의 인성 요소를 구현하는 기제로 작용한다. 따라서 '공감 능
력'은 실천 중심 인성교육에서 핵심 덕목 가운데 하나로 제시된 다
른 개념들을 포괄하는 폭넓은 인성 개념이라고 할 수 있다.

2) 공감 기반 인성교육의 필요성

더불어 사는 행복한 공동체를 이루기 위해서 인간은 유대감을 지향하는 존재, 타인의 아픔을 자신의 아픔으로 느끼는 이타적 존재인 '공감형 인간Homo Empathicus'이어야 한다(Rifkin, 2009). 아리스토텔레스는 인간은 공동체 안에서 함께 살 때 행복하다고 하였고, 키에르케고르는 행복의 90%는 인간관계에 달렸다고 하였다. 이런 인간의 본성에 비추어 인성교육의 핵심은 다른 사람과 더불어 사는 공감 능력으로 귀결된다(천세영 등, 2012).

대한소아청소년정신의학회는 학교폭력의 현상은 공감 능력의 결핍 때문이라고 지적한다(천세영 등, 2012). 비행 청소년은 다른 청소년에 비해 공감 수준이 낮다(Ellis, 1982; 김혜리 등, 2013 재인용). 청소년의 범죄율은 높아지고 범죄를 저지르는 나이는 낮아지면서 타인과 더불어 살아가는 데 필요한 공감 능력이 인성교육의 핵심이어야 한다는 목소리가 높다(김숙자, 박지수, 2013).

멀티미디어 소통 시대에 호모 모빌리쿠스Homo Mobilicus가 등장하였다(김성도, 2009). 사이버 공간으로 생활의 차원이 넓혀지고 있지만, 인간관계의 소외와 고립은 깊어지고 있다. 바로 앞사람과는 데면데면하나 가상 공간의 존재와는 적극적으로 소통하는 부조리한 인간관계의 양태樣態를 보인다. 사이버 유목민으로 방황하다 극단적으로 '외로운 늑대lone wolf'라고 불리는 테러리스트가 되기도 한다. 우리는 인간의 화해reconciliation와 연대solidarity의 바탕인 세상과 소통하는 법을 학생들에게 가르쳐야 하는 지점에 직면해 있고, 이 소통의 토대는 곧 공감이다.

인간을 인간답게 하는 기본적인 소통의 단위는 맹자의 측은지심

惻隱之心과 맥이 통하는 능력인 타인과 정서를 공유하는 공감이다. 공감 능력의 결핍은 소통의 단절을 불러온다. 악의 근원에는 '공감 상실'이 자리한다. 타인에 대한 공감의 결여는 '다름'을 혐오하여 인간적 동질감을 망각하게 한다(김언주, 2014). 한상연(2013)은 올바름이란 언제나 공감을 전제로 하고, 타인과 초월적 관계로 연결된 자기를 이해해야 한다고 하였다. 자아-타인의 차이를 명료화하지 않으면, 자아 인식을 놓친 채 상대의 경험에 얽히게 되고, 우리의 상상적 과정이 자아 관점에 의해 오염되어 상대의 경험을 모사하지 못하는 의태에 빠지게 된다(Coplan & Goldie, 2011; Slaby, 2014 재인용).

자아와 타인에 대한 이해는 스스로 해결하기 어려운 영역으로 교육의 도움이 필요하다. Knafo, Zahn-Waxler, Hulle, & Rhee(2008)는 409쌍 쌍둥이의 공감지수를 비교하였는데, 특성 변인 가운데 40%는 유전적 원인, 나머지는 환경적 원인이었다. 유전적 변인이 공감 역량을 향상하더라도 교육과 같은 사회적 환경이 더 중요한 방식으로 공감 역량의 증진에 기여한다(Belzung, 2014). 의사소통 과정의 공감은 이전에 개념화된 공감 개념과 더불어 사람의 감정 표현에 도움을 주는 학습된 공감을 포함한다(Kunyk & Olson, 2001). 이런 점에 비추면 교육을 통해 공감 역량을 증진할 수 있다.

공감은 자아를 상실하지 않은 상태로 타인을 이해하는 진정한 소통의 다리가 된다(김언주, 2014). 공감 능력을 갖추려면 먼저 다른 사람의 마음을 이해해야 하고, 이를 가능하게 하는 것은 다른 사람의 행동 의도를 이해하는 능력이다(Gordon, 2009). 공감 능력은 타인의 의도와 감정을 파악하게 함으로써 타인에 대한 이해를 증가시켜 결과적으로 개인의 사회적 발달과 친사회적 행동 발달에 중요한 역할을 한다(Eisenberg & Fabes, 1994; 박성희, 1998; 김연희, 2015 재인용).

공감은 단순히 인지적으로 판단하고 정서적으로 이해하는 데 그치지 않는다. 여러 인성 요소를 포괄하는 개념인 공감을 바탕으로 다른 인성 요소의 역량을 기를 수 있어야 한다. 공감은 대인관계를 형성하는 바탕이 된다(박성희, 1994; 김연희, 2015 재인용). 인간관계는 공감과 소통, 함께 어울려 살아가는 능력의 문제이다. 공감 능력을 길러 소통해야 하고, 소통능력을 기르면 더불어 사는 능력이 함양될 것이다(천세영 등, 2012). 학습을 통해 공감 능력이 길러질 가능성의 측면에서 '공감 기반 인성교육'의 필요성을 들 수 있다.

4. 공감 기반 인성교육의 방향

현대사회에서 강조될 인성 요소와 방법에 대한 새로운 조명이 필요하다. 인성을 외재적 가치의 '수단'으로 개념화하면 지향하는 인간 모습과 교육 활동의 방향을 상실할 가능성이 있다(장성모, 1996). Tough(2013)는 인성교육이 윤리와 사회 규범의 도덕교육에 치중되어 있다고 비판하며, 비인지적 역량의 수행적 교육으로 전환할 것을 주장한다(김태준·백성희·홍영란·류성창·장근영, 2014). 인성교육의 최종 목적은 행동의 변화로 모든 교육적 노력은 행동을 목표로 해야 한다(홍석영, 2013). 공감 기반의 인성교육이 이루어지기 위해서는 다음의 사항이 고려되어야 한다.

첫째, 공감 능력과 다른 인성 요소와의 개념적 관계성을 명료하게 해야 한다. 최근의 인성 개념에 관한 논의는 대체로 그것이 미래 사회의 성공적인 삶을 영위하는 데 필요한 핵심역량임을 강조한다. 강조되는 역량에는 공감, 소통, 대인관계, 자기관리 능력이 포함된다(이철주, 2014). 이 가운데 공감 능력과 다른 인성 요소와의 개념적 관계성을 논의할 필요가 있다.

둘째, 공감을 기반으로 소통, 체험, 실천 중심의 인성교육 재구조화가 필요하다. 인간관계 영역에서 공감에 관한 관심이 폭넓게 확산하고 있다(박성희, 2004; 김연희, 2015 재인용). 인간관계는 함께 어울려 살아가는 능력의 문제다. 서로 어울리는 체험과 실천 중심의 교육 활동을 통해, 공감 역량의 중요한 기반인 소통능력을 함양해야 한다.

셋째, 실제 의사소통에서는 비언어적 반응이 중요하다(박성희, 2004). 타인을 이해하는 데는 정서적 면과 더불어 인지적 사고도 작용한다. 그리고 이해한 바는 언어뿐 아니라 비언어적 표현으로 표출되는 특성이 있다. 인지와 정서, 언어와 비언어적 표현을 통합하는 측면의 인성교육이 필요하다.

넷째, 새로운 디지털 소통 방식을 수용해야 한다. 디지털 문명은 말과 글의 차원을 넘어 이미지와 영상 등 다양한 멀티미디어가 통합된 모습으로 발전하며, 교육방법의 획기적 변화를 추동한다. 디지털 소통은 가상 세계의 부작용으로 나타나는 몰입정을 극복하는 공감 능력의 향상 측면에서 다루어져야 한다.

다섯째, 예체능 교과를 통해 공감 역량을 함양하는 교육과정이 필요하다. Karen Malpede는 "예술은 감성의 상실에 반대하는 무기"라고 했다(김언주, 2014). 영상, SNS_{Social Network Service}, 연극, 스토리텔링 등을 활용하는 교육과정이 필요하다.

마지막으로, 인성교육은 생활의 모든 장면에서 기능해야 한다. 함께하는 교육의 모범적 전형은 부자유친_{父子有親}과 사제동행_{師弟同行}이다. 인성교육을 위한 학교의 노력은 가정과 사회 등 공동체와 함께 이루어져야 한다. 이는 인성교육의 성패를 좌우하는 결정적 변수다(박병기·차우규·김국현·손경원·이재호, 2011; 차경명, 2013 재인용).

공감이 인간 능력이나 품성의 요소가 된다는 것은 근대와 현대사회를 떠받쳐온 '이성의 시대'에 대한 근본적인 변혁을 예고한다. '바르게 알면 바르게 행한다.'의 전통적 인성교육에서 '바르게 공감해야 바르게 행한다.'라는 패러다임으로 변해야 한다. 인성교육의 대안을 구성할 때 무엇보다 공감에 대한 근본적인 검토를 우선해야 할 것이다.

참고문헌

강선보·박의수·김귀성·송순재·정윤경·김영래·고미숙(2008). 21세기 인성교육의 방향설정을 위한 이론적 기초 연구. 교육문제연구, 30, 1-38.

교육부(2009). 2009 개정 교육과정.

교육부(2013). 인성교육강화기본계획(안).

김명진(2007). 도덕과 교육을 통한 인성교육의 방법 연구. 윤리교육연구, 14, 181-206.

김성도(2009). 디지털 문명의 인문적 성찰. 2009 디지털 리더스 포럼 & 아이디어 통섭전. www.seri.org/kz/kzBndbV.html?no=84670에서 2015. 04. 12 인출.

김숙자·박지수(2013). 한국과 프랑스 유치원 교육과정에 나타난 유아 인성 관련 교육내용비교. 유아교육학논집, 17(1), 31-56.

김언주(2014). 현대미술에 나타난 공감 상실과 타자의 표현에 대한 연구 : M. 셸러와 E. 레비나스의 철학과 연구자의 작품을 접목하여. 박사학위논문. 홍익대학교.

김연희(2015). 순환적 공감모형에 기초한 유아인성교육 프로그램 구성 및 적용 효과. 박사학위논문. 성신여자대학교.

김태준·백성희·홍영란·류성창·장근영(2014). 21세기 글로벌 교육개혁 동향 분석 연구(Ⅱ): 비인지적 역량 개발을 통한 창의인성교육 국제비교. RR 2014-15. 한국교육개발원.

김태훈(2015). 공감(Empathy)에 관한 연구. 초등도덕교육, 47, 1-28.

김혜리·정명숙·손정우·박민·엄진섭·문은옥·천영운·최현숙·이수미(2013). 아동의 인지적·정서적 공감 능력과 사회적 행동 간의 관계. 한국심리학회지: 발달, 26(1), 255-275.

박병기·차우규·김국현·손경원·이재호(2011). 도덕수업을 활용하여 초등학교 인성교육 살리기. 인간사랑.

박성희(1994). 공감과 친사회행동. 문음사.

박성희(1998). 친사회행동의 형성 기제와 결정 과정에 관한 연구. 초등교육연구, 2(12), 29-45.

박성희(2004). 공감학. 학지사.

손경원·정창우(2014). 초·중·고 학생들의 인성 실태 분석 및 인성교육 개선 방안 연구. 윤리교육연구, 33, 27-52.

신경일(1994). 공감의 인지적, 정서적 요소 및 표현적 요소 간의 관계. 부산대학교 학생생활연구소 연구보, 29, 1-37.

이명준·진의남·서민철(2011). 교과교육과 창의적 체험활동을 통한 인성교육 활성화 방안. RRC 2011-7-1. 한국교육과정평가원.

이철주(2014). 실천지향의 인성 개념 탐구. 윤리교육연구, 34, 317-337.

장성모(1996). 인성의 개념과 인성교육. 초등교육연구, 10, 5-18.

정창우(2010). 인성 교육에 대한 성찰과 도덕과 교육의 지향. 윤리연구, 77, 1-33.

조난심·문용린·이명준·김levels수·김현지·이우용(2004). 인성평가 척도 개발을 위한 기초 연구. CRC 2004-4-14. 한국교육과정평가원.

조석환(2014). 도덕적 정서 교육의 체계화 연구. 박사학위논문. 서울대학교.

조연순·김아영·임현식·신동주·조아미·김인전(1998). 정의교육과 인성교육 구현을 위한 기초 연구 1 : 철학적 심리학적 접근에 기초한 인성교육의 구성요소 탐색. 교육과학연구, 28(1), 131-152.

진미정 · 이현아 · 서현석(2014). 인성개념에 대한 부모의 인식과 가정 내 인성교육에 관한 연구. 한국가정관리학회지, 32(3), 85-97.

차경명(2013). 인성교육 개념의 재구조화 방안 연구. 석사학위논문. 서울대학교.

차성현(2012). 인성교육 개념의 재구조화. RRM 2012-07, 3-27. 한국교육개발원.

천세영 · 김왕준 · 성기옥 · 정일화 · 김수아(2012). 인성교육 비전 수립 및 실천 방안 연구. 정책연구 2012-41. 교육과학기술부.

한상연(2013). 철학실천과 공감 : 몰입과 거리두기. 해석학연구, 33, 106-147.

현주 · 최상근 · 차성현 · 류덕엽 · 이혜경(2009). 학교 인성교육 실태분석 연구 -중학교를 중심으로-. RR 2009-09. 한국교육개발원.

홍석영(2013). 인성 개념 및 인성의 교육 가능성에 대한 고찰. 중등교육연구, 25, 183-198.

Barrett-Lennard, G. T. (1981). The empathy cycle: refinement of a nuclear concept. *Journal of Counselling Psychology, 28*, 91-100.

Belzung, C. (2014). Empathy. *Perspectives of Economic, Political, and Social Integration, 19*, Issue 1-2, 177-191.

Coplan, A., & Goldie, P. (2011). *Understanding empathy. In Empathy: Philosophical and psychological perspectives.* Oxford: Oxford University Press.

Eisenberg, N., & Fabes, R. A. (1994). Mothers' relations to children's negative emotions: Relatings to children's temperament and anger behavior. *Merrill-Palmer Quarterly, 40*, 138-156.

Ellis, P. L. (1982). Empathy: a factor in antisocial behavior. *Journal of Abnormal Child Psychology, 10*, 123-134.

Freud, S. (1961). *Female sexuality.* London: Hogarth.

Gordon, M. (2009). *Roots of empathy: Changing the world child by child.* Experiment.

Hoffman, M. L. (1982). Development of prosocial motivation: Empathy and guilt. In Eisenberg-Berg(Ed.), *The Development of Porsocial Behavior*, 251-278. NY: Academic Press.

Hoffman, M. L. (2000). *Empathy and Moral Development: Implications for Caring and Justice.* Cambridge University Press, Cambridge, U.K.

Josephson, M. S. (2002). *Making ethical decisions: the six pillar of character.* Josephson Institute of Ethics.

Jung, J. (2009). *A general study on character education for adolescents.* Busan University of Foreign Studies.

Knafo, A., Zahn-Waxler, C., Hulle, C. V., & Rhee, S. H. (2008). The Developmental Origins of a Disposition Toward Empathy: Genetic and Environmental Contributions. *Emotion, 8(6)*, 737-752.

Kunyk, D., & Olson, J. K. (2001). Clarification of conceptualizations of empathy. *Journal of Advanced Nursing, 35(3)*, 317-325.

La Monica, E. L. (1981). Construct validity of an empathy instrument. *Research in Nursing and Health, 4*, 339-400.

Lickona, T. (1993). The return of character education. *Educational Leadership, 51(3)*, 6-11.

Lickona, T., & Davidson, M. (2005). *Smart & good high schools: Integrating excellence and ethics for success in school, work, and beyond.* Center for the 4th and 5th Rs/Character

Education Partnership.

Lipps, T. (1903). Einfühlung, innere Nachahmung und Organempfindung Arch. *Gesamte Psychol, 1*(1903), 465-519.

Mead, G. H. (1934). *Mind, self and society.* Chicago: University of Chicago Press.

Olson, J. K. (1995). Relationships between nurse-expressed empathy, patient-perceived empathy and patient distress. *Image; Journal of Nursing Scholarship, 27,* 317-322.

Piaget, J. (1932). *The moral judgement of the child.* London: Kagan Paul: Trench, Trubner.

Rifkin, J. (2009). *The empathic civilization: The race to global consciousness in a world in crisis.* 이경남 (역) (2010). 공감의 시대, 서울: 민음사.

Slaby, J. (2014). Empathy' blind spot. *Med Health Care and Philos, 17,* 249-58.

Tough, P. (2013). *How children succeed: Grit, curiosity, and the hidden power of character.* Houghton Mifflin Harcourt.

Truax, C. B., & Carkhuff, R.R. (1967). *Toward effective counseling and psychotherapy.* Chicago: Aldine publishing company.

Wheeler, K. (1995). Development of the perception of empathy inventory. International *Journal of Psychiatric Nursing Research, 1,* 82-88.

제2부

수업장학

제3장

수업관찰과 수업관찰도구[*]

1. 수업관찰전문성

교실 안에서 무엇이 진행되는지는 학생들의 학습에 있어 핵심적이다(Hill, Charalambous, & Kraft, 2012: 56; Molina, Fatima, Ho, Melo Hurtado, Wilichowksi, & Pushparatnam, 2018). 교사의 수업전문성은 학생의 학업성취에 15~20%의 높은 정적 상관관계를 지니고 있어, '수업' 역량은 교사가 지녀야 할 가장 중요한 자질이다(권현범 2019: 13; 이옥화·장순선·김득준, 2018: 443; Kane & Staiger, 2008). 교사와 학생이 상호작용하며 학업성취를 높이는 수업전문성의 제고는 교육의 질 개선을 위해 무엇보다 중요하다.

교수의 질에 대한 복잡한 현상 때문에 수업능력이 높은 교사의 특성에 관해 일치를 이루기 어렵지만, 효과적인 교수를 어떻게 측정할지에 대한 연구는 이어졌다(Brownell, Steinbrecher, Kimerling, Park, Bae, & Benedict, 2014). 학업성취를 높이는 좋은 수업을 수행하는 수업전문성에 관한 기준을 어떻게 설정하고, 누가 어떤 방식

* 정일화(2020). 수업관찰 연수에 관한 사례 연구. 한국교원교육연구, 37(1), 61-83.
** 이 논문은 한국연구재단의 지원으로 수행됨(2017S1A5A2A03067650)

으로 측정하며, 그 결과를 수업 개선에 어떻게 환류할지에 관한 관심이 높아지고 있다(천세영·이옥화·전미애, 2017; Allen-Kinross, 2018; Kane & Staiger, 2012; Kane, McCaffrey, Miller, & Staiger, 2013; Van de Grift, Chun, Maulana, Lee, & Helms-Lorenz, 2017).

좋은 수업에 관한 타당한 요소를 반영하여 개발한 수업관찰도구를 통해 관찰하고 그 결과를 분석해서 수업을 개선하고자 할 때, 수업관찰의 결과가 잘못되었다면 올바른 수업 개선으로 이어질 수 없다. 좋은 수업의 타당한 요소를 제대로 측정하여 그 결과를 신뢰할 수 있는 관찰이어야 한다. 미국의 MET$_{\text{Measures of Effective Teaching}}$ 프로젝트는 정확한 반복 측정이 가능하도록 사전에 관찰 연수를 하였다(Kane et al., 2013: 2; Kane & Staiger, 2012: 22).

수업관찰전문성은 수업전문성의 진단에 필요하고 수업코칭과 수업컨설팅에 선행하는 전문역량이다. 수업전문성은 수업을 잘하는 역량으로서 교과내용지식, 교육과정의 이해와 재구성 능력, 학생 반응에 대한 감수성 등을 종합한 것이다(박선미, 2006: 204). 수업코칭은 교수 행위 전반에 걸쳐 직면한 문제해결을 위해, 수평적 관계에서 수업을 성찰해 돕는 피드백 활동이다(김광민, 2019: 25, 30). 수업컨설팅은 수업과 학생의 특성 차이에서 생기는 '수업결합의 오류$_{\text{instructional mismatch}}$'를 분석하고 해결하는 활동이다(이상수·최정임·박인우·임정훈·이미자·장경원·이유나·장선영·고은현·류지헌·강정찬·오영범, 2019: 30; Rosenfield, 2013). 이처럼 수업관찰전문성은 수업전문성, 수업코칭, 수업컨설팅과 밀접하지만 구별되는 전문적 영역이다.

작품 활동과 감상, 감정, 비평하는 일은 다르다. 예술 작품은 전문 비평가와 감정가에 의해 가치를 평가받는다. 피겨스케이팅의 연기는 공인 심판이 기준에 따라 예술점수와 기술점수를 부여한다. 은반 위에서 속도감 있게 펼쳐지는 동작은 코치의 지도와 선수의 연습으로 이루어진다. 순식간 지나가는 동작의 포착은 심판 자격 과정과 경험의 축적이 없으면 어려운 일이다. 국가대표 선수도 체계적인 지도자 과정을 거쳐야 감독이 될 수 있다.

수업의 수행, 수업관찰, 수업코칭은 선수, 심판, 코치의 관계처럼 긴밀하지만 서로 다른 전문 영역이다. 수업관찰전문성은 수업전문성에 관한 기본 소양에 더해 관찰도구의 이해, 수업코칭, 수업컨설팅의 역량과 관련이 깊다. 우리는 수업관찰도구와 수업관찰전문성에 대한 명확한 공통의 기준이 부족하고, 수업에 대한 해석이 수업자와 관찰자 간 제각각인 면이 있다(이혁규·김향정·김남수, 2014). 수업전문성을 제대로 진단하려면 기준에 따른 객관적인 관찰이 전제되어야 한다(천세영 등, 2017: 520). 정확한 수업관찰과 피드백을 위해서는 타당한 기준의 관찰도구를 올바르게 사용할 수 있어야 한다.

우리는 신규 교사라도 별도의 전문적 과정 없이 수업관찰을 수행하는 실정이다. 보는 것만으로도 배울 수 있지만, 제대로 보는 방법을 익히면 더 많이 알 수 있다. 가르친 경험이 많아도 좋은 수업에 관한 공통의 객관적 기준을 갖고 수업을 관찰한다면 더욱 합당한 조언을 할 수 있을 것이다. 이 연구는 실질적인 수업 개선을 위해서는 올바른 수업관찰이 중요하다는 인식을 바탕으로, 해외와 국내의 수업관찰 연수 사례와 실태를 살펴 국내 수업관찰 연수의 개선을 위한 시사점을 도출하고자 한다.

2. 수업관찰도구와 수업관찰

수업관찰도구는 관찰 항목과 평정척도를 결합해 결과를 양화할 수 있는 체크리스트 외에도 질문지법, 수업비평과 수업에 관한 내러티브 연구 등 형태가 다양하다(고창규, 2010; 서현석, 2008; 우충환, 1999; 이재봉·육조영·송유진, 2007; 이혁규 등, 2014; Borich, 2016; Cassady, Speirs Neumeister, Adams, Keller, & Russell, 2005). 체크리스트 방식의 수업관찰도구는 관찰과 분석을 도와주고, 질문지 등 다른 관찰지보다 상대적으로 객관적이고 신뢰할 만하다는 평을 받는다(변영계·김경현, 2005; 이혁규 등, 2014).

영국의 교육기준청Ofsted은 국제적으로 인정받은 양적 수업관찰도구를 수업장학에 적용하고자 검토하고 있다(Allen-Kinross, 2018). 네덜란드에서 학업성취를 높여주는 교수행동teaching & learning behavior에 초점을 맞춰 개발한 ICALTInternational Comparative Analysis of Learning and Teaching, 미국에서 교사의 교수행동과 학업성취를 연결하고자 개발된 CLASSClassroom Assessment Scoring System, 학습과 교수의 구조적 관점을 제공하는 FFTFrame for Teaching, 수학교과의 수업관찰을 위해 개발된 MQIMathematical Quality of Instruction, 독일에서 수학교과를 위해 개발되었지만 여러 교과에 적용이 가능한 GDTQGeneric Dimensions of Teacher Quality, 20개 국가가 참여해 개발한 ISTOFInternational System for Teacher Observation and Feedback의 도입을 검토하고 있다(Ofsted, 2018).

MET 연구에 따르면, 수업관찰에서 높게 평가받은 교사가 가르친 학생의 학업성취와 흥미도가 높게 나타났다(Gill, Shoji, Coen, & Place, 2016; Kane et al., 2013; Kane & Staiger, 2012: 10-11).

MET는 영어와 수학교과에 CLASS와 FFT, 영어English Language Arts에 초점을 맞춘 PLATOProtocol for Language Arts Teaching Observations, 수학교과에 MQIMathematical Quality of Instruction, 수학과 과학교과에 UTOPUTeach Observational Protocol, 과학교과에 QSTQuality of Science Teaching 도구를 교과목, 학년, 학교급 등을 고려해 적용하였다(Gill et al., 2016: 1). 네덜란드는 Groningen 대학교에서 학업성취에 영향을 미치는 학습·교수 행위를 메타 분석해 개발한 ICALT 도구를 장학시스템에 적용한다. 우리나라는 2014년부터 ICALT의 일반화 가능성을 확인하기 위한 국제 연구에 참여하고 있다.

세계 주요국은 수업전문성을 어떻게 측정해 낼 수 있는지에 관한 메타 분석 등 양적 기반의 연구 경향이 강하다(이옥화 등, 2018: 445; Goe, Bell, & Little, 2008). 해외의 이런 연구에서는 1960년대 Stallings와 Flanders가 개발한 이후부터 지속해서 과학적인 검증을 통해 개선된 수업관찰도구의 역할이 크다. 우리나라 대부분 학교는 연구에 바탕을 두지 않은 관찰도구를 제각각 사용하는 실정이고, 관찰 피드백은 실질적인 수업 개선으로 이어지지 못하는 편이다. 수업나눔이란 새로운 모습의 자율적 동료장학에서도 수업에 대한 소통은 주로 수업관찰자와 수업한 교사의 경험에 바탕한 주관적 의견의 피력에 그친다 할 수 있다.

수업 개선이 제대로 이루어지려면 타당한 수업관찰을 통해 교사가 수업할 때 드러나는 강점을 확인하고 구체적 약점을 다룰 수 있어야 한다. CLASS, FFT 같은 양적 수업관찰도구를 사용하면, 학업성취 향상을 이끄는 실제적인 수업 개선을 위한 진단이 가능하다(Allen, Pianta, Gregory, Mikami, & Lun, 2011; Kane &

Staiger, 2012: 14-15; Taylor & Tyler, 2011). 수업관찰의 타당도
와 수행도를 높이기 위해서는 수업관찰 연수, 관찰자 자격 부여,
복수의 수업관찰, 피드백을 위한 분석 등이 필요하다(Kane &
Staiger, 2012: 13).

MET 프로젝트에서는 수업관찰도구별로 관찰자가 도달할 역량의
준거를 설정한 연수가 이루어졌다. 기준에 미치지 못하면 관찰 자
격을 부여하지 않았다. 네덜란드는 2018년 기준으로 2,700명에 달
하는 교사가 ICALT 수업관찰 연수를 받아 예비 교사와 신규 교사
의 수업을 관찰하고 있다(Maulana & Helms-Lorenz, 2018;
University of Groningen, 2017). 영국의 Ofsted가 도입을 검토하는
ICALT 같은 관찰도구를 수업장학에 적용하면, 장학사inspector는 수
업관찰 연수를 통해 해당 도구의 사용법을 익혀야 한다.

우리나라는 교원임용시험의 수업실연 때 시도교육청마다 평가
기준이 다르고 과학적으로 검증되지도 않은 수업관찰도구를 사용하
고 있다. 수업실연 평가위원을 위촉하는 기준에서 수업관찰 연수를
경험한 유무는 우선적인 고려 사항이 아니다. 평가를 위한 사전 연
수 없이 수업실연 직전의 협의회로 갈음한다. 수업관찰지를 자신의
판단을 반영하는 도구쯤으로 생각하는 유형이 존재하는 것처럼(이
혁규 등, 2014: 471), 수업실연을 평가하는 위원의 주관적 경험이
평가에 왜곡된 영향을 미칠 수 있다.

'얇은 조각thin-slicing'은 미세한 경험의 창을 기반으로 행동 패턴을
찾는 기능이다(Jukes, 2019). 대상이 표현한 행동을 관찰하여 합의
된 정확한 판단을 예측할 수 있다(Ambady & Rosenthal, 1993:
431). 또한 '미세한 행동의 차이thin slices of behavior'는 교수의 효과성

을 측정하는 좋은 가늠자가 될 수 있다(Ambady & Rosenthal, 1992: 266). 따라서 수업전문성의 제고를 지원하기 위해서는 올바르게 관찰해야 한다(Allen et al., 2011; Kane & Staiger, 2012: 14-15; Pianta & Hamre, 2009; Taylor & Tyler, 2011).

3. 수업관찰 연수 사례

세계 주요국은 더 효과적인 교수행동과 덜 효과적인 교수행동을 규명하고 수업의 수행을 개선하는 피드백을 제공하기 위해 증거기반의 양적 수업관찰도구의 사용을 익히는 수업관찰 연수를 한다(Gill et al., 2016). 정확한 데이터의 수집과 분석을 위해 수업관찰 도구가 제시하는 좋은 수업의 기준을 적용한 수업관찰의 전문성을 기르는 연수 체제를 갖추고 있다.

1) 수업관찰 연수의 수업관찰도구

이 연구는 과학적으로 검증되어 국제적으로 인정받는 수업관찰 도구를 사용한 관찰 연수 프로그램을 살펴 분석 항목을 도출하였다. 자격연수 관련 연구에서는 주로 제공기관, 선발, 교육과정, 자격취득 등을 분석한다(김이경·정일화·김미정·김수아, 2009). 따라서 제공기관, 관찰도구의 구성과 척도 등 특징, 연수 과정과 자격취득의 기준에 초점을 맞췄다. 이 연구는 다음과 같이 진행했다. 첫째, 수업관찰전문성의 중요성에 대한 인식을 바탕으로 국내의 수업관찰 연수에 관한 문제를 제기했다. 둘째, 해외와 국내의 연구보고

서 등 문헌과 웹사이트를 통해 자료를 수집하여 사례별 특징을 찾
았다. 셋째, 해외 사례와 국내의 실태를 살펴 국내 수업관찰 연수의
개선을 위한 시사점을 도출하였다.

주요국의 수업관찰 연수는 관찰도구별로 이루어진다. 과학적으로
검증된 양적 수업관찰도구 가운데 2개 국가 이상이 사용하거나 사
용을 검토하는 관찰도구, 국제 연구에서 사용되는 관찰도구를 대상
으로 하였다. 미국 MET 연구와 영국 Ofsted에서 공통된 수업관찰
도구는 CLASS, FFT, MQI다. 여기에 덧붙여 세계 20개 국가가 참
여해 개발한 ISTOF, 16개 국가가 공동으로 연구를 진행하는
ICALT, 세계은행이 저개발 및 개발도상국의 교육 지원을 위해 개
발하여 보급하는 TEACH 수업관찰도구를 이용한 연수를 해외 사
례로 살핀다. 이 연구에서 채택한 관찰도구는 <표 1>과 같다.
ICALT는 해외 사례로 일반적 고찰을 하고, 국제 연구 참여국인 우
리나라의 구체적 사례로도 살핀다. 국내는 특정 수업관찰도구에 집
중한 연수가 거의 없어 수업관찰이 포함된 연수 실태를 사례로 살
핀다.

<표 1> 해외의 수업관찰 연수에 사용된 수업관찰도구

관찰도구	개발	주 관찰 수업	사용(예정)처
CLASS	Virginia Univ.	영어, 수학	MET/Ofsted
FFT	Charlotte Danielson	영어, 수학	MET/Ofsted
MQI	Michigan & Harvard Univ.	수학	MET/Ofsted
ISTOF	Int'l Research Team	전 교과	20개 국가 공동 개발/Ofsted
ICALT	Groningen Univ.	전 교과	16개 국가 공동 연구/Ofsted
TEACH	World Bank Group	초등교과	World Bank Group

2) 해외 사례

CLASS는 Virginia 대학의 Pianta 교수가 주도해 유아교육을 위해 개발했으나 모든 학년에서 사용할 수 있다. 3개 영역$_{domain}$, 10개 소영역$_{dimension}$, 42개 지표$_{indicator}$, 123개 수업행동$_{behavior\ markers}$으로 구성되고, 5점 척도로 측정된다. MET에서는 교육평가기관인 ETS$_{Educational\ Testing\ Service}$와 웹 기반으로 교사의 전문성 개발을 지원하는 Stanford 대학의 Teachscape가 연수자 모집과 평가 등 연수 전반을 관리하였다. 평소의 연수는 도구를 개발한 Virginia와 Harvard 대학의 Pianta, Hamre, Downer 교수가 강사진으로 있는 CASTL$_{Center\ for\ Advanced\ Study\ of\ Teaching\ and\ Learning}$에서 온라인 등으로 진행된다. CLASS 연수는 수업관찰자 과정과 수업관찰자 연수를 담당하는 전문가 과정이 있다. 연수 참여자는 매뉴얼과 마스터 코딩 비디오에 따라 수업관찰 지침과 점수를 부여하는 방식을 숙지한다(Maulana & Helms-Lorenz, 2018; Stuhlman, Hamre, Downer, & Pianta, 2014: 6). 수업관찰은 10~15분 분량의 관찰을 포함해서 점수를 부여하고, 토론하는 데 30분이 소요된다. 관찰 역량 기준에 도달할 때까지 2~6회를 반복한다. 이수는 문항별 준거에 70% 이상 도달해야 가능하다. 이틀 동안 열린 연수에서 참여자의 70~80%가 테스트를 통과했다(Maulana & Helms-Lorenz, 2018; Kane & Staiger, 2012: 22). The inCLASS$_{inclassobservation.com}$와 Teachstone$_{teachstone.com}$과 같은 민간 기관도 CLASS 연수를 개설해 자격증을 발급한다.[1]

---

1) http://info.teachstone.com/hubfs/CLASS-System-Paper-FINAL.pdf?t=1495735615702

FFT는 구성주의 이론에 따른 일반 관찰 프레임으로 Danielson 이 1996년 개발했다(Goodwin & Webb, 2014: 3). 4개 영역 domain, 22개 요소component, 76개 요인element으로 구성되고, 4점 척도 로 측정된다(Danielson, 2013). 초기 FFT는 ETS에서, 이후에는 CPRE Consortium for Policy Research in Education에서 관찰 결과와 학업성취의 관련을 검증했다. 관찰자 1인이 수업을 측정할 때보다 복수의 관찰 자가 동일 교사의 각각 다른 수업을 측정하면 신뢰 수준은 높아진 다(Kane & Staiger, 2012: 37). 수업을 객관적으로 바라보는 공통 의 기준 등 도구의 사용법을 익히기 위해서 1~2일 정도가 요구된 다(Maulana & Helms-Lorenz, 2018). Danielson Group이 진행하 는 연수는 온라인과 오프라인에서 이루어진다. 기초과정 <Intro to the Framework for Teaching and the Framework Clusters>, 관찰 도구의 사용법을 심화하는 <Growth-Focused Observation>, 초임 교사를 돕는 역량을 기르는 <Mentoring for Effective Teaching>, 협력적 관찰과 평가, 소통능력, 수업코칭 역량을 위한 <Growth-focused Evaluation> 등 다양한 프로그램이 있다danielsongroup.org. 도구 의 이해와 관찰을 돕는 매뉴얼과 마스터 코딩 비디오가 제공된다. 준거 점수와 관찰한 일치율이 최소 50% 이상, 4점 척도 도구에서 문항별 준거 점수와의 차이가 2점 이상 나게 부여한 문항이 25% 이하일 때 이수가 가능하다(Kane & Staiger, 2012: 22).

MQI는 수학교과의 관찰을 위해 Michigan 대학과 Harvard 대학이 공동으로 2008년에 개발하였다. MQI는 5개 영역domain, 11개 요소component, 31개 세크먼트 코드segment code로 구성되어 있다. 3점 척도의 MQI는 2014년에 4점 척도 버전이 개발되었다 cepr.harvard.edu/mqi-domains(Hill, 2014). Harvard 대학의 CEPR Center for Education Policy Research에서 MQI 코칭 서비스를 제공한다 mqicoaching.cepr.harvard.edu. MQI 연수는 관찰 매뉴얼과 마스터 코딩 비디오를 사용해 도구의 준거를 익힌 다음, 수학교과 수업동영상을 이용해 교수활동의 질을 다면적으로 관찰한다(Hill, Blunk, Charalambous, Lewis, Phelps, & Sleep, 2008; Hill et al., 2012: 58). MQI 연구에서 전직 교사인 대학원생을 대상으로 이틀 동안의 연수를 한 사례는 다음과 같다. 4명이 4차시 분량의 수업을 7분 30초 분량으로 분절한 16편의 수업 장면을 평가한다. 수업은 5분 등 3분 30초 이상으로 분절되기도 한다. 수업 장면은 수업의 질을 폭넓게 대표할 수 있는 내용이 포함되게 의도적으로 선택된다. MQI는 수업관찰 연수에서 관찰자가 부여한 점수가 마스터 코딩 점수에서 평균 절대 편차 .20을 벗어나면 자격을 부여하지 않는다(Hill et al., 2012: 58; Kane & Staiger, 2012: 22). 연구 등을 위해 한 수업을 관찰자 2명이 독립적으로 직접 관찰하기도 한다(Blazar, Braslow, Charalambous, & Hill, 2017: 6).

ISTOF는 Louisiana 대학교 주도로 Charles Teddlie와 Daniel Muijs 교수 등이 북남미, 유럽, 아시아, 아프리카의 20개 국가 전문가들과 협업해 델파이 방식으로 개발했다. ISTOF는 일반적인 수업관찰 틀framework이다(Muijs, Reynolds, Sammons, Kyriakides, Creemers, & Teddlie, 2018: 2-3; Teddlie, Careemers, Kyriakides, Muijs, & Yu, 2006). 여러 국가와 ISERPInternational School Effectiveness

Research Project에서 이 도구의 타당도와 신뢰도를 검증하였다. ISTOF 는 7개 요소component, 21개 지표indicator, 45개 항목item으로 구성되고, 5 점 척도로 측정된다. 높은 추론을 요구하는 문항 특성이 있는 ISTOF를 사용하기 위해서는 사전 연수를 받아야 한다. 연수는 ISTOF 프로토콜에 따라 하루나 이틀 정도가 요구되나, 때로는 4시 간 정도로 이루어지기도 한다. 연수는 ISTOF의 이론적 배경의 이해 로 시작된다. 주로 수학교과의 수업동영상을 보며 Likert 1~5점 관 찰척도에 점수를 부여하고, 관찰 결과에 관한 토의와 피드백이 이루 어진다. 관찰의 일치는 Cohen's Kappa .70 이상 수준에 도달해야 한다(Maulana & Helms-Lorenz, 2018; Muijs et al., 2018: 5-6; Ofsted, 2018: 16-17; Teddlie et al., 2006).

ICALT는 수업의 효과성에 관한 연구를 메타 분석하여 초등학교 용으로 개발되었고, 네덜란드 Groningen 대학에서 중등학교에 적용 할 수 있게 발전시켰다(Van de Grift, 2007; Van de Grift, Van der Wal, & Torenbeek, 2011). ICALT는 교수-학습의 상호작용을 관 찰하는 6개 영역domain, 32개 지표indicator, 114개 사례good example, 그리 고 학습자 참여를 관찰하는 1개 영역, 3개 문항, 10개 사례로 구성 되고, 4점 척도로 측정된다. 도구 이해와 관찰 지침에 관한 매뉴얼 이 제공된다. 도구는 무료로 사용할 수 있지만, ICALT의 올바른 적용을 위해서는 관찰 연수를 받아야 한다. ICALT의 6개 영역과 32개 문항은 위계적인 난이도를 갖는다. ICALT는 수업의 개선이 필요한 지점인 근접발달영역ZPD을 탐지하는 특징이 있다. 연수는 좋은 수업의 핵심 요소를 간추린 ICALT 도구에 대한 이해와 문항의 기술이 어떤 의미인지를 공유하는 데서 시작한다. 표준 수업동영상을 이용한 수업관찰은 2차시에 걸쳐 이루어진다. 한 차시는 초등 수업, 다른 한 차시는 중등 수업이다. 한 차시의 수업동영상은 20~30분 정도다. 수업을 보는 중 또는 본 뒤에 관찰도구에 점수를 부여한다. 연수 진행자는 참여자들이 부여한 점수를 산출한 일치도에 근거해 상호 관찰 관점을 공유하면서 기준에 근접시킨다. 관찰자 간 일치율이 70% 이상이면 자격을 부여한다.

　　TEACH는 세계은행이 저개발 및 개발도상국의 초등학교 지원을 위해 개발해 2019년부터 4개 언어로 보급하는 수업관찰도구다. Danielle Willis가 MQI 공동 개발자인 Heather Hill 등에게 자문받아 TEACH를 디자인하였다(Molina, Melo Hurtado, Pushparatnam, & Wilichowski, 2019: iv). TEACH의 초기 버전은 43개 요소였으나 이후 25→14→10개 요소로 줄여 사용을 쉽게 했다. TEACH는 수업의 질을 측정하는 3개 영역primary area, 수업행동과 연계된 9개 대응 요소corresponding element, 28개 수업행동behaviors으로 구성되고, '낮음-중간-높음'의 3단계로 측정된다. 학습에 집중하는 시간은 별도의 관찰 요소다. TEACH는 교사가 가르치는 일에 집중하는 시간과 학생의 과업 수행 정도, 학생의 사회정서 발달을 돕는 교수의 질을 측정한다는 점에서 다른 도구와 차별성을 갖는다(Molina et al., 2019: 2). TEACH로 수업을 관찰하기 위해서는 'Teach Reliability Exam'을 통과해 관찰한 결과를 신뢰할 수 있다는 자격을 받아야 하며, 이 자격은 1년 동안 유효하다. 모잠비크, 필리핀, 우루과이에서 실시한 연수에서 74~100%의 통과율을 보였다. TEACH

의 연수 기간은 5일이 표준이나 유동적이다. 세계은행 'Teach Team'의 트레이너가 연수를 담당한다. 참여자는 편집된 15분 분량의 수업동영상을 본 뒤에 15분 동안 매뉴얼의 루브릭에 따라 10개 요소의 점수를 부여한다. 동영상을 중지하거나 되감기, 재시청을 할 수 없다. 3개 때로는 2개의 동영상을 시청하고 준거에 따른 점수 부여 연습이 이루어진다. 관찰한 수업 각각의 결과가 이수 기준 10개 가운데 8개 이상 신뢰할 수 있어야 통과한다. 1차에서 통과하지 못하면 한 차례 기회가 더 주어지며, 1차 때와 다른 동영상 세트가 제공된다(Molina et al, 2018, 2019: 11).

3) 국내 사례

중앙교육연수원에서 2017년에 개설한 <수석교사 수업컨설팅 역량강화과정>은 2018년 1월에 종료되었다(중앙교육연수원, 2018a). 이 과정의 후속으로 <수석교사 수업컨설팅 핵심요원 양성과정>이 개설되었으나 2019년과 2020년에는 실시되지 않았다(중앙교육연수원, 2018b). <수석교사 수업컨설팅 역량강화과정>의 직무 교과는 12개 교과 30.5시간, 소양 교과는 3개 교과 5.5시간 등 37시간으로 운영되었다. <표 2>처럼 직무 교과 30.5시간 가운데 수업관찰과 수업분석 관련 내용은 '수업분석 방법과 실제' 3.5시간, '수업분석 컨설팅실습' 3시간, '수업비평' 1시간 등이며, 3개 교과를 합한 시간은 7.5시간이다. 수업관찰과 관련한 시간은 전체 연수 과정의 20% 정도다.

<표 2> 수석교사 수업컨설팅 역량강화과정의 수업관찰 관련 프로그램 구성

구분	내용	시간
수업분석 방법과 실제	다양한 수업분석기법의 이해와 적용 다양한 수업분석도구의 활용 수업분석기법을 적용한 컨설팅 방법 및 유의점	3.5
수업분석 컨설팅 실습	수업분석기법을 적용한 컨설팅실습 수업분석기법을 적용한 사례 및 토의	3
수업비평	질적 수업분석을 통한 수업비평	1

* 중앙교육연수원(2018a). 수석교사 수업컨설팅 역량강화과정. pp. 4-5 발췌

<수석교사 수업컨설팅 핵심요원 양성과정>의 집합교육 영역의 직무 교과는 18개 교과 31.5시간, 소양 교과는 2개 교과 6.5시간 등 모두 39시간이다. 역사문화 탐방 영역은 16시간이다. 교육기관 방문 영역은 학교 방문 14시간, 문화탐방 10시간 등 27시간이다. 세 영역의 합은 79시간이다. 집합교육 영역의 18개 직무 교과 31.5시간 가운데 수업관찰 및 수업분석과 관련한 시간은 <표 3>처럼 '수업컨설팅 기법' 1시간, '수업컨설팅 모의실습' 2시간, '역량기반 수업 모니터링' 2시간을 합한 5시간으로 연수 과정의 6% 정도다.

<표 3> 수석교사 수업컨설팅 핵심요원 양성과정의 수업관찰 관련 프로그램 구성

구분	내용	시간
수업컨설팅 기법	역량기반 수업컨설팅의 중요성 역량기반 수업컨설팅 기법	1
수업컨설팅 모의실습	분임별 역량기반 수업컨설팅 체크리스트 개발 분임별 활동 총평 및 우수 사례 발표	2
역량기반 수업 모니터링	동료평가, 전문가 피드백	2

* 중앙교육연수원(2018b). 수석교사 수업컨설팅 핵심요원 양성과정. p. 6 발췌

중앙교육연수원의 <수석교사 수업컨설팅 역량강화과정>과 <수석교사 수업컨설팅 핵심요원 양성과정>은 수업컨설팅의 기초를 비롯해 여러 역량을 신장하는 프로그램으로 구성되어 있다. 수업분석기법, 다양한 수업분석도구의 활용 등 수업관찰 관련 교과를 포함한다. 하지만 관찰도구의 사용법에 집중해 관찰의 전문성을 갖추기에는 부족한 시간이다.

한국교육공학회의 수업컨설팅연구회는 수업컨설턴트 1, 2, 3급 직무연수 및 민간자격증 과정을 운영한다. 연수는 교육과 관련된 직종에서 일정 경력 이상이면 자격에 특별한 제한을 두지 않는다. 연수 시간은 1급 15시간, 2급 60시간, 3급 30시간이다. 한 기수의 참여 인원은 60명 이내로 한정한다. 소정의 시험 및 자격 검증 절차를 통해 자격증을 부여한다. <표 4>처럼 3급 직무연수 프로그램은 30시간의 연수 시간 가운데 수업분석, 수업분석도구, 원인 분석에 15시간을 할당한다.

<표 4> 수업컨설턴트(3급) 직무연수 프로그램

주제	시간	주제	시간
수업컨설팅 이해	3	수업분석도구(수업구성)	3
협력적 컨설팅계획 수립	2	원인분석	2
수업분석	2	개선안 설계 및 실행	2
수업분석도구(수업일관성)	3	협력적 평가	1
수업분석도구(학습동기유발전략)	3	종합 실습	7
수업분석도구(과업집중도)	2	**합계**	**30**

* 한국교육공학회 홈페이지 [공지사항] 2019년 하계(2급, 3급) 수업컨설턴트 직무연수 안내 자료 발췌

<표 5>처럼 수업컨설턴트 3급 자격은 교사자격증 소지자, 교육 관련 경력 2년 이상인 자, 교육학 및 교과교육학 관련 석사 이상, 전문학사학위 소지자로서 교육 관련 경력 4년 이상, 고등학교 졸업자로서 교육 관련 경력 7년 이상으로 규정하고 있다. 수업관찰 등 수업컨설팅 경력은 요구하지 않고 연수 과정에서 종합 실습으로 갈음한다. 2급과 1급의 자격취득은 각각 하위 자격취득 후 2년 이상인 자 등으로, 2급은 수업컨설팅 경력 6회, 1급은 수업컨설팅 경력 10회 이상의 요건을 충족해야 한다.

<표 5> 수업컨설턴트 급별 자격연수와 유지 규정

구분	수업컨설턴트 3급	수업컨설턴트 2급	수업컨설턴트 1급
교과 시간	수업컨설팅모형(30h)	수업컨설팅모형심화(45h) 실습 및 메타컨설팅(15h)	수업컨설팅 이해 및 모형(5h) 수업컨설팅 사례연구(5h) 메타컨설팅 전략(5h)
자격 검정	수업컨설팅 보고서 심사 수업컨설팅 모형의 적용 수업문제 진술, 수업분석의 논리적 일관성 등 수업컨설팅 기초 역량 시험	수업컨설팅 보고서 심사 수업컨설팅 관련 기초 역량 시험	수업컨설팅 관련 시험
응시 자격	교사 자격증 소지자 교육관련 경력 2년 이상 교육학 및 교과교육학 관련 석사 이상 전문학사학위 소지자로 교육관련 경력 4년 이상 고등학교 졸업자로서 교육 관련 경력 7년 이상	수업컨설턴트 3급 자격취득 후 2년 이상 수업컨설팅 경력이면서 수업컨설팅 경력 6회 이상 교육학 및 교과교육학 관련 석사학위 소지자로서 2년 이상 수업컨설팅 경력자로서 수업컨설팅 경력 6회 이상	수업컨설턴트 2급 자격 소지자로서 3년 이상 수업컨설팅 경력자이면서 수업컨설팅 10회 이상 교육공학박사학위 소지자로 수업컨설팅 관련 3년 이상 경력의 수업컨설팅 10회 이상

* 한국교육공학회 홈페이지 [공지사항] 2019년 하계(2급, 3급) 수업컨설턴트 직무연수 안내 자료 발췌

한국교육공학회의 수업컨설턴트 직무 및 자격연수 과정은 수업관찰전문성과 수업관찰 후의 피드백 등 종합적인 측면에서 프로그

램을 구성하고 시간도 충분히 확보하고 있지만, 객관적 관찰 역량의 도달 기준 제시는 보완될 필요가 있다. 한국교육공학회의 수업 컨설턴트 자격연수는 수업일관성, 학습동기유발전략, 과업집중도, 수업 구성 등에 관한 양적, 질적 수업분석도구를 제공하고 관련 연수를 진행한다(이상수 등, 2019: 274-294).

한국수업전문성연구센터는 네덜란드 Groningen 대학과 ICALT 연구를 공동으로 수행하면서 2014년부터 수업관찰 연수를 열고 있다. 최초 연수는 Groningen 대학 교수진이 국내로 와서 진행했고, 국내 연구진은 진행을 보조했다. 연수를 마치고 Groningen 사범대 교수진이 서명한 이수증certificate을 수여했다. 2014~2015년 ICALT 연구 결과의 공유와 수업관찰의 전문성을 갖추기 위해 2016년에 열린 연수에서는 국내 연구진의 비중을 높였다. 연수를 마치고 Groningen 사범대의 이수증을 수여했다.

이후 국내 연구진이 주도하고 Groningen 대학 교수진은 보조적 역할을 한 연수와 국내 연구진이 단독으로 진행한 연수는 국내 연구책임자가 서명한 이수증을 발급한다. <표 6>처럼 2014년부터 2019년까지 ICALT 관찰 연수가 반복되고 체계가 잡히면서 연수를 수습·2급·1급 자격 과정으로 구분하였다. 2020년부터는 ICALT 도구를 사용해 수업을 관찰, 분석하여 수업코칭을 할 자격이 부여되는 수석분석전문가 과정이 개설될 예정이다. 현재 한국수업전문성연구센터에서 발급하는 자격은 센터 기준의 임의 자격이다.

연수는 관찰자 간 일치도 등 통계의 신뢰를 확보하기 위해 동일 관찰 집단을 15~20명으로 한다. ICALT 도구 사용에 익숙해지도록 ICALT 6개 영역의 32개 문항과 114개 교수-학습 상호작용 실천 사례를 연결하는 테스트가 온라인으로 이루어진다. 연수용 수업 동영상을 관찰한 참여자의 관찰 일치도는 .70 이상에 도달해야 한다. 수업분석전문가 과정에서는 수업 개선이 필요한 근접발달영역을 탐지하는 방법도 익힌다. 한국수업전문성연구센터의 수업관찰 연수는 Fuller(1969)의 교직발달이론에 근거해 개발되고 국제 연구로 검증된 ICALT 도구의 사용법에 집중해 수업관찰의 전문성을 높이는 특징을 보인다.

<표 6> ICALT-K 수업분석전문가 연수 과정

구분	수습과정	2급	1급	수석
자격 대상	교직경력 7년 이상 교원	수습과정 수료자	2급 취득자	1급 취득자
자격 부여	소정의 8시간 연수 후 2급 취득 의예비 자격 생성	수습과정 후 20차시 수업관찰 이행 및 4시간 연수자	2급 자격취득 후 20차시 수업관찰 이행 및 4시간 연수자	1급 취득 후 20차시 수업관찰 이행 및 8시간 연수자
연수 주제 (시간)	수업분석의 기초(1) ICALT 도구의 이해(2) ICALT 도구 테스트(2) 수업관찰 실습Ⅰ·Ⅱ(3)	수업관찰 및 분석(1) ICALT 항목 태킹(1) ZPD 탐지(1) 수업지도안 작성(1)	수업관찰 및 분석(1) ICALT 항목 태킹(1) ZPD 탐지 및 코딩(1) 코칭 보고서 작성(1)	수업코칭 보고서 작성(2) 통계분석기법(4) 코칭 모형 연수(2)

* 천세영·이옥화·정일화·김득준·장순선·방인자·이재홍·권현범·김종수·이경민·김지은·전미애 (2020). 수업분석과 수업코칭. 학지사. pp. 300-305 발췌

4) 해외와 국내 사례의 요약 및 시사점

세계 주요국은 공통으로 수업 개선과 학업성취 향상을 위해 증거 기반 전략에 기반해서 수업을 관찰한 결과를 정량적인 데이터로 생성, 분석, 진단하고 결과를 피드백한다. 세계적으로 인정받는 양적 수업관찰도구는 주로 대학에서 개발되었다. 연수는 관찰도구를 개발한 대학이나 개발자에 의해 이루어진다. 이런 수업관찰도구는 좋은 수업의 요목要目을 근거로 수업을 관찰할 수 있다. 관찰 자격은

도구 사용에 관한 연수를 받고 관찰 역량 기준에 도달해야 부여된
다. 해외에서 관찰도구의 사용법을 익히는 연수는 짧게는 4시간,
길게는 3~5일에 걸쳐 이루어진다. 연수에서는 연구로 밝혀진 좋은
수업의 요소를 공유하고, 도구를 이해하고, 관찰할 문항과 루브릭
을 익힌다. 관찰 연습은 관찰 요소별 준거가 제시된 마스터 코딩
비디오를 이용한다. 관찰 후 상호 토론과 피드백을 통해 관찰도구
가 설정한 기준으로 수업을 바라보는 공통의 안목을 갖게 된다.
<표 7>처럼 관찰 역량 기준에 도달하면 관찰 자격이 부여된다. 자
격 부여를 위해 대개 두 번의 평가 기회가 주어진다. MET 프로젝
트의 통과율은 평균 77%였다.

<표 7> 수업관찰 연수에 사용된 양적 수업관찰도구의 구성과 이수 기준

도구	대표 연수기관	도구 구성	척도	이수 기준
CLASS	Virginia Univ.	3영역-10소영역-42지표-123 수업행동	5	기준 충족 및 문항 정답률 70% 이상
FFT	Danielson Group	4영역-22구성요소-76요인	4	기준 오차 25% 이하, 문항 정답률 50% 이상
MQI	Michigan & Harvard Univ.	5영역-11요소-31세크먼트코드	3/4	기준과 절대 편차 .20 이하
ISTOF	Int'l Research Team	7요소-21지표-45항목	5	Cohen's Kappa .70 이상
ICALT	Groningen Univ.	7영역-35문항-124사례	4	관찰참여자 일치율 70%
TEACH	TEACH Team	3영역-10요소-28행동	3	기준 10개 중 8개 충족

* MQI는 3점 척도 버전과 4점 척도 버전이 있음

국내의 수업관찰과 관련한 연수 실태를 살피면, 교육부 직속기관
인 중앙교육연수원이 진행하는 수석교사 직무연수인 <수석교사 수
업컨설팅 역량강화과정>에서는 수업관찰과 관련한 시간이 전체 연

수 과정의 약 20%에 그쳤고, <수석교사 수업컨설팅 핵심요원 양성 과정>에서는 전체의 6% 정도에 그쳤다. 이런 직무연수도 간헐적으로 이루어지고 축소되고 있다. 수업관찰도구의 사용법에 집중하는 해외의 연수 사례와 비교해, 프로그램 구성은 다양하나 수업관찰전문성을 갖추기에는 부족하다. 한국교육공학회의 수업컨설턴트 과정은 교육과 관련된 직종에서의 일정 경력, 학위, 수업컨설팅 횟수 등을 자격요건으로 요구한다. 연수는 1·2·3급, 15·60·30시간이고, 한 기수의 참여 인원은 60명 이내다. 보고서 심사나 시험을 치러 민간 자격을 부여한다. 프로그램과 운영이 체계적이나, 수업관찰을 종합적인 수업컨설팅의 일부로 다루는 측면이 있다. 네덜란드 Groningen 대학과 공동 연구를 하는 한국수업전문성연구센터는 ICALT 도구 사용법에 초점을 맞춘 연수를 한다. 참여 자격으로 교육경력 7년 이상을 요구한다. 3급 과정은 8시간 연수와 20차시의 수업을 관찰해야 한다. 연수는 코호트 당 15~20명으로 제한한다. 연수용 수업동영상은 있지만, 관찰의 준거가 되는 마스터 코딩 동영상 개발은 시작 단계다.

해외와 국내의 수업관찰 연수에 관한 사례를 통해 다음과 같은 상이점을 도출할 수 있다. 첫째, 해외의 연수는 도구를 개발한 대학과 개발자가 도구 사용의 전문성에 집중해서 실시한다. 국내의 연수는 관찰도구의 사용법에 집중하기보다 교수법 등 폭넓은 수업전문성 프로그램의 일부로 이루어진다. 둘째, 해외는 연구로 밝혀진 좋은 수업의 핵심 요소를 반영한 양적 수업관찰도구를 통해 좋은 수업의 기준을 공유하고, 정확히 관찰해 결과의 신뢰를 확보할 수 있는 연수를 한다. 국내는 상당한 시간과 전문성이 요구되는 수업관찰 체크리스트 개발에 1~2시간을 배정하는 등(중앙교육연수원, 2018b), 피상적 접근에 그친다. 수업관찰은 개인적 경험과 주관에 따라 이루어지는 경향이 있다(이혁규 등, 2014). 셋째, 해외는 관찰 역량이 기준에 도달하면 관찰 자격을 부여한다. 국내는 관찰 역량 도달에 관한 과학적 기준이 미흡하다. 넷째, 해외는 관찰 준거가 설정된 여러 세트의 마스터 코딩 비디오와 매뉴얼을 제공한다. 국내는 연수용 수업동영상은 있으나 마스터 코딩 비디오가 없다. 다섯째, 해외는 자격 갱신을 위해 주기적으로 연수를 받는다. 국내는 자격 갱신을 간과한다. 마지막으로, 해외는 MET 프로젝트의 수업관찰 연수처럼 연수 대상으로 학사 학위 이상을 요구하고, 교육경력은 필수로 하지 않는다(Kane & Staiger, 2012: 21). 국내는 학위 또는 일정 교육경력 이상을 제시하거나, 주로 수석교사 같은 특정 직급을 대상으로 한다.

4. 수업관찰의 개선 방향

세계 주요국은 증거기반의 양적 수업관찰도구를 수업전문성 발현의 측정 준거로 삼는다. 수업관찰도구를 사용하기 위해서는 체계적인 연수를 받고 자격을 갖춰야 한다(Kane & Staiger, 2012: 13). 수업관찰 연수에는 관찰 준거를 익히는 매뉴얼과 마스터 코딩 비디오가 제공되고, 연수 참여자는 관찰 요소별 준거 점수가 코딩된 비디오pre-scoring video를 이용해 연습을 한다. 설정 기준에 도달해야 관찰 자격이 부여된다. 실제 수업전문성을 위한 피드백에서 관찰의 신뢰를 높이기 위해 2～4명이 독립적으로 한 교사의 동일 차시 수업 또는 다른 차시 수업을 관찰하고 결과를 종합해 피드백하기도 한다(Blazar et al., 2017: 6; Kane & Staiger, 2012: 37). 국내 연수는 수업관찰에 집중하기보다 수업전문성 전반을 지원하는 종합적 프로그램의 일부로 운영되어 실질적인 수업관찰전문성 개발에는 미치지 못한다. 수업비평 등 질적인 관찰 비중이 적지 않다.

다음과 같은 면에서 국내 수업관찰 연수의 개선이 필요하다. 첫째, 연구로 밝혀진 좋은 수업의 요목을 공유하고 이해할 수 있어야 한다. 둘째, 좋은 수업의 기준에 따라 객관적으로 관찰하는 검증된 양적 수업관찰도구의 사용법에 집중해야 한다. 셋째, 관찰 요소별 측정 준거가 되는 마스터 코딩 비디오를 적용해야 한다. 넷째, 관찰 역량의 도달 여부를 판단하는 기준을 설정해서 기준에 도달하면 관찰 자격을 부여해야 한다. 다섯째, 관찰자가 수업을 관찰한 결과를 지속해서 신뢰할 수 있게 주기적으로 자격을 갱신해야 한다. 마지막으로, 연수 참여 대상과 기회를 확대하고 단계별 관찰전문성 프로그램을 제공해야 한다. 미국 Minneapolis Public Schools는 4일 일정의 신규 관찰자 연수를 매년 8회 열고, 매달 3시간의 관찰 연습 기회를 제공하고, 매년 관찰자의 요구를 반영해 후속 연수를 한다(Archer, Cantrell, Holtzman, Joe, Tocci, & Wood, 2015: 25). 앞으로 수업관찰에 집중한 연수가 체계적으로 이루어져 실질적인 수업 개선으로 이어지기를 기대한다.

참고문헌

고창규(2010). 초등교사들이 수업관찰에서 주목하는 내용. **교육인류학연구**, 13(3), 103-137.

권현범(2019). ICALT로 측정한 교사의 수업전문성 발현에 영향을 주는 변인 분석. 박사학위논문. 충남대학교.

김광민(2019). 동료의 수업코칭이 영어교사 교수 역량 강화에 미치는 영향. **교원교육**, 35(2), 23-50.

김이경·정일화·김미정·김수아(2009). 미국과 영국의 교장 직전교육 사례 비교 분석. **교육행정학연구**, 27(1), 327-348.

박선미(2006). 협력적 설계가로서 사회과 교사 전문성 개발을 위한 패러다임 탐색. **사회과 교육**, 45(3), 189-208.

변영계·김경현(2005). 수업장학과 수업분석. 학지사

서현석(2008). 국어수업관찰의 방법과 전망. **한국초등국어교육**, 38, 160-184.

우충환(1999). 현장 영어교육을 위한 체계적인 관찰도구 및 기법에 관한 연구. **영어교육**, 54(2), 1-26.

이상수·최정임·박인우·임정훈·이미자·장경원·이유나·장선영·고은현·류지헌·강정찬·오영범(2019). 수업컨설팅. 학지사.

이옥화·장순선·김득준(2018). 수업관찰 유형에 따른 수업전문성 요인 차이 분석: ICALT 수업분석 관찰도구 활용을 기반으로. **교육공학연구**, 34(3), 441-465.

이재봉·육조영·송유진(2007). 한국과 일본의 체육수업관찰 질문지의 유효성에 관한 연구. **한국스포츠리서치**, 18(2), 671-680.

이혁규·김향정·김남수(2014). 상이한 수업 관찰 도구를 통해 드러나는 교사들의 인식 이해. **열린교육연구**, 22(1), 449-477.

중앙교육연수원(2018a). 수석교사 수업컨설팅 역량강화과정. 2018-100.

중앙교육연수원(2018b). 수석교사 수업컨설팅 핵심요원 양성과정. 2018-200.

천세영·이옥화·전미애(2017). ICALT 관찰도구를 활용한 교사의 교실수업전문성 분석 연구. **교육공학연구**, 33(2), 517-536.

천세영·이옥화·정일화·김득준·장순선·방인자·이재홍·권현범·김종수·이경민·김지은·전미애(2020). 수업분석과 수업코칭. 학지사.

한국교육공학회(2019). 2019년 하계(2급, 3급) 수업컨설턴트 직무연수 안내. www.kset.or.kr:5003의 [공지사항 567번]에서 인출.

Allen, J. P., Pianta, R. C., Gregory, A., Mikami, A. Y., & Lun, J. (2011). An interaction-based approach to enhancing secondary school instruction and student achievement. *Science 333(6045)*, 1034-1037.

Allen-Kinross, P. (2018). Ofsted considers its options on lesson observation. Ofsted.

Ambady, N., & Rosenthal, R. (1992). Thin slices of expressive behavior as predictors of interpersonal consequences: A meta-analysis. *Psychological Bulletin, 111(2)*, 256-274.

Ambady, N., & Rosenthal, R. (1993). Half a minute: Predicting teacher evaluations from thin slices of nonberbal behavior and physical attractiveness. *Journal of Personality and Social Psychology, 63(3)*, 431-441.

Archer, J., Cantrell, S., Holtzman, S., Joe, J., Tocci, C., & Wood, J. (2015). Seeing it clearly:

Improving observer training for better feedback and better teaching. *Bill & Melinda Gates Foundation.*

Blazar, D., Braslow, D., Charalambous, C. Y., & Hill, H. C. (2017). Attending to general and mathematics-specific dimensions of teaching: Exploring factors across two observation instruments. *Educational Assessment, 22(2)*, 71-94.

Borich, G. D. (2016). *Observation skills for effective teaching: research-based practice.* Routledge.

Brownell, M. T., Steinbrecher, T., Kimerling, J., Park, Y., Bae, J., & Benedict, A. (2014). Dimensions of teacher quality in general and special education. *Handbook of research on special education teacher preparation*, 423-444.

Cassady, J. C, Speirs Neumeister, K. L., Adams, C. M., Cross, T. L., Dixon, F. A., & Pierce, R. L. (2004). The differentiated classroom observation scale. *Roper Review, 26(3)*, 139-146.

Danielson, C. (2013). The framework for teaching evaluation instrument, 2013 instructionally focused edition. Danielson Group.

Dick W., Carey L. & Carey J. O. (2005). The Systematic Design Instruction.

Fuller, F. F. (1969). Concern of teachers: A developmental conceptuali zation. *American Educational Research Journal, 6(2)*, 207-227.

Gagne, R. M., Wager, W. W., Golas, K. C., Keller, J. M., & Russell, J. D. (2005). Principles of instructional design. *Performance Improvement, 44(2)*, 44-46.

Gill, B., Shoji, M., Coen, T., & Place, K. (2016). The content, predictive power, and potential bias in five widely used teacher observation instruments. REL 2017-191. *Regional Educational Laboratory Mid-Atlantic.*

Goe, L., Bell, C., & Little, O. (2008). Approaches to evaluating teacher effectiveness: A research synthesis. *National Comprehensive Center for Teacher Quality.*

Goodwin, D., & Webb, M. A. (2014). Comparing teachers' paradigms with the teaching and learning paradigm of their state's teacher evaluation system. *Research in Higher Education Journal, 25.*

Hill, H. C. (2014). Mathematical Quality of Instruction (MQI): 4-point version. *Ann Arbor, MI: University of Michigan Learning Mathematics for Teaching Project.*

Hill, H. C., Blunk, M., Charalambous, C., Lewis, J., Phelps, G. C., Sleep, L. (2008). Mathematical knowledge for teaching and the mathematical quality of instruction: An exploratory study. *Cognition and Instruction, 26*, 430-511.

Hill, H. C., Charalambous, C. Y., & Kraft, M. A. (2012). When rater reliability is not enough: Teacher observation systems and a case for the generalizability study. *Educational Researcher, 41(2)*, 56-64.

Jukes, M. (2019). The Teach tool - the start of a global collaborative to improve classroom observations?. SHARED, Research Triangle Institute.

Kane, T. J., & Staiger, D. O. (2008). *Estimating teacher impacts on student achievement: An experimental evaluation (No. w14607).* National Bureau of Economic Research.

Kane, T. J., & Staiger, D. O. (2012). Gathering Feedback for Teaching: Combining High-Quality Observations with Student Surveys and Achievement Gains. Research Paper. MET Project. *Bill & Melinda Gates Foundation.*

Kane, T. J., McCaffrey, D. F., Miller, T., & Staiger, D. O. (2013). Have we identified effective teachers? Validating measures of effective teaching using random assignment. *Bill & Melinda Gates Foundation.*

Maulana, R., & Helms-Lorenz, M. (2018). Trends in classroom observation around the world: A general overview. Open seminar Chungnam National University[non-published].

Molina, E., Fatima, S. F., Ho, A. D. Y., Melo Hurtado, C. E., Wilichowksi, T., & Pushparatnam, A. (2018). *Measuring teaching practices at scale: Results from the development and validation of the teach classroom observation tool (No. 8653).* Washington, D.C. : The World Bank Group.

Molina, E., Melo Hurtado, C. E., Pushparatnam, A., & Wilichowski, T. M. (2019). *Teach: Observer Manual*(No. 132204, pp. 1-48). The World Bank.

Muijs, D., Reynolds, D., Sammons, P., Kyriakides, L., Creemers, B. P., & Teddlie, C. (2018). Assessing individual lessons using a generic teacher observation instrument: How useful is the International System for Teacher Observation and Feedback (ISTOF)?. *ZDM, 50(3)*, 395-406.

Ofsted (2018). Six models of lesson observation: An international perspective. Ofsted, No. 180022.

Pianta, R. C., & Hamre, B. K. (2009). Conceptualization, measurement, and improvement of classroom processes: Standardized observation can leverage capacity. *Educational Researcher, 38(2)*, 109-119.

Rosenfield, S. (2013). *Instructional consultation.* Routledge.

Stuhlman, M. W., Hamre, B. K., Downer, J. T., & Pianta, R. C. (2014). *How to select the right classroom observation tool.* Center for Advanced Study of Teaching and Learning(CASTL).

Taylor, E. S., & Tyler, J. H. (2011). *The effect of evaluation on performance: Evidence from longitudinal student achievement data of mid-career teachers (No. 16877).* National Bureau of Economic Research.

Teddlie, C., Careemers, B., Kyriakides, I., Muijs, D. & Yu, F. (2006). The international system for teacher observation and feedback: Evolution of an international study of teacher effectiveness constructs. *Educational Research and Evaluation, 12(6)*, 561-582.

University of Groningen (2017). Manual observation instrument 'ICALT' for use in support of a lesson observation.

Van de Grift, W. (2007). Quality of teaching in four European countries: A review of the literature and application of an assessment instrument. *Educational Research, 49(2)*, 127-152.

Van de Grift, W., Chun, S., Maulana, R., Lee, O., & Helms-Lorenz, M. (2017). Measuring teaching quality and student engagement in South Korea and the Netherlands. *School Effectiveness and School Improvement, 28(3)*, 337-349.

Van de Grift, W., Van der Wal, M., & Torenbeek, M. (2011). Development in teaching skills. *Pedagogische Studien, 88(6)*, 416-432.

제4장

수업관찰전문성*

1. 수업과 수업관찰

수업을 관찰하여 수업전문성 개발을 지원하는 방법이 강조되고 있다(Kane & Staiger, 2012b). 미국은 「Bill & Melinda Gates Foundation」이 지원한 MET Measures of Effective Teaching 연구에서 3,000여 수업을 관찰해 분석한 결과, 좋은 평가를 받은 교사에게 수업을 받은 학생들의 학업성취가 그렇지 않은 교사에게 수업을 받은 학생들보다 높다는 것을 확인했다(김성경, 2016: 397; Kane & Staiger, 2012b). 이는 수업전문성 발현 수준에 따라 학생의 학업성취에 15~25%의 영향을 미친다는 연구 결과와 상통한다(Archer, Cantrell, Holtzman, Joe, Tocci, & Wood, 2016; Hattie, 2012; Marzano, Frontier, & Livingston, 2011; Marzano, Pickering, & Pollock, 2001; Van de Grift, Helms-Lorenz, & Maulana, 2014).

최근 우리나라는 수업전문성 제고를 중요시하고 학생의 배움 활

* 김득준・김지은・교신저자정일화(2020). 수석교사의 수업관찰전문성 제고를 위한 수업관찰 훈련 탐색. 한국교원교육연구, 37(2), 55-78.
** 이 논문은 한국연구재단의 지원으로 수행됨(2017S1A5A2A03067650)

동에 초점을 맞춘 수업관찰, 수업나눔, 수업비평 같은 새로운 방식의 수업장학이 활기를 띠고 있다. 2012년에 수석교사제가 법제화된 후 수업컨설팅 장학 등 수업전문성 향상을 위한 활동이 증가하고 있다. 학업성취를 향상하는 수업장학의 목표를 달성하고 교수 기능 pedagogical skills 개선을 포함한 교사의 전문성 개발을 위해서는 학업성취에 직접적인 효과를 미치는 수업전략과 행동, 수업 계획과 준비에 관한 지식적 기반을 갖춰야 한다(주삼환·황인수, 2015: 17-19). 수업을 제대로 관찰할 수 있는 '교육적 감식안' 또는 '안목'도 요구된다(박승배, 2005; Borich, 2016; Eisner, 2017). 측정할 수 없으면 개선할 수 없다(Drucker, 2015). 증거기반의 관찰로 수업 개선의 맥을 진단할 수 있어야 피드백과 수업코칭을 제대로 할 수 있다.

우리나라는 수업관찰전문성을 수업전문성과 구분하지 않아 수업 경험이 있으면 별다른 관찰 훈련과 자격 기준 없이 곧바로 수업관찰에 참여하는 현실이다. 수업의 경험이 축적된 수업전문성과 반복된 관찰을 통해서 갖출 수 있는 수업관찰전문성을 동일시하기는 어렵다. 수업 경험은 수업관찰전문성의 필요조건일 수 있으나 충분조건은 아닐 것이다. 제대로 수업을 관찰하는 전문성은 체계적 훈련을 통해 갖추게 된다. 수업 경험이 많다고, 수업을 잘한다고 해서 수업관찰과 피드백도 잘할 수 있다고 하기는 어렵다. 세계적으로 훌륭한 축구선수도 코치나 감독, 또는 축구 행정가가 되려면 해당 과정을 밟아야 한다. 경기의 흐름과 선수의 기량을 관찰해 분석하고 피드백하는 코치나 감독의 전문성은 선수와는 다른 차원이다.

수업관찰은 교수활동을 지원하는 수석교사의 핵심 역할이다. 수업분석과 피드백은 정확한 수업관찰을 바탕으로 해야 한다. 학업성취를 높이는 좋은 수업의 핵심 요목要目을 연구하여 선별해 개발한 수업관찰도구를 바르게 사용하며 수업을 관찰할 수 있는 전문성이 필요하다. 본 연구는 수업장학에 요구되는 수업관찰도구의 중요성과 수업관찰전문성 및 수석교사의 연수 사례를 고찰하고, 해외의 수업관찰 훈련 모델에 기반해서 수석교사의 수업관찰전문성을 제고하는 실증적 수업관찰 훈련 과정을 탐색한다.

2. 수업장학과 수업관찰전문성

1) 수업장학

수업장학instructional supervision은 "수업 개선이 목적인 교육전문가의 행동(Dull, 1981)"과 "학습을 촉진하기 위해 수업과정에 직접적인 영향력을 행사하는 방법(Harris, 1975)"으로 정의된다(윤정일·송기창·조동섭·김병주, 2015: 270). 수업장학은 교사의 수업활동에 영향을 미치는 행위 체제다. 수업장학은 수업 개선에 필요한 상황의 확인, 진단, 대안을 위한 분석과 최선안의 선택, 그리고 코칭과 효과성 평가 등 문제해결에 이르는 과정의 제반 지원 활동을 포함한다(천세영·이옥화·정일화·김득준·장순선·방인자·이재홍·권현범·김종수·이경민·김지은·전미애, 2020: 35).

미국과 영국에서 장학은 수업장학을 의미하며, 장학담당자는 수업관찰과 분석을 통한 피드백을 주된 활동으로 삼아 수업 개선과 전문성 지원을 위해 노력한다(주삼환, 2009: 157). 수업장학은 학업성취에 영향을 미치는 수업전문성에 대한 이해를 바탕으로 해야 한다. 수업전문성 발현을 타당하게 관찰하고 분석해야 올바른 피드백과 코칭이 가능하다. 곧 정확한 수업관찰은 수업장학의 핵심이다.

수업장학은 장학담당자의 경험에 따른 자의적 판단이 아닌 학업성취에 영향을 미치는 좋은 교수 행위에 대한 타당한 기준에 따라 객관적으로 관찰, 분석해 합당한 개선으로 이어지는 피드백이어야 한다. 우리의 수업장학은 과거보다 개선되고 있으나 수업의 피상적인 면에서 아직 벗어나지 못하는 실정이다(주삼환, 2005: 21). 좋은 수업에 관한 타당한 기준에 근거해서 소통하기보다는 개인적 경험과 주관적 관점을 공유하는 차원에 머무는 형편이다.

정확한 수업관찰을 통해 수업 현상을 분석하고 개선과 해결을 위한 기초 자료를 수집하는 수업분석이 이루어져야 한다(이상수·최정일·박인우·임정훈·이미자·장경원·이유나·장선영·고은현·류지헌·강정찬·오영범, 2019: 91). 장학의 목적을 달성하기 위해서는 연구로 확인된 좋은 수업에 대한 객관적 안목을 갖고 관찰할 수 있어야 한다. 수업 교사와 관찰자 간 상호 신뢰와 협력을 바탕으로 좋은 수업의 공통된 기준에 따른 타당한 수업관찰과 분석을 통해 개선이 필요한 구체적 지점을 찾아 돕는 과학적 수업장학이 필요하다.

2) 수업관찰도구

수업관찰의 과학적 접근을 위한 표준화된 관찰도구는 쉽고 편리하게 사용할 수 있다. 준거 지향의 관찰도구는 온라인 수업 등 늘어가는 녹화 수업의 측정도 용이하게 돕는다. 세계 주요국은 연구를 통해 좋은 수업의 핵심 요목을 선정해 개발한 수업관찰도구를 사용한다. 이 관찰도구를 사용하기 위한 자격은 체계적인 연수를 받아 지속해서 정확하게 관찰할 수 있는 기준에 도달해야만 부여된다. 이런 양적 관찰도구는 신뢰할 수 있는 데이터를 생산해 수업 개선에 활용된다.

서구에서는 1960년대부터 수업의 질을 평가하는 도구가 등장하였고(이옥화·장순선·김득준, 2018: 446; Goe, Bell, & Little, 2008), 1970년대 초부터 수업에 관한 연구가 급증하였다(Porter & Brophy, 1988: 74). 시간 로그 중심의 Stallings, 언어상호작용을 분석하는 Flanders 수업관찰도구의 개발 이후, 활동 중심의 양적 관찰 도구의 개발이 이어져 좋은 수업과 학업성취를 관련짓는 연구에 활용되었다. 국내에서도 수업전문성을 측정하는 도구의 개발은 지속해서 이루어졌으나, 관찰한 결과를 분석해서 실제 적용하는 단계에는 이르지 못했다(천세영·김득준·정일화, 2018: 34).

증거기반의 양적 수업관찰도구의 예로는 네덜란드에서 개발되어 영국의 교육기준청Ofsted이 수업장학에 도입을 고려하는 ICALTInternational Comparative Analysis of Learning and Teaching가 있다. 그리고 MET 연구에서 사용된 CLASSClass Assessment Scoring System, FfTFramework for Teaching, MQIMathematical Quality of Instruction, UTOPUTeach Observational Protocol, PLATOProtocol for Language Arts Teaching Observation, QSTQuality Science Teaching가 있다(Gill, Shoji, Coen, & Place, 2016; Kane & Staiger, 2012b). 이 밖에 20개 국가가 공동 개발한 ISTOFInternational System for Teacher Observation and Feedback, 세계은행이 저개발 국가의 교육 지원을 위해 개발한 TEACH, 독일에서 개발된 GDTQGeneric Dimensions of Teacher Quality가 있다.

학업성취를 높이는 좋은 수업의 관찰 준거인 이런 도구는 학교 효과성 측정에 관한 증거기반의 데이터를 모으는 핵심 기제로 수업 행동의 관찰에 초점을 맞춘다. 예를 들면, ICALT 도구는 '안전하고 고무적인 수업분위기, 효율적 수업운영, 명료하고 구조화된 수업내용, 집중적이고 활발한 수업활동, 교수학습전략, 개별화 학습지도'의 6개 교수활동 영역으로 구성되어 있다. 하위추론의 구체적 수업행동인 114개의 예시와 상위추론의 활동을 판단하는 32개의 문항이 Rasch scale의 기술적 난이도에 따라 순차 위계적으로 제시된다(천세영 등, 2018: 35). ICALT는 발현되는 수업전문성 수준을 측정해서 개선이 필요한 근접발달영역$_{ZPD}$을 찾아 피드백할 수 있다(Tas, Houtveen, Van de Grift, & Willemsen, 2018).

3) 수업관찰전문성

수업관찰이 정확해야 제대로 된 수업분석이 가능하다. 수업관찰이 부실하게 이루어지면 무슨 일이 일어났는지 놓치거나 파악할 수 없고, 잘못된 관점에서 이루어지면 수업 개선의 방향성이 왜곡될 수 있다(이혁규·김향정·김남수, 2014). '수업 경험'만으로 '수업관찰' 능력을 갖출 수 없다. 수업을 잘한다든가 수업 경험이 풍부하다고 해서 수업관찰과 피드백을 잘하리라는 기대는 가정에 그칠 수 있다. 객관적이고 타당한 수업관찰은 관찰 기준에 부합하고 일관성이 있어야 한다. 수업관찰은 관찰자가 다르더라도 설정된 기준에서 오차 범위를 벗어나지 않아야 한다.

수업장학에 수업코칭과 수업컨설팅이 도입되면서 수업관찰전문성을 갖춘 전문가의 역할이 중요해지고 있다. 하지만 개인의 주관적인 경험을 바탕으로 수업을 평가하여 같은 수업을 보아도 교사 간에 차이를 나타내는 것처럼(이혁규 등, 2014: 449, 462), 수업관찰에서 수업전문성에 관한 미시적이고 질적인 접근은 수업분석 및 활용에 대한 뚜렷한 지침이 없는 문제점을 보이며, 객관적이고 과학적 접근에 한계를 보인다(황은희·백순근, 2008: 62).

수업관찰전문성은 학업성취를 높이는 좋은 수업의 핵심 요목을 연구하여 선별해 개발한 수업관찰도구의 관찰 루브릭과 준거에 따라 수업의 질을 정확하게 측정하는 역량이다. 수업관찰전문성은 수업 경험을 포함한 수업전문성에 대한 이해에 더해지는 별도의 전문영역이다. 수업관찰은 분석과 피드백으로 연결되기 때문에 수업 평가, 교육과정, 교수법, 데이터 분석력, 의사소통에 관한 전문성이 필요하다.

수업 평가를 위한 네 가지 영역으로 교사의 수업 계획과 준비planning & preparation, 수업 환경classroom environment, 수업instruction, 전문성에 대한 책임professional responsibilities을 들 수 있다(Danielson, 2013: 5). 수업관찰자는 이 영역 외에도 교실에서 발현되는 수업전문성을 제대로 진단하기 위해 학교마다 다른 교사의 처지를 이해할 수 있어야 한다. 수업 교사와의 관계, 의사소통, 의사결정, 문제해결을 위한 현상의 판단, 분석, 진단, 이를 뒷받침하는 데이터 활용 역량 등도 갖춰야 한다(천세영 등, 2020: 26-34).

수업관찰자는 학교조직의 구조, 조직문화, 조직풍토를 파악해야 한다(Halpin & Croft, 1962; Miskel & Hoy, 2005; Sethia & Glinow, 1985). 장학은 의사소통이라고 할 만큼(주삼환, 2009: 115), 수업 개선에 영향력을 미치기 위해 수업 교사와 상호작용하는 전문적 리더십이 필요하다. 상호 신뢰하며 경청하고 수용하는 태도를 보여야 한다(Wiles & Lovell, 1975: 91-93; 주삼환, 2009: 120 재인용). 학업성취 향상에 초점을 맞춘 문제해결의 최적안을 선택하기 위해 수업과 교육과정은 물론이고 의사결정의 과정에 대한 이해도 필요하다.

수업전문성 제고를 돕는 수업장학이 되려면 학업성취에 영향을 미치는 수업전문성에 대한 이해와 더불어 관찰에 관한 과학적인 기준이 제시되어야 한다. 이 기준에 따라 수업관찰, 분석, 코칭 전문성을 갖춘 전문가의 양성과 수업장학의 개별 요구를 반영하는 체제가 마련될 수 있다. 장학의 결과는 연구로 확인된 효과적인 수업 관련 데이터와 비교하여 교사의 발달단계별 수업전문성을 위한 연수 기회와 연결되어야 한다(Marzano et al., 2001).

'미묘한 차이를 보이는 행동thin slices of behavior'으로 드러나는 수업 전문성은 기술하기 어렵지만 관찰해서 분석할 수 있다(정일화, 2020: 67; Ambady & Rosenthal, 1992, 1993; Marzano et al., 2011). 미세한 수업행동의 차이를 관찰, 포착하여 수업의 질을 측정, 분석할 수 있는 전문성이 중요하다(Allen, Pianta, Gregory, Mikami, & Lun, 2011; Ambady & Rosenthal, 1992: 266; Kane & Staiger, 2012b: 14-15; Pianta & Hamre, 2009; Taylor & Tyler, 2011). 실천적 교수역량의 측정은 관찰과 분석을 통해 이루어진다(황은희·백순근, 2008: 54).

측정한 결과를 근거로 수업전문성을 객관적으로 향상할 가능성은 확인되었지만, 수업관찰 및 수업분석 전문성의 문제가 있어 수업관찰과 분석의 신뢰도와 타당도를 높이기 위한 노력이 필요하다

(천세영 등, 2018: 50). 수업관찰자는 과학적으로 개발된 수업관찰 도구를 활용해서 관찰과 분석 및 수업코칭 등을 수행하는 데 우선 적으로 요구되는 수업관찰전문성을 갖춰야 한다. 합당한 수업 개선 지원을 위해서는 신뢰할 수 있는 데이터에 기반해야 한다. 관찰 준 거에 따라 정확하게 수업을 측정하여 타당한 수업 개선에 적합한 지점을 진단할 수 있는 수업관찰전문성은 수업장학의 핵심적 역량 이다.

3. 수석교사의 수업관찰 연수 실태

수석교사는 교수·연구 활동을 지원하는 임무를 맡아 수업을 관 찰하고 피드백을 하는 수업장학 활동을 한다. 이런 면에서 수석교 사는 수업관찰전문가로 불릴 수 있다. 하지만 수석교사 자격연수는 수업전문가로서 갖춰야 할 전문성과 자질을 높이는 종합적 프로그 램이기는 하나, 수업관찰전문성에 초점을 맞춘다면 관찰 일관성 등 결과의 신뢰를 담보할 수 있는 관찰 역량을 충족하는 연수 과정이 라고 보기에는 미흡하다.

수석교사 자격연수는 2018년까지 교감자격교육과정에 준하여 운 영되다가 2019년부터 기존의 기본 소양, 역량 영역, 전문 영역 구 분이 기본역량과 전문역량으로 개정되면서 별도의 수석교사 표준교 육과정으로 편성되었다(교육부, 2019; 박영숙·허주·이동엽·김혜 진·이승호·김갑성·김이경, 2020: 111). 개정된 자격연수는 기본 역량 30~50%, 전문역량 50~70%의 비율로 할당된다. 2020년 수석교사 자격연수 프로그램은 2개 영역, 6개 핵심역량, 6개 모듈의 총 43개 과목 102시간이다.

교육과정, 교수학습모형, 과정평가, 수업컨설팅과 코칭, 교내장학 등 다양한 과목으로 구성된 가운데 수업관찰과 직접 관련된 과목과 시간은 <표 1>처럼 「모듈 3」의 수업관찰·분석·평가의 이론과 실제(2), 수업관찰·분석·평가(2), 수업연구 토의(2)의 3과목 6시간에 그친다. 「모듈 3」 외에 수업관찰에 근접한 교과는 「모듈 4」의 수업연구 및 교내 장학 관련 강의와 실습의 4시간, 「모듈 5」의 수업컨설팅 및 코칭과 관련한 6시간이 전부라고 할 수 있다. 2020년 수석교사 자격연수 102시간 가운데 수업관찰과 관련한 시간은 10시간 정도로, 전체의 10%에 머문다(종합교육연수원, 2020).

2018년 '수석교사 수업컨설팅 핵심요원 양성과정'은 총 79시간의 연수로 <집합교육>, <역사문화 탐방>, <교육기관 방문>의 세 영역으로 구성되었다. <집합교육>은 31.5시간 동안 18개 직무 교과를 다루었다. 이 가운데 <집합교육>에서 수업관찰과 수업분석 관련 내용은 <표 1>처럼, 강의로 이루어지는 '수업컨설팅 기법' 1시간, '수업컨설팅 모의실습' 2시간, 분임토의 방식의 '역량기반 수업 모니터링' 2시간을 합한 5시간으로, <집합교육> 연수의 6% 정도에 그쳤다(정일화, 2020: 75). <표 1>에서 음영 표시된 것처럼, 프로그램의 외현으로만 판단할 때, 수석교사 자격취득을 위한 연수에서의 「모듈 5」 수업컨설팅과 '수석교사 수업컨설팅 핵심요원 양성과정'은 거의 유사하다고 볼 수 있다.

<표 1> 수석교사의 수업관찰 관련 연수

구분	자격연수 교육과정			핵심요원 양성과정
	모듈 3. 수업연구	모듈 4. 수업연구·교내 장학	모듈 5. 수업컨설팅	수업관찰 프로그램
강의	관찰·분석·평가의 이론과 실제(2)	수업연구·장학의 실제(2)	수업컨설팅 이론과 실제(2)	수업컨설팅 기법(1)
실습	관찰·분석·평가(2)	수업연구·장학(2)	수업컨설팅과 코칭(2)	수업컨설팅 모의실습(2)
분임	수업연구 토의(2)		수업컨설팅 및 코칭(2)	역량기반 수업모니터링(2)

* 종합교육연수원(2020). 2020 수석교사 자격연수; 중앙교육연수원(2018). 수석교사 수업컨설팅 핵심요원 양성과정

　　세계 주요국은 수업관찰자 훈련을 통해 수업 효과성 측정이 가능한 준거 지향의 수업관찰도구를 사용할 수 있는 전문성을 기른다. 관찰도구의 준거에 따라 일관되게 정확히 수업을 관찰하고 그 결과를 수업 개선을 위한 증거기반의 피드백 자료로 활용할 수 있는 역량에 집중한다(정일화, 2020: 75). 해외의 사례와 비교해 수석교사 자격연수에서 수업관찰에 투입되는 시간과 집중도는 양적 측정의 수업관찰도구를 사용할 전문성을 갖추는 데 있어서 연수 시간, 방법, 기준 등이 미흡하다. 수석교사의 전문성을 제고하기 위한 연수는 수업관찰 역량을 함양하는 데 먼저 초점을 맞춰 구성, 운영될 필요가 있다.

4. 해외의 수업관찰자 훈련

교사와 학생이 긍정적인 상호작용을 하며 학업성취를 향상하는 수업전문성 개발을 지원하기 위한 수업관찰은 중요하다(Pianta & Hamre, 2009). 세계 주요국은 좋은 수업의 수행 기대를 설정하고, 누가 어떤 방식으로 측정하고, 결과를 어떻게 환류할지에 관한 연구를 지속하고 있다(Allen-Kinross, 2018; Kane & Staiger, 2012b; Kane, McCaffrey, Miller, & Staiger, 2013; Van de Grift, Chun, Maulana, Lee, & Helms-Lorenz, 2017). 정확하게 측정하고 피드백하는 역량을 갖추도록 공인 자격취득 훈련 과정을 운영하는 영국처럼people-projects.co.uk/otl, 주요국은 수업관찰도구를 제대로 사용해 정확하게 관찰할 수 있는 전문 훈련 과정을 운영한다.

수업관찰자는 관찰 훈련을 통해 도구를 사용할 역량 수준에 도달하면 관찰할 자격을 부여받는다. 수업관찰도구의 좋은 수업에 관한 타당한 준거에 따라 교사가 수업전문성을 발현하는지, 발현하지 못한다면 어느 지점을 개선해야 하는지 진단할 수 있어야 하고, 개선을 위해 어떻게 해야 할지에 관한 코칭이 가능해야 한다. 수업관찰자는 관찰 훈련을 통해 이러한 관찰, 분석, 해석, 피드백에 관한 전문성을 갖추게 된다.

네덜란드의 국가 장학시스템에 적용하기 위해 ICALT 관찰도구를 개발한 Groningen 대학교는 2018년 기준으로 2,600명 이상의 수업관찰자를 양성해 예비 교사와 저경력 교사의 수업을 관찰하였다. ICALT는 수업관찰 때 유의할 사항을 안내하는 지침서가 있다. 미국의 Danielson이 개발한 FfTFramework for Teaching 커리큘럼에서는 수업의 관찰과 평가, 피드백과 코칭 자격을 갖추기 위해 객관적으로 수업을 관찰하고 타당하게 분석하는 공통의 기준을 익힌다. 이 과정은 수업관찰의 절차와 관찰 결과의 해석, 멘토링 역량, 소통능력을 함양하는 프로그램을 포함한다(Danielson, 2013).

대표적인 수업관찰 연수 사례로는 MET 프로젝트를 들 수 있다. MET 연구에는 약 900명의 수업관찰자가 참여했는데(Kane & Staiger, 2012a: 5), 정확한 수업관찰과 수업관찰자 간 신뢰도의 확보를 위해 사용할 도구의 측정 기준에 따른 관찰자의 전문적 능력이 목표 수준에 도달하도록 관찰자 훈련을 하였다. 부정확한 수업관찰은 잘못된 결정으로 이어진다. 관찰 점수의 정확성을 보장하는 것은 단순히 훈련을 받았는지가 아니라 도구를 제대로 사용할 수 있는지이다. 관찰 능력을 유지하기 위해 주기적으로 재교육을 요청할 필요가 있다(Kane & Staiger, 2012a: 14).

MET 연구의 수업관찰은 FfT, CLASS, PLATO, MQI, UTOP, QST 같은 증거기반의 양적 관찰도구를 사용하여 초·중등의 학교급과 교과목에 따라 다르게 적용되었다. 수업관찰자 간 관찰 신뢰도 유지 등을 위해 [그림 1]의 과정으로 17~25시간 동안 주로 온라인을 통한 자기주도적 학습 모듈로 진행되었다(Kane & Staiger, 2012b: 22-23). MET 연구의 파트너인 ETS$_{Educational\ Testing\ Service}$와 Teachscape는 네 가지 관찰도구에 대한 관찰자$_{raters}$의 모집 및 훈련을 공동으로 관리했다. UTOP의 경우, NMSI$_{National\ Math\ and\ Science\ Initiative}$에서 점수를 관리했다(Kane & Staiger, 2012a: 32).

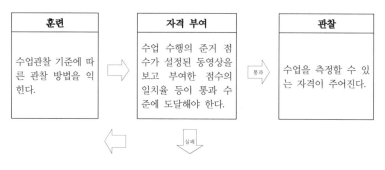

훈련	자격 부여	관찰
수업관찰 기준에 따른 관찰 방법을 익힌다.	수업 수행의 준거 점수가 설정된 동영상을 보고 부여한 점수의 일치율 등이 통과 수준에 도달해야 한다.	수업을 측정할 수 있는 자격이 주어진다.

[그림 1] 수업관찰자의 관찰 정확도 확보 과정

MET 연구에서 대부분의 관찰 훈련과 모든 채점은 온라인으로 진행되었다. 관찰자는 기본적으로 학사학위를 가지고 있고, 도구 사용자의 약 70% 이상은 더 높은 학위를 소지하였다. 일부는 예비 교사도 포함하였지만, 75% 이상은 6년 이상의 교직 경험이 있었다. UTOP을 제외한 4개 수업관찰도구의 교육은 온라인 자율 모듈을 통해 실시되었다(Kane & Staiger, 2012b: 22).

[그림 1]처럼, 수업관찰자 훈련에서는 우선 수업관찰 기준에 따라 관찰 방법을 익히게 된다. 먼저 좋은 수업의 기준인 수업관찰도구에 대한 이해, 도구의 개발 배경 및 검증에 관해 알게 된다. 다음 단계는 본격적인 수업관찰 연습을 한다. 수업동영상을 보고 설정된 수업 수행의 준거 점수와 부여한 점수와의 일치율 등이 <표 2>처럼 자격 부여에 요구되는 수준에 도달해야 한다. 1차에 통과하지 못하면 2차 기회가 주어진다. 통과 기준에 도달하면 유효 기간이 있는 자격이 주어지고, 추후 자격 갱신을 위한 연수를 받아야 한다.

한 예로, Memphis 교육청의 교사 효과 측정TEM: Teacher Effectiveness Measure 관찰 루브릭에 대한 훈련은 도구 이해와 사용 방법에 대한 이틀간 교육으로 시작된다. 관찰자는 약 3주 동안 독립적으로 준거 점수가 매겨진 마스터 비디오를 이용해 연습하고 평가를 받는다. 루브릭에서 7개 역량 가운데 3개에 대해 일치하는 점수를 얻어야 통과한다. 어떤 역량이든 도구의 5점 척도로 설정된 점수에서 1점 이상 벗어날 수 없다. 교사와 교장 등 17명으로 구성된 인증위원회 가 합의하여 마스터 동영상의 준거 점수를 결정한다(Kane & Staiger, 2012a: 14-16).

<표 2>의 MET 프로젝트에 사용된 6개 관찰도구는 미국에서 개 발되었다. 이들 도구는 QST Quality of Science Teaching를 제외하고 관찰 점수의 신뢰성 및 정확성 확보를 위한 관찰자 훈련과 이수 기준이 제시되었다. QST는 과학 수업을 평가하기 위해 Stanford 대학의 Raymond Pecheone & Susan Schultz가 개발하여 수학에도 사용된 다. QST는 2011년 1차 보고서에서는 다른 관찰도구와의 비교 실 험에서 제외되었으나, 2차 보고서에 제한적으로 조사 결과가 포함 되었다(Kane et al., 2013). 1차 MET 프로젝트가 시작될 때 수업관 찰도구의 활용에 관한 관찰자 훈련이 이루어졌으나, QST 도구 활 용의 절차와 이수 과정은 소개되지 않았다.

<표 2> MET 연구의 수업관찰 연수에 사용된 수업관찰도구

관찰도구	이수 기준	통과율 (2회 시도)
FfT	문항별 50% 이상의 정답율 및 관찰척도 기준에서 오차율 25% 이내	83%
CLASS	문항별 70% 이상의 정답률 또는 관찰척도의 기준 점수에 근접	82%
MQI	관찰자 간 평균점수와 제시된 기준에서 최대 허용 차이 범위 내	56%
PLATO	관찰척도 기준 점수와 일치율이 최소 70% 관찰척도의 기준 점수와 관찰 점수의 불일치가 10% 이하	71%
UTOP	공식적 인증 프로세스는 없으나 비디오 관찰을 통해 훈련 참여 평가자들 대면 토론과 온라인 세션을 통해 통합적으로 평가	-
QST	MET 연구에서 고등 과학수업평가 위한 관찰도구로 개발 MET 운영의 전체 관찰자 훈련에 포함	-
	전체 도구의 통과율	77%

* Kane & Staiger(2012a: 14-16). Gathering feedback for teachers: Combining high-quality observations with student surveys and achievement gains. *Bill and Melinda Gates Foundation;* Kane & Staiger(2012b: 22). Gathering Feedback for Teaching: Combining High-Quality Observations with Student Surveys and Achievement Gains. Research Paper. *Bill & Melinda Gates Foundation.*

5. 수석교사의 수업관찰 훈련 사례

수석교사의 수업관찰전문성 제고를 위한 훈련은 네덜란드 Groningen 대학교에서 개발한 ICALT 관찰도구를 사용했다. ICALT 수업관찰자 연수 과정은 한 코호트$_{cohort}$ 당 약 15~20명을 기준으로 편성된다. 2014년부터 Groningen 대학교와 연구를 공동으로 진행하는 한국수업전문성연구센터가 2018년 11월에 개최한 ICALT 수업관찰 훈련 과정에는 충북, 대전, 대구 등의 초·중등 수석교사가 1차 19명, 2차 21명 참여하였다.

<표 3>처럼 2018년 11월에 열린 국제 세미나와 워크숍을 겸한 연수의 주요 내용은 ICALT 수업분석 연구와 도구에 관한 이해, 도

구의 활용, 2차시 수업 분량의 동영상을 이용한 관찰 실습으로서, 이틀에 걸쳐 9시간 동안 진행되었다. 1차시 수업을 관찰한 뒤 관찰 도구의 문항별로 일치도를 확인한다. 그리고 문항별로 서로의 관점을 공유하며 이해하고 문항이 의미하는 공통의 기준에 근접한다. 2차시 수업관찰 연습도 1차시와 같은 방식으로 반복하며, 도구 사용의 전문성을 발전시켜 서로 관찰한 결과의 일치도를 정해진 수준까지 도달하게 한다.

<표 3> ICALT 수업관찰 워크숍-세미나 프로그램

구분	차시	내용	비고
1일차 세미나	1차시	ICALT 연구와 도구 소개	한국수업전문성연구센터
	2차시	유럽과 네덜란드의 수업장학 연구와 실제	Groningen University
	3차시	한국의 수업장학 연구와 실제	대학
		수석교사가 본 수업장학의 실제	초등·중등
2일차 워크숍	4차시	관찰도구 사용법 등 워크숍 오리엔테이션	문항의 의미 및 척도 이해
	5-6차시	수업관찰 및 분석 I	초등 수업동영상
	7-8차시	수업관찰 및 분석 II	중등 수업동영상
	9차시	종합 토론	한국수업전문성연구센터

* 한국수업전문성연구센터(2018). 2018 한국-네덜란드 세미나·워크숍. p. 2 발췌 수정

ICALT 훈련은 [그림 2]처럼 관찰도구의 이해가 선행되어야 한다. 관찰도구의 대영역과 중영역의 문항을 연결하는 커플링테스트 coupling test도 필요하다. 커플링테스트를 마치면 수업 장면과 관찰 항목을 연결해서 점수를 부여하는 시간이 단축된다. ICALT 도구는 수업전문성의 발현을 판단하는 데 도움이 되는 114개의 구체적 수업행동 사례가 제시되어 있다. 동영상을 이용해 수업을 관찰한 결과를 온라인의 분석 시스템icalt.kr에 입력하면, 참여자 개별과 전체

결과가 일목요연하게 분석된다. 이 결과를 바탕으로 긍정(3, 4점)과 부정(1, 2점)으로 엇갈린 문항에 초점을 맞추어 관점을 공유하여 기준에 합당한 안목을 기르게 된다. 두 차례의 관찰 실습을 마치면 관찰전문성의 내재화를 위해 개별적으로 20차시의 관찰 실습을 한다. 이 과정을 마치면 보완 연수와 자격 발급이 이어진다(천세영 등, 2020).

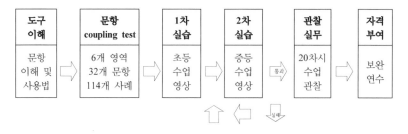

[그림 2] 수업관찰전문가 훈련 과정

첫 번째와 두 번째 관찰 실습 간 문항별 응답 일치도를 비교하면 이전보다 높아진 일치도 결과를 기대할 수 있다. 문항별 응답 일치도 향상 정도를 비교하기 위해 급내상관계수ICC: Intraclass correlation coefficient를 실시하였다. 급내상관계수 또는 신뢰도 계수reliability coefficient는 반복성과 재현성을 평가하는 데 매우 흔하게 사용되는 지표로, 측정값의 총 변량 중 개인 간 변량에 의해 야기된 부분에 대한 추정치다(Szklo & Nieto, 2007). 이를 구하는 공식은 아래와 같다.

$$ICC = \frac{V_b}{V_T} = \frac{V_b}{V_b + V_e}$$

V_T : 총 변량$_{\text{total variance}}$, V_b와 V_e의 총합

V_b : 일반적인 신뢰도 연구에서는 개인 간 변량$_{\text{variance between}}$
$_{\text{individuals}}$

V_e : 개인 내 변량$_{\text{variance within individuals}}$, 원하지 않은 변량, 오차,
동일 대상에 대한 여러 측정값 간 분산(변량)의 추정치

1차(19명) 수업관찰 실습 참여자의 문항별 응답 일치도의 사례는
<표 4>와 같다. 1차 수업관찰 실습의 급내상관계수는 .725로 관찰
자 간의 측정이 ICALT 자격 부여를 위한 관찰 역량 통과 기준인
70%를 약간 상회한 수준인 72.5% 일치를 보이며, 통계적으로 유
의하게 나타났다(p = .000 < .05). 이는 2019년 11월에 A교육청의
다양한 교원 직책으로 구성된 초등과 중등 컨설턴트 30명을 대상
으로 1차시만 관찰한 약식 실습에서 일치도가 68.57%로 나타난 것
과 비교하면 약간 높은 편이다.

<표 4> 수업관찰 실습의 급내상관계수

		Intraclass Correlation[b]	95% Confidence Interval		F Test with True Value 0			
		Lower Bound	Upper Bound	Value	df1	df2		Sig
1차	Single Measures	.117[a]	.060	.220	3.640	29	551	.000
	Average Measures	**.725**	.559	.849	3.640	29	551	**.000**
2차	Single Measures	.267[a]	.178	.401	7.927	34	612	.000
	Average Measures	**.874**	.804	.927	7.927	34	612	**.000**

* 정일화·김득준(2020). 초중등교사의 수업전문성 측정을 위한 ICALT 수업관찰도구의 타당도 검증.
교육평가연구, 33(1), p. 219.

2차(21명) 수업관찰 실습 참여자의 문항별 응답 일치도는 <표 4>와 같다. 2차 실습의 결과에서 급내상관계수는 .874로 관찰자 간의 측정이 87.4% 일치를 보이며 통계적으로 유의하게 나타났다(p = .000 < .05). 1차 실습 때는 통과 일치도 기준인 70%를 약간 상회한 72.5%였으나, 2차 실습은 1차에 비해 14.9%의 높은 상승 폭을 보였다. 1차와 2차 관찰 실습 간 문항별 응답 일치도를 비교할 때, 향상도가 확연히 높아져 관찰 실습이 반복됨에 따라 도구 활용의 숙달 정도 등 관찰전문성이 향상됨을 확인하였다.

관찰도구에 대한 이해도를 높이고, 준거에 따라 관찰하는 안목을 2차에 걸친 연습을 통해 공유한 결과 관찰 일치도의 평균이 상승하였다. 관찰자 간 차이를 줄여 결과의 신뢰를 높일 수 있었다. 수업을 관찰하는 관점에 대한 기준이 없으면 관찰자마다 관점이 달라 수업전문성을 높이고자 수업을 공개하는 교사는 어려움을 겪는다 (천세영 등, 2020: 176). 좋은 수업의 요소를 반영한 관찰도구의 준거에 따라 교사는 수업을 구성해 수행하고, 관찰자는 정확하게 관찰하여 결과의 신뢰를 높인다면 실질적으로 필요한 수업 개선에 유익할 것이다.

6. 수업관찰전문성 제고 방향

가르치는 일은 예술보다 과학이 되어가는 역사적 전환점에 있다 (Marzano et al., 2001: 156). 측정할 수 없으면 개선할 수 없다 (Drucker, 2015). 학교 효과성 연구는 학업성취를 향상하는 좋은 수업에 관심을 두고 준거 지향의 수업관찰도구로 측정해서 수업 개선을 돕는다(Kane & Staiger, 2012b). 수업을 제대로 관찰하는 전문성은 수업 개선 지원에 필요한 중요한 자질이다. 교수활동을 지원하는 수석교사는 높은 수준의 수업관찰전문성을 갖추어야 한다.

우리의 수석교사 수업관찰 관련 연수를 미국의 MET 관찰자 훈련과 비교하면, 수업을 정확히 관찰하여 결과의 신뢰성을 보증할 전문성을 갖추기에는 연수 시간과 심화 정도가 미흡하다. 수업관찰에 집중하는 연수 프로그램이 필요하다. 전문가가 교사의 수업 장면을 평가하는 데 유용한 방법인 수업동영상 관찰이 증가하고(황은희·백순근, 2008), 최근 온라인 수업도 늘고 있다. 수업관찰의 준거가 되는 마스터 수업동영상을 이용한 체계적이고 과학적인 수업관찰 연수가 요구된다. 이를 위해 수업전문성 요소별로 모범 수업 사례를 확인할 수 있는 마스터 비디오 개발과 이와 관련한 수업 코칭 프로그램의 개발도 이루어지기를 기대한다.

참고문헌

교육부(2019). 2019 교원 연수 중점 추진 방향.

김성경(2016). MQI를 이용한 예비교사와 현직교사의 수학수업의 질 분석. 수학교육, 55(4), 397-416.

박승배(2005). 교육비평 -엘리어트 아이즈너의 질적연구방법론-. 교육과학사.

박영숙・허주・이동엽・김혜진・이승호・김갑성・김이경(2020). 교직환경 변화에 따른 교원 정책 혁신 과제(Ⅲ) - 교원 인사제도 혁신 방안 연구 -. RR 2019-03. 한국교육개발원.

윤정일・송기창・조동섭・김병주(2015). 교육행정학 원론. 학지사.

이상수・최정임・박인우・임정훈・이미자・장경원・이유나・장선영・고은현・류지헌・강정찬・오영범(2019). 수업컨설팅. 학지사.

이옥화・장순선・김득준(2018). 수업관찰 유형에 따른 수업전문성 요인 차이 분석: ICALT 수업분석 관찰도구 활용을 기반으로. 교육공학연구, 34(3), 441-465.

이용숙・이재분・소경희・진영미(1990). 국민학교 교육 현상에 대한 문화기술적 연구. 한국교육개발원.

이혁규・김향정・김남수(2014). 상이한 수업 관찰 도구를 통해 드러나는 교사들의 인식 이해. 열린교육연구, 22(1), 449-477.

정일화(2020). 수업관찰 연수에 관한 사례 연구. 한국교원교육연구, 37(1), 63-85.

정일화・김득준(2020). 초・중등교사의 수업전문성 측정을 위한 ICALT 수업관찰도구의 타당도 검증. 교육평가연구, 33(1), 215-243.

종합교육연수원(2020). 2020 수석교사 자격연수. 한국교원대학교.

주삼환(2005). 장학론. 한국학술정보.

주삼환(2009). 장학의 이론과 실제 Ⅰ 이론편. 한국학술정보.

주삼환・천세영・김택균・신붕섭・이석열・김용남・이미라・이선호・정일화・김미정・조성만(2015). 교육행정 및 교육경영. 학지사.

주삼환・황인수 공역(2015). 수업장학. 학지사.

중앙교육연수원(2018). 수석교사 수업컨설팅 핵심요원 양성과정. 2018-100.

천세영・김득준・정일화(2018). 수업전문성 측정도구(ICALT)의 문항별 신뢰도 및 타당도에 관한 연구. 한국교원교육연구, 35(3), 31-54.

천세영・이옥화・정일화・김득준・장순선・방인자・이재홍・권현범・김종수・이경민・김지은・전미애(2020). 수업분석과 수업코칭. 학지사.

천호성(2005). 사회과 교실 수업 분석의 방법과 과제-관찰, 수업기록, 분석시점을 중심으로. 시민교육연구, 37(3), 231-253.

한국수업전문성연구센터(2018). 2018 한국-네덜란드 ICALT 세미나・워크숍. 미출간.

황은희・백순근(2008). 중등교사의 실천적 교수역량에 대한 자기평가와 전문가평가의 비교 연구. 교육평가연구, 21(2), 53-74.

Allen, J. P., Pianta, R. C., Gregory, A., Mikami, A. Y., & Lun, J. (2011). An interaction-based approach to enhancing secondary school instruction and student achievement. *Science 333 (6045)*, 1034-1037.

Allen-Kinross, P. (2018). Ofsted considers its options on lesson observation. Ofsted. Retrieved from https://schoolsweek.co.uk/ofs ted-considers-its-options-on-lesson-observation.

Ambady, N., & Rosenthal, R. (1992). Thin slices of expressive behavior as predictors of interpersonal consequences: A meta-analysis. *Psychological bulletin, 111(2)*, 256-274.

Ambady, N., & Rosenthal, R. (1993). Half a minute: Predicting teacher evaluations from thin slices of nonberbal behavior and physical attractiveness. *Journal of Personality and Social Psychology, 63(3)*, 431-441.

Archer, J., Cantrell, S., Holtzman, S. L., Joe, J. N., Tocci, C. M., & Wood, J. (2016). *Better feedback for better teaching: A practical guide to improving classroom observations.* John Wiley & Sons.

Borich, G. D. (2016). *Observation skills for effective teaching: research-based practice.* Routledge.

Danielson, C. (2013). The framework for teaching evaluation instrument, 2013 instructionally focused edition. Danielson Group.

Drucker, P. (2015). If you can't measure it, you can't manage it. MarketCulture Blog.

Dull, L. W. (1981). *Supervision--school Leadership Handbook.* CE Merrill Publishing Company.

Eisner, E. W. (2017). *The enlightened eye: Qualitative inquiry and the enhancement of educational practice.* Teachers College Press.

Gill, B., Shoji, M., Coen, T., & Place, K. (2016). The content, predictive power, and potential bias in five widely used teacher observation instruments. REL 2017-191. *Regional Educational Laboratory Mid-Atlantic.*

Goe, L., Bell, C., & Little, O. (2008). Approaches to evaluating teacher effectiveness: A research synthesis. *National Comprehensive Center for Teacher Quality.*

Halpin, A. W., & Croft, D. B. (1962). *The organizational climate of schools (Vol. 11, No. 7).* Midewest Administration Center, University of Chicago.

Harris, B. M. (1975). Supervisory behavior in education.

Hattie, J. (2012). *Visible learning for teachers: Maximizing impact on learning.* Routledge.

Hoy, W. K., & Miskel, C. G. (2005). Educational administration: theory, research, practice 7th ed, MC Grow Hill. *Higher education.*

Jukes, M. (2019). *The Teach tool - the start of a global collaborative to improve classroom observations?* Research Triangle Institute.

Kane, T. J., & Staiger, D. O. (2012a). Gathering feedback for teachers: Combining high-quality observations with student surveys and achievement gains. *Policy and practice brief prepared for the Bill and Melinda Gates Foundation.*

Kane, T. J., & Staiger, D. O. (2012b). Gathering Feedback for Teaching: Combining High-Quality Observations with Student Surveys and Achievement Gains. Research Paper. MET Project. *Bill & Melinda Gates Foundation.*

Kane, T. J., McCaffrey, D. F., Miller, T., & Staiger, D. O. (2013). Have we identified effective teachers? Validating measures of effective teaching using random assignment. In Research Paper. MET Project. *Bill & Melinda Gates Foundation.*

Marzano, R. J., Frontier, T., & Livinston, D. (2011). *Effective supervision: Supporting the art and science of teaching.* ASCD.

Marzano, R. J., Pickering, D., & Pollock, J. E. (2001). *Classroom instruction that works: Research-based HHstrategies for increasing student achievement.* ASCD.

Pianta, R. C., & Hamre, B. K. (2009). Conceptualization, measurement, and improvement of classroom processes: Standardized observation can leverage capacity. *Educational researcher, 38(2)*, 109-119.

Porter, A. C. & Brophy, J. (1988). Synthesis of research on good teaching: Insights from work of the institute for research on teaching. *Educational Leadership, 45(8)*, 74-85.

Sethia, N., & Von Glinow, M. A. (1985). Arriving at four cultures by managing the reward system. *Gaining control of the corporate culture*, 400-420.

Szklo, M., & Nieto, F. (2007). Identifying noncausal associations: confounding. *Epidemiology beyond the basics. 2nd ed., Sudbury, MA: Jones and Bartlett*, 160.

Tas, T., Houtveen, T., van de Grift, W., & Willemsen, M. (2018). Learning to teach: Effects of classroom observation, assignment of appropriate lesson preparation templates and stage focused feedback. *Studies in Educational Evaluation, 58*, 8-16.

Taylor, E. S., & Tyler, J. H. (2011). *The effect of evaluation on performance: Evidence from longitudinal student achievement data of mid-career teachers (No. w16877)*. National Bureau of Economic Research.

Van de Grift, W. J., Chun, S., Maulana, R., Lee, O., & Helms-Lorenz, M. (2017). Measuring teaching quality and student engagement in South Korea and The Netherlands. *School Effectiveness and School Improvement, 28(3)*, 337-349.

Van de Grift, W., Helms-Lorenz, M., & Maulana, R. (2014). Teaching skills of student teachers: Calibration of an evaluation instrument and its value in predicting student academic engagement. *Studies in educational evaluation, 43*, 150-159.

Wiles, K., & Lovell, J. (1975). *Supervision for Better Schools*. Englewood Cliffs, Prentice-Hill.

[붙임] ICALT 수업관찰도구

영역		지표: 교사는 …	결과
안전하고 고무적인 수업분위기	1	학생의 말과 행동을 존중한다.	1 2 3 4
	2	분위기를 편안하게 유지한다.	1 2 3 4
	3	학생의 자신감을 증진시킨다.	1 2 3 4
	4	상호존중을 증진한다.	1 2 3 4
효율적 수업운영	5	수업이 질서 있게 진행되도록 노력한다.	1 2 3 4
	6	학생이 적절한 방식으로 활동하고 있는지 확인한다.	1 2 3 4
	7	효과적으로 교실수업을 관리한다.	1 2 3 4
	8	수업 시간을 효율적으로 사용한다.	1 2 3 4
명료하고 구조화된 수업내용	9	수업내용을 명료하게 제시하고 설명한다.	1 2 3 4
	10	학생에게 피드백을 제공한다.	1 2 3 4
	11	모든 학생이 수업에 참여하게 한다.	1 2 3 4
	12	설명단계에서 학생이 학습내용을 이해하는지 확인한다.	1 2 3 4
	13	학생이 최선을 다하도록 격려한다.	1 2 3 4
	14	잘 구조화된 방식으로 가르친다.	1 2 3 4
집중적이고 활발한 수업활동	15	학습자료 사용과 과제해결 방법을 자세히 설명한다.	1 2 3 4
	16	학생의 능동적인 참여를 자극하는 학습활동과 과제양식을 제공한다.	1 2 3 4
	17	미진한 학생이 자신감을 갖도록 격려한다.	1 2 3 4
	18	해결방법을 학생 스스로 생각하도록 격려한다.	1 2 3 4
	19	학생이 반성적으로 생각하도록 자극을 주는 질문을 한다.	1 2 3 4
	20	학생이 생각한 것을 크게 말할 수 있도록 한다.	1 2 3 4
	21	학생과 상호작용을 하는 수업을 한다.	1 2 3 4
	22	수업의 도입에서 수업목표를 분명하게 명시한다.	1 2 3 4
개별화 학습지도	23	학습목표 도달 여부를 평가한다.	1 2 3 4
	24	미진한 학생을 위한 별도의 학습과 지도 시간을 제공한다.	1 2 3 4
	25	개인차를 고려하여 수업방식을 적절하게 조절한다.	1 2 3 4
	26	개인차를 고려하여 수업내용을 적절하게 조절한다.	1 2 3 4
교수·학습 전략	27	복잡한 문제를 단순화하는 방법을 학생에게 가르친다.	1 2 3 4
	28	의도한 활동을 활용하도록 자극한다.	1 2 3 4
	29	학습성과를 확인하도록 학생에게 가르친다.	1 2 3 4
	30	배운 것을 적용하도록 자극한다.	1 2 3 4
	31	학생이 비판적으로 생각하도록 북돋아 준다.	1 2 3 4
	32	학생에게 실행 전략을 성찰하게 한다.	1 2 3 4
학습자 수업 참여	33	수업에 충실히 참여한다.	1 2 3 4
	34	흥미를 보인다.	1 2 3 4
	35	능동적인 수업태도를 갖는다.	1 2 3 4

제5장

ICALT 수업관찰도구의 문항별 신뢰도와 타당도[*]

1. 수업전문성

'수업전문성'의 개념 정의는 다양하다. 유한구(2001)는 '전문성'을 거점으로 하는 수업전문성은 수업 목적의 달성에 필요한 전문지식과 기술을 활용하는 교사의 능력으로 규정하고, '수업'에 초점을 맞춘 수업전문성은 수업에 이미 반영되어있는 가치와 의미를 분석해내는 교사의 이론적 이해로 규정한다. 수업전문성은 학생의 학업성취와 관련이 있다(Marzano, Frontier, & Livingston, 2011). 전문성은 수업에서 어떻게 실행되는지가 중요하다는 점을 고려할 때, 교사가 수업전문성을 어떻게 인식하는지, 실제로 적용하는 과정에서 어려움을 겪는 영역은 무엇인지 확인하고 보완해야 수업전문성을 신장할 수 있다(홍우림, 2017).

기존의 수업전문성에 관한 연구는 객관적이고 과학적인 측면의 접근에는 한계를 보인다(황은희·백순근, 2008). 일반적 원리 제공

---

* 천세영·김득준·정일화(2018). 수업전문성 측정도구(ICALT)의 문항별 신뢰도 및 타당도에 관한 연구. 한국교원교육연구, 35(3), 31-54.
** 이 논문은 한국연구재단의 지원으로 수행됨(2017S1A5A2A03067650)

과 현상을 기술하여 구체적인 수업행동의 효과성을 밝혔지만, 실천적 지침 제시는 제한적이다(천세영·이옥화·전미애, 2017). 수업 맥락에서 교수활동을 분석하여 실질적인 피드백을 전달하기 위한 객관적이고 타당한 근거와 방향의 제시가 미흡한 실정이다. 전반적인 수업행동에 대한 과학적인 측정을 토대로 한 환류 체계가 요구된다(천세영 등, 2017).

그동안 주로 이루어진 수업전문성에 관한 원리적인 요인과 지침의 제시 및 질적 접근에 더하여 수업전문성을 과학적으로 측정하고 환류하여 학업성취를 높이는 수업역량에 관한 데이터 기반 연구가 이루어지면 수업전문성 지원에 효과적일 것이다. 대표적인 양적 수업관찰도구 가운데 하나인 ICALT를 이용해서 현재 진행되는 국가 간 비교 연구는 이러한 일에 이바지할 것으로 기대된다. 하지만 국가 간 문화 등의 차이에도 비교 측정할 수 있는 충분히 타당한 증거가 있어야 할 것이다(Van de Grift, Chun, Maulana, Lee, & Helms-Lorenz. 2017). 따라서 ICALT 도구를 국내에 적용하고 연구할 때 언어 문화적 측면 등에서 어떤 차이가 있는지를 확인하여 개선할 점을 찾을 필요가 있다.

전문성은 '미묘한 차이가 있는 행동thin slices of behavior'으로 나타나며 이런 차이가 있는 행동은 쉽게 기술하기는 어려워도 관찰과 분석이 가능하다(Ambady & Rosental, 1992, 1993; Marzano et al., 2011 재인용). 수업이 예술보다 과학이 되어가는 전환점에 직면하여, 연구로 확인된 효과적인 수업의 실제를 바탕으로 수업전문성을 개발할 기회가 제공되어야 할 것이다(Marzano, Pickering, & Pollock, 2001). 본 연구는 ICALT 수업관찰도구가 우리나라 교사의 수업전문성을 측정하는 데 있어서 신뢰할 수 있는지, 타당하며 적용 가능한지를 분석하고자 하였다. 구체적으로 다음과 같은 두 가지 연구 문제를 설정하였다. 첫째, ICALT 수업관찰도구는 우리나라에서 수업전문성을 측정하는 도구로 적용 가능한가? 둘째, ICALT 수업관찰도구의 문항별 신뢰도와 타당도는 어떠한가?

2. 수업전문성과 측정

수업전문성은 수업능력, 교수능력, 교수역량 등 다양한 개념으로 사용되고 있다. 백순근·함은혜·이재열·신효정·유예림(2007)은 이를 교과교육을 성공적으로 수행하는 역량으로 정의하고, 교수역량을 교과 내용, 수업 설계, 방법 등에 대한 '이론적 교수역량'과 의사소통, 상호작용, 교수·학습 환경조성 등의 '실천적 교수역량'으로 구분하였다. 김정환·이계연(2005)은 수업능력을 수업의 계획, 전개, 평가, 관리 등에 대한 전반적인 수업활동을 안정적이며 역동적으로 전개하고, 다양한 변화에 대응할 수 있는 지식, 기술, 태도에 관한 모든 능력으로 정의하였다.

교사의 전문성 측정에 관한 국내의 선행 연구는 다음과 같다. 안미화(2005)는 초등교사의 전문성을 자질과 태도, 교과지도, 자기개발, 생활지도, 학급경영의 5가지 요인으로 구성해 56개 문항의 측정도구를 개발했다. 정민수·부재율(2013)은 초등 예비 교사가 갖추어야 할 수업전문성을 내용 지식, 학생 이해, 수업 설계, 환경조성, 학급운영, 수업 실행, 수업전략, 학생지도, 학습활동의 9개 하위 영역으로 구성하고, 총 27개 문항으로 구성된 측정도구를 개발했다. 김지선·김혁동·이원재·이동배(2014)는 초등과 중등교사의 자기평가 준거를 개발했는데, 초등교사의 자기평가 영역은 교육자의 인성, 수업전문성, 학급운영 및 생활지도, 학교경영 참여, 자기연찬이고, 중등교사의 영역은 수업전문성, 학교경영 참여, 교수역량 강화, 학급관리, 교육자적 인성, 학생생활지도다. 이대용(2015)은 수업전문성 측정을 위해 교과 지식 이해력, 교수설계 주도성, 교수기술 수행력, 학생학력 관리력, 교수태도의 교수역량을 측정하기 위한 평가 준거별 문항을 구안하였다.

교사의 수업전문성이 학생의 성장을 지원하는 일차적인 요소라는 전제하에 수업전문성에 대한 논의는 지속해서 이루어졌다. 하지만 수업전문성을 객관적이고 과학적으로 측정 가능한지에 관한 방법론적 연구는 부족한 편이다. 대개의 연구는 경험적 자기 보고식 검사로서 객관성 확보가 미흡하고, 문항을 구안한 후에 수업전문성 관찰 및 분석의 실제 적용 단계에는 이르지 못하고 있다.

3. ICALT 수업관찰도구

네덜란드에서 개발된 ICALT는 수업행동의 실제 수준을 측정하여 적합한 피드백이 제공되면 수업전문성 신장이 가능하다고 전제한다(Van de Grift, 2007; Van de Grift, Helms-Lorenz, & Maulana, 2014). 이 도구는 '안전하고 고무적인 수업분위기SLC: Safe and Stimulating Learning Climate, 효율적 수업운영ECM: Efficient Classroom Management, 명료하고

구조화된 수업내용CSI: Clear and Structured Instruction, 집중적이고 활발한 수업활동IAT: Intensive and Activating Teaching, 개별화 학습지도DI: Differentiated Instruction, 교수·학습전략TLS: Teaching Learning Strategies'의 6개 영역domain 32개 문항으로 구성된다. 이 32개 문항은 Rasch scale의 기술적 난이도에 따라 순차·위계적으로 쉬운 문항은 앞에, 어려운 것은 뒤에 제시된다. 별도로 '학습자 참여LE: Learner Engagement'를 측정하는 1개 도메인의 3개 문항이 있다.

ICALT 도구를 사용해서 예비 교사의 수업전문성을 측정하고 Vygotsky의 근접발달영역ZPD: Zone of Proximal Development을 살펴서 피드백을 제공한 실험집단이 통제집단보다 효과가 유의하게 높게 나타났다(Tas, Houtveen, Van de Grift, & Willemsen, 2018). 수업전문성의 영역별로 볼 때, '수업분위기SLC'와 '수업내용CSI'은 중간 정도의 효과를 보였고, '수업운영ECM', '수업활동IAT', '개별화 학습DI', '교수학습전략TLS' 영역에서는 효과가 높게 나타났다.

ICALT는 유럽 등에서 교수의 질 비교에 관한 연구에 활용되고 있다. 우리나라는 2014에 처음 이 도구를 활용해 측정하고 분석한 결과, 7개 영역과 35개 문항에서 CFI와 TLI가 .90 이상이고, RMSEA가 .08 이하로 나타나 도구의 적용 가능성이 입증된 바 있다(Van den Hurk, Houtveen, & Van de Grift, 2016). 그러나 현재로서는 초기 단계의 검증만 거쳤기 때문에 향후 지속적인 확인이 필요할 것으로 판단된다. 특히 수업전문성의 영역별 문항의 신뢰성과 타당성이 심층적으로 검증되어야 하고, 학교급별 및 교실의 수업 문화에 따라서 어떤 차이가 있는지도 검증되어야 할 것이다.

4. 연구 방법

이 연구는 수업전문성을 측정하는 ICALT 도구의 문항이 우리나라 교사의 수업전문성 측정에도 타당하게 적용 가능하며, 동시에 신뢰성과 타당성 제고를 위해 어떤 개선이 필요한지를 탐색하기 위해 수행되었다. 측정을 위한 수업관찰의 전문가로는 본 연구의 의의를 이해하고 ICALT 도구 사용법을 숙지하는 워크숍에 참여한 대전, 충남, 충북, 울산 지역의 초등과 중등학교 수석교사, 교장, 교감 및 동 지역의 교사가 일부 참여했다. 이후 연구를 위한 참여 의사를 밝힌 수업관찰자가 2014, 2016, 2017년에 걸쳐 측정한 1,072 수업사례 가운데 일부 결측 자료를 제외하고 기준에 부합하는 855 사례를 대상으로 관찰 표본 집단을 구성하였다.

수업관찰을 통해 자료를 수집하는 전문가 양성을 위해 ICALT 도구를 개발한 네덜란드 Groningen 대학교 교수진은 2014년 한국을 방문하여 1일 8시간 2차시 수업관찰 워크숍을 가졌다. 초·중등 교육경력 15년 이상의 수석교사, 교장, 교감 등과 일부 교사가 참여했다. 수업관찰 워크숍에 사용한 수업동영상은 네덜란드에서 관찰전문가 훈련 때 사용하는 초등학교와 중학교 수업 영상 자료에 한글 자막을 덧붙였다.

ICALT 도구를 사용한 수업관찰 방법을 안내하고, 학생과 상호작용하는 교수행동을 판단하는 구체적 예시를 참고하여 4점 척도인 '매우 약하다' '약한 편이다' '강한 편이다' '매우 강하다' 각각에 관찰한 바를 표시하게 하였다. 1차와 2차 관찰한 결과를 네덜란드의 관찰 결과와 문항별로 비교하면서 관찰자 간의 관점과 의견을

공유했다. 2차 관찰의 관찰자 간 일치도는 적정 기준인 Cohen κ
.06(적당/양호)에 도달하였다(Van de Grift et al., 2017). ICALT 도
구를 제대로 사용할 자격이 주어졌다는 의미로 Groningen 대학교
교수진 복수의 명의로 수업분석전문가 증서가 발급되었다.

2014년에 수집한 관찰 자료를 토대로 2015년에는 국제 세미나
등을 통해 ICALT 도구의 번역과 적용 가능성을 확인하고자 하였
고, Groningen 교수진의 2차 수업관찰 교육이 있었다. 2016년에는
Groningen 교수진의 3차 수업관찰 교육과 국내 워크숍 5회, 2017
년에는 수업관찰자를 관찰 결과의 피드백 등 워크숍 4회가 열렸다.
ICALT 도구 사용 교육에서 소정의 기준에 도달한 전문가는 수업
관찰에 관한 유의사항을 안내받은 후 관찰 협약을 하였다. 수업관
찰자는 수업을 공개하는 교사의 사전 동의를 거쳐 관찰한 결과를
ICALT 도구에 기록해 제출했다.

이 연구는 수업전문성 측정을 위해 '교수행동'을 측정하는 6개
영역의 32개 문항을 사용하였다. 자료 분석을 위해 IBM Statistics
SPSS 24.0 및 AMOS 22.0 프로그램을 사용하였다. 학교급에 따라
초등과 중등을 합친 전체, 초등, 중등 수업사례로 구분해 분석하였
다. 총 855개의 관찰 사례 가운데 초등은 366개, 나머지 489개 사
례는 중등 수업관찰 사례다.

분석 방법을 구체적으로 살펴보면, 먼저 ICALT 도구 전체와 도
메인별 내적 일관성을 확인하기 위하여 구분한 세 개의 학교급별
Cronbach's α 계수를 구했다. 학교급별로 ICALT 수업관찰 측정
도구의 요인구조와 각 문항이 우리나라 교사의 수업전문성을 측정
하는 데 적합한지를 분석하기 위한 확인적 요인분석을 시행하였다.

학교급별 또는 문화 간 특성에 따라 모델 적합도 차이를 유발하는 문항을 찾아 문항별 신뢰도와 타당도를 높일 수 있는 시사점을 도출하기 위해 탐색적 요인분석을 하였다.

5. ICALT 수업관찰도구의 분석과 해석

1) 신뢰도 및 확인적 요인분석

ICALT 도구의 신뢰도 분석을 위해 SPSS 24.0을 이용하여 32개 전체 문항 및 도메인별 Cronbach's α 계수를 구했다. <표 1>은 집단별 Cronbach's α 계수 결과표다. 0.6 이상을 기준으로 할 때, 전체 사례(N=855)의 경우 도메인별 Cronbach's α 값이 .810~.959 사이로 높은 신뢰도를 나타냈다. 초등의 경우 Cronbach's α 값이 .822~.963 사이로 나타났으며, 중등은 .800~.952 사이로 나타나 학교급과 관계없이 신뢰도가 높았다. 따라서 한국 초·중등교사 수업전문성 분석을 위한 ICALT 도구는 신뢰할 수 있다고 판단되었다.

<표 1> ICALT 도구의 Cronbach's α 계수

구분	문항	문항 수	전체 (N=855)	초등 (N=366)	중등 (N=489)
문항 전체	1-32	32	0.959	0.952	0.963
1도메인(SLC)	1-4	4	0.830	0.830	0.826
2도메인(ECM)	5-8	4	0.825	0.800	0.838
3도메인(CSI)	9-15	7	0.879	0.868	0.886
4도메인(IAT)	16-22	7	0.846	0.822	0.866
5도메인(DI)	23-26	4	0.810	0.798	0.822
6도메인(TLS)	27-32	6	0.881	0.877	0.885

ICALT 도구의 요인구조와 각 문항이 한국 교사의 수업전문성을 측정하기에 적합한지를 분석하고자 AMOS 22.0 프로그램을 활용하여 2014, 2016, 2017년도에 한국에서 시행된 ICALT 관찰 사례 가운데 분석에 적합한 855개의 데이터를 대상으로 확인적 요인분석 CFA: Confirmatory Factor Analysis을 하였다. 측정도구의 모형 적합성을 알아보기 위해 확인적 요인분석을 한 구조 모형은 [그림 1]과 같으며, 모델 적합도를 나타내는 통계치는 <표 2>와 같이 산출되었다. 전체 집단을 대상으로 한 측정모형의 CMIN/df, RMR, RMSEA, TLI 적합도 지수에서 대체로 수용기준을 충족했으나, 일부는 수용기준에 미치지 못했다. CMIN/df은 3.772로 3.0 이하의 기준을 충족하지 못했으나, RMR 값은 .037로 .05 이하의 수용기준에 부합하였다. RMSEA은 .057로 양호한 수준으로 나타났고, IFI .913, TLI .912, CFI .921로 각각 수용기준 .9 이상에 부합하였다. 그러므로 전체 집단을 대상으로 볼 때, 모형 적합도는 수용할 만하다고 볼 수 있다.

<표 2> 측정모형의 적합도 지수

모형	χ^2	df	CMIN/df	RMR	RMSEA	IFI	TLI	CFI
전체	1693.563	449	3.772	.037	.057	.921	.912	.921
초등	1182.121	449	2.633	.041	.067	.888	.875	.887
중등	1140.196	449	2.539	.039	.056	.928	.920	.927
기준	-	-	<3.0	<.05	<.80	>.90	>.90	>.90

N: 전체=855, 초등=366, 중등=489

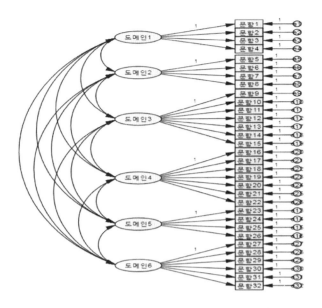

[그림 1] ICALT 도구의 확인적 요인분석 구조모형

　수업을 관찰한 학교급에 따라 모형의 적합도를 살펴본 결과, CMIN/df은 초등과 중등 각각 2.633, 2.539로 3.0 이하의 기준을 충족하였으며, RMR, RMSEA 값도 수용할 만하였다. 그러나 초등의 경우 IFI, TLI, CFI 값이 각각 .888, .875, .887로 수용기준 .9 이하로 나타났다. 이런 결과는 초등학교에서는 본 측정모형의 적합도가 다소 미흡할 수 있음을 나타내고, 관찰 대상 학교급 또는 사례 수에 따라 모형의 적합도가 달라질 수 있음을 시사한다. 수업전문성 도메인별 측정값과 해당 값 간의 상관관계 및 학습자의 수업참여와의 관계는 <표 3>과 같이 분석되었다.

<表 3> ICALT 도구로 분석한 한국 교사의 수업전문성

구분	평균	표준편차	상관관계						
			1	2	3	4	5	6	7
도메인1	3.48	0.57	1						
도메인2	3.39	0.62	.660**	1					
도메인3	3.26	0.59	.671**	.797**	1				
도메인4	3.11	0.60	.632**	.678**	.823**	1			
도메인5	2.69	0.72	.458**	.539**	.615**	.696**	1		
도메인6	2.87	0.71	.495**	.547**	.709**	.776**	.697**	1	
도메인7	3.23	0.71	.492**	.555**	.626**	.625**	.457**	.568**	1
평균	3.13	0.54							

교사의 수업전문성을 측정하는 도메인 1에서 도메인 6까지의 각 도메인 평균은 2.86점에서 3.48점이고, 평균은 3.13점이다. 이는 '매우 약하다, 약한 편이다, 강한 편이다, 매우 강하다'의 4점 척도를 기준으로 응답한 결과로, 우리나라 교사의 수업전문성이 높다고 볼 수 있다. 학습자의 참여를 측정하는 7도메인과의 상관관계 분석에서 모든 도메인 간의 상관관계가 유의한 것으로 나타나, 수업전문성은 학습자의 참여도와 상관이 있다고 볼 수 있다.

2) 탐색적 요인분석

본 연구는 우리나라 교실 상황에서 ICALT 도구의 모델 적합도에 부적 영향을 줄 수 있는 문항을 찾아 도구의 신뢰도와 타당도를 개선할 방법을 찾고자 하였고, 이에 SPSS 24.00을 이용해서 탐색적 요인분석을 하였다. 최대우도, 직접오블리민 방법을 사용해 요인 수를 1부터 하나씩 증가시키면서 각 요인 수에 따른 카이제곱x^2, 자유도$_{df}$, 유의확률$_p$을 구했다. 최대우도법에서 카이제곱과 적합도를 통해 요인의 수를 결정할 경우, 적합도 지수가 급격하게 감소하는 시점이 요인의 수를 결정하는 시점이다(김주환, 김민규, 홍세희, 2009). <표 4>에 나타난 바와 같이 요인 수가 증가할수록 모형의 적합도가 점점 좋아지는 것을 확인할 수 있다. RMSEA 값을 보았을 때 요인의 수가 증가할수록 그 값은 떨어지나, 5요인 모형부터 RMSEA 값의 변화가 .01보다 작게 된다. 통상적으로 모형의 적합도 차이가 .01 이하면 모형 적합도 변화가 거의 없다고 할 수 있다. 요인 수 증가에 따른 모형의 변화가 없다면 적은 수의 요인으로 모형을 설명하는 것이 바람직하기에, 본 연구는 '4요인' 모형 구조를 최적으로 판단하였다.

<표 4> 탐색적 요인분석에 따른 ICALT 도구의 요인모형 탐색

요인모형	n	χ^2	df	p	F	F0	RMSEA	적합도 차이
1 요인모형	855	3585.46	464	0	4.198	3.655	.089	-
2 요인모형	855	1962.22	433	0	2.298	1.791	.064	.024
3 요인모형	855	1418.63	403	0	1.661	1.189	.054	.010
4 요인모형	855	969.12	374	0	1.135	.697	.043	.011
5 요인모형	855	826.96	346	0	.968	.563	.040	.003

[그림 2]에서 보면 '중등+초등' 집단에서 4개 요인이 추출된 것을 볼 수 있다. 학교급별로 구분해 보면, '전체(중등+초등)'와 '중등' 집단은 각각 4개, '초등' 집단은 3개 요인이 추출됐다. 4개의 요인이 추출된 '전체'와 '중등' 집단에서 1~3도메인과 6도메인의 각 문항은 한 요인으로 묶인 것을 볼 수 있다. 4와 5도메인은 각각 3개, 2개 요인으로 나뉘었으며, 4도메인 문항은 두 집단이 서로 다

른 요인 구성을 보인다. '초등' 집단은 3개의 요인이 추출됐으며, 4와 5도메인의 문항은 두 개의 요인으로 나뉜 것을 볼 수 있다.

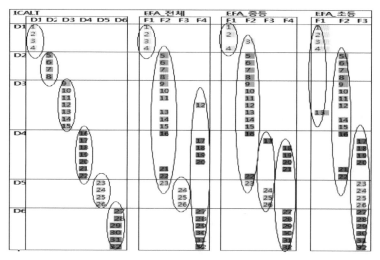

[그림 2] ICALT 도구의 탐색적 요인분석에 따른 집단별 요인 행렬

3) 결과의 해석

ICALT 도구는 수업전문성에 6개의 도메인이 있음을 상정하고 있지만, 탐색적 요인분석의 결과, 초등+초등, 중등, 초등의 집단에서 3개 정도의 중영역으로 묶이는 것을 볼 수 있다. 이 이유는 첫째로 사례 수가 부족함을 들 수 있다. 표집 샘플의 수는 3개 집단이 순서대로 855, 489, 366개이며, 샘플의 수가 가장 적은 '초등' 집단이 3개 요인으로, 상대적으로 많은 '중등' 집단은 4개 요인으로 산출되었다. 샘플 수가 많은 집단이 더 여러 개의 요인으로 나온 것을 감안하면, 사례를 충분히 확보한다면 3개의 분류 집단 모

두 6개 요인에 근접하게 나뉠 것으로 추정할 수 있다.

추출된 3개의 요인은 수업전문성의 세 단계로 볼 수 있다. Fuller(1969)와 Fuller & Brown(1975)의 교직관심발달단계 이론에 따르면, 교수 행위는 수업분위기 조성과 관계를 형성하는 'self-stage', 교수학습 내용의 설명과 자료 활용에 초점을 둔 'task-stage', 학생의 역량과 어려움을 이해하며 성장에 영향을 미치는 단계인 'impact-stage'로 나뉜다. 이 이론에 근거하여 앞의 <표 1>을 참조하면, ICALT 도구의 '수업분위기' 1도메인은 'self-stage', 수업운영, 수업내용, 수업활동과 관련한 2~4도메인은 'task-stage', 개별화 학습과 교수-학습전략의 4~6도메인은 'impact-stage'에 해당한다고 볼 수 있고, 한국 교사의 수업전문성도 이 세 단계로 분류된다. 4도메인이 두 개의 단계에 중복되어 나타난다는 비판의 여지가 있을 수 있다.

4번 도메인의 2번, 4번 요인으로의 분산 현상에 대해서 살펴본다. <표 5>에서 보는 바와 같이 ICALT 4도메인을 구성하는 7개의 문항은 각각 3개, 4개의 서로 다른 두 개 요인으로 묶였다. 17~20번 문항과 함께 4도메인 요인으로 묶인 문항은 3도메인의 12번 문항과 6도메인의 27~32번 전체 문항이다. 6도메인 '교수·학습전략' 영역은 4도메인 '집중적이고 활발한 수업활동'과 구분이 되지 않고 하나로 묶였다. 두 도메인의 가장 큰 차이를 살펴볼 때, 4도메인의 경우 '집중적' '활발한'이라는 단어에서 행동적인 측면을 엿볼 수 있는 반면에 6도메인은 '전략'이라는 단어에서 계획적이고 정적인 느낌을 받을 수 있다. <표 5>에 나온 각 문항을 참고하여 두 요인이 구분되지 않은 이유에 대해 탐색한 결과, 2번 요인으로 분류된 16, 21, 22번 문항의 경우 4도메인이 가진 동적인 느낌이 두드러지지 않고, 4도메인의 요인으로 분류된 17~20번 문항은 계획적인 인상을 받을 수 있었다. 따라서 한국어로 번역된 ICALT 도구는 원어 영문과 비교할 때 언어 문화적 적합성이 낮아졌을 가능성이 있다. 따라서 영어 번역문의 의도를 충분히 나타내기 위해서는 능동적 활동의 느낌을 높이는 문장으로 수정할 필요가 있어 보인다.

<표 5> ICALT 도구 4도메인의 요인 분할

	2번 요인 문항		4번 요인 문항	
4. 집중적이고 활발한 수업활동	16	교사는 학생들의 능동적인 활동을 유도하는 활동과 과제 방식을 마련한다.	17	교사는 부진한 학생들의 자신감을 세워줄 수 있도록 유도한다.
	21	교사는 상호작용을 통한 학습을 한다.	18	교사는 해결책에 대해 스스로 생각해보도록 학생들을 격려한다.
	22	교사는 수업을 시작할 때 목표를 명료하게 한다.	19	교사는 학생들의 심화된 학습을 돕는 질문을 한다.
			20	교사는 학생들이 자신의 생각을 적극적으로 말하게 한다.

4개로 묶인 중등과 다르게 초등은 5와 6도메인이 하나의 요인으로 묶여 3개 요인으로 나타났다. 5와 6도메인의 각 문항은 <표 6>과 같다. 이는 '개별화 학습'과 '교수·학습전략'의 구분이 중등에서는 이루어졌으나, 초등에서는 그렇지 않았음을 의미한다. 6도메인의 문항은 '문제해결 방법에 대한 고민' '비판적 사고 능력' 등의 메타$_{meta}$ 인지 사용을 요구한다. Piaget의 인지발달단계 이론에 따르면, 우리나라 초등학생은 형식적 조작기 전 단계나 초기에 해당하는 단계로 중등학교의 학생에 비해서 메타 인지적 사고가 어려운 것을 예상할 수 있다. 이는 교사가 6도메인에 해당하는 활동을 축

소하고, 이전 단계인 5도메인과의 경계를 모호하게 할 가능성이 있다. 따라서 초등에서는 학생의 인지발달 정도를 고려한 수업활동으로 인해 5도메인 '개별화 학습'과 6도메인 '교수·학습전략'의 구분이 잘 드러나지 않은 것으로 보인다.

<표 6> ICALT 도구 5, 6도메인의 문항

도메인	문항 번호	내용
5. 개별화 학습지도	23	교사는 학습 목표 도달 여부를 평가한다.
	24	교사는 부진 학생들을 위한 추가 학습 및 교수시간을 마련한다.
	25	교사는 학생 간 차이를 고려하여, 수업방식을 적절하게 조절한다.
	26	교사는 학생 간 차이를 고려하여, 학습 시간을 효율적으로 관리한다.
6. 교수· 학습 전략	27	교사는 학생들이 복잡한 문제를 단순화 할 수 있는 방법을 가르친다.
	28	교사는 학생들이 문제에 알맞은 해결 방법을 사용하도록 유도한다.
	29	교사는 학습성과를 확인하도록 학생들에게 가르친다.
	30	교사는 학생들이 배운 것을 활용하도록 유도한다.
	31	교사는 학생들이 비판적으로 생각하도록 유도한다.
	32	교사는 실천적 학습전략을 갖도록 요청한다.

연구의 결과를 요약하면, ICALT의 요인구조와 문항이 한국 교사의 수업전문성을 측정하기에 적합한지를 분석하기 위해 확인적 요인분석CFA: Confirmatory Factor Analysis을 하였다. 잠재변인을 설명하는 모든 측정 변인이 $p < .001$ 수준에서 유의성을 확보하였고, 표준화계수(β)가 수용기준인 .5 이상으로 적합한 값으로 나타났다. CMIN/df은 3.772로 3.0 이하의 기준을 충족하지 못했으나, RMR 값은 .037로 .05 이하의 수용기준에 부합하였다. RMSEA은 .057로 양호한 수준으로 나타났다. IFI .921, TLI .912, CFI .921로 각각 수용기준 .9 이상에 부합하였다. 전체 집단을 대상으로 볼 때, 모형 적합도는 수

용할 만하다고 볼 수 있다. 학교급에 따라 모형의 적합도를 살핀 결과, CMIN은 초등과 중등은 각각 2.633, 2.539로 3.0 이하의 기준을 충족하였으며 RMR, RMSEA 값도 수용할 만하였다.

ICALT 도구의 문항별 신뢰도와 타당도는 높은 편이다. 모델 적합도를 떨어뜨리는 문항을 찾아 도구의 신뢰도와 타당도를 높이기 위해 탐색적 요인분석을 하였다. 최대우도, 직접오블리민 방법을 사용하였다. 요인 수를 고정해서 RMSEA를 계산하고 요인 수에 따른 적합도 차이를 고려한 결과, '전체(중등+초등)' 집단과 '중등' 집단은 4개 요인, '초등' 집단은 3개 요인이 추출되었다. '전체'와 '중등'은 4개의 요인이 추출됐으며 2와 6도메인 문항은 한 요인으로 묶였다. 1과 3도메인은 2개 요인으로 나뉘었으나 하나의 요인에 가깝게 묶였다. 4와 5도메인은 각각 3개, 2개 요인으로 나뉘었다. 4 도메인 문항은 두 집단이 서로 다른 요인 구성을 보였으나, 대체로 ICALT 도구의 문항별 신뢰도와 타당도는 높다고 볼 수 있다.

6. 시사점과 제한점

이 연구는 수업전문성을 측정하는 과학적인 도구가 부족한 현재 시점에서 우리나라 교사가 객관적으로 측정 가능한 도구로 이용할 수 있는지를 확인했다는 점에서 의의가 있다. 연구 결과에 따른 시사점은 다음과 같다. 첫째, ICALT 도구를 통해 수업전문성 측정에 과학화를 가져올 수 있다. 확인적 요인분석 결과, 측정도구의 모형 적합도는 수용 가능하며, 수업관찰가에 의한 수업전문성 측정을 신뢰할 수 있다. 둘째, 수업전문성은 대체로 3개 또는 4개 요인으로 구성되며, 교직관심발달단계 이론에 따라 교수 행위 수준에 위계가 존재함을 알 수 있다. 수업전문성의 현 수준을 파악하고 부족한 영역을 개선한다면 보다 심화 단계로 나아갈 수 있다. 셋째, 측정도구의 문항 기술은 우리의 교실 문화에 적합하게 수정이 필요하다. 문항의 표현이 ICALT 도구에서 의도한 내용을 충분히 포함하고 있는지를 검토하여 정교화하는 작업이 필요하다.

이 연구의 제한점은 다음과 같다. 첫째, 수업분석가의 전문성의 문제다. 본 연구는 수업관찰자의 자격을 15년 이상의 교육경력으로 제한하여 여러 차례 워크숍을 통해 수업관찰 매뉴얼을 숙지하여 관찰의 신뢰도와 타당도를 높이고자 하였다. 하지만 초기인 2014년 수업분석의 신뢰성과 타당성에는 비판적인 시각이 있을 수 있다. 둘째로 데이터의 무선성 문제다. 분석한 855개의 샘플 가운데 751개는 대전지역 초·중등학교 수업을 분석한 것이고, 수업관찰자 대부분이 같은 지역에 속해 있어 우리나라 수업 현실을 대표한다고 보기는 어려울 수 있다. 셋째, 초등과 중등이라는 특수성을 반영했는가의 문제다. 학생의 발달 수준에 따른 차이로 인해 교사가 발휘하는 수업전문성에도 다소간의 차이가 존재한다. 후속 연구는 전국적인 범위에서 ICALT 도구의 일반화 가능성을 확장할 필요가 있다. 그리고 관찰 분석한 결과가 전문성을 개발하는 코칭으로 연결되어(Kraft, Blazar, & Hogan, 2018), 실질적으로 수업전문성을 높이는 연구가 이루어지기를 기대한다.

참고문헌

김정환·이계연(2005). 수업의 질 개선을 위한 교사 수업능력 자기평가 방략에 관한 논리적 고찰. 교육평가연구, 18(3), 19-38.

김주환·김민규·홍세희(2009). 구조방정식모형으로 논문 쓰기. 커뮤니케이션북스.

김지선·김혁동·이원재·이동배(2014). 교사전문성을 위한 자기평가 준거 개발 연구. 한국교원교육연구, 31(4), 167-196.

백순근·함은혜·이재열·신효정·유예림(2007). 중등학교 교사의 교수역량 구성요인에 대한 이론적 고찰. 아시아 교육연구, 8(1), 47-69.

안미화(2005). 초등학교 교사의 전문성 개발 척도. 한국교원교육연구, 22(3), 281-306.

유한구(2001). 수업 전문성의 두 측면; 기술과 이해. 한국교원교육연구, 18(1), 69-84.

이대용(2015). Delphi와 AHP 기법을 적용한 초등학교 교사의 교수역량 평가기준 탐색 및 분석. 초등교육연구, 28(4), 219-239.

임찬빈(2006). 수업평가 기준 개발 연구 III. 한국교육과정평가원.

정민수·부재율(2013). 예비 초등교사의 수업전문성 측정도구 개발 및 타당화. 교육종합연구, 11(3), 185-200.

천세영·이옥화·전미애(2017). ICALT 관찰도구를 활용한 교사의 교실수업전문성 분석 연구. 교육공학연구, 33(2), 517-536.

홍우림(2017). 수업전문성의 중요도와 실행도에 대한 초등교사의 인식. 한국초등교육, 28(2), 1-17.

황은희·백순근(2008). 중등교사의 실천적 교수역량에 대한 자기평가와 전문가평가의 비교 연구. 교육평가연구, 21(2). 53-74.

Ambady, N., & Rosenthal, R. (1992). Thin slices of expressive behavior as predictors of interpersonal consequences: A meta-analysis. *Psychological bulletin, 111(2)*, 256-274.

Ambady, N., & Rosenthal, R. (1993). Half a minute: Predicting teacher evaluations from thin slices of nonverbal behavior and physical attractiveness. *Journal of personality and social psychology, 64(3)*, 431-441.

Fuller, F. F. (1969). Concerns of teachers: A developmental conceptualiza tion. *American Educational Research Journal, 6(2)*, 207-226.

Fuller, F. F., & Bown, O. H. (1975). Becoming a teacher (pp. 25-52). *Chicago: National Society for the Study of Education.*

Kraft, M. A., Blazar, D., & Hogan, D. (2018). The effect of teacher coaching on instruction and achievement: A meta-analysis of the causal evidence. *Review of Educational Research, 88(4)*, 547-588.

Marzano, R. J., Frontier, T., & Livingston, D. (2011). *Effective supervision: Supporting the art and science of teaching.* Ascd. 주삼환, 황인수 공역(2015). 수업장학. 서울: 학지사.

Marzano, R. J., Pickering, D., & Pollock, J. E. (2001). *Classroom instruction that works: Research-based strategies for increasing student achievement.* Ascd. 주삼환, 정일화 공역(2010), 학업성취 향상 수업전략. 서울: 시그마프레스.

Tas, T., Houtveen, T., Van de Grift, W., & Willemsen, M. (2018). Learning to teach: Effects of classroom observation, assignment of appropriate lesson preparation templates and stage focused feedback. *Studies in Educational Evaluation, 58*, 8-16.

Van de Grift, W. (2007). Quality of teaching in four European countries: A review of the literature and application of an assessment instrument. *Educational research, 49(2)*, 127-152.

Van de Grift, W. J., Chun, S., Maulana, R., Lee, O., & Helms-Lorenz, M. (2017). Measuring teaching quality and student engagement in South Korea and The Netherlands. *School effectiveness and school improvement, 28(3)*, 337-349.

Van de Grift, W., Helms-Lorenz, M., & Maulana, R. (2014). Teaching skills of student teachers: Calibration of an evaluation instrument and its value in predicting student academic engagement. *Studies in educational evaluation, 43*, 150-159.

Van den Hurk, H. T. G., Houtveen, A. A. M., & Van de Grift, W. J. C. M. (2016). Fostering effective teaching behavior through the use of data-feedback. *Teaching and Teacher Education, 60*, 444-451.

제6장
ICALT 수업관찰도구의
수업전문성 측정의 타당도 검증[*]

1. 수업전문성 측정

학업성취를 향상하는 수업전문성에 관한 논의는 더 나은 교육을 위한 담론의 핵심이다. 수업은 학업성취를 목적으로 하는 직접적 활동이다. '수업이 제대로 이루어지고 있는가'는 학교가 그 기능을 제대로 수행하고 있느냐의 문제이고(허병기, 2001), '수업을 제대로 하는 일'은 교사의 중요한 책무다. 수업은 전문적으로 준비되지 않고서는 할 수 있는 일이 아니다(곽병선, 2001). 수업전문성은 교육개선의 열쇠다. 수업전문성은 학업성취에 미치는 영향이 크다고 밝혀져(Archer, Cantrell, Holtzman, Joe, Tocci, & Wood, 2016), 수업전문성을 어떻게 측정하고 어떻게 향상할 수 있는지에 관한 관심이 높아지고 있다.

영국의 교육기준청Ofsted은 기존의 질적인 수업장학을 보완하기 위

* 정일화 · 교신저자김득준(2020). 초 · 중등교사의 수업전문성 측정을 위한 ICALT 수업관찰도구의 타
  당도 검증. 교육평가연구, 33(1), 1-30.
** 이 논문은 한국연구재단의 지원으로 수행됨(2017S1A5A2A03067650)

해 ICALT_{International Comparative Analysis of Learning and Teaching} 같은 양적인 수업관찰도구를 적용하고자 한다. 「빌 & 멜린다 게이츠 재단_{Bill & Melinda Gates Foundation}」은 미국 교육의 질을 향상하고자 3년간 3,000여 개의 수업을 관찰해 수업전문성과 학업성취의 관련을 밝히는 연구 MET: Measurement of Effective Teaching를 지원하였다. 양적 수업관찰도구를 사용한 이 연구에서 수업전문성 평가가 높게 나온 교사가 가르친 학생은 평가가 낮은 교사에게 배운 학생에 비해 높은 성취를 보였 다(Kane & Staiger, 2012).

네덜란드의 Van de Grift 교수의 연구팀은 학업성취에 영향을 미치는 수업전문성에 관한 연구를 메타 분석하여 수업에서 관찰되는 전문성의 수준을 판단하고 피드백을 제공해 수업의 질을 향상할 수 있는 ICALT 수업관찰도구를 개발하였다(Van de Grift, 2014; Van de Grift, Chun, Maulana, Lee, & Helms-Lorenz, 2017). 국가 장학시스템에 적용되는 이 도구는 예비 교사 훈련과 코치에서 효과를 거두었다(Maulana, Helms-Lorenz, & Van de Grit, 2015). ICALT 도구는 국가 간 수업전문성 비교 연구에도 사용되고 있다 (Helms-Lorenz, Maulana, Isac, & Telli, 2018).

우리나라의 수업전문성 연구는 이론적이고 원리적인 요인과 내용이 주류를 이루어 실제적 도움을 제공할 수 있는 객관적 측정과 환류 체계는 미흡하다(천세영·김득준·정일화, 2018). 수업관찰의 결과가 수업전문성 개선으로 연결되게 2014년부터 ICALT 도구를 국내에서 사용하면서 수업전문성 영역의 타당성, 문항의 적합 기능성과 적용 가능성에 대한 다각도의 검증 필요성이 대두되었다. 본 연구는 첫째, 확인적 요인분석을 하여 ICALT 도구의 수업전문성

영역에 대한 타당성을 검증하였다. 둘째, 문항 적합도와 응답 척도 분석을 통해 ICALT 도구를 이용한 초등과 중등교사의 수업전문성 측정의 타당성을 검증하였다. 셋째, 차별기능 문항Differential Item Functioning 분석을 통해 ICALT 도구를 이용한 학교급 간 수업전문성 측정의 타당성을 검증하였다.

2. 측정도구와 분석 모형

본 연구는 ICALT 수업전문성의 국내 연구를 관장하는 'ICALT 수업분석연구센터'의 e-ICALT 시스템에 수집된 수업관찰 자료를 사용하였다. 관찰된 자료는 ICALT 관찰 연수를 받은 수업관찰자에 의해 2014년부터 현재까지 기록되고 있다. 이 가운데 38명의 수석교사가 2019년도에 관찰한 562건(초등학교 186, 중학교 259, 고등학교 117)의 자료를 분석하였다. 초등과 중등의 수업동영상을 이용해 첫 차시에 한 수업을 관찰한 뒤 ICALT 도구의 문항별로 관찰자 간 일치도를 확인하며 상호 관점을 공유하여 근접시킨다. 두 번째 차시에 다른 수업을 관찰한 후 첫 차시와 같은 활동을 반복해서 관찰자 간 일치도를 확보한다. 2018년 11월 ICALT 연수에서 수업관찰 실습의 관찰자 간 일치도는 <표 1>과 같다.

<표 1> 수업관찰 실습의 급내상관계수

		Intraclass Correlation[b]	95% Confidence Interval		F Test with True Value 0			
		Lower Bound	Upper Bound	Value	df1	df2	Sig	
1차	Single Measures	.117[a]	.060	.220	3.640	29	551	.000
	Average Measures	**.725**	.559	.849	3.640	29	551	**.000**
2차	Single Measures	.267[a]	.178	.401	7.927	34	612	.000
	Average Measures	**.874**	.804	.927	7.927	34	612	**.000**

ICALT 수업관찰도구는 수업전문성에 관한 실증적 연구를 메타 분석하여 수업행동을 <표 2>처럼 6개의 영역으로 구분하고, 각 문항의 측정에 도움이 되는 구체적 행동 사례를 제시했다([부록] 참조). 이들 사례가 발견되는 정도와 강도를 고려해서 4점 척도(1=매우 약하다, 2=약한 편하다, 3=강한 편이다, 4=매우 강하다)로 측정한다. 1차 수업관찰 실습의 급내상관계수는 .725로 관찰자 간의 측정이 72.5% 일치하며 통계적으로 유의하였다($p = .000 < .05$). 2차 실습의 급내상관계수는 .874로 관찰자 간의 측정이 87.4% 일치하며 통계적으로 유의하였다($p = .000 < .05$). 2차 실습은 1차와 비교하여 14.9% 상승하였다. ICALT 모형의 적합도를 평가한 결과, CFI와 TLI가 .90 이상이고, RMSEA가 .08 이하로 나타나 모형의 적합도는 입증된 바 있다(Van den Hurk, Houtveen, & Van de Grift, 2016).

<표 2> ICALT 수업관찰도구의 문항 구성

도메인	수업전문성 영역	문항 수	문항 번호	비고
1	안전하고 고무적인 수업분위기SLC	4	1,2,3,4	
2	효율적 수업운영ECM	4	5,6,7,8	교사와
3	명료하고 구조화된 수업내용CSI	7	9,10,11,12,13,14,15	학생이
4	집중적이고 활발한 수업활동IAT	7	16,17,18,19,20,21,22	상호작용하는
5	교수학습전략TLS	6	27,28,29,30,31,32	수업행동
6	개별화 학습지도DI	4	23,24,25,26	
	전체	32	114개의 수업행동 사례	

교사의 수업전문성에 대한 ICALT 수업관찰도구의 문항이 6개의 수업전문성 요인구조를 지지하는지 확인하기 위해 확인적 요인분석을 하였다. 그리고 평정척도 모형Rating Scale Model을 통해 산출한 피험자와 문항의 모수 추정치를 이용하여 ICALT 도구의 문항 적합도, 피험자×문항 분포도, 응답 척도 분석과 함께 학교급에 따른 차별기능 문항Differential Item Functioning을 분석하였다. Rasch(1960) 모형에 기초해서 평정척도 형태의 자료를 분석하는 모형은 아래와 같다 (Andrich, 1978).

$$\ln\left(\frac{P_{vik}}{1-P_{vik}}\right) = \beta_v - (\delta_i + \tau_k)$$

여기서 P_{vik}는 피험자 v가 문항 i의 척도 k에 응답할 확률을 의미하고, 피험자의 능력추정치와 문항 난이도 추정치를 로짓logits이라는 공통 척도상에 위치시켜 상호 독립적으로 비교할 수 있다.

$$P_{vik} = \frac{e^{(\beta_v - (\delta_i + \tau_k))}}{1 + e^{(\beta_v - (\delta_i + \tau_k))}}$$

다른 문항반응 이론 모형과 달리, 자료가 모형에 적합하다면 피험자의 능력과 문항 난이도 추정치가 상호 독립적으로 추정될 수 있는 장점이 있다(Anderson, 1973; Andrich, 1978; Wright & Masters, 1982). P_{vik}의 공식에서, β_v는 피험자의 능력, δ_i는 문항 난이도, τ_k는 척도 $k-1$ 단계와 k 단계 사이를 나타내는 임계값을 나타낸다. 본 연구는 AMOS 프로그램을 사용하여 확인적 요인분석을 수행했다. 평정척도 모형의 모수 추정은 BIGSTEPS 프로그램으로 산출하였다. 학교급에 따른 차별기능 문항 분석은 DIFAS 프로그램을 사용하였다.

3. ICALT 수업관찰도구의 검증

1) 타당도 검증

ICALT 수업관찰도구는 교사의 수업전문성을 6개의 영역으로 구분하고 있다. 본 연구는 ICALT 도구의 문항이 6개의 수업전문성 영역을 지지하는지 확인하기 위해 확인적 요인분석을 하였다. 교사의 수업전문성은 평면적 현상이 아닌 다면적이고 위계적인 현상으로 판단하였다. 따라서 교사의 수업전문성에 관한 이론적이고 경험적인 근거로 경쟁 모형을 설정하고 비교해 가장 적합한 모형을 확인하였다. 모형1은 교사의 수업전문성 구성개념이 ICALT 도구의

32개 문항에 반영된 구조다.

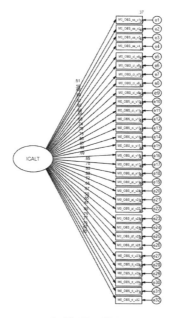

[그림 1] 모형 1

　모형2는 6개 수업전문성 영역의 구성개념이 32개의 문항 가운데
해당하는 각 문항에 반영된 구조다. 모형3은 교사의 수업전문성에
대한 구성개념이 ICALT 도구의 6개 요인에 반영된 위계적 2차 요
인모형hierarchical factor model으로, 6개의 1차 요인 간의 상관관계는 1개
의 2차 요인에 의해 설명된다.

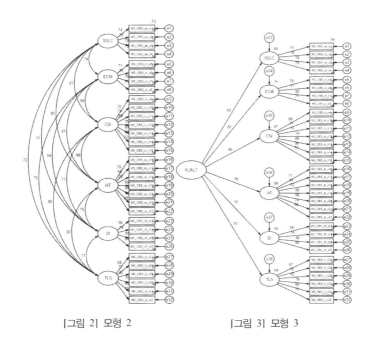

[그림 2] 모형 2   [그림 3] 모형 3

<표 3>은 ICALT 도구에서 각 모형의 적합도를 요약한 것이다. 적합도 해석에 있어 RMSEA는 .05 이하이면 매우 좋은 것으로, .05~.08이면 좋은 적합도로 해석하였고(Hu & Bentler, 1999), TLI와 CFI는 그 값이 .90 이상이면 적합도가 좋다고 해석하였다(Bentler, 1990; Tucker & Lewis, 1973). <표 3>에서 보는 바와 같이 모형1의 적합도는 수용하기에 적합하지 않게 나타났으며, 요인적재치는 .572~.768이었다. 모형2의 적합도는 좋은 적합도를 보이며, 6개 요인의 적재치는 .595~.881이었다. 모형3 역시 좋은 적합도를 보이고, 1차 6개 요인에 대한 32개의 요인적재치는 .588~.886이었다. 2차 요인에 대한 6개의 요인적재치는 .747~.988이었다. 모형2와 모형3의 χ^2 값의 차이는 유의미했지만($\Delta\chi^2$(9, N=562)=109.922, p < .001, 모형의 적합도 차이

는 미미했다ΔCFI=-.009, ΔTLI=-.008, ΔRMSEA=.003. 즉 모형3은 기각되지 않았으며, 이는 6개의 1차 요인의 관계는 1개의 2차 요인에 의해 잘 설명된다는 것을 의미한다.

<표 3> ICALT 수업관찰도구의 확인적 요인분석 모형 적합도(N=562)

모형	χ^2	df	CFI	TLI	RMSEA
모형1(1 요인모형)	2296.072	464	.831	.820	.084
모형2(6 요인모형)	1294.651	449	.922	.914	.058
모형3(위계적 2차 요인모형)	1404.573	458	.913	.906	.061

2) 문항 적합도 검증

문항 적합도는 각 문항의 내적합도$_{Infit\ Mean\ Square}$, 외적합도$_{Outfit}$ $_{Mean\ Square}$, 양류 상관계수$_{point-biserial\ correlation\ coefficient}$ 지수를 이용해 검증하였고, 각 적합도 지수는 BIGSTEPS 프로그램으로 산출했다. 문항의 적합도는 외적합도와 내적합도 지수를 함께 고려해 평가했다. 외적합도 지수의 경우, 예를 들면 피험자의 능력에 비해 너무 쉬운 문항을 틀리거나 너무 어려운 문항을 맞히는 것처럼, 특정 문항에 대한 피험자의 일부 극단적인 응답 반응으로 해당 문항이 모형에 부적합하다고 판단될 가능성이 있기 때문이다(Linacre, 2006).

본 연구는 내적합도와 외적합도 지수 해석과 관련해 Linacre (2006)가 WINSTEPS에서 제시한 기준을 따랐다. Linacre는 적합도 지수가 .5 미만이면 문항반응의 다양성이 매우 제한적이어서 당연히 예측 가능한 문항으로, .5~1.5는 생산적이고 적절한 문항으로, 1.5~2.0은 다소 과도하게 다양한 반응을 보이나 측정의 전체적인 질에는 영향을 미치지 않은 문항으로, 2.0 이상이면 지나치게 반응이 다양하여 부적합한 문항으로 다룬다. 양류 상관계수에서 계수

값이 0에 근접하거나 음수로 나타난 문항은 검사를 구성하는 다른 문항과 반대의 방향으로 작용하는 것을 의미하여, 이는 해당 문항의 수정이 필요함을 나타낸다(설현수·유은경, 2015). 양류 상관계수의 해석은 Wolfe & Smith(2007)가 제시한 .3을 기준으로 하였다. ICALT 수업관찰도구의 32개 문항을 대상으로 문항 적합도 검증을 한 결과, 측정도구로 부적합한 문항은 없었다. <표 4>와 같이 내적합도는 .82~1.30, 외적합도는 .82~1.37로 적합도 지수가 .5 이하나 1.5 이상인 문항이 없었고, 양류 상관계수도 .56~.75로 .3 미만인 문항이 없었다.

<표 4> ICALT 수업관찰도구의 문항 적합도 분석

ICALT ITEM	COUNT	MEASURE	INFIT MNSQ	OUTFIT MNSQ	PTBIS CORR.
DI24	560	1.840	1.100	1.140	.560
DI25	560	1.580	.990	1.010	.640
DI26	560	1.540	.890	.910	.650
TLS31	560	1.370	1.070	1.100	.600
IAT19	560	.980	.940	.980	.660
IAT17	560	.930	.960	.970	.630
TLS32	560	.920	1.090	1.130	.630
IAT18	560	.450	.890	.880	.680
TLS27	560	.380	.980	1.000	.640
DI23	560	.220	1.010	1.010	.660
CSI12	560	.180	.820	.820	.720
IAT20	560	.150	1.000	1.000	.660
TLS30	560	.050	1.060	1.120	.710
TLS29	560	-.030	.820	.830	.750
CSI10	560	-.080	.850	.860	.720
IAT21	560	-.150	.970	.990	.710
CSI11	560	-.220	1.100	1.080	.680
SLC3	559	-.310	.980	1.000	.660

ICALT ITEM	COUNT	MEASURE	INFIT MNSQ	OUTFIT MNSQ	PTBIS CORR.
TLS28	560	-.330	.850	.840	.730
ECM6	560	-.370	1.040	1.040	.680
CSI13	560	-.380	.940	.980	.650
CSI14	560	-.460	1.060	1.310	.650
SLC4	560	-.500	.920	.890	.680
IAT16	560	-.520	1.020	1.070	.680
CSI15	560	-.550	1.000	.950	.680
ECM7	560	-.660	1.190	1.220	.650
ECM8	560	-.730	1.200	1.180	.580
ECM5	560	-.910	1.300	1.370	.560
SLC1	559	-.970	.980	1.010	.600
SLC2	559	-.980	1.060	1.090	.580
CSI9	560	-1.110	1.040	.970	.650
IAT22	560	-1.330	.980	.930	.630

3) 피험자×문항 분포도 분석

ICALT 수업관찰도구가 교사의 수업전문성을 잘 포괄하는지 확인하기 위해 ICALT 도구의 문항 난이도 추정치와 교사의 수업전문성 추정치를 logits 척도상에 위치시켜 분포를 비교하였다. [그림 4]는 562명 교사의 수업전문성 추정치와 ICALT 도구의 32개 문항의 문항 난이도 추정치를, 교사의 높은 수업전문성과 문항 난도가 높은 문항부터 위에서 아래로 순서대로 보여주고 있다. 'M'은 교사의 수업전문성 및 문항의 난이도 추정치의 평균을 의미하고, 'S'는 평균으로부터 1 표준편차, 'Q'는 2 표준편차 떨어진 지점을 의미한다. 도표의 왼쪽에는 교사의 수업전문성 추정치 분포, 오른쪽에는 ICALT 도구의 문항 명칭이 제시되어 있다. 교사의 수업전문성 추정치 분포와 문항의 난이도 추정치 분포를 비교하면, 최고난도의 문항을 제외하고 모든 문항이 교사의 수업전문성 평균 추정치 아래에 분포하는 것으로 나타났다.

[그림 4] 피험자×문항 분포도

4) 응답 척도 분석

ICALT 수업관찰도구가 채택한 4점 척도가 제대로 기능하는지 확인하기 위해 평정척도 분석과 문항반응범주곡선 분석을 수행하였다. 평정척도와 관련해서 응답범주의 값이 증가할수록 해당 범주에 응답한 교사의 수업전문성 추정치 또는 척도의 경계점 값$_{Step}$ $_{Calibration}$이 함께 증가해야 한다. 만약 이러한 경향성을 보이지 않는다면, 교사의 수업전문성 변별에 ICALT 도구의 응답범주 지시사항의 모호성 또는 척도 수의 부적합성과 같은 문제가 있어 반드시 수정되어야 함을 의미한다. <표 5>와 같이 ICALT 도구는 응답범주의 값이 증가할수록 척도 경계점의 값도 증가한다. [그림 5]처럼 문항반응범주곡선이 평정척도 1에서 4에 이르기까지 각 척도의 범주가 명확하다. 예를 들어, 척도 1과 2의 곡선이 겹치는 지점이 1점에서 2점으로 전환되는 수준으로 볼 수 있는데, 각 응답이 전환되는 지점이 낮은 수준으로부터 높은 수준으로 명확하게 구분된다. 그러므로 ICALT 도구에서 4점 척도를 사용하는 것은 적절하다.

<표 5> ICALT 수업관찰도구의 평정척도 분석

CATEGORY LABEL	OBSERVED COUNT	AVERAGE		COHERENCE		INFIT MNSQ	OUTFIT MNSQ	STEP CALIB RATN
		MEAS URE	EXP. MEASURE	EXP%	OBS%			
1	570	-1.030	-1.670	67%	16%	1.640	2.070	NONE
2	3523	-.230	-.130	60%	51%	.910	.940	-2.710
3	8749	1.420	1.470	66%	79%	.920	.860	-.260
4	5075	3.460	3.380	77%	63%	.920	.920	2.960

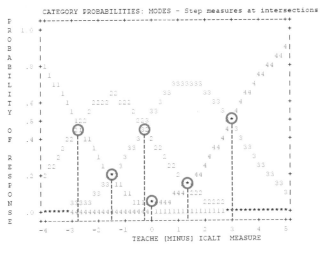

[그림 5] 문항반응범주곡선

5) 학교급에 따른 차별기능 문항 분석

ICALT 수업관찰도구가 학교급과 관계없이 기능하는지를 확인하고자 Mantel$_{Mantel\ Chi\text{-}Square}$, L-A LOR$_{Liu\text{-}Agresti\ Cumulative\ Common\ Log\text{-}Odds}$ Ratio, LOR SE$_{Standard\ Error\ of\ the\ Lui\text{-}Agresti\ Cumulative\ Common\ Log\text{-}Odds\ Ratio}$, LOR Z$_{Standardized\ Liu\text{-}Agresti\ Cumulative\ Common\ Log\text{-}Odds\ Ratio}$, COX'S B$_{Cox's}$ $_{Non\text{-}centrality\ Parameter\ Estimator}$, COX SE$_{Standard\ Error\ of\ Cox's\ Non\text{-}centrality}$ $_{Parameter\ Estimator}$, 그리고 COX Z$_{Standardized\ Cox's\ Non\text{-}centrality\ Parameter}$ 지수를 이용해 검증하였다. 각 지수의 값은 DIFAS 프로그램으로 산출하였다.

Mantel chi-square 값은 자유도가 1인 카이제곱으로 분포하며, 임계값은 유의수준 .05에서는 3.84, .01에서는 6.63이다(Mantel, 1963; Zwick, Donoghue, & Grima, 1993; Zwick, Thayer, & Mazzeo, 1997). L-A LOR(Liu & Agresti, 1996; Penfield & Algina,

2003)과 COX'S B(Camilli & Congdon, 1999; Cox, 1958) 값이 양수인 경우 참조 그룹에 유리하게 기능하는 문항이며, 음수일 경우 초점 그룹에 유리하게 기능하는 문항이다. LOR Z와 COX Z의 절댓값이 2보다 큰 경우는 문항이 차별적으로 기능하고 있음을 의미한다.

    <표 6>의 분석 결과, ICALT 도구의 1, 2, 3, 4, 6, 18, 24, 25, 26, 27, 32번 문항은 초등학교와 중학교 교사의 수업전문성을 측정할 때 차별적으로 기능하는 것으로 나타났다. <표 7>의 분석 결과, ICALT 도구의 1, 2, 11, 14, 19, 23, 27, 29, 32번 문항이 초등학교와 고등학교 교사의 수업전문성 측정에서 차별적으로 기능하는 것으로 나타났다. <표 8>의 분석 결과, ICALT 도구의 4, 11, 19, 24, 25, 26번 문항이 중학교와 고등학교 교사의 수업전문성을 측정하는 데 차별적으로 기능하는 것으로 나타났다. 이 결과는 초등과 중등교사의 수업전문성은 '수업분위기$_{SLC}$'와 '개별화 학습$_{DI}$'에서, 초등과 고등학교는 '교수학습전략$_{TLS}$'에서, 중학교와 고등학교는 '개별화 학습$_{DI}$'에서 매우 다르게 발현될 수 있다는 것을 시사한다.

<표 6> 학교급에 따른 ICALT 수업관찰도구의 차별기능 문항 분석I

Name	Mantel	L-A LOR	LOR SE	LOR Z	COX'S B	COX SE	COX Z
SLC1	15.088	1.035	.266	3.891	.884	.228	3.884
SLC2	13.525	.867	.235	3.689	.747	.203	3.678
SLC3	10.034	.808	.261	3.096	.605	.191	3.166
SLC4	12.330	.949	.268	3.541	.746	.213	3.509
ECM5	.005	-.016	.236	-.068	-.013	.193	-.067
ECM6	11.492	.860	.268	3.209	.625	.185	3.388
ECM7	2.558	.422	.273	1.546	.302	.189	1.597
ECM8	.275	.127	.246	.516	.110	.209	.526
CSI9	2.441	.391	.262	1.492	.342	.219	1.565
CSI10	1.578	.289	.231	1.251	.263	.210	1.255
CSI11	.058	-.060	.255	-.235	-.044	.184	-.239
CSI12	.613	.192	.239	.803	.170	.217	.783
CSI13	.149	-.096	.246	-.390	-.074	.192	-.385
CSI14	1.207	-.276	.259	-1.066	-.213	.194	-1.100
CSI15	2.233	.368	.240	1.533	.307	.205	1.497
IAT16	.033	.046	.251	.183	.035	.193	.181
IAT17	.000	.001	.213	.005	.001	.186	.005
IAT18	6.116	-.555	.223	-2.489	-.489	.198	-2.473
IAT19	3.388	-.406	.223	-1.821	-.352	.191	-1.842
IAT20	2.433	-.358	.231	-1.550	-.300	.192	-1.562
IAT21	.071	-.064	.232	-.276	-.051	.190	-.269
IAT22	2.856	.432	.262	1.649	.372	.220	1.692
DI23	.004	-.013	.220	-.059	-.012	.191	-.063
DI24	5.205	-.460	.203	-2.266	-.394	.173	-2.283
DI25	6.503	-.577	.223	-2.587	-.465	.182	-2.552
DI26	13.193	-.837	.223	-3.753	-.677	.186	-3.634
TLS27	3.754	-.459	.228	-2.013	-.375	.194	-1.938
TLS28	1.193	.259	.233	1.112	.233	.213	1.092
TLS29	2.728	-.403	.253	-1.593	-.347	.210	-1.653
TLS30	2.620	-.384	.237	-1.620	-.313	.194	-1.617
TLS31	1.243	-.254	.230	-1.104	-.204	.183	-1.117
TLS32	6.381	-.582	.232	-2.509	-.425	.168	-2.525

Reference Value = 0(초등학교), Focal Value = 1(중학교)

<표 7> 학교급에 따른 ICALT 수업관찰도구의 차별기능 문항 분석2

Name	Mantel	L-A LOR	LOR SE	LOR Z	COX'S B	COX SE	COX Z
SLC1	9.019	.884	.316	2.797	.736	.245	3.002
SLC2	12.199	.993	.290	3.424	.848	.243	3.494
SLC3	.492	.200	.288	.694	.182	.260	.700
SLC4	1.365	.379	.329	1.152	.323	.277	1.168
ECM5	.000	-.005	.272	-.018	-.004	.232	-.017
ECM6	3.827	.577	.293	1.969	.501	.256	1.958
ECM7	.033	-.049	.270	-.181	-.045	.248	-.182
ECM8	.003	-.013	.262	-.050	-.011	.216	-.051
CSI9	.676	.239	.288	.830	.195	.237	.824
CSI10	.036	.055	.303	.182	.055	.290	.189
CSI11	5.296	.650	.299	2.174	.538	.234	2.301
CSI12	.017	-.039	.286	-.136	-.033	.254	-.130
CSI13	.600	-.253	.318	-.796	-.206	.266	-.776
CSI14	6.318	-.721	.271	-2.661	-.615	.245	-2.515
CSI15	.017	.038	.276	.138	.031	.237	.131
IAT16	.008	.027	.304	.089	.022	.252	.087
IAT17	.017	.038	.276	.138	.032	.240	.133
IAT18	.737	-.254	.295	-.861	-.214	.249	-.860
IAT19	8.562	-.826	.296	-2.791	-.780	.267	-2.926
IAT20	.027	.046	.290	.159	.041	.250	.164
IAT21	.277	-.154	.294	-.524	-.140	.266	-.527
IAT22	2.077	.459	.302	1.520	.421	.292	1.441
DI23	4.149	-.558	.282	-1.979	-.501	.246	-2.036
DI24	.925	.290	.300	.967	.231	.240	.963
DI25	1.741	.380	.287	1.324	.326	.247	1.320
DI26	.428	-.204	.312	-.654	-.178	.272	-.655
TLS27	7.801	-.822	.300	-2.740	-.698	.250	-2.792
TLS28	.999	.298	.289	1.031	.278	.278	1.001
TLS29	7.232	-.838	.331	-2.532	-.727	.270	-2.691
TLS30	.470	-.186	.273	-.681	-.160	.234	-.683
TLS31	.082	.084	.293	.287	.067	.233	.287
TLS32	6.302	-.742	.313	-2.371	-.602	.240	-2.511

Reference Value = 0(초등학교), Focal Value = 2(고등학교)

<表 8> 학교급에 따른 ICALT 수업관찰도구의 차별기능 문항 분석3

Name	Mantel	L-A LOR	LOR SE	LOR Z	COX'S B	COX SE	COX Z
SLC1	.003	-.017	.307	-.055	-.013	.254	-.051
SLC2	.377	.191	.314	.608	.166	.271	.613
SLC3	1.908	-.482	.352	-1.369	-.373	.270	-1.383
SLC4	5.951	-.725	.298	-2.433	-.579	.237	-2.440
ECM5	.043	-.056	.263	-.213	-.049	.238	-.206
ECM6	.148	-.117	.294	-.398	-.091	.238	-.383
ECM7	3.822	-.557	.282	-1.975	-.412	.211	-1.954
ECM8	.007	-.022	.265	-.083	-.020	.241	-.083
CSI9	.360	.186	.308	.604	.153	.256	.598
CSI10	2.545	-.470	.287	-1.638	-.371	.233	-1.595
CSI11	6.274	.675	.269	2.509	.574	.229	2.503
CSI12	.084	.086	.306	.281	.078	.268	.291
CSI13	.925	-.308	.314	-.981	-.266	.276	-.963
CSI14	1.198	-.316	.287	-1.101	-.275	.251	-1.094
CSI15	.111	-.098	.294	-.333	-.079	.239	-.331
IAT16	.029	.050	.290	.172	.044	.256	.172
IAT17	.314	-.149	.269	-.554	-.131	.234	-.559
IAT18	.000	.006	.292	.021	.005	.249	.020
IAT19	5.975	-.622	.262	-2.374	-.550	.225	-2.447
IAT20	2.863	.477	.275	1.735	.386	.228	1.691
IAT21	1.799	-.384	.288	-1.333	-.323	.241	-1.341
IAT22	.027	-.050	.304	-.164	-.042	.258	-.163
DI23	1.076	-.283	.278	-1.018	-.234	.226	-1.036
DI24	5.525	.666	.284	2.345	.545	.232	2.350
DI25	10.090	.904	.279	3.240	.727	.229	3.175
DI26	4.338	.598	.273	2.190	.472	.227	2.083
TLS27	1.853	-.430	.302	-1.424	-.328	.241	-1.362
TLS28	.030	.056	.312	.179	.047	.269	.175
TLS29	.164	.132	.323	.409	.113	.280	.404
TLS30	3.007	.530	.304	1.743	.401	.231	1.736
TLS31	.769	.228	.264	.864	.188	.214	.879
TLS32	.176	.115	.292	.394	.095	.226	.420

Reference Value = 1(중학교), Focal Value = 2(고등학교)

4. 논의 및 결론

어떤 구성개념을 측정하기 위해 선정된 지표(문항)는 순수하게 측정하기를 원하는 것만 표상하지 않고 다른 구성개념도 동시에 표상할 수 있다. 선정된 지표가 얼마나 구성개념을 잘 표상한 행동이냐는 추론된 구성개념의 타당도에 영향을 미칠 것이다(문수백, 2009). ICALT 수업관찰도구의 각 문항이 그에 해당하는 수업전문성 영역의 구성개념을 잘 표상하는지를 확인적 요인분석을 통해 검증한 결과, 모형3(6요인 모형)의 적합도는 CFI=.922, TLI=.914, RMSEA=.058로 나타났다. 즉, ICALT의 각 문항은 해당하는 수업전문성 영역의 구성개념이 잘 표상된 지표라고 할 수 있다. ICALT의 관찰 영역이 교사의 수업전문성이라는 구성개념을 잘 표상하는지를 위계적 2차 요인모형hierarchical factor model으로 검증한 결과, 모형3의 적합도는 CFI=.913, TLI=.906, RMSEA=.061로 나타났다. 모형3은 기각되지 않으며 6개의 1차 요인의 관계는 1개의 2차 요인에 의하여 잘 설명된다고 할 수 있다. 이런 결과를 통해 교사의 수업전문성에는 다양한 유형이 존재하는 것을 확인할 수 있다.

ICALT의 문항 적합도를 검증한 결과, 내적합도는 .82~1.30, 외적합도는 .82~1.37로 적합도 지수가 .5 이하나 1.5 이상인 문항은 없었다. 이는 수업관찰자가 ICALT를 사용해 수업전문성을 측정할 때, 관찰되는 교사가 전문성에 비해 매우 낮은 수업행동을 보이거나 기대되는 전문성을 뛰어넘는 경우 등 일부 극단적인 수업행동 반응에 의해 문항이 해당하는 수업전문성의 구성개념을 표상하지 못할 가능성이 적다는 것을 의미한다. 양류 상관계수는 .56~.75로

.3 미만인 문항도 없었다. 이는 해당 문항이 나머지 문항과 다른 방향으로 작용하고 있지 않음을 나타내는 것으로, ICALT의 문항은 모두 같은 방향으로 수업전문성을 측정한다고 할 수 있다. 이를 통해 ICALT 도구에 부적합한 문항은 없는 것을 알 수 있다.

ICALT가 교사의 수업전문성을 잘 포괄하고 있는지 확인하기 위해 ICALT의 문항 난이도 추정치와 수업전문성 추정치를 같은 logits 척도상에 위치시켜 분포를 비교한 결과, 최고난도 문항을 제외하면 모든 문항이 수업전문성 평균 추정치 아래에 분포했다. 이를 통해 ICALT는 교사가 속한 수업전문성 영역을 평가하기에 적합한 문항으로 구성된 검사임을 알 수 있다. ICALT의 4점 척도가 제대로 기능하는지 확인하기 위해 평정척도 분석과 문항반응범주곡선 분석을 수행한 결과, 응답범주의 값이 증가할수록 척도 경계점도 값이 증가하였고, 문항반응범주곡선이 평정척도 1에서 4에 이르기까지 각 척도의 범주가 명확하게 구분되었다. 이런 결과는 ICALT의 응답범주의 지시사항이 교사의 수업전문성 변별에 있어 모호하지 않으며, 4점 척도가 적합하다는 것을 의미한다.

결론적으로, ICALT 수업관찰도구는 수업전문성을 측정하는 지표로 타당하다. 단, 학교급에 따라 차별적으로 기능하는 문항이 있다. 차별적 문항 기능 지수는 차별적 문항 기능의 여부를 판단하는 정보일 뿐, 문항의 타당성 여부, 즉 그 문항을 검사에 포함할지 제외할지에 관한 직접적인 정보를 제공하지는 않는다(Scheuneman, 1984). 하지만 차별적으로 기능한다고 변별된 문항이 ICALT가 측정하고자 하는 수업전문성 특성과 관련이 없는 요인에 의해 특정 집단에 유리하거나 불리하게 작용하는지 판단해야 하는 문제는 남

아있다. 따라서 상대적으로 차별적 기능을 일으키는 중요 원인에 관한 연구, 차별적 기능 문항이 학교급 간 교사의 수업전문성 연구에 미치는 영향을 최소화할 있도록 하는 문항의 내용분석 연구는 필요하다. 측정도구의 타당성을 검증하기 위해서는 타당도에 관한 복합적인 증거를 얻는 게 바람직하다(성태제, 2015). 본 연구는 측정도구의 타당도 검증에 있어 초등과 중등학교의 수업관찰 자료를 이용하여 ICALT 도구가 측정하고자 하는 학교급별 교사의 수업전문성 각 영역이 제대로 측정되는가에 대해 확인적 요인분석을 하는 양적 검증에 한정되어 있음을 밝혀둔다.

참고문헌

곽병선(2001). 교실교육의 개혁과 교사의 수업전문성. 한국교원교육연구, 18(1), 5-13.

문수백(2009). 구조방정식모델링의 이해와 적용. 학지사.

설현수·유은경(2015). Rasch 측정 모형을 이용한 청소년 인터넷 중독 척도의 타당화. 교육평가연구, 27, 779-802.

성태제(2015). 교육평가의 기초. 학지사.

천세영·김득준·정일화(2018). 수업전문성 측정도구(ICALT)의 문항별 신뢰도 및 타당도에 관한 연구. 한국교원교육연구, 35(3), 31-54.

허병기(2001). 수업과 학교장 지도성. 교육행정학연구, 19, 53-78.

Andersen, E. B. (1973). A goodness of fit test for the Rasch model. *Psychometrika, 38(1)*, 123-140.

Andrich, D. (1978). A rating formulation for or-dered response categories. *Psychometrika, 43*, 561-574.

Archer, J., Cantrell, S., Holtzman, S. L., Joe, J. N., Tocci, C. M., & Wood, J. (2016). *Better feedback for better teaching: A practical guide to improving classroom observations*: John Wiley & Sons.

Bentler, P. M. (1990). Comparative fit indexes in structural models. *Psychological Bulletin, 107(2)*, 238.

Camilli, G., & Congdon, P. (1999). Application of a method of estimating DIF for polytomous test items. *Journal of Educational and Behavioral Statistics, 24(4)*, 323-341.

Cox, D. R. (1958). The regression analysis of binary sequences. *Journal of the Royal Statistical Society. Series B (Methodological), 20(2)*, 215-242.

Helms-Lorenz, M., Maulana, R., Isac, M., & Telli, S. (2018). *Measuring effective teaching behavior using student questionnaires: A multi-national perspective*. Paper presented at the ICSEI, Singapore.

Hu, L. t., & Bentler, P. M. (1999). Cutoff criteria for fit indexes in covariance structure analysis: Conventional criteria versus new alternatives. *Structural equation modeling: a multidisciplinary journal, 6(1)*, 1-55.

Kane, T. J., & Staiger, D. O. (2012). *Gathering Feedback for Teaching: Combining High-Quality Observations with Student Surveys and Achievement Gains*. Research Paper. MET Project. Bill & Melinda Gates Foundation.

Linacre, J. M. (2006). *WINSTEPS Rasch measurement computer program*. Chicago: Winsteps.com.

Liu, I.-M., & Agresti, A. (1996). Mantel-Haenszel-type inference for cumulative odds ratios with a stratified ordinal response. *biometrics, 52(4)*, 1223-1234.

Mantel, N. (1963). Chi-square tests with one degree of freedom; extensions of the Mantel-Haenszel procedure. *Journal of the American Statistical Association, 58(303)*, 690-700.

Maulana, R., Helms-Lorenz, M., & van de Grift, W. (2015). Development and evaluation of a questionnaire measuring pre-service teachers' teaching behaviour: A Rasch modelling approach. *School Effectiveness and School Improvement, 26(2)*, 169-194.

Penfield, R. D., & Algina, J. (2003). Applying the Liu-Agresti estimator of the cumulative common odds ratio to DIF detection in polytomous items. *Journal of Educational Measurement, 40(4)*, 353-370.

Rasch, G. (1960). Probabilistic models for some intelligence and attainment tests. *Studies in mathematical psychology. Copenhagen: Danmarks Paedag-ogiske Institut.*

Scheuneman, J. D. (1984). A theoretical framework for the exploration of causes and effects of bias in testing. *Educational Psychologist, 19(4)*, 219-225.

Tucker, L. R., & Lewis, C. (1973). A reliability coefficient for maximum likelihood factor analysis. *Psychometrika, 38(1)*, 1-10.

Van de Grift, W. (2007). Quality of teaching in four European countries: A review of the literature and application of an assessment instrument. *Educational Research, 49(2)*, 127-152.

Van de Grift, W. J. (2014). Measuring teaching quality in several European countries. *School Effectiveness and School Improvement, 25(3)*, 295-311.

Van de Grift, W., Chun, S., Maulana, R., Lee, O., & Helms-Lorenz, M. (2017). Measuring teaching quality and student engagement in South Korea and the Netherlands. *School Effectiveness and School Improvement, 28(3)*, 337-349.

Van den Hurk, H. T. G., Houtveen, A. A. M., & Van de Grift, W. J. C. M. (2016). Fostering effective teaching behavior through the use of data-feedback. *Teaching and Teacher Education, 60*, 444-451.

Wolfe, E. W., & Smith, J. E. (2007). Instrument development tools and activities for measure validation using Rasch models: part I-instrument development tools. *Journal of applied measurement, 8*(1), 97-123.

Wright, B. D., and Masters, G. N. (1982). *Rating scale analysis*. Chicago: MESA Press.

Zwick, R., Donoghue, J. R., & Grima, A. (1993). Assessment of differential item functioning for performance tasks. *Journal of Educational Measurement, 30(3)*, 233-251.

Zwick, R., Thayer, D. T., & Mazzeo, J. (1997). Descriptive and inferential procedures for assessing differential item functioning in polytomous items. *Applied Measurement in Education, 10(4)*, 321-344.

[부록] ICALT 수업관찰도구

수업전문성	No	지표: 선생님은 …	결과[1]	좋은 실천 사례: 선생님은 …	관찰[2]
안전하고 고무적인 수업분위기	1	학생의 말과 행동을 존중한다.	1 2 3 4	학생의 말을 중간에서 끊지 않는다.	0 1
				학생의 발표 및 의견을 경청한다.	0 1
				틀에 박힌 타입으로 단정 지어 말하지 않는다.	0 1
	2	분위기를 편안하게 유지한다.	1 2 3 4	학생에게 긍정적으로 이야기해 준다.	0 1
				유머를 사용하고 허용(권장)한다.	0 1
				학생이 실수할 수도 있다는 사실을 인정한다.	0 1
				모든 학생에 대한 공감을 보여 준다.	0 1
	3	학생의 자신감을 증진시킨다.	1 2 3 4	학생의 질문과 발표에 긍정적인 피드백을 한다.	0 1
				학생의 활동에 대해 칭찬을 한다.	0 1
				학생이 기여한 부분을 인정해 준다.	0 1
	4	상호 존중을 증진한다.	1 2 3 4	학생이 서로 경청하도록 격려한다.	0 1
				학생이 누군가를 놀릴 때 적절히 개입한다.	0 1
				학생 간 (문화) 차이 및 특성을 인정한다.	0 1
				학생 간 일체감을 갖도록 격려한다.	0 1
				모둠활동을 경험할 수 있도록 지원한다.	0 1
효율적 수업운영	5	수업이 질서 있게 진행되도록 노력한다.	1 2 3 4	학생이 질서 있게 교실에 들어오고 착석하게 한다.	0 1
				문제가 있을 때 적시에 적절히 관여한다.	0 1
				합의된 규정과 행동규칙을 준수하게 한다.	0 1
				수업이 끝날 때까지 모든 학생이 활동에 참여하게 한다.	0 1
				학생이 도움이 필요할 때, 무엇을 해야 할지 분명히 알려주고, 언제 도움을 요청할지 명확히 설명한다.	0 1
				수업 중 과제가 끝난 다음 어떻게 해야 할지 정확히 알려준다.	0 1

수업전문성	No	지표: 선생님은 ⋯	결과[1]	좋은 실천 사례: 선생님은 ⋯	관찰[2]
	6	학생이 적절한 방식으로 활동하고 있는지 확인한다.	1 2 3 4	학생이 자신이 수행해야 하는 과제를 이해했는지 확인한다.	0 1
				과제 수행 중 학생 간의 사회적 관계가 제대로 작동되도록 피드백을 제공한다.	0 1
	7	효과적으로 교실수업을 관리한다.	1 2 3 4	어떤 자료가 쓰일지 명확히 설명한다.	0 1
				수업자료를 사용할 준비가 잘 되어 있다.	0 1
				수업자료가 학생 수준과 발달단계에 맞게 제공된다.	0 1
	8	수업 시간을 효율적으로 사용한다.	1 2 3 4	정시에 수업을 시작한다.	0 1
				수업의 시작, 중간, 끝 지점에 시간 낭비를 하지 않는다.	0 1
				불필요한 중단이 일어나지 않게 한다.	0 1
				학생이 기다리지 않게 한다.	0 1
명료하고 구조화된 수업내용	9	수업내용을 명료하게 제시하고 설명한다.	1 2 3 4	학생의 사전지식을 일깨운다.	0 1
				차근차근 단계를 밟아가며 수업한다.	0 1
				학생이 이해할 수 있는 질문을 한다.	0 1
				때때로 수업내용을 요약해준다.	0 1
	10	학생들에게 피드백을 제공한다.	1 2 3 4	대답이 맞고 틀린지 여부를 명확히 알려준다.	0 1
				대답이 왜 맞고 틀린지 명확히 설명해준다.	0 1
				학생이 대답에 이르는 방식에 대해 피드백을 해준다.	0 1
	11	모든 학생이 수업에 참여하게 한다.	1 2 3 4	활발한 참여를 유도할 수 있는 학생 과제를 만든다.	0 1
				학생이 곰곰이 생각할 수 있는 질문을 한다.	0 1
				학생이 수업내용을 잘 듣고 지속해서 활동할 수 있게 한다.	0 1
				질문 후 '생각할 시간'을 허용한다.	0 1
				수업에 자발적으로 참여하지 않는 학생도 적극적으로 학습에 참여할 수 있게 유도한다.	0 1
	12	설명단계에서 학생이 학습내용을 이해하는지 확인한다.	1 2 3 4	학생이 곰곰이 생각할 수 있는 질문을 한다.	0 1

수업전문성	No	지표: 선생님은 …	결과[1]	좋은 실천 사례: 선생님은 …	관찰[2]
				학생이 학습내용을 이해하고 있는지 주기적으로 확인한다.	0 1
	13	학생이 최선을 다하도록 격려한다.	1 2 3 4	최선을 다하는 학생을 칭찬한다.	0 1
				모든 학생이 최선을 다해야 한다는 것을 명확하게 한다.	0 1
				학생이 달성해야 할 것에 대해 긍정적인 기대감을 표현한다.	0 1
	14	잘 구조화된 방식으로 가르친다.	1 2 3 4	수업이 단계적으로 구성되고, 단계 간 전환이 잘 이루어진다.	0 1
				수업이 단순한 것에서 복잡한 것으로 진행되게 논리적으로 구성한다.	0 1
				활동과 과제는 가르치는 내용과 연관되어 있다.	0 1
				수업에서 타당한 다양한 발표, 설명, 통제 활동, 자유 활동 등을 제공한다.	0 1
	15	학습자료 사용과 과제 해결 방법을 자세히 설명한다.	1 2 3 4	학생이 해야 할 일을 명확히 해준다.	0 1
				수업의 목표와 과제가 서로 어떤 관계가 있는지를 설명한다.	0 1
				어떤 자료와 출처가 이용될 수 있는지를 명확하게 설명한다.	0 1
집중적이고 활발한 수업활동	16	학생의 능동적인 참여를 자극하는 학습활동과 과제양식을 제공한다.	1 2 3 4	다양한 대화와 토론 방법을 사용한다.	0 1
				의도된 (사전)활동을 제공한다.	0 1
				소집단으로 나누어 활동하게 한다.	0 1
				ICT 기술을 활용한다.	0 1
				다양한 교수전략을 사용한다.	0 1
				다양한 과제를 제시한다.	0 1
				수업자료를 다양화한다.	0 1
				일상생활에서 자료와 예를 가져온다.	0 1
				연결되는 질문을 한다.	0 1
	17	미진한 학생이 자신감을 갖도록 격려한다.	1 2 3 4	미진한 학생의 질문에 대해 긍정적인 피드백을 준다.	0 1
				미진한 학생에게 성취할 수 있다는 긍정적인 기대를 보여준다.	0 1
				미진한 학생의 학습활동에 대해 칭찬한다.	0 1
				미진한 학생이 기여한 바를 인정한다.	0 1

수업전문성	No	지표: 선생님은 …	결과[1]	좋은 실천 사례: 선생님은 …	관찰[2]
	18	해결방법을 학생 스스로 생각하도록 격려한다.	1 2 3 4	해결할 수 있는 길을 보여준다.	0 1
				문제해결과 참고 자료를 검색하는 전략을 가르친다.	0 1
				자료 활용과 참고 자료를 활용하는 방법을 가르친다.	0 1
				문제해결을 위한 체크리스트를 제공한다.	0 1
	19	학생이 반성적으로 생각하도록 자극을 주는 질문을 한다.	1 2 3 4	모든 학생이 질문에 대답할 기회를 가질 수 있게 충분히 기다린다.	0 1
				학생이 서로 질문하고 설명하도록 격려한다.	0 1
				학생이 자신의 전략의 다른 점(단계)에 대해 설명하게 한다.	0 1
				가르친 내용을 이해했는지 주기적으로 확인한다.	0 1
				학생의 반응과 반성적 사고를 촉진하는 질문을 한다.	0 1
				무엇에 대한 수업인지를 학생이 이해하는지 주기적으로 확인한다.	0 1
	20	학생이 생각한 것을 크게 말할 수 있도록 한다.	1 2 3 4	학생이 해결 방법에 대한 자신의 생각을 소리 내어 말할 기회를 준다.	0 1
				학생이 해결 방법을 말로 표현하게 한다.	0 1
	21	학생과 상호작용을 하는 수업을 한다.	1 2 3 4	학생 간 상호작용을 활발하게 한다.	0 1
				교사와 학생 간 상호작용을 활발하게 한다.	0 1
	22	수업의 도입에서 수업 목표를 분명하게 명시한다.	1 2 3 4	수업을 시작하면서 학습목표를 알려준다.	0 1
				과제 목표와 수업의 목표를 명료하게 해준다.	0 1
개별화 학습지도	23	학습목표 도달 여부를 평가한다.	1 2 3 4	수업목표가 도달되었는지 평가한다.	0 1
				학생의 수행을 평가한다.	0 1
	24	미진한 학생을 위한 별도의 학습과 지도 시간을 제공한다.	1 2 3 4	미진한 학생에게 별도로 공부할 시간을 준다.	0 1
개별화 학습지도	24	미진한 학생을 위한 별도의 학습과 지도 시간을 제공한다.	1 2 3 4	미진한 학생 지도를 위한 별도의 시간을 마련한다.	0 1
				미진한 학생에게 별도의 연습/과제를 내준다.	0 1

수업전문성	No	지표: 선생님은 …	결과[1]	좋은 실천 사례: 선생님은 …	관찰[2]
				미진한 학생에게 사전 또는 사후 지도를 한다.	0 1
	25	개인차를 고려하여 수업방식을 적절하게 조절한다.	1 2 3 4	잘하는 학생에게 별도의 과제를 내 준다.	0 1
				소집단이나 개별 학생에게 추가 지도를 한다.	0 1
				보통 수준 학생에게만 맞춰 수업하지 않는다.	0 1
	26	개인차를 고려하여 수업내용을 적절하게 조절한다.	1 2 3 4	학생에 따라 과제수행의 시간과 양을 조절한다.	0 1
				과제를 완수할 시간을 융통성 있게 한다.	0 1
				일부 학생에게 추가적인 도움과 수단을 사용하도록 한다.	0 1
교수-학습 전략	27	복잡한 문제를 단순화 하는 방법을 학생에게 가르친다.	1 2 3 4	복잡한 문제를 어떻게 단순화하는지 가르친다.	0 1
				복잡한 문제를 쪼개서 더 단순하게 만드는 방법을 가르친다.	0 1
				복잡한 문제를 정리하게 가르친다.	0 1
	28	의도한 활동을 활용하도록 자극한다.	1 2 3 4	학습지문을 전략적으로 이해하도록 주의를 기울인다.	0 1
				학생이 해결 방법을 문제 상황과 연결 짓게 한다.	0 1
				대안적 전략을 적용하도록 격려한다.	0 1
	29	학습성과를 확인하도록 학생에게 가르친다.	1 2 3 4	결과를 유추하는 방법을 가르친다.	0 1
				결과를 예측하는 방법을 가르친다.	0 1
				어떻게 실제 상황과 결과를 연계하는지 가르친다.	0 1
	30	배운 것을 적용하도록 자극한다.	1 2 3 4	배운 것을 다른 학습상황에 의도적으로 적용하게 자극한다.	0 1
				하나의 해결 방법이 다른 상황에서 어떻게 적용될 수 있을지 설명해준다.	0 1
				이전에 풀어 본 문제와 연관 짓는다.	0 1
	31	학생이 비판적으로 생각하도록 북돋아 준다.	1 2 3 4	어떤 일이 발생한 배경을 설명하게 한다.	0 1
				학생의 의견을 묻는다.	0 1
				제시된 해결 방법이나 답에 대해	0 1

수업전문성	No	지표: 선생님은 …	결과[1]	좋은 실천 사례: 선생님은 …	관찰[2]
				학생이 곰곰이 생각하게 한다.	0 1
				학생 자신의 예를 제시하게 한다.	0 1
	32	학생에게 실행 전략을 성찰하게 한다.	1 2 3 4	학생이 적용한 전략의 다른 점(단계)을 설명하게 한다.	0 1
				가능한 (문제해결) 전략에 대해 명료하게 설명해준다.	0 1
				여러 전략의 장단점을 확장하게 한다.	0 1

학습자 참여	No.	지표: 학생들은 …	결과[1]	좋은 실천 사례: 학생들은 …	관찰[2]
				수업에 집중한다.	0 1
	33	수업에 충실히 참여한다.	1 2 3 4	대화나 토론에 능동적으로 참여한다.	0 1
				질문을 한다.	0 1
학습자 수업 참여	34	흥미를 보인다.	1 2 3 4	수업이 진행될 때 열심히 듣는다.	0 1
				추가 질문을 하면서 흥미를 보인다.	0 1
				추가 질문을 한다.	0 1
	35	능동적인 수업 태도를 갖는다.	1 2 3 4	책임감을 갖고 자신의 학습 과정을 진행한다.	0 1
				독립적으로 학습한다.	0 1
				자기주도적으로 학습한다.	0 1
				시간을 효율적으로 쓴다.	0 1

결과1: 1=매우 약하다, 2=약한 편하다, 3=강한 편이다, 4=매우 강하다
관찰2: 0=아니오. 또는 나는 못 봤어요. 1=예 또는 나는 보았습니다.

제3부

교원제도

제7장

교육전문대학원 교원양성체제[*]

1. 교사의 중요성

　"교사가 있어 학교가 있다As is the Teacher, so is the school."라는 말은 학교 체제에 관한 실천철학을 잘 표현하고 있다(Brooks, 1856). 좋은 학교는 다양한 매개체가 조화롭게 결합해 작용한 산물로, 교사가 가장 중요하다(Philbrick, 1856: 262). 교사교육은 국가의 최우선 과제가 되어야 한다(손충기, 2004; Goodlad, 1999). 교육의 질 제고와 학생의 재능 계발은 교사의 전문성에 가장 크게 기인한다(OECD, 2013; 김자미·이원규, 2016: 37 재인용). 상위 수준의 교수역량은 학생의 만족도와 학업성취에 긍정적인 영향을 미친다(van de Grift, Chun, Maulana, Lee, & Helms-Lorenz, 2016). 최상위 10%의 교사는 최하위 10%의 교사보다 한 해에 세 배 더 가르친다. 성적이 괄목상대하게 향상되는 학생의 비밀은 교사다(Economist, 2016).

　우리는 우수 인재가 교직에 유입되나 교육시스템에 대한 만족은

---

* 정일화 · 교신저자천세영(2017). 교육전문대학원 교원양성체제의 탐색. 한국교원교육연구, 34(1), 149-173.

높지 않다. OECD 주요 21개 국가 가운데 우리 교육시스템의 신뢰도와 교사역량 신뢰도인 학업수행 이행도는 각각 19위, 학생이 교사를 존경하는 정도는 최하위다(박남기, 2013; GEMS, 2013). 2011~2012년 OECD 24개 국가의 '국제성인역량조사PIACC: Programme for the International Assessment of Adult Competencies'에서 핀란드와 일본 교사는 수리와 언어 능력에서 1위, 2위를 차지했으나 우리는 17위, 14위에 그쳤다. 뛰어난 학생이 교대와 사대에 진학한 이후에 역량을 개발하지 못한다는 분석이다(조선일보, 2016).

현재와 같은 선발에 의존한 교원의 확보는 현장 적합성과는 괴리가 있어, 양성체제를 근본적으로 개선해야 한다는 명제는 중요하다(곽영우, 1998: 89). 과학지식의 폭발적 증가와 기술정보의 획기적 발달에 따라 각종 직업이 전문화되는 상황에서 지금의 교원양성교육과 현직교육은 불충분하다(신철순, 1993: 162). 하지만 여전히 교육기관은 행정가와 교사에 익숙한 방식으로 학생들의 미래를 준비하게 한다(Hans & Akhter, 2013: 27).

학생은 자기주도 학습역량, 소통기반 협력역량, 창조적 문제해결역량 등 미래 사회에 필요한 역량을 갖추는 교육을 받아야만 인공지능 기계로 대체되지 않고 제4차 산업혁명 시대의 인재가 될 수 있다(이주호, 2016). 현재의 교원양성과정에서는 학생을 가르칠 이런 역량 강화를 기대하기 어려운 실정이다(우동기, 2016). 지식 전달자인 교사의 역할은 막을 내리고 있다. 미래교육의 변화에 선도적으로 대응하기 위해 양성체제의 근본적 혁신이 필요한 시점이다(오세정, 2016; 우동기, 2016). 고도의 교과 전문성은 물론 학생지도능력, 시대 변화에 적합한 교육적 가치관과 안목, 자기계발을 지속하는 능력이 요구된다(김혜숙·양승실·김안나, 2000: 16).

우수한 교사는 선발되는 것이 아니라 교육되어야 한다(권순달, 2016: 85). Amitai Etzioni는 완전한 전문직이 되려면 교육 기간이 적어도 5년 이상 필요하다고 하였다(신철순, 1993: 162). 의학전문 대학원이 체계적인 교육과정의 도입과 임상실습을 제공해 의사의 역량을 높인 것처럼, 교원양성기관도 더 엄격해질 필요가 있다(Economist, 2016). 기존의 방만한 양성기관의 틀에서는 전문성을 신장하는 데 한계가 있다(McIntyre & Byrd, 2000; 김병찬, 2000; 정영수, 2002: 72 재인용). 대학원 수준의 교육체제를 통해 최고의 전문가로 양성할 필요가 있다(김태완·최원희·고대혁·박선형·박인심, 2008; 조동섭, 2007; 황영준, 2005). 미래의 인재 상像에 맞는 교육을 할 전문적 역량을 갖추는 교원양성의 체제로 변혁을 모색해야 한다.

이 연구는 우리나라 교원양성제도의 변천 과정 및 대학원 수준의 교원양성에 관한 정책연구 등 선행 연구와 주요 국가의 교원양성 흐름을 고찰해 문제점과 개선 방향을 도출한다. 이로부터 교육전문 대학원 도입의 필요성을 바탕으로 교원양성체제의 안을 제시한다. 그리고 교육전문대학원 교원양성체제 도입과 관련하여 주목 및 유의할 점을 제언하고자 한다.

2. 우리나라와 외국의 교원양성제도

1) 우리나라 교원양성제도의 변천

초등교사 양성은 사범학교(1945~1961), 2년제 교육대학(1961~1980), 4년제 교육대학(1981~현재)으로 발전하였다. 중학교 교사는 1960년대 이전에는 2년제 초급사범대학에서, 고등학교 교사는 4년제 사범대학에서 양성했다. 1950년대 중반부터 일반대학에 교직과정을 두어 부족한 교원을 충원했다. 1980년대 이후에는 사범대학, 일반대학 교직과정, 교육대학원에서 양성한다(이종재, 2004; 한국교육개발원, 2015: 80 재인용).

초등교원의 양성은 1895년 한성사범학교의 설립이 시작이었다. 1961년에 2년제 국립교육대학으로, 1962년 10개의 '교육대학'으로 바뀌어 16개교까지 늘다가,[1] 1970년대 중반에 도道 내 1교 원칙에 따라 1989년까지 11개교로 정비되었다. 교육대학은 1981~1984년에 4년제의 학사과정이 되었고, 1993년 '교육대학교'로 개명되었다(고전, 2006: 167; 김갑성·박영숙·정광희·김기수·김재춘·김병찬, 2009: 5; 김종철, 1995: 92). 이화여자대학교는 1958년 교육학과에 초등교육전공을 개설하였고, 한국교원대학교는 1985년 개교 때부터 초등교육과를 두고 있다. 2008년 제주교대와 제주대학교가 통합하면서 제주대학교 교육대학이 되었다.

중등교원의 양성은 실업계열 교사, 유치원교사, 특수교사, 보건교사, 사서교사를 제외한 일반교과의 경우 ① 일제강점기 연장선상의

---

1) 1961년 대학정비령에 따라 부산교육대학은 부산대학교에 1961년에 통합 후 1963년에 다시 분리되었고, 1962년 도립 충남대학교와 도립 충북대학교가 국립 충청대학교로 통합되었으나 1963년에 국립 충남대학교와 국립 충북대학교로 다시 분리하는 등 전국적으로 대대적인 대학 정비가 있었다.

전문학교 부설 임시중등교원양성기관, ② 1945년부터 전문적인 중등교원양성기관, ③ 1955년부터 일반대학의 교직과정, ④ 1963년부터 일반대학 교육과, ⑤ 1964년 서울대학교에 중견교원 재교육과정으로 처음 설치되어 1967년에 신규 교원양성의 역할이 추가된 후 다른 대학으로 확산한 '교육대학원'으로 구분할 수 있다. 이 밖에 공업기술 교원양성은 1977년 설립되어 2009년 사범대 소속으로 전환된 충남대학교의 공업교육대학을 대표적인 예로 들 수 있다.

중등교원양성은 1895년 개교한 한성사범학교가 1945년에 경성사범학교와 경성여자사범학교를 통합해 경성사범대학으로 발족한 뒤, 1946년 「국립서울대학교설치령」이 공포되어 서울대학교에 편입하면서 1949년 개칭한 서울대학교 사범대학에서 비롯되었다. 1949년 대구사범학교가 현재 경북대학교 사범대학의 전신인 대구사범대학으로 바뀌었다. 1948년 공주사범대학이 2년제 공립초급대학으로 출발해 1950년에 국립화, 1954년에 4년제가 되는 등 각 도에 설치된 국립대학을 중심으로 사범대학이 설치되었다.

1951년 이화여자대학교 등 사학私學도 사범대학을 개설하기 시작해 1965년부터 사립사범대학이 대량 인가되면서 중등교원양성의 개방화와 다양화가 촉진되었다. 1990년 국립사범대 우선 임용제가 국민의 평등권 및 직업선택의 자유 보장에 위배된다는 위헌결정에 따라 폐지되면서 사립 사범대 설치가 증가했다(김갑성 등, 2009: 4). 중학교 양성기관으로 존속하던 2년제 국·사립 사범대학은 1962년 초등교원양성을 위한 교육대학이 설치되면서 4년제로 전환되었다. 사범대학에서 양성하기 어려운 전공에 한정해 일반대학 전공자가 교직과목을 이수하면 자격을 주는 일반대학 교직과정은 1955년에 시작되었다. 대학교직과大學教職科는 1960년 폐지되었다가 1963년에 부활하였다(경향신문, 1963b).[2] 일반대학 교육과는 1963년부터 제도화되었다. 교육과를 졸업하면 사범대학의 졸업자와 동등한 교원자격이 부여되고, 1990년까지는 국립사범대처럼 국·공립학교 교사로 우선 임용되었다(고전, 2006: 167; 김갑성 등, 2009: 5; 김종철, 1995: 92; 박수정, 2016: 831).[3] 이후 일반대 교육과는 사범대 소속으로 변경되는 경향을 보였다.

1961년 군사정부는 대학정비의 일환으로 사범대학이 문리대학文理大學에 없는 학과의 중등교원만을 양성하게 하였다. 1962년 2월에 「국립학교설치령」을 개정해 1년간 교직교육을 거쳐 일반대학 졸업자를 중등교원으로 양성하기 위한 교육연수원을 그해 3월 서울대학교에 설치했으나, 지원자 부족으로 이듬해 2월 말에 폐지되었다(경향신문, 1963a; 동아일보, 1961, 1963). 1961년 제58회 각의는 제2차 대학정비방안으로 양보다는 질적 향상을 위해 "4년제 사범대학은 이를 폐지하고 교육대학원으로 한다(경향신문, 1961)."라고 의결하여 4년제 사범대와 일반대 교직과정을 폐지하고 교육대학원을 창설하기로 방침을 정했다.

1963년 1월 15일에 개정된 「국립학교설치령」에 따라 1964년 4월에 서울대에 교원재교육기관 성격의 교육대학원을 처음 설립하여 중견교원과 교육행정원을 교육하였고,[4] 신규 중·고교 교원양성은

---

2) 김종철(1995: 93)은 1961년 폐지라고 하였다.

3) 교원자격검정령 제3조 (자격증의 수여) 제1항 "교육부장관은 자격검정에 합격한 자에 대하여는 교육부령이 정하는 교원자격증(이하 "자격증"이라 한다)을 수여한다. 이 경우 사범대학의 졸업자(대학에 설치된 교육과 졸업자 및 교직과정 이수자를 포함한다. 이하 같다)로서 교육부장관이 정하는 학과(학부를 포함한다. 이하 같다) 또는 전공분야를 복수전공(연계전공을 포함한다. 이하 같다)한 자에 대하여는 각각 그 학과 또는 전공분야에 대한 자격증을 수여할 수 있다."

4) 1963년 1월 15일 개정된 「국립학교설치령」제3조에 장차 중견교원이나 교육행정원에 종사할 인재를 양성훈련하기 위한 교육대학원을 둔다는 내용이 추가되어 문교부는 1963년 1월 16일

1967년 2월 28일 개정된 「교육법」 제124조에 의해 가능하게 되었다(동아일보, 1967). 대학정비령은 1963년에 백지화되면서 사범대와 교직과정은 존치하게 되었다. 교육대학원은 1969년 경북대, 1975년 부산대, 전남대, 충남대로 신설이 이어졌다. 하지만 1970년 이후 기관 수가 급격히 늘고 상위 자격증 및 학위취득 과정으로 변질되면서 전문성 신장이란 본래의 설립 취지는 퇴색하였다(윤태건, 2005: 233). 2007년 교육대학원은 135곳에 달하였으나, 점차 감소해서 2015년 기준으로 112곳이 있다. 1997년 이전에 설립된 79개 교육대학원은 교원양성과 현직 교원의 재교육을 겸하지만, 이후에 설립된 곳은 재교육만을 한다.

2) 우리나라 교원양성기관의 특징

현재 교사양성은 필요한 전문적 이론과 실제적 훈련이 학위과정과 함께 이루어진다. 초등교원은 교육대학 중심의 목적형으로 양성된다. 중등교원은 1990년 사범대 우선 임용 위헌결정과 비사범계대학 출신자에 비해 사범계대학 출신자에게 부여하는 가산점에 대한 2004년 위헌결정으로 목적형의 위상과 기능이 많이 사라졌다는 점에서 개방형이라는 관점이 있다(이광현·이차영, 2006).

목적형은 교원양성의 계획적인 통제 가능, 사명감을 갖춘 교원양성, 교과교수법 개발의 용이, 교직에 관한 전문지식과 기술 향상의 장점은 있으나 다양성 결여가 단점으로 지적된다. 개방형은 전공교과목에 대한 다양한 지식 습득, 폭넓은 교양의 축적, 자유경쟁에 의한 자질 향상은 가능하나 교직윤리와 교과지도 전문성 미흡의 우려,

---

교육대학원 설치방안을 발표하였다.

계획적인 교원양성의 어려움이 단점으로 지적된다(신상명, 2002; 윤정일, 2002; 이일용, 2000; 김태완 등, 2008: 70-71 재인용).

목적형과 개방형에 대한 오랜 논쟁은 교사교육 기회 제공의 개방성 여부 문제가 아니라 사범대학이 종합대학 내에 편입되면서 교사교육의 이념과 사범대의 정체성, 교육과정 구성의 원칙과 방법 등에서 기능 및 역할 분담, 교원임용을 둘러싼 사범대와 일반대학 간의 갈등에 기반을 둔 측면이 있다(경향신문, 1974; 박상완, 2002: 47-48). 교원양성 방향의 논의와 해결 대안 가운데 사범대학 중심의 목적형 양성체제로 전환해야 한다는 주장과 목적형 양성체제와 개방형 양성체제의 혼합형으로 운영해야 한다는 주장이 팽팽하다(김재복 2004; 윤정일 2002; 박남수·김혜숙, 2011; 2 재인용).

3) 우리나라 교원양성 규모와 임용 현황

어느 정도 수급 조절이 가능한 초등교원에 비해 중등은 과잉배출로 어려움을 겪는다. 중등은 과다양성의 문제해결을 위해 현재 일반대 교직과정 이수자의 비율을 학과 정원의 10%로 제한한다. 1980년대 이후 인구증가의 둔화에 따른 학급증설율 감소와 교원퇴직이 줄어들어(박수정·박상완·박용한·이길재·이민희, 2015: 43), 만성적인 공급과잉 적체 현상을 벗어나지 못하고 있다(고전, 2006: 168; 김갑성 등, 2009: 5).

초등교원양성은 특정 목적 대학인 교육대학교 10곳, 제주대 교육대학, 한국교원대와 이화여대 초등교육과의 13개에서 이루어진다. 중등은 사범대학 46, 일반대학 교육과 14, 일반대학 교직과정 152, 교육대학원 교직과정 97곳에서 목적형과 개방형이 혼용된 절충형 체제로 양성된다(고전, 2009b: 61; 김태완 등, 2008: 21, 69; 박수정 등, 2015: 45-46). 보완적으로 설치된 비사범계열 규모를 고려할 때, 양성체제가 지나치게 개방적이어서 수급 불균형과 부실 운영의 문제를 낳고 있다(고전, 2009b: 62; 김태완 등, 2008: 22; 박수정 등, 2015: 45-46).

2015년의 초등교원 임용시험과 관련해, 2015년 졸업자는 4,357명이었다. 임용시험에 9,132명 지원, 6,173명 합격, [그림 1]과 같이 합격률은 67.6%다. 2016년은 졸업생 3,833명, 지원자 8,561명, 합격자 5,744명으로 합격률은 67.1%다. 2017년은 지원자 6,981명, 합격자 4,851명으로 합격률은 69.5%였다. 2018년은 지원자 5,980명, 합격자 3,820명으로 합격률은 63.9%로 낮아졌고, 2019년 합격률은 57.3%다(한국교육개발원, 2019: 109). 선발인원이 줄면서 합격률도 낮아지는 흐름이다.

[그림 1] 학교급별 임용시험 지원자 대비 합격률
(한국교육개발원, 2019: 108)

중등의 경우 2007년 양성기관 입학정원의 총규모는 50,828명이었다. 2011년 임용시험 지원자 대비 합격자 비율은 4.0%에 그쳤다. 과다양성의 문제를 해결하고자 교원양성기관평가를 통해 2015년에 입학정원 규모를 39,700명으로 낮추었다. 2016년은 2015년에 비해 15,529명이 감축된 24,171명이었다. 2018년에는 일반대 교직과정과 교육대학원 입학정원에 한해 2,509명 감축이 예고되었다. 2015년 기준으로 중등교원은 중학교 111,247명, 고등학교 134,999명으로 총합계 246,246명이다(한국교육개발원, 2015: 3). 대폭 감축된 2016년 중등 입학정원 24,171명은 2015년 중등 총 교원 수의 약 1/10에 상당하지만, 누적 양성된 인원을 고려할 때 양성 규모는 여전히 과대하다.

누적되는 중등임용시험 응시자 수는 치열한 선발 경쟁의 한 요인이다. [그림 1]처럼 2004년부터 2013년까지 지원자 대비 10% 미만의 합격률을 보이다가, 2014년 합격자 비율 12.1%로 10%를 처음 상회하였다. 2016년 중등교원 임용시험에 예고된 선발인원은 3,245명이었고, 확정 공고된 인원은 5,282명이었다. 지원자 43,913명 가운데 5,078명이 합격해 11.6%의 합격률을 보였다. 2017년 합격률은 9.5%로 떨어졌다가 2018년 12.3%, 2019년 11.8%로 10%대를 회복하였다(한국교육개발원, 2019: 108-109).[5] 중등의 낮은 합격률은 목적형 교원양성기관의 졸업생이 대학교육의 내용과 다른 진로를 선택하게 하는 가장 큰 요인이다.

---

5) 시도교육청별로 발표한 합격자 수 집계에 차이가 있을 수 있음

4) 우리나라 교원양성제도의 문제

우리의 교원양성의 문제로는 교육의 질 관리 부재, 과잉 또는 부족한 교원수급, 기관운영의 저효율성, 사범대학과 일반대학 간의 차별성 결여, 교과내용학·교과교육학·교육학이론 간의 연계성·통합성이 취약한 일반이론 중심의 교육과정, 교육실습 등 현장연계 부족, 교육방법의 부적절, 국가 수준 표준교육과정 부재, 초등교원 양성기관의 영세성 등 교육 여건 미흡이 지적된다(김이경·고대혁·김재춘·박상완·정수현, 2004; 김혜숙, 2003; 윤태건, 2005; 이부하·정경욱, 2015; 황규호 등, 2003).

초등교원양성은 교육대학교의 규모가 영세하여 교육과정 운영에 어려움을 겪는다(이병진·박경묵, 2002: 46). 지역 안배의 양성기관 기반으로 운영과 내용의 경직성, 교육과정의 탄력성과 전문성 부족, 중등교육과의 연계성과 교직 이외 다양한 직업군과의 교류 부족, 입직 기회 제한 등이 개선되어야 한다(조동섭, 2004: 27-29; 정진곤·황규호·조동섭, 2004: 66-67).

중등교사양성은 교원의 전문성을 제고하지 못해 대다수 예비 교사는 대학의 교직과정에 불만족한다(박제일·조희성, 2005: 73). 교육과정에서 일반대학과 차별성이 거의 없어 사범교육의 정체성과 전문성에 문제가 있다(김혜숙, 2003: 99; 이부하·정경욱, 2015: 619). 양성기관의 교육과정이 고등학교 교사양성 위주로 편성·운영되어 중학교에는 부적절한 면이 있다(이병진·박경묵, 2002: 47-48). 사회의 고학력화와 전문화에 대한 대응 부족, 교원수급의 탄력성 부족, 교육의 다양성과 효율성 부족, 학교급 간 연계성 미흡, 전문직 종사자의 입직 기회 제한이 문제점으로 지적된다(김재복, 1998; 노종희, 2004;

송광용, 2002; 신상명, 2002; 정진곤, 2001; 정진곤 등, 2004; 정태범, 2000, 조동섭, 2004; 김태완 등, 2008: 71 재인용).

전반적으로 중등교원 교육체제의 발달은 교원의 수요와 밀접한 관련이 있다(박상완, 2002: 48). 다원주의를 근간으로 하는 시대에 접어들어(신상명, 2002: 86), 상급 학교 교사에 대한 고학력과 고전문성의 요구에 따라 교육전문대학원을 졸업한 현직 교사 가운데 연수 후 임용하자는 제안은(최현섭, 1994; 오영수·김병주, 2002: 107 재인용), 전문성이 강조되는 고도화 사회에서 전문성을 강화하는 양성체제로의 개선 요구와 맥을 같이 한다.

중학교는 1962년에 2년제에서 4년제, 초등은 1981년에 2년제에서 4년제로 연장된 것에 비해 고등학교는 오랜 기간 변화가 없다. 중학생과 고등학생 간에는 차이가 있고, 교육 방향과 목적도 차별화될 필요가 있어 상응하는 양성체제 개편이 필요하다(이부하·정경욱, 2015: 625). 학부 중심의 과목표시제 교원양성에서 어떤 형태로든 변화를 모색하지 않으면 안 되는 시점에 도달하였다(권오현·김정용, 2002: 8). 이에 중학교 교사양성은 4년제, 고등학교는 4+1제 또는 5년제의 제안이 있다(노종희, 1994; 박상완, 2002: 48 재인용). 1961년 교육대학원 도입처럼 대학원 수준에서의 교원양성은 오래전부터 추진된 정책이다. 상급 학교의 교수학습 지도역량에 대한 요구는 갈수록 높아지고 있으며, 전문성 구비具備에 필요한 양성기간을 달리해서 중등교원의 자격 부여를 검토할 필요가 있다.

5) 외국의 교원양성제도

주요국의 교원양성 변화 동향으로는 ① 유·초·중등을 단일 양성기관으로 통합화, ② 종합대학 중심으로 고도화 및 전문화, ③ 취득 경로의 다양화 및 개방화, ④ 학부 교육 후 1~2년을 추가한 대학원 과정, ⑤ 교육실습을 강조하는 현장 중심화를 들 수 있다(김갑성 등, 2009; 김병찬, 2008; 김이경 등, 2004; 박남기, 2002; 이종재, 2004; 한만길·김병찬·김용·박삼철·박상완·이차영·심민철, 2006).

주요국의 양성교육은 현장과 연계하는 교육과정과 장기간의 교육실습 등 교육의 질을 높이기 위해 대학원 수준에서 하는 경향이 있다. 현장과 괴리되면 전문성을 높일 수 없다는 점에서 철저하게 현장과 연계한다(신상명, 2002: 76). 학부과정은 전공교육과 일반교육을, 대학원과정은 실습을 포함한 집중적인 교직교육과정을 제공한다. 대학원에서는 교사자격 종류의 변경, 복수전공, 신설이 가능하게 신축적으로 운영한다(김이경 등, 2004: 69; 이병진·박경묵, 2002: xii).

주요국의 양성제도에서 주목할 경향은 수업연한의 연장이 대학원 단계에 이르고, 초등과 중등 양성기관을 일원화한 종합적인 체제라는 점이다. 전문교직과정의 충실화, 교직전문과목과 교과전문과목을 결합하는 교과교육학의 학적 체계화, 그리고 전공과목을 실천적으로 운영하기 위해 교육실습을 두드러지게 강화하고 있다(이병진·박경묵, 2002: xii, 175-176; 이부하·정경욱, 2015: 615).

미국은 대학원 수준에서 양성하는 체제로 변하고 있다(정진곤 등, 2004: 13). 일반적으로 초등교사는 4년제 교육대학에서, 중등은 교육대학원에서 양성된다(김갑성 등, 2009: 12). 예비자격증을 부여한 후 일정 요건을 갖추면 본 자격증을 발급한다(김이경 등, 2004: 69). 대학원과정을 마친 교사에게는 전문교사자격을 부여한다(이병진·박경묵, 2002: 174-175). 대학졸업자 혹은 중간 경력의 만기晩期 직업 변경자가 대학원에 진학할 수 있는 대안적 양성과정이 있다(김이경 등, 2004: 69; 김태완 등, 2008: 50). 대체로 전문대학 community college은 직업교육 교사를 양성한다. 단과대학, 교육대학, 종합대학은 초등교사와 중등교사를 양성한다(김태완 등, 2008: 12). 학년을 기준으로 자격을 부여하고, 다른 교과나 학년을 희망하면 요구되는 과정을 추가로 이수하고 시험을 통과하면 자격을 취득한다(김이경 등, 2004: 69).

영국 역시 대학원 수준의 교원양성을 강화하고 있다(김이경 등, 2004: 143). 1998년부터 신규 교사에게 요구되는 국가 기준과 양성기관의 교육과정에 대한 기준을 제정하여 교원자격과 양성교육의 질 관리 체제를 구축했다. 교육대학, 대학 4년제 교원양성, 대학 3년 과정을 마치고 진학하는 대학원 수준의 교원양성체제인 PGCEPost Graduate Certificate in Education의 세 경로로 양성체제를 정비했다(정진곤 등, 2004: 14; 고전, 2009b: 77).

프랑스는 정보량이 급속히 증가하는 사회에서 학생을 가르치려면 교원의 지식수준이 높아져야 한다는 점에서 대학원 양성체제로 전환하였다(박수정 등, 2015: 149). 교원의 전문성을 강화하고자 국가가 양성기관을 직접 관리한다(김이경 등, 2004: 144; 황성원·사영숙, 2006; 김갑성 등, 2009: 8, 51 재인용). 초등교사 자격증 소지자는 유치원 지도가 가능한 것처럼 유·초·중등의 자격을 연계한다(김이경 등, 2004: 69, 144). 다양한 학력과 경력자에게 문호를 개방해 우수 교원을 양성할 목적으로 1989년에 법령을 제정하여, 특권적이고 사회적 위신이 높은 고등사범학교는 유지하면서 대학원 수준의 '종합대학 교원교육원(IUFM: les Instituts Universitaires de Formation des Maîtres)' 양성체제를 정비했다(고전, 2009b: 77; 김갑성 등, 2009: 7; 김이경 등, 2004: 69; 정진곤 등, 2004: 14). 전공교육은 학부 및 대학원에서 하고, 전문교사교육은 IUFM에서 맡아(김이경 등, 2004: 144), 교육기관 간 협력 연결망을 구축하였다(권오량·심진영·김정용·심봉섭·임헌, 2002: 65). 이후 2013년 교육전문대학원(ESPE: les Ecoles Superieures du Professorat et de l'éducation 체제로 바꾸었다.

독일은 초등은 교육대학이나 종합대학교에서, 중등은 종합대학교에서 맡고, 미술과 음악은 예술대학에서 양성한다. 중등은 자격시험에서 2개 이상의 전공과목을 선택해 치르고(김이경 등, 2004: 69), 최소한 석사학위를 가져야 한다(정진곤 등, 2004: 15). 독일은 임용고시가 교사교육의 실질적인 목표로 인식되는 한국식의 선발 중심 양성체제와 대비되는 현장 중심 체제의 좋은 본보기다(권오현·김정용, 2002: 8).

핀란드는 유아교육을 제외하고 초등과 중등학교 모든 교사에게 연구 활동이 포함된 석사학위 이상을 요구한다(김갑성 등, 2009: 49; 김태완 등, 2008: 53; 정일화, 2016: 284). 직업교육 교사양성은 외부 전문가의 교직 입직을 촉진하는 선발 모형이다. 개방형의 문제점을 보완하기 위해 교직 적성시험의 비중을 높이고 있다(김태완 등, 2008: 53-54).

일본은 초등과 중학교 교사의 50% 정도를 종합대학 성격의 국립사범대학 같은 국립교사 양성대학에서 담당하고, 나머지 중학교 50%와 고등학교 교사 전체는 일반 종합대학의 교육학부와 교직과정 형태의 개방형으로 양성한다(김이경 등, 2004: 144-145; 정진곤 등, 2004: 15). 개방적인 교원양성 시스템은 교직대학원으로 대체되는 경향이다(천호성, 2009: 21). 중학교 교직과정은 인성을 강조하고 고등학교는 교과를 더 강조하는 이원화 형태다(이부하·정경욱, 2015: 615). 정규교사에게 부여되는 보통면허 외에 전문지식과 기술이 있거나 스포츠와 예술 분야의 국제대회에서 탁월한 업적을 거두면 특별히 선발하여 특수(특별)면허를 부여한다(김태완 등, 2008: 58, 64-65). 1988년에 대폭적인 자격증법 개정이 이루어져 대학원 학력이 요구되는 전수면허장專修免許狀, 대학 졸업의 1종 면허장, 전문대학 졸업의 2종 면허장 등 학력과 경력에 따라 자격을 부여한다(김갑성 등, 2009: 10; 김태완 등, 2008: 54; 남경희, 2014: 278; 이병진·박경묵, 2002: 174-175).

일본은 2004년 전문대학원에서 양성하는 방안을 추진하여(정진곤 등, 2004: 15), 2007년에 전문직대학원 설치 기준을 마련하고 2008년에 '교직대학원'을 개설했다(고전, 2009b: 77). 아카데믹 학위와 프로페셔널 학위와의 차이를 구분하는 교직대학원은 ① 교직에 요구되는 고도전문성의 육성, ② 이론과 실천의 융합·실현, ③ 확실한 수업능력과 풍부한 인간성 함양, ④ 현장연계 중시, ⑤ 제삼자第三者 평가 등 검증과 개선 시스템 확립을 기본 방침으로 삼는다(남경희, 2014: 28). 이론과 실천을 융합하는 사례연구, 현지조사, 모의수업, 수업관찰, 역할극, 인턴십, 문제중심학습, 쌍방향 및 다방향적 수업 등 다양한 교육방법을 교육과정에 적용하고자 한다(손우정, 2006: 82; 정광희, 2008: 6).

주요국의 교원양성체제 변화의 핵심은 다음과 같다. 첫째, 교원 수급 측면이 아닌 전문성 강화를 위해 현장과 연계한 대학원과정으로 양성기간을 연장한다. 둘째, 초등과 중등교사양성을 일원화한 종합체제로 변화한다. 셋째, 다양한 직업 경험 및 전문가에게 문호를 개방하는 개방형을 지향하고 교직적성을 중시한다. 넷째, '선발'보다 '양성'에 중점을 둔다. 다섯째, 교원양성기관의 질적 관리를 위해 신규 교사에게 요구되는 국가 기준과 표준교육과정의 마련, 정기적 기관평가 등 국가 수준의 관리를 강화한다.

3. 교원양성체제의 정책 방향 및 연구 동향

우리는 교원양성체제 개편안을 정부에서 발표하면 국회나 학회에서 논의하는 편이다(신현석, 2009: 55). 역대 정부의 교원양성체제와 관련된 정책의 공통적인 목적은 교육의 질 향상을 위한 교원의 전문성 신장이다. 양성기관평가 등을 통한 교원양성의 정예화, 다양한 직종의 전문가의 입직이 가능한 개방화와 유연화, 현장과 연계한 대학원 수준의 양성과정을 지향한다. 정부의 대학원 수준 교원양성은 오래전부터 모색되었다. 1961년 대학정비원칙 가운데 질적 향상 도모를 위해 밝힌 대학원 수준의 국립대학 교원양성 방침이 있었다(경향신문, 1961). 한국교원대학교 개교 2년 전인 1983년에 정부가 국회에 제출한 '교원대학교 운영계획'에서 고교 교원의 수준 제고를 위한 석사학위과정 원칙이 제시된 바 있다(동아일보, 1983).

교육전문대학원 도입의 필요성은 1995년 '5.31 교육개혁안'에서 제기되었다(신현석, 2009: 9). 문민정부의 '교육개혁위원회'는 교원의 자질 향상과 학교 현장과 연계된 대학원 중심의 양성체제 전환을 장기과제로 제안했다. 국민의정부의 '새교육공동체위원회'는 '교직발전종합방안'에서 전문성 신장을 위해 교원전문대학원 도입을 검토했다. 참여정부의 '교육혁신위원회'는 교원양성의 전문화와 특성화를 위해 교육전문대학원 도입을 제안했다. 이명박정부는 '국가교육과학기술자문회의'의 정책 방향 제시에 따라 '초·중등교원 양성기관의 개편 등 구조개혁 방안 수립 추진'을 통해 다양한 전문인력의 교직 기회 확대를 추진했다(고전, 2006: 175; 고전, 2009a: 350; 교육부, 2000; 김종철, 1995: 119; 신상명, 2002: 81; 신현석, 2009: 54-55; 황영준, 2005: 140).

역대 정부의 교원양성 방향의 주요 특징을 살펴본다. 문민정부 1993~1998는 사회 변화에 대응해 학교 현장과 연계해 교원의 전문적 자질을 향상하고(신현석, 2009: 55), 교원양성기관을 통합해 대학원 주축 체제로의 전환을 도모하고자 하였다(고전, 2009a: 350; 신현석, 2009: 15). 국민의정부1998~2003는 자격과 임용의 유연화와 개방화를 지향하고 대학원 수준의 교원양성과 양성기관의 정예화를 이루는 평가체제 도입을 추진했다(신현석, 2009: 15). 여건이 성숙한 교육대학원을 전문대학원으로 개편해 교육행정 및 교과교육전문박사Ed. D.를 배출해 우대하는 방안을 제시하였다(신상명, 2002: 81). 참여정부2003~2008는 2003년 '교원자격·양성제도개편추진위원회'에서 교원양성체제 등 교육인사행정 정책 개선을 모색했다. 대통령 교육자문기구인 '교육혁신위원회'는 2006년에 양성체제의 전문화와 특성화를 위한 정비와 5년제 교원전문대학원의 도입방안을 제시했다(고전, 2009b: 60; 교육부, 2004; 신현석, 2009: 22-23). 이

명박정부2008~2013는 '(가칭)교원양성특별과정'을 통해 다양한 분야의 전문직업 경험자 및 박사학위 소지자의 교직 진출 기회를 제공하고자 계획했다(교육과학기술부, 2008). 박근혜정부2013~2017는 교육의 질을 올리기 위해 양성 및 임용체제 개편을 시사했다(이부하·정경욱, 2015: 612). 이런 정책 방향에도 불구하고 대학원 수준의 교원양성 개편은 1990년대 중반 이후 진전을 보이지 못하고 있다(김이경, 2009: 27).

<표 1> 역대 정부의 교원양성체제 개편 정책 비교

구분	문민정부	국민의정부	참여정부	이명박정부	박근혜정부
목적	시대 사회의 변화 대응 위한 자질, 품위 있고 유능한 교원 육성	교원 전문성 신장 현장적합성 높은 교사 양성	질적 우월성 제고 교원의 사회적 책무성 제고·전문성 향상	전문성 향상 대학구조조정	교육의 질 제고
발전체제	대학원 수준	교원전문대학원	교원전문대학원	교원양성특별과정	대학평가
정책지향	교원양성의 정예화	임용체제 유연화 개방화	국가기준의 자격 취득	임용체제 다양화 양성기관평가인증	양성·임용체제 개편
개혁기구	교육개혁위원회	새교육공동체·교육인적자원정책위원회	교육혁신위원회	국가교육과학기술자문회의	교육개혁추진협의회

* 신현석(2009). 교원양성체제의 개편 방안의 모형요소 및 시기별 분류. 제54차 교원교육학술대회. p. 3, pp. 28-29에서 발췌하고, 문화일보(2015.04.23) 기사를 참조하여 보완함

대학원 수준의 교원양성체제에 관한 논의는 1991년의 교원임용제도 변경 이후 학계를 중심으로 간간이 이루어졌다(오영수·김병주, 2002). 박상완(2002)은 전문교육대학원이나 대학원 중심 체제를 근간으로 현장성 강화를, 윤정일(2002)은 목적형 체제를 중심으로 몇몇 과목에서 개방을 허용하며 중학교와 고등학교 교사양성의

분리와 복수전공제의 의무화를 제시했다. 김재복(2004)은 목적형을 강화하되 고등학교 교사양성은 개방형을 주장했고, 김명수(2004)는 초등과 중등을 통합하는 목적형 양성체제를 주장했다(이광현·이차영, 2006: 124-125). 최근의 전문가 양성은 법학전문대학원과 같은 체제로 가고 있고, 획일화된 양성체제는 전문적 경험이 풍부한 교사를 양성하는 데 바람직하지 않아 다양화와 전문화를 지향하는 교육전문대학원의 필요성이 제기되고 있다(조동섭, 2007).

초·중등교원과 대학교육자를 대상으로 우수 교원양성기관의 구비 사항을 조사한 결과에 따르면(이병진·박경묵, 2002), 과반 이상이 대학원체제로의 개편을 선호했다. 교대·사대·교직과정·비교직과정의 교수와 학생 및 교사를 대상으로 한 연구에 따르면(오영수·김병주, 2002), 조사 대상의 53.7%는 학부체제와 병행하면서 장기적으로 대학원 수준의 전환을 바라고, 41.6%는 '4+2년제' 모형을 가장 선호하였다. 김이경 등(2004)은 학부 중심의 초등과 중등 분리 양성체제는 질 높은 교원을 양성하기에 부적절하다며, 전문가와 이해관계 집단의 의견은 대학원 중심의 4+2제와 6년제 체제의 지향이 우세하다고 밝혔다.

전문성 향상, 사회적 지위 제고, 입직의 개방성 확대를 위해서 4+2체제의 교원양성은 설득력 있는 대책으로 제시된다(강환국, 2002; 김태완 등, 2008; 이종각, 2007; 정영수, 2002; 정진곤, 2001; 정진곤 등, 2004). OECD는 교과전공 심화를 위해서는 학부 수준 이상이 요구된다고 하였고, 대학원 수준의 양성은 세계적 추세인 것을 반영해, 교대와 사대는 유지하고, 교육대학원은 현직교원 재교육 기능만을 담당하며, 교육전문대학원을 설치하는 대학은 교육대학원을 폐쇄하는 방안이 제안되었다(김갑성 등, 2009; 최운실, 2004). 초등은 선도적 교사양성을 위해서, 중등은 일반대의 교직과정을 폐지하는 대신에 석사과정으로 자격을 취득하는 교육전문대학원을 설치하고(김재복, 2004), 단일 모형의 선택보다는 단계적 절충형 도입과 중등에서 시범 운영하자는 제안이 있다(최운실, 2004). 중등은 양성기관의 정비 기간이 필요하다는 점에서 '4+2체제'의 2급 정교사 자격자로 한정해 시작할 필요가 있다는 제안도 있다(고전, 2009a: 359; 2009b: 59).

대학원 수준 양성의 효과에 관한 실증적 연구 결과는 다음과 같다. 학업 기간이 확대될수록 전문성이 높아지고 교직에 대한 만족이 높아진다(Haushek, 1997; 이광현·이차영, 2006; 김자미·이원규, 2016: 48 재인용). 교육대학원이 사범대학 출신보다 강의식 수업을 덜하고 조별 토론식 방식을 더 활용한다(이광현·이차영, 2006: 137). 교육대학원 양성 중등교사는 다른 과정보다 평가전문성이 높고, 사범대보다 직무만족이 높다(박남수·김혜숙, 2011: 1). 양성기관의 교육과정에 관한 교과내용 만족도, 교수의 전문성, 교수학습방법의 만족도 조사에서 교육대학원은 다른 양성과정에 비해 고르게 만족하고 높은 평가를 받았다(박제일·조희성, 2005: 85-87). 예비 교사의 교사상教師像에 관한 조사에서 '투철한 교직관을 지닌 교사, 새로운 수업을 하는 교사, 친근하고 신뢰할 수 있는 교사, 학생의 꿈을 지원하는 교사, 성공적 결과를 이끈 교사' 가운데 다양한 복수 선택이 가능했지만(허영주, 2016: 20), 65%는 단일 교사상을 선택했다. 학년이 올라갈수록 '새로운 수업을 하는 교사'를 희망하는 비율이 높아지고 대학원생은 복합적 교사상을 추구하였다(허영주, 2016: 5). 이처럼 대학원 수준의 교원양성은 다른 과정에 비해 교사상 정립, 높은 직무만족에 따른 직무몰입과 헌신, 교수학습방법과 평가 등 전문성을 신장하는 데 장점을 보인다는 연구가 있다.

정부 정책과 선행 연구를 통해 살펴본 바와 같이 양성체제 개편의 목적은 교원의 전문성 제고에 초점을 맞춰야 한다. 역대 정부는 '교육의 질 향상'이라는 공통의 목적으로 체제의 개선을 모색했다. 양성기관의 연계와 통합화, 개방화, 전문화, 특성화를 통한 대학원 수준의 체제를 지향한다. 정부, 국회, 학계, 현장 교원은 대체로 전문교과교육과 현장 중심으로 교육과정을 운영하는 '4+2체제'를 선호하고, 단일 모형보다는 단계적 절충형의 시범적 도입을 긍정적으로 바라본다.

4. 교원양성체제의 방향과 방안

미래의 인재 교육에 적합한 예비교원의 품성과 성취 수준을 제고하기 위해서는 [그림 2]처럼 시대적 요구를 반영한 정책적 업데이트와 새로운 교수방법을 바탕으로 미래지향적인 적격의 교수진에 의한 교원양성이 필요하다. 실무가 교원을 전임교원의 4할 이상으로 하고, 교육과정 45단위 중 10단위 이상은 학교 등에서 실습을 의무화한 일본의 교직전문대학원처럼(남경희, 2014: 28), 기존의 교육과정과 차별되는, 시대에 적합한 전문성을 갖추는 교원양성체제의 방향을 그려야 한다.

[그림 2] 교원양성 활성 체제안(Hans & Akhter, 2013: 30)

고등의 전문성이 요구되는 사회에 부합하는 교사양성을 위해 체제를 구조적으로 개편할 필요가 있다(김태완 등, 2008: 50). 개방화와 다양화, 과잉공급 억제의 과제는 전문성에 도움을 주는 부차적인 과제로 추진되어야 한다(황규호, 1999a: iv). 양성 경로를 다양하게 유지하되, 현행 체제가 우수 전문인력 양성에 부적절한 점과 대학원 수준에서 교원이 양성되는 세계적 추세를 반영하여 '기존 양성기관과 일부 병행하는 방안'과 '전면적으로 개편하는 방안'을 택할 수 있다(김이경 등, 2004: 70, 117).

교육전문대학원 도입의 당위성에도 불구하고 현행 체제와의 조정 단계를 거칠 필요성이 제기된다. 이병진·박경묵(2002)은 다원적인 양성기관의 고유 기능은 유지될 필요가 있다고 지적했으며, 박상완(2002)은 다양한 양성체제는 나름의 근거가 있어 하나의 방향으로 시행할 필요는 없다고 밝혔다. 조동섭(2007)은 현행 양성체제의 골격을 흔들지 않는 수준에서 4+2체제의 모형을 제시하였고, 최운실(2004)은 단일 양성 모형을 선택하기보다는 단계적으로 진전하는 절충형으로서 중등에의 시범적 적용을 제안하였다. 중등교원 양성에서 부분적으로 대학원 중심 교육을 도입하자는 방안에 대한 교수와 예비 교사의 긍정적인 의견도 있다(황규호, 1999b: 47).

실행 방안을 구안할 때 고려할 점은 다음과 같다. 이는 교원수급 조절이나 양성기간의 단순한 연장이 아니라, [그림 3]처럼 기존의 교육과정과 달라야 한다. ① 현장 중심 전문성에 초점을 맞춘 국가 수준의 표준교육과정 구성(황규호, 2003: 61), ② 현행 체제와 상생을 고려한 점증 단계별 추진, ③ 세계적 추세인 개방형 경향의 반영, ④ 양성기관과 전문기관 간 교육과정 등 자원의 공유, ⑤ 직업 및 예체능 등 특정 분야 교원양성을 위한 협력망 구축, ⑥ 양성기간에 따른 차등적 자격 부여 및 교원의 전문성 단계를 세분화한 자격기준 개발(김태완 등, 2008: 53; 박준기, 2011: 434; 이병진·박경묵, 2002: iii), ⑦ 기존 양성기관의 체제 선택권을 존중하고 교육전문대학원 전환을 원한다면 제시된 기준의 부합 여부에 따라 인가, ⑧ 체제 변화의 실무를 수행하는 기구의 설치, ⑨ 중·고 교원 양성 교육과정의 구분(김명수, 2004; 윤정일, 2002), ⑩ 다양한 직업 분야의 전문가 입직 기회 확대, ⑪ 양성기관 및 출신자 간 기회의 형평성, ⑫ 기존 교육대학원의 역할 재정립, ⑬ 양성기관의 질 관리 방안, ⑭ 교육학의 여러 분야는 학부 저학년의 교육과정에서 다루기보다 경험이 쌓여 생각이 성숙해지는 대학원 수준에 더 부합한다는 점을 살펴야 할 것이다.

구분	교양필수	전공과목 50학점 이상		교직과목 22학점 이상			기타
		기본과목	교과영역	교직이론	교직소양	교육실습	
	대학지정	7과목 21학점 이상	3과목 8학점 이상	6과목 12학점 이상	3과목 6학점 이상	4학점 이상 (봉사포함)	교직적성·인성검사 적격판정 2회 이상 응급처치·심폐소생술 실습 2회 이상 등
이수기준	38	전선 19	전필 41	22			
	총 이수 130학점 이상 (S대 화학교육과 예시)						
현행 교원자격취득을 위한 무시험 검정 합격 기준							

	교육실습(·논문)	
교육전문대학원 70학점 이상	10학점	복수 (부전공) 70학점 이상
	교과교육 30학점 이상	교과교육 교과내용 40학점 이상
	교양·교육학 20학점 이상	교양·교육학 15학점 이상

+

	전공	
교양	단일전공	타전공병행
40	60	39
총 이수 130학점 이상 (S대 화학과 예시)		
일반대 교육과정		

[그림 3] 교교육전문대학원 교육과정 구조 예시안

우리나라는 의학전문대학원(학부4년+4년)과 의과대학(예과2년+본과4년)이 병존하고 법학전문대학원(학부4년+3년)과 법학부도 병존한다. 의사시험 응시 자격은 의과대학 학사학위를 받은 자 또는 의학전문대학원을 졸업하고 석사학위 또는 박사학위를 받은 자다. 2009년 법학전문대학원이 시작되면서 변호사자격시험과 병존한 사법시험이 2017년 폐지되어 법학전문대학원을 통해서만 변호사 자격취득이 가능하다. '학부 4년 + 대학원 2년' 교육전문대학원의 경우에 기존 학부 수준의 교원양성체제와의 병존을 설정한다면 양성기간의 차이에 따른 교원자격종별의 차등을 고려할 수 있다.

교육행정과 교과교육 관련 분야의 전문성 향상에 초점을 맞춘 전문대학원체체를 정립하면서 박사과정도 함께 개설하고(정진곤 등, 2004: 95), 교육대학원을 전문대학원으로 개편하여 교육행정 및 교과교육전공 전문박사학위 취득자를 수석교사, 교장, 교감, 장학관, 연구관 임용에 우대하는 방안도 제시된 바 있다(신상명, 2002: 81). 일본은 교직대학원을 석사과정에 한정하고 있어 박사과정의 설치가 필요한지는 좀 더 살필 필요가 있다. 현직 교원 대상의 재교육을 맡는 교육대학원과 더불어 현직 교원 대상의 교육전문가과정 설치를 검토할 수 있다.

[그림 4]는 정진곤(2004: 94-96), 조동섭(2007: 25), 최운실(2004: 117), 황영준(2005: 152)이 제시한 양성체제와 일본의 전문직 대학원의 그림에 더하여 주요국의 사례와 선행 연구에서 제시한 양성체제의 요구와 방향을 반영한 것이다. 현행 체제의 골격을 반영한 절충형, 개방형 지향의 현장 중심 전문성 강화, 양성기관 연계 및 전문기관과의 협력 체제, 학교급 간 연계강화를 고려했다(정진곤 등, 2004: 15). 요구되는 전문성에 따라 교육과정을 구별하는 중·고 교원양성 트랙의 구분(김명수, 2004; 윤정일, 2002), 다양한 전문경력자의 교직 입직 시기 확장, 기회의 형평성, 대학원체제를 도입할 경우 교사자격제도의 변화가 불가피하다는 점을 담았다(이병진·박경묵, 2002: iii). 전문성 단계를 세분화한 교사자격기준 개발이 필요하며(박준기, 2011: 434), 양성기간에 따른 차등적 자격 부여의 내용을 담고자 했다(김태완 등, 2008: 53). 양성과 재교육 기능의 혼재로 정체성이 분명치 않고 주변적인 기관에 머무는 교육대학원(박

수정, 2016: 829)을 '중간 리더 양성'을 겸하는 일본의 일부 교직대
학원의 역할로 별도 구분하여 시·도교육청의 1급정교사자격과정
을 수행하는 재연수 교육기관으로 설정했다.

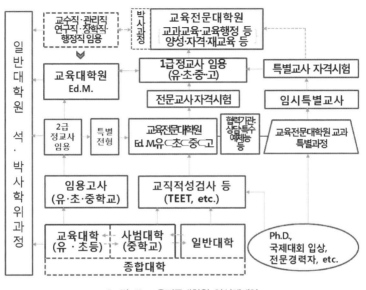

[그림 4] 교육전문대학원 양성체제안

일본은 법학부 없이 법학전문대학원만 있는 미국과 다르게 법학
부와 로스쿨이 병존한다. 조동섭(2007)의 제시처럼 교육전문대학원
과 기존의 양성체제와의 병존을 선택했다. 변화가 가져올 수 있는
혼선을 최소화하려는 고려도 작용했다. 학부와 일부 교육대학원에서
이루어지는 교원양성은 유예기간을 두어 임용률 등을 고려한 기관
평가를 통해 우수기관과 미흡한 기관에 각각 상응하는 조치가 필요
할 것이다. 최운실(2004)의 모형은 박사과정의 설치 가능성을 보여

주었으나 일본의 교직대학원은 석사과정이다. 박사과정 설치가 우리의 실정과 교육전문대학원의 현장 전문성 향상 목적에 적합한지 검토해야 한다. 중등교원양성에서 부분적으로 대학원 중심 교육을 도입하자는 방안에 대한 교수와 예비 교사의 긍정적인 의견처럼(황규호, 1999b: 47), 교육전문대학원 운영을 전 교원 대상으로 할지, 상급의 교육과정에 한정해서 운영할지, 학교 현장의 변화를 선도할 정예 인원으로 할지 등을 시범 운영을 통해 살필 필요가 있다.

5. 대학원 수준의 교원양성을 위한 제언

교원양성체제의 개선 방향은 과잉배출 문제의 해소 차원보다는 전문성 고도화에 초점을 맞춰야 한다. 교육환경의 변화 속에서 새롭게 요구되는 실천 연구자로서의 역량을 키울 수 있어야 한다. 주요국은 대학원 수준에서 전문 분야의 경력자에게 문호를 개방하고, 초등과 중등을 통합하고, 바른 교육관과 사명감을 바탕으로 실천성을 갖춘 연구 역량과 높은 학식을 겸비한 교원을 양성하고자 한다(김갑성 등, 2009; 김민조, 2010: 157; 손우정, 2006).

대학원 수준의 양성은 교사의 지위를 높일 수 있으나(신상명, 2002: 80; 진동섭, 1994: 153-154), 기간 연장으로 기회비용이 증가할 수 있다는 우려가 있다(박남수·김혜숙, 2011: 20). 고등학교 40.0%, 중학교 37.4%, 초등학교 28.7%, 유치원 14.5%의 교원이 석사학위 이상의 학력으로(한국교육개발원, 2015), 대학원 수준의 전문성 향상 욕구는 강하다. 정교사로 임용 후 3년의 경력이 되면

받는 1급 정교사 자격연수와 대학원 수준의 양성과의 연계를 고려할 수 있다.

양성기관별 이해관계로 교육전문대학원 도입에 대한 찬반이 엇갈린다(임연기·최준렬·박삼철·신지수, 2008). 정책의 합리적 추진 기반을 확장하기 위해 정책 목표의 타당성과 수단의 정당성을 확보해야 한다(신현석, 2009: 69). 현 체제와 조화를 이루며 이해관계자 간 문제의식을 공유해 정책에 관한 이해를 높이고, 전문대학원 양성체제로 전환을 원하는 양성기관에 시범적으로 적용해 성과를 살펴 점진적으로 확대해 나갈 필요가 있다.

참고문헌

강환국(2002). 교원양성체제 개혁의 방향과 방안. 교육개발 132, 98-101.

경향신문(1961). 대학정비원칙을 결정. 1961.08.16. 기사.

경향신문(1963a). 교원연수원을 신설. 1963.02.17. 기사.

경향신문(1963b). 대학교직과 올부터 부활. 1963.02.14. 기사.

경향신문(1974). 「교사 양성」에 개혁 바람. 1974.07.02. 기사.

고전(2006). 2005년 교원 양성 정책 분석. 초등교육연구논총, 22(1), 163-194.

고전(2009a). 교육전문대학원 도입 방안의 검토와 과제. 한국교원교육연구, 26(2), 345-364.

고전(2009b). 교육전문대학원 설립 및 운영방안의 검토와 과제. 제54차 교원교육 학술대회 자료집, 57-93.

곽영우(1998). 교육개혁과 사범대학의 발전 과제. 한국교사교육, 15(1), 88-108.

교육과학기술부(2008). 2009년 대통령 업무보고.

교육부(2000). 교직발전종합방안(시안).

교육부(2004). 교원양성체제 개편 종합방안.

교육부(2015). 교원양성기관 현황.

권순달(2016). 교육과정 개정 및 교육정책 변화에 따른 교원 양성과정 개선 방향과 과제에 관한 토론. RPM 2-16-01-02, 85-95. 한국교육개발원.

권오량·심진영·김정용·심봉섭·임현(2002). 유럽 3개국(영국, 독일, 프랑스)의 중등교원 양성 및 재교육 제도 연구. 정책연구보고서 C00043. 한국연구재단.

권오현·김정용(2002). 독일의 중등교사 양성 및 재교육 제도 연구. 독어교육, 25, 7-37.

김갑성·박영숙·정광희·김기수·김재춘·김병찬(2009). 교원양성체제 개편 방안 연구. 한국교육개발원.

김명수(2004). 교원통합양성 체제 모형-한국교원대학교의 사례-. 제41차 춘계 학술대회 자료집, 65-94.

김민조(2010). 핀란드 연구기반 교사교육의 특징과 시사점 분석. 교육행정학연구, 28(3), 157-179.

김병찬(2000). 교사교육의 패러다임 변화. 한국교사교육, 17(3), 113-141.

김병찬(2008). 사범대학의 교육 경험의 의미에 관한 질적 사례 연구. 한국교원교육연구, 25(2), 105-137.

김이경(2009). OECD 국가의 교원양성제도 이슈와 정책적 대응. 교육개발.

김이경·고대혁·김재춘·박상완·정수현(2004). 교원자격·양성자격 개편방안 연구. 교원자격·양성제도 개편추진위원회.

김자미·이원규(2016). 한일간 교사양성제도의 비교 및 현황 분석을 통한 중등 정보교사 양성제도 개선방안. 한국컴퓨터교육학회 논문지, 19(3), 35-53.

김재복(1998). 교육개혁과 초등교사 양성기관의 발전 과제. 한국교원교육연구, 15(1), 57-76.

김재복(2004). 교육발전을 위한 교원양성체제의 혁신 방안. 한국교원교육연구, 21(3), 29-48.

김종철(1995). 역사적 측면에서 본 한국 교원양성 교육체제의 방향. 한국교사교육, 11, 91-105.

김태완·최원희·고대혁·박선형·박인심(2008). 교원 양성 및 임용의 다양화 방안 연구. 교육과학기술부.

김혜숙(2003). 교원 '전문성'과 '질'의 개념 및 개선전략 탐색. 교육학연구, 41(2), 93-114.

김혜숙·양승실·김안나(2000). 교원 직급 및 자격 체제 개편 연구. RR 2000-5. 한국교육개발원.

남경희(2014). 일본의 교원양성 정책 동향과 과제 고찰. 한국초등교육, 25(1), 21-38. 서울교육대학교.

노종희(1994). 교사교육체제와 질 관리. 교육학연구, 32(4), 115-135.

노종희(2004). 교원양성체제의 혁신: 교육대학의 일반 종합대학으로의 통합. 제41차 한국교원교육
　　학회 춘계학술대회 발표요약집, 47-62.

동아일보(1960). 文理大學과 師範大學. 1960.10.30. 기사.

동아일보(1963). 敎育硏修院의 入院節次. 1963.05.29. 기사.

동아일보(1967). 季節大學설치. 1967.02.21. 기사.

동아일보(1983). 「初·中」「高校」敎師 분리 양성. 1983.11.19. 기사.

문화일보(2015). 現 교육개혁 성과낼 때 vs 정치적 독립기구로 신설해야. 2015.04.23. 기사.

박남기(2002). 미국, 일본, 프랑스 초등교원 교육제도에 비추어 본 우리 나라 초등교원 교육제도 발
　　전 방향. 교육학연구, 40(5), 207-228.

박남기(2013). '세계 교사 위상 지수' 연구 결과 재해석. 한국교원교육학회 교원교육소식 68호.

박남수·김혜숙(2011). 중등교사 교직이수 유형별 전문성 및 만족도 차이. 교육과학연구, 42(1),
　　1-25.

박상완(2002). 교원교육에 대한 대안적 관점과 교원교육 체제. 한국교원교육연구, 19(3), 31-54.

박수정(2016). 교육대학원 교사양성교육의 성찰과 과제. 학습자중심교과교육연구, 16(2), 829-846.

박수정·박상완·박용한·이길재·이민희(2015). 교원양성체제 개편방안 연구. 교육부.

박제일·조희성(2005). 예비교사들의 교직과목에 대한 인식도 조사 연구. 한국교육논단, 4(2),
　　73-91.

박준기(2011). 전문성 발달 단계를 반영한 교사자격기준 개발 및 타당성 분석. 교육행정학연구,
　　29(4). 417-437.

손우정(2006). 교직대학원으로 전문교원 양성하려는 일본. 우리교육, 2006-5, 82-85.

손충기(2004). 사범대학 교육과정 편성·운영방법 개발을 위한 교사의 요구 분석 연구. 교육과정연
　　구, 22(4), 251-271.

송광용(2002). 교사양성 및 임용체제의 현주소와 개선과제. 교육개발. 한국교육개발원.

신상명(2002). 교원양성체제의 문제점과 발전방향. 교육행정학연구, 20(48), 69-89.

신철순(1993). "교원 교육의 실상과 개혁의 방향"에 관한 토론. 교육학연구, 31(4), 159-162.

신현석(2009). 현안 교원정책의 쟁점과 발전 방향. 제54차 교원교육학술대회, 3-52.

오세정(2016). 대학 구조개혁, 어떻게 해야 하나?. 교육개혁추진위원회 5차 발표자료. 바른사회운동연합.

오영수·김병주(2002). 교원전문대학원 도입 및 운영. 특별정책과제연구. 학술진흥재단.

우동기(2016). 인공지능 시대에 무엇을 어떻게 가르치고 평가를 누가 할 것인가?. 교육개혁추진위
　　원회 4차 발표자료. 바른사회운동연합.

유균상·홍영란(2003). 2003년도 사범대학 평가 종합평가보고서. 한국교육개발원.

윤정일(2002). 교육의 질적 향상을 위한 교사양성체제의 발전방향, 한국교원교육연구, 19(1), 5-24.

윤태건(2005). 사범대학 교육과정 운영 개선 방안. 교육과학연구, 7(2), 229-238.

이광현·이차영(2006). 중등 교사의 양성체제의 차이가 교직 선택 동기와 교수방식에 영향을 미치
　　는가. 교육행정학연구, 24(3), 119-140.

이병진·박경묵(2002). 교사 전문성 향상을 위한 교원양성 대학원 체제 및 프로그램 개발. KRF-2000-046-C00046. 학술진흥재단.

이부하·정경욱(2015). 우리나라 중등교원 양성체제 개편에 관한 정책적 고찰. 法과 政策研究, 15(2), 611-629.

이일용(2000). 초등교사 양성·임용체제의 발전방향. 초등교육학술세미나. 서울교육대학교 초등교육연구소.

이종각(2007). 미래사회의 변화예측과 교원정책의 혁신방향. 미래사회 변화에 따른 교원 정책 개혁의 방향 연구포럼 발표논문집, 3-26. 공주대학교 교육대학원.

이종재(2004). 한국교원정책의 방향과 과제. 한-OECD 국제세미나 한국 교원 정책의 방향과 과제 세미나 자료집.

이주호(2016). 제4차 산업혁명에 대응한 교육개혁. 교육개혁추진위원회 2차 발표자료. 바른사회운동연합.

임연기·최준렬·박삼철·신지수(2008). 중등교원 양성체제 개선방안 연구. 한국교육정책연구소.

정광희(2008). 일본의 교원 질 향상 정책과 시사점: 교직대학원과 자격갱신제를 중심으로. OR2008-05-07. 한국교육개발원.

정영수(2002). 중등교사 양성체제의 발전방향. 한국교원교육연구, 19(1), 64-82.

정일화(2016). 지능정보화사회의 대학원 수준 교원양성. 제70차 한국교원교육학회 연차학술대회 자료집, 283-294.

정진곤(2001). 현행 교원양성의 질적 관리 체제의 문제점과 정책대안. 한국교원교육연구, 18(3), 89-111.

정진곤·김명수·진동섭·박은혜·김규환(2000). 교원전문대학원 (가칭) 도입방안 연구. 교육인적자원부.

정진곤·황규호·조동섭(2004). 교원양성체제 개편 종합방안 연구. 교육인적자원부 정책연구과제 2004-17.

정태범(2000). 기본방향 긍정적이나 개선할 점 많아. 새교육, 90-95.

조동섭(2004). 현행 교원양성체제의 발전적 유지. 제41차 한국교원교육학회 춘계학술대회 발표요약집, 24-45.

조동섭(2007). 교육전문대학원 도입 및 운영방안 연구. 국회입법조사처 정책연구개발자료.

조선일보(2016). 한국 교사 역량, OECD 중하위권. 2016.10.04. 조선닷컴 기사.

진동섭(1994). 교원 교육의 실상과 개혁의 방향. 교육학연구, 31(4), 141-157.

천호성(2009). 일본 교원정책의 전개와 동향 - 교원의 양성, 채용, 연수를 중심으로 -. 한국일본교육학연구, 14(1), 21-39.

최운실(2004). 대학원 수준의 교원양성체제. 제41차 한국교원교육학회 춘계학술대회 발표요약집, 95-117.

최현섭(1994). 중등학교 교사양성체제의 문제점과 개선방안. 한국교육개발원, 129-149.

한국교육개발원(2015). 교육통계분석자료집-유·초·중등교육통계편.

한국교육개발원(2019). 교육통계분석자료집-유·초·중등교육통계편.

한만길·김병찬·김용·박삼철·박상완·이차영·심민철(2006). 미래 교육에 적합한 교원 및 행정지원 체제 연구. 교육인적자원부.

허영주(2016). 중등 예비교사의 교사상 유형 및 추구하는 교사상의 복합성 정도. 인하교육문제연구, 21(2), 5-26.

황규호(1999a). 교원양성연수교육 체제 개선 방안. 교원양성·연수체제개선위원회. 교육부.

황규호(1999b). 대학원 수준에서의 교원양성 방안. 교육과학연구, 30, 33-49.

황규호(2003). 교사자격에 대한 수행능력 기준의 탐색. 이화여자대학교 사범대학.

황성원·사영숙(2006). 프랑스 교육의 특성에 따른 교사교육의 변화. 비교교육연구, 16(4). 133-155.

황영준(2005). 교원전문대학원 도입의 쟁점 및 발전적 대안 탐색. 한국교원교육연구, 22(2), 139-157.

Brooks, C. (1856). MORAL EDUCATION. *The American Journal of Education (1855-1882)*, *1*(3), 336-344.

Economist (2016). How to make a good teachers. The Economist, Jun 11th, 2016.

GEMS (2013). Teacher Status Index. Varkey Foundation. varkeyfounda tion.org/teacherindex

Goodlad, J. I. (1999). Rediscovering teacher education: School renewal and educating educators. Change: *The Magazine of Higher Learning*, *31(5)*, 28-33.

Hans, A., & Akhter, S. (2013). Emerging Trends in Teacher's Education. *The Macrotheme Review*, *2(2)*, 23-31.

Haushek, E. A. (1997). Assessing the Effect of School Resources on Student Performance. *Educational Evaluation and Policy analysis*, *19(2)*. 141-164.

McIntyre, D. J., & Byrd, D. M. (2000). *Research on effective models for teacher education: Teacher Education Yearbook VIII (Vol. 8)*. Corwin Press.

OECD (2013). *Teachers for the 21st Century: Using Evaluation to Improve Teaching*. Paris: OECD.

Philbrick, J. D. (1856) Report of the Superintendent of Common Schools to the Assembly [of Connecticut]. *American Journal of Education*, *2*, 261-264.

Van de Grift, W. J., Chun, S., Maulana, R., Lee, O., & Helms-Lorenz, M. (2017). Measuring teaching quality and student engagement in South Korea and The Netherlands. School *Effectiveness and School Improvement*, *28(3)*, 337-349.

http://chemedu.snu.ac.kr/node/86

http://news.chosun.com/site/data/html_dir/2016/10/04/2016100400218.html

http://newslibrary.naver.com

http://www.munhwa.com/news/view.html?no=2015042301111021076001

http://www.tandfonline.com/doi/full/10.1080/09243453.2016.1263215

https://chem.snu.ac.kr/kor/education/courses.asp

제8장
교장의 직무기준[*]

1. 성공적인 학교와 교장

좋은 교장을 가진 나쁜 학교는 없다(Brown, Treviño, & Harrison, 2005). 좋은 학교에는 반드시 좋은 교장이 있다(Daresh, 1997). 교육행정은 최종적으로 교장에 의하여 실현되기 때문에 그 누구보다도 교장이 중요하다(주삼환, 2005). 성공적인 학교의 핵심 요소는 교장의 역할이다. 교장의 역할은 사회체제의 변화에 영향을 받는다. 교장은 다른 어떤 구성원보다도 학교 혁신을 이루는 과정에서 더 많은 변화를 경험하고(Murphy & Shipman, 1999), 자신의 역할을 새로운 방향으로 발전시키며 재형성한다(Best-Louther, 2003). 변화가 교육에 끼치는 영향력은 학교 리더십에 관한 최근의 연구에서 중요하게 다루어지고 있다(Blackmore, 2002).

오늘날 교육에서 책무성의 강조로 인한 기준화 운동의 기세는 매우 강하다(황규호, 2003; Schmoker & Marzano, 1999). 변화하는 사회에서 좋은 교육환경을 조성해 성공적으로 학교를 운영하려는

---

[*] 정일화(2008). 교장의 직무기준 개발에 관한 연구. 교육학연구, 46(3), 193-218; 정일화(2007). 교장의 직무영역과 직무성향에 관한 연구. 인문학연구, 34(1), 207-227.

교장이라면 공통의 직무기준 이상을 수행할 수 있어야 한다. 기준이 있어야 직무수행이 원활하고, 자율책임경영에서는 교장의 직무수행 기준이 없으면 개인차가 크게 나타나기 때문에 기준 개발이 필요하다(박영숙·신철지·정광희, 1999). 미국과 영국은 국가 수준에서 교장의 직무기준을 제정해 양성교육, 재교육, 평가에 활용한다.

우리나라는 「초·중등교육법」 제20조(교직원의 임무) 제1항 "교장은 교무를 통할統轄하고 소속 교직원을 지도·감독하며 학생을 교육한다."처럼 교장의 직무를 지나치게 포괄적이고 선언적으로 규정하고 있다(고전, 2000: 129). 현재까지 우리나라에서 제시된 교장의 직무기준은 경험적 증거들이 충분하지 않기 때문에 직무수행 기준의 개념이 모호한 측면이 있다(김이경·한만길·박영숙·홍영란·백선희, 2005: 188). 그리고 기성既成의 기준이 새롭게 변하는 시대에 적절한지도 의문이다.

우리나라 교장의 직무기준을 명확히 설정하기 위하여, 국내외 문헌과 국가 수준에서 교육의 기준을 새롭게 하려고 노력하는 미국과 영국의 교장 직무기준에 관해 고찰하고, 설정한 기준이 우리 실정에 중요하고 부합하는지에 대한 인식 수준을 경험적으로 밝혀 기준으로서 성립 가능성을 확인하는 일이 필요하다. 제시된 직무기준에 대해 교장이 지각知覺하는 중요도와 준비도를 구명하여 교장 선발이나 양성, 연수와 평가에 반영할 수 있어야 한다.

교장의 직무기준을 개발하려면 교장의 핵심적 직무영역과 직무성분(직무성향·직무지식·직무수행)을 설정하고 그 중요도를 밝혀야 한다. 그리고 적용 필요성을 파악하기 위해 중요도와 준비도의 차이를 알아야 한다. 이 연구는 문헌 연구와 전문가 패널 조사 방법으로 교장의 직무영역과 영역별 직무성분을 선정했다. 직무기준에 대해 교장이 지각하는 중요도와 준비도의 차이 및 집단 간 일치 정도를 밝혀 직무기준으로 타당화하는 근거로 삼았다. 도출한 직무기준과 현실의 괴리 정도를 밝혀 적용 필요성을 확인하였다.

이 연구는 다음과 같은 제한점이 있다. 첫째, 교장, 교감, 교육전문직만을 설문 대상으로 하였다. 둘째, 조사 대상인 교장, 교감, 교육전문직의 개인 배경을 고려하지 않았다. 셋째, 전국적인 표집을 하였으나 응답자의 규모, 특히 교장 집단의 구성 비중과 규모가 연구 목적 달성에 충분한지에 대해 다른 의견이 있을 수 있다. 그럼에도 불구하고 교장의 직무기준에 관한 경험적 연구가 충분하지 않은 우리의 현실을 고려할 때, 이 연구는 후속으로 이루어질 국가수준의 교장 직무기준 제정을 비롯해 교장의 전문적인 능력개발에 기여하리라 기대한다.

2. 교장의 역할과 직무기준

교장의 역할과 직무에 관한 정의는 변해왔다. 교장상校長像과 역할의 정립은 '교장이 무엇을 달성해야 하는가?'의 물음을 해소하는 교장의 직무기준 제정에 선행되어야 한다.

1) 교장의 상像과 역할

사람마다 기대하는 교장의 상과 역할이 다르면 서로 다른 직무수행을 기대하게 된다. 이상적인 교장상은 비전을 제시할 수 있고, 지도력을 발휘하여 지역사회의 협력을 이끌고, 교육의 본질인 교육과정과 수업에서 전문성을 발휘해 학교문화를 형성하고, 궁극적으로 모든 학생을 성공으로 이끄는 지도자다. 사회가 고도화되고 학교의 교육환경과 조직구조도 복잡해지면서 교장의 이미지는 관리자에서 변화를 촉진하는 지도자로 변하고 있다. 교장의 역할 변화는 교장직의 수행에서 더 많은 전문성을 요구하는 경향을 동반한다(김이경 등, 2005). 특히 연구 능력과 신념이 교장의 리더십에서 더욱 중요시된다(Leithwood & Riehl, 2003).

성공적인 교육의 질을 결정하는 데 중요한 요인인 교장은 구성원이 목표에 도달할 수 있게 변화를 창조하는 영감을 불어넣으며 능력을 길러주는 지도성$_{leadership}$을 갖추어야 한다(Leithwood & Riehl, 2003; Cornell, 2005 재인용). 교장의 직무를 성공적으로 수행하기 위해서는 지도성이 발휘되어야 해서 교장의 직무와 지도성은 분리하려고 해도 분리할 수 없다(주삼환, 2005: 140). 교장의 직무를 명료화해 권한과 책임이 부여된 지도성을 발휘할 수 있어야 한다(고전, 2000: 133). 교장의 상을 지도자로 정립하고 일관성 있는 통합된 기준을 중심으로 교장의 역할을 규정하는 것이 바람직하다.

[그림 1]과 같이 이상적인 교장상의 구현 과정을 통해 교장의 역할, 직무 및 과업의 관계를 알 수 있다. 역할은 목적 중심, 직무는 결과 중심, 과업은 기능 중심이다. 어떤 역할에 대한 기대 속에는 특정한 행동뿐 아니라 자질도 포함되듯이, 역할은 통합되고 일관성 있는 행동의 기준과 자질을 담고 있다. 직무는 역할을 성과 중심 차원에서 기본적으로 구현해야 할 것을 명확히 한 것이다. 과업은

직무를 좀 더 행동적으로 구체화한 것이다.

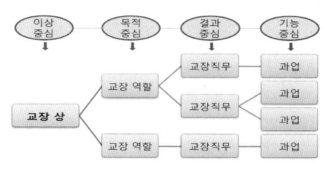

[그림 1] 교장상의 구현 과정

　교장의 역할은 교장직에 기대되는 행위로 교장 자신의 욕구와 태
도 및 역할에 대한 인식, 중요한 타인의 기대, 인구 변화, 경제 상황,
정보의 영향, 뉴스매체, 교육공학과 기술 같은 여러 사회적 요인에
따라 크게 영향을 받는다(Gorton, 1983; 주삼환·정일화·박소화·
김수구·김미정·박홍희·류지은, 2007: 58 재인용). 역할은 수행하
는 과정에서 환경과 상호작용하면서 생성하고 변화한다. 이런 역할
은 상호보완적 지위를 가진 사람이 역할수행자에 대해 기대하는 규
정된 역할, 역할수행자가 상호보완적인 지위를 가진 사람과 상호작
용 속에서 자신의 역할에 대해 인식하는 주관적 역할, 역할수행자가
상호보완적 지위를 가진 사람과 상호작용하면서 실행하는 실제적
역할로 구분된다(Griffith, 1979; 김이경 등, 2005: 44 재인용).
　이처럼 이런저런 역할을 바라는 역할전달자의 기대와 역할수행
자의 실제 역할 사이에는 차이가 존재한다. 이상적인 교장의 역할
과 실제 교장의 역할에는 역할수행자인 교장의 주관이 개입되어 규

정된 역할이 왜곡되어 발현할 수 있다. 교장의 직무에서 "교육행정의 전문성을 담보할 수 있는 법적 지위를 보장"하는 장치가 부족한 우리나라의 「초·중등교육법」처럼(고전, 2000: 129), "교장은 교무를 통할하고 소속 교직원을 지도·감독하며, 학생을 교육한다."라고만 규정하면 역할수행자의 주관이 크게 작용하여 규정된 역할과 실행된 역할의 차이가 클 가능성이 있다.

교장마다 다르게 나타날 수 있는 수준과 정도의 차이를 최소화해 모든 교장이 직무수행을 통해 훌륭한 학교를 만들기 위해서는 규범적 측면에서 교장의 상을 반영한 교장의 직위와 역할을 명료화해야 한다. 준거적 측면에서는 교장의 직무기준을 설정해 직무영역과 직무성분을 구체화하고 역할기대를 명확하게 밝혀야 한다. 실제적 측면에서는 직무를 수행하는 교장이 규범적 측면과 준거적 측면에서의 역할기대에 대한 올바른 인식을 통해 능력과 자질을 개발하고 발휘하여, 그에 부합하는 직무수행을 해야 한다.

2) 교장의 직무기준

다양한 사람이 교장의 지위에서 역할을 하더라도 역할 내용은 안정되어야 한다. 어떤 역할에 대한 기대에는 특정한 행동뿐 아니라 자질도 포함되며, 역할 인식을 하는 자질의 차이에 의해 역할 행동의 수준과 정도의 차이가 드러난다. 이런 차이는 성공적인 학교를 가름하는 데 결정적으로 작용할 수 있다. 기준은 성패의 수준과 차이를 최소화할 수 있는 안전장치다.

이상적인 교장 직무기준 설정 과정은 이상理想 중심으로 리더leader로서의 교장상을 정립하고, 변화하는 사회의 요구를 반영해 목적 중심으로 교장 역할을 규명하고, 지도성에 기반하여 결과 중심으로 교장의 직무를 설정해야 한다. 목적과 결과를 통합하여 직무성향·직무지식·직무수행으로 교장의 직무성분을 구성하고, 기준이 행동으로 옮겨갈 수 있는 기능 중심의 과업을 제시해야 한다.

교장의 핵심역량을 강화하는 프로그램을 개발하려면 역할과 직무를 수행하기 위해 교장이 무엇을 알아야 하는지, 어떤 성향을 지니는지, 직무수행으로 무엇을 하고 무엇을 보여주어야 하는지를 명확하게 밝히는 기준의 마련이 선행되어야 한다(조경원·한유경·서경혜·조정아·이지은, 2006). 미국의 학교지도자자격협의회ISLLC: Interstate School Leaders Licensure Consortium 교장 직무기준과 영국의 국가교장 직무기준NSH: National Standards for Headteachers은 용어의 사용에서 약간의 차이는 있으나 직무영역, 직무성향, 직무지식, 직무수행으로 구성되어 있다.

직무기준을 개발하는 방법은 전문가 패널과 문헌 연구가 중심을 이룬다. 직무기준을 개발한 선행 연구의 절차와 방법을 간략하게 살피면 다음과 같다. 김이경 등(2005)은 문헌 탐색, 전문가 워크숍과 검토를 거쳐 학교행정가의 직무영역을 대영역과 중영역으로 구분하였다. 데이콤DACOM 방법으로 대영역별로는 추구할 직무목표를, 중영역별로는 필요한 지식과 수행직무를 도출하여 핵심 업무에 초점을 맞춘 직무수행 기준을 개발하였다. 이차영(2006)은 국내외의 연구를 고찰하여 교장의 직무영역과 직무내용을 도출하였다.

미국의 주교육감협의회CCSSO: Council of Chief State School Officers의 국가 교육행정정책위원회NPBEA: National Policy Board for Educational Administration는 1994년에 교육행정 분야의 학자와 교육전문가로 패널을 구성해

'ISLLC 1996' 교장 직무기준을 제정하기 위한 기초연구를 했다www.npbea.org. NPBEA 추진위원회는 의견을 수렴해 초안을 만들어 회원 기관과 관련 전문가 집단의 피드백을 받았다. NPBEA 연구 패널에 의한 기초연구는 정책 분석, 리더십 문헌, 전공 서적과 경험적 연구보고서를 포함하였다. 'ISLLC 1996'은 2008년과 2015년에 개정되었다www.ccsso.org.

교장의 상과 역할 및 직무기준과 관련한 연구를 통해 도출한 교장의 직무기준 설정 기준을 제시하면 다음과 같다. 첫째, 새로운 시대의 요구를 반영해 교장의 상과 역할을 정립해야 한다. 둘째, 교육과 관련한 지도성 개념에 함의된 바를 담아야 한다. 셋째, 비전과 종합적인 지도성을 강조해야 한다. 넷째, 기능과 과업보다는 가치 지향적인 목적과 결과에 초점을 맞추어야 한다. 넷째, 교장이 하는 모든 일을 망라하기보다는 통합되고 일관성이 있는 행동의 기준을 체계적으로 제시해야 한다.

본 연구에서 ISLLC 직무기준을 우리나라 교장의 직무기준 개발의 기초 자료로 사용한 이유는 다음과 같다. 첫째, ISLLC 기준이 위에 제시된 설정 기준에 부합한다. 둘째, <표 1>과 같이 ISLLC 직무영역은 우리나라 법령에 따른 교장의 직무영역, 영국 교장의 직무영역 및 리더십 영역과 영역별 비중에는 차이가 있을 수 있으나 큰 틀에서는 다르지 않다. 셋째, 선행 연구에서 ISLLC 기준이 우리나라의 교장 직무 내용의 기준으로도 의미 있게 적용될 것이라는 판단하에 실시한 연구에서 부응하는 결과를 나타냈다(조경원 등, 2006). 넷째, 우리의 실정에 부합하는 항목만을 진술해 교장의 능력 준거 설정이 가능한 것처럼(김이경 등, 2005: 61), 우리와 차이가 있는 사회문화적 배경 요소를 제거하면 기준을 설정하는 데 활용할 수 있다.

<표 1> 교장의 리더십 영역과 직무영역

리더십 영역				직무영역				
ELCC (1995)	Leithwood (1999)	Murphy & Shipman (1998)	Sergiovanni (1992, 2004)	우리의 법령 (이차영, 2006)	Greenfield (1995)	ISLLC (1996, 2008)	NSH (1997)	주삼환 (2005)
전략적 리더십	변혁적 리더십	조직 축조 리더	문화 지도자	학교 기획	관리적 역할	학교 비전	미래 구현	비전 목표
조직적 리더십	관리 리더십	조직 축조 리더	조직 관리자	교직원·사무·재무·시설관리	관리적 역할	관리적 역할	조직관리 (자기개발 및 협력)	관리
교육적 리더십	교육적 리더십	공동체 봉사 리더	교육 지도자	교수 학습	사회적 역할	학교문화 수업 프로그램	교수학습선도 (자기개발 및 협력)	학교 문화 교육과정 프로그램
정치적 및 지역 공동체 리더십	참여적 리더십	사회 축조 리더	정치적 지도자	대외 협력	정치적 역할	학부모·대외관계	지역사회 관계 강화	공공에 대한 이해
정치적 및 지역 공동체 리더십	상황적 리더십	사회 축조 리더	정치적 지도자	대외 협력	도덕적 역할	교육 시스템	지역사회 관계 강화	공공에 대한 이해
	도덕적 리더십	도덕교육 리더	도덕적 지도자			행정가 윤리	책무성	행정가 윤리

3) 교장의 능력개발과 교장 직무기준

교장의 전문성과 리더십을 신장하기 위해서는 직무를 명료화해 직무수행에 요구되는 핵심역량이 무엇인지를 확인하는 일이 우선 과제이며, 핵심역량을 강화하는 프로그램에 앞서 직무기준이 개발되어야 한다(조경원 등, 2006: 253). 교장의 직무기준을 개발하는 목적 가운데 하나는 교장의 전문적 직무능력을 높이는 데 있다. 직무기준은 능력개발의 방향과 목표 설정의 지침이 되고, 전문적 능력을 평가하는 준거가 되고, 평가 결과의 피드백을 통해 필요한 능력개발에 활용될 수 있다. 자격취득 과정, 연수기관의 평가에도 적용될 수 있다.

사회가 바라는 교장직에 대한 신뢰에 걸맞게 교장이 전문성을 발휘해 성공적으로 학교경영을 할 수 있는 능력개발을 제도적으로 지원하기 위해 다음의 세 가지가 필요하다. 첫째, 교장의 직무가 무엇인지를 밝혀 명확한 기준을 마련해야 한다. 직무기준은 달성할 목표에 대한 기대를 담고 있다. 기준에 근접한 준비도를 파악하면 적합한 능력개발 프로그램이 마련될 수 있다. 둘째, 연수 시간을 충분히 확보해야 한다. 교장자격연수는 서울대학교 교육행정연수원의 교육행정지도자과정 같은 심화 수준으로 운영되어야 한다. 셋째, 영국처럼 국가 수준의 교장 직무기준에 따라 운영되는 교장연수원이 필요하다.

교장의 직무기준을 설정하려면 제시된 직무기준을 교장이 경험적으로 얼마나 중요하게 지각하는지를 살펴야 한다. 교장의 지각은 다른 집단의 지각 수준과 비교해서 능력개발의 준거를 설정하는 기초로 삼아야 한다. 기준과 준비 정도의 차이는 능력개발이 요구되는 지점이다. 기준에 대한 중요도와 준비도는 전문적인 능력개발의 내용과 방법을 가름하는 유용한 준거다.

교장의 직무기준과 능력개발을 관련지어 살피면 다음과 같다. 중요도는 전문적인 능력개발의 방향과 내용을 결정하는 도착점 행동이다. 직무기준에 대해 교장이 지각한 준비도를 파악하는 것은 "학교 현장에서의 실천과 연계될 수 있게 하는 문제(조경원 등, 2006: 253)"의 해결을 위해 필요하다. 준비도는 전문적인 능력개발을 개별화 차원에서 효율적으로 지원하는 출발점 행동이다.

3. 교장의 직무기준 측정

교장의 직무기준 측정을 위한 직무영역 및 직무성분(직무성향, 직무지식, 직무수행)의 기준은 문헌 연구를 통해 연역적 방법으로 선정하였다. 직무성분에 관한 문항을 만들어 설문 조사를 통해 요인을 분석하고 직무영역을 탐색적으로 확인하는 과정을 거쳐, 직무영역의 하위 요인별 직무성분을 선별하는 귀납적 방법을 사용하였다. 단순 무선 표집 방법을 사용한 조사는 전국의 교장, 교감, 교육부와 16개 시·도교육청 교육전문직을 대상으로 하였다. 교장은 서울대학교 교육행정연수원의 교육행정지도자과정의 연수자를 주 대상으로 하였다. 교감은 한국교원대학교 교육연수원에서 교장자격취득과정의 참여자를 주 대상으로 하였다. 조사 기간은 2006년 10월부터 2007년 1월까지다. 표집 대상의 구체적인 설문지 배포와 회수 현황은 <표 2>와 같다.

<표 2> 질문지 배포·회수 및 사용 현황

구분 대상	총 배포수	회수 부수	회수율(%)	사용 부수	사용률(%)
교장	250	195	78	183	94
교감	250	216	86	200	93
교육전문직	250	179	72	171	96
전체	750	590	79	554	94

* 회수율은 배포 부수에 대하여, 사용률은 회수된 부수에 대하여 산출함

교장의 직무기준과 관련한 국내외 연구에서 직무영역과 직무영
역의 하부를 어떻게 구성할지에 대한 이론적 근거를 탐색하였다.
이후 패널 조사를 통해 직무기준을 구체화하는 과정을 거쳤다. 패
널은 대학원 석사과정과 박사과정에서 교육행정학을 전공한 교장,
교육전문직 경력의 교장, 교장 경력의 교육전문직, 교직단체 회장
을 역임한 교장 등으로 구성하였다. 문항 개발을 위한 패널 구성은
<표 3>과 같다.

<표 3> 교장의 직무기준 문항 개발 과정의 패널 구성

구분	초등 학교장	중학 교장	고등 학교장	전문직	교수	대학원	심리측정 전문가	계(명)
1차 패널	5	2	3		1	13	1	25
2차 패널	5(2)	4	5(2)	4	1(1)		1(1)	20(6)
계	10(2)	6	8(2)	4	2(1)	13	2(1)	45(6)

* 표에서 괄호 안의 수는 1차, 2차 중복 참여 패널 수

1차 패널 조사는 ISLLC 기준이 우리나라 직무기준의 준거로 적
합한지를 판단하여 재구성하기 위해 교육행정을 전공한 교수와 교
장, 교육행정을 전공하는 박사과정 대학원생 등 총 25명으로 전문
가 패널을 구성하였다. 번안飜案이 우리의 상황에 적합하고 내용을
이해하기 쉽게 하는 일은 교육행정 전공의 교수와 박사과정 대학
원생들이 함께 했다. 직무의 적합 여부는 주로 교장의 판단을 존중
했다.
1차 패널 조사를 통해 직무기준의 문항을 선정하였다. ISLLC 기
준을 번안해 패널에게 제공하여 문항에 대한 적합성을 판단하고,
추가할 기준 또는 중복된 기준 등을 첨삭하도록 요청했다. 패널의

의견을 수렴하여 과반 이상의 패널이 '적합하다', '매우 적합하다'로 판단한 문항을 채택했다. 동일 문항에 대해 2인 이상의 패널이 부정적이거나, 수정이 필요하거나, 중복되거나, 포함 관계라는 의견이 제시된 문항은 통폐합, 수정, 또는 추가하였다.

2차 패널 조사에서는 선정된 문항이 교장의 직무에 적합한지와 문항의 진술이 얼마나 잘 이해되는가를 조사하였다. 1차 패널 조사 후 재정리한 질문지를 2차 패널 조사에서 재차 확인하여 문항 선정의 신뢰도를 높이고자 하였다. 일부 패널은 직접 인터뷰를, 일부는 질문지를 사용하였다. 적합 여부에서 부적합의 경우와 문항 진술의 이해도가 낮으면 그 이유를 문항에 첨삭 및 수정하게 해서 최종 문항 구성에 반영하였다. 두 문항을 제외하고 모든 문항에서 90% 이상이 적합하다고 반응하였다. 문항 진술의 이해 정도는 '매우 잘 이해된다'와 '잘 이해된다' 사이의 지각 수준을 보였다.

이런 과정을 거쳐 작성된 설문은 적절한 용어를 사용해 명확히 표현했는지, 문항이 검사의 목적과 일치하는지, 문항의 내용을 반응자가 이해하는 데 어려움은 없는지를 최종적으로 재검토하였다. 설문 문항 구성 등을 포함하여 측정과 관련한 문제점을 제거하기 위해 심리측정 전문가에게 자문을 받았다. 직무기준 내용의 적합성과 문항의 타당성에 관한 문제를 파악하기 위해 대전광역시의 교장 39명, 교감 32명을 대상으로 예비 설문을 해서 신뢰도 등을 분석했다.

예비검사 결과를 통해 검사 도구를 확정하고, 검사의 내용을 연구 목적에 맞게 재구성하였다. 예비검사 때 대상에 포함하지 않은 교육전문직을 추가해 교장용, 교감용, 교육전문직용으로 설문지를 구분하였다. 본 설문은 조사 대상 집단별로 교장의 직무기준 중요도, 교장에게는 중요도 외에 준비도에 관한 지각 수준을 알아보았다.

본 검사에 사용된 측정도구는 교장의 직무영역별 '직무성향', '직무지식', '직무수행' 검사로 구성하였다. 설문 조사는 교장의 직무영역 각각의 직무성향, 직무지식, 직무수행에 관한 기준에 대해 교장, 교감, 교육전문직이 지각하는 중요도와 교장이 지각하는 중요도와 준비도를 알아보기 위해서 Likert 5단계 척도를 제시하여 해당 수준을 평정하게 하였다.

직무기준의 직무영역별 중요도에 대한 집단 간 인식을 알아보기 위해, χ^2를 사용하여 문항의 중요도에 대한 집단 간 지각의 일치 정도를 분석하였다. 이를 위해 설문을 통해 얻은 자료를 가지고 직무영역과 직무성분이 무엇인지를 경험적으로 구명하기 위해 직교회전법으로 요인분석을 하였다. 요인 추출 기준은 각 문항을 요인의 선형 결합을 가정한 주성분법을 사용하여 .3 이상으로 하였다. 교장이 지각한 직무기준의 중요도와 준비도의 차이를 밝히기 위해 직무영역별 중요도와 준비도의 차이, 직무영역의 직무성분별 문항의 중요도와 준비도의 차이를 평균과 표준편차를 대조하여 제시하였다. 차이 검증 방법으로는 pair-t 검증을 사용하였다.

4. 교장 직무기준 분석 및 해석

교장 직무기준의 직무영역별 중요도에 대한 집단 간 인식은 어떠한지와 직무기준에 대해 교장이 지각하는 중요도와 준비도의 차이는 어떠한지를 분석하고 해석하였다.

1) 교장 직무기준의 중요도에 대한 집단 간 인식 차이

교장 직무기준의 직무영역별 중요도에 대한 집단 간 인식을 알기 위해 직무영역별로 직무성분의 각 문항에 대한 집단 간 중요도의 일치 정도는 어떠한지를 분석했다. 직무기준으로 중요하다고 간주하는 세 가지 기준을 설정하였다. 첫째, 문항별 중요도에 대한 전체 집단 평균이 Likert 5점 척도의 반응에서 4.0 이상, 둘째, 전체 응답자 2/3 이상이 문항별 중요도에 대한 지각 수준으로 4.0 이상, 셋째, 문항별 중요도에 대해 다섯 집단의 2/3 이상인 세 집단 이상이 집단별 평균 4.0 이상으로 하였다. 문항의 중요도에 대한 집단 간 지각 일치 정도를 검증하기 위해 crosstab χ^2를 사용했다. 반응은 Likert 5점 척도에서 교장의 직무성향으로 중요한 정도가 '3점(보통이다) 이하'를 '1'로, '4점(다소 중요하다)'과 '5점(아주 중요하다)'을 '2'로 구분하였다. 분석한 결과, 세부 직무기준인 168가지 모두 적합하게 나타났다.

교장의 직무영역과 직무성분을 밝히기 위한 요인분석의 결과, 직무성향.928, p<.001, 직무지식.931, p<.001, 직무수행.912, p<.001 모두 아주 이상적인 요인분석 기준인 .90 이상을 나타냈다. 직무성분을 구성하는 문항 가운데 .3 이상의 요인계수 수준을 나타내는 세 문항을 제외한 나머지 모든 문항이 요인부하량 절대값이 유의한 변수로 간주되는 .4 이상에서 추출되었다. 세 직무성분 모두 교장의 직무영역으로 '학교비전', '학습문화', '학교관리', '지역관계', '윤리·상황'의 다섯 요인으로 분석되었다. 직무영역별 직무성분의 세부적인 교

장의 직무기준의 내용은 [부록]에 제시하였다.

2) 교장이 지각한 교장 직무기준의 중요도와 준비도

교장 직무기준에 대해 교장이 지각하는 중요도와 준비도의 차이를 밝히면 전문성 보강이 필요한 부분을 확인하는 준거로 삼을 수 있다. 교장이 지각한 중요도와 준비도의 차이를 검증하기 위해 pair-t 검증 방법을 사용하였다. 모든 직무영역에서 중요도와 준비도의 차이는 통계적으로 유의하였다. 전반적으로 중요도에 비해 준비도를 낮게 지각하고 있었다. 특히 중요도의 평균은 직무영역 가운데 '학습문화$_{4.26}$'를 가장 높게, '지역관계$_{4.13}$'를 가장 낮게 지각하였다. 준비도에서는 '학습문화$_{4.06}$'를 가장 높게, '지역관계$_{3.92}$'를 가장 낮게 지각하였다. 중요도와 준비도의 차이는 '학교비전'이 .23으로 가장 높게, '윤리·상황'이 .17로 가장 낮게 나타났다. 교장이 지각한 직무영역별 중요도와 준비도에 대한 분석은 <표 9>와 같다.

<표 9> 교장 직무영역의 직무성분별 중요도와 준비도 분석

직무영역	직무성분	사례	중요도		준비도		차이 검증
			평균	표준편차	평균	표준편차	t
학교비전	직무성향	183	4.34	.511	4.10	.551	7.844***
	직무지식	183	4.18	.524	3.94	.607	6.988***
	직무수행	183	4.23	.492	4.02	.531	7.403***
	합	183	4.25	.457	4.02	.509	9.274***
학습문화	직무성향	183	4.36	.454	4.15	.529	7.029***
	직무지식	183	4.20	.479	3.99	.538	7.433***
	직무수행	183	4.23	.525	4.04	.526	6.523***
	합	183	4.26	.435	4.06	.485	8.550***
학교관리	직무성향	183	4.30	.586	4.11	.628	3.752***
	직무지식	183	4.14	.525	3.84	.627	7.423***
	직무수행	183	4.24	.481	4.04	.518	8.362***
	합	183	4.22	.435	4.00	.507	7.878***
지역관계	직무성향	183	4.17	.534	3.95	.606	6.423***
	직무지식	183	4.12	.554	3.90	.595	6.651***
	직무수행	183	4.09	.588	3.90	.593	6.810***
	합	183	4.13	.496	3.92	.547	8.008***
윤리·상황	직무성향	183	4.25	.522	4.06	.555	6.158***
	직무지식	183	4.10	.548	3.90	.587	7.307***
	직무수행	183	4.30	.534	4.20	.517	3.937***
	합	183	4.22	.479	4.05	.492	7.201***

df=182/183

'학교비전'에서 직무성분별 중요도는 직무성향$_{4.34}$, 직무수행$_{4.23}$, 직무지식$_{4.18}$의 순으로 나타났다. 준비도는 직무성향$_{4.10}$이 가장 높고 직무지식$_{3.94}$이 가장 낮게 나타났다. '학습문화'에서 직무성분별 중요도는 직무성향$_{4.36}$, 직무수행$_{4.23}$, 직무지식$_{4.20}$의 순이었다. 준비도에서는 직무성향$_{4.15}$이 가장 높고, 직무지식$_{3.99}$이 가장 낮았다. 중요도와 준비도의 차이는 직무성향과 직무지식이 .21로 나타났다. '학교관리'에서 직무성분별 중요도는 직무성향$_{4.30}$, 직무수행$_{4.24}$, 직무지식$_{4.14}$의 순으로 나타났다. 준비도는 직무성향$_{4.11}$이 가장 높고, 직무지식$_{3.84}$이 가장 낮았다. 중요도와 준비도의 차이는 직무지식이 .30으로 가장 큰 차이를 보였다. '지역관계'의 직무성분별 중요도는 직무성향$_{4.17}$, 직무지식$_{4.12}$, 직무수행$_{4.09}$의 순이었다. 준비도는 직무성향$_{3.95}$이 높고 직무지식$_{3.90}$과 직무수행$_{3.90}$은 같은 수준이었다. 중요도와 준비도의 차이는 직무성향이 .23으로 가장 큰 차이를 보였다. '지역관계'는 다른 영역에 비해 중요도와 준비도에 대한 지각 수준이 낮았다. '윤리·상황'에서 직무성분별 중요도는 직무수행$_{4.30}$, 직무성향$_{4.25}$, 직무지식$_{4.10}$의 순으로 나타났다. 준비도는 직무수행$_{4.20}$이 가장 높게 나타났고, 직무지식$_{3.90}$이 가장 낮았다.

이상을 간단히 정리하면, 중요도에 비해 준비도를 낮게 지각하고 있었다. 중요도에 비해 준비도가 낮게 지각된 것은 교장의 전문적인 능력개발의 필요가 존재하는 것이라 할 수 있다. '학교비전', '학습문화', '학교관리', '지역관계', '윤리·상황' 모두에서 직무성향과 직무수행에 비해 직무지식의 준비도에 대한 지각 수준이 가장 낮았다. '학습문화'를 제외하고는 직무지식에서 중요도와 준비도의 차이가 가장 크게 나타났다. 이런 결과는 교사 경력을 통해 자연스럽게 갖추게 되는 '학습문화' 영역의 전문성 외의 다른 직무영역에서, 교장의 이론적 지식과 경험의 강화가 요구된다고 해석할 수 있다.

5. 국가 수준의 교장 직무기준 개발의 방향

이 연구는 이론과 경험적 연구 결과를 바탕으로 기능이나 과업보다는 가치 있는 목적과 결과 중심으로 교장의 직무기준을 제시하였다. 이 기준은 최근 연구의 우수 교장의 특성을 포함한다. 교장의 직무기준을 마련하기 위해서는 교장의 상을 규정하여 역할을 명료화, 구체화하고 지도성을 기반으로 목적과 결과 중심의 직무영역을 설정하는 단계가 필요하다. 이론적 선행 연구에서 교장의 직무영역은 '학교비전', '학습문화', '학교관리', '지역관계', '교장윤리', '종합상황'의 여섯 영역이었다. 이 연구의 요인분석에서는 '교장윤리'와 '종합상황'이 통합되었다. 정치, 경제, 사회, 문화적 배경의 종합적인 상황과 교장의 윤리적 판단과 행동이 유기적 연관성을 갖는다는 측면에서 두 영역의 통합을 이해할 수 있다.

직무기준의 설정은 이해 관련 집단의 합의가 중요하다. 합의 가능한 기준으로는 모든 문항의 중요도에 대해 Likert 5점 척도의 반응이 전체 평균 4.0 이상, 전체 응답자 2/3 이상이 4.0 이상, 다섯 집단의 2/3 이상인 세 집단 이상의 집단별 평균이 4.0 이상의 세 가지로 설정했다. 이 기준은 '중요하다'고 받아들이거나 어떤 사안을 높은 기준으로 결정하는 사회적 합의 원칙의 준용이다. 기준은 합의의 문제이기 때문에 합의의 주체와 기대에 따라 달라질 수 있지만, 여기에서 제시한 기준은 수용 가능한 수준이라고 할 수 있다. 분석 결과, 이 연구의 모든 문항은 이런 기준에 적합하였다.

이 연구는 기준에 대한 총론적인 합의의 성격을 다루기 때문에 집단 간 일치에 초점을 맞추고 있다. 각론으로 들어가 교장의 직무기준을 정하기 위해서는 직무기준의 중요도에 대한 집단 간 차이

분석이 필요하다. 직무영역에서 교장이 지각한 중요도와 준비도의 차이는 통계적으로 유의하였다. 전반적으로 중요도에 비해 준비도를 낮게 지각하고 있었다. 직무기준은 이상적 수준의 기대를 담고 있다. 중요도를 기준으로 삼으면 준비도가 낮게 지각되는 것은 자연스러운 경향으로 수용할 수 있다.

직무영역의 중요도에서 교장은 '학습문화'를 가장 높게 지각하였는데, 학력을 최우선하는 흐름과 무관하지 않다고 판단된다. '학교비전'은 중요도와 준비도에서 가장 큰 차이를 보이는데, 실행을 위한 이론적 지식이 부족하다고 해석할 수 있다. '지역관계'는 다른 영역에 비해 중요도와 준비도에 대한 지각 수준이 낮았다. 이 영역이 아직은 낯설게 인식되는 것으로 유추할 수 있다. 직무영역의 직무성분은 직무성향, 직무지식, 직무수행의 세 가지로 구성할 수 있으며, '윤리·상황'을 제외하고 나머지 영역에서 직무성향에 대한 중요도가 가장 높았다. 모든 영역에서 직무지식에 대한 준비도가 가장 낮게 나타나 이론적 지식의 보완 필요성을 시사한다.

이 연구에서 제시된 교장의 직무기준이 현재의 교장자격연수에 반영된 정도를 살펴 과정 개선에 도움이 되기를 바란다. 이상적인 수준의 기준을 염두에 두고 교직전문성을 개발하면 자신의 것으로 용해시키는 능력이 키워질 수 있다(황규호, 2003: 81). 이 연구의 검사 도구가 교장의 자기 평가 같은 능력개발의 준거로 활용되도록 후속 연구를 기대한다. 미국의 'ISLLC 1996'은 2008년과 2015년에 개정되면서 세세하게 직무기준을 규정하기보다는 교장의 핵심적 자질과 역량을 통합적 준거로 제시한다(Babo & Ramaswami, 2011; Frey, 2018; Wilmore, 2002). 앞으로의 연구에서는 이런 점을 고려해야 할 것이다.

참고문헌

고전(2000). 학교자치 시대의 학교장 인력구조 및 관리. 교육행정학연구, 18(4), 103-137.

김이경·한만길·박영숙·홍영란·백선희(2005). 교원의 직무 수행 실태 분석 및 기준 개발 연구. RR 2005-8. 한국교육개발원.

박영숙·신철지·정광희(1999). 학교급별, 직급별, 취득자격별 교원 직무 수행기준에 관한 연구. CR99-48. 한국교육개발원.

유현숙·김동석·고전(2000). 학교 경영 환경 변화와 학교장의 리더십 연구. RR 2000-8. 한국교육개발원.

이차영(2006). 직무명료화에 기초한 교장 평가제도의 설계. 교육행정학연구, 24(2), 225-250.

조경원·한유경·서경혜·조정아·이지은(2006). 학교행정가 핵심역량강화 프로그램 개발을 위한 요구분석. 교육행정학연구, 24(2), 251-274.

주삼환(2005). 미래사회의 교육지도성 개발 연구. 충북-2005-108. 충청북도교육청.

주삼환·정일화·박소화·김수구·김미정·박홍희·류지은(2007). 교육행정 사례연구. 학지사.

황규호(2003). 교사자격에 대한 수행능력 기준의 탐색. 이화여자대학교 사범대학.

Babo, G., & Ramaswami, S. (2011). Principal Evaluation and the Application of the ISLLC 2008 Standards 'Functions' by School Superintendents: A National Study. *International Studies in Educational Administration (Commonwealth Council for Educational Administration & Management (CCEAM)), 39(3).*

Best-Louther, M. J. (2003). *Defining the characteristics that describe mastery of the principalship.* University of Wisconsin.

Blackmore, J. (2002). Leadership for Socially Just Schooling: More Substance and Less Style in High-Risk, Low-Trust Times?. *Journal of School Leadership. 12(2),* 198-222.

Brown, M. E., Treviño, L. K., & Harrison, D. A. (2005). Ethical leadership: A social learning perspective for construct development and testing. *Organizational behavior and human decision processes, 97(2),* 117-134.

CCSSO. (2008). Educational leadership policy standards: ISSLC 2008. Washington, D.C.: Author

Cornell, P. S. (2005). Current practitioners' perceptions of the ISLLC standards and dispositions. Southern Illinois University at Carbondale.

Daresh, J. C. (1997). Improving principal preparation: A review of common strategies. *NASSP Bulletin, 81(585),* 3-8.

ELCC. (1995). National Council for the Accreditation of Teacher Education: Curriculum guidelines for advance programs in educational leadership for principals, superintendents curriculum directors, and supervisors. *Washington, DC: National Policy Board for Educational Administration.*

Frey, B. (2018). *The SAGE encyclopedia of educational research, measurement, and evaluation* (Vols. 1-4). Thousand Oaks,, CA: SAGE Publications, Inc. doi: 10.4135/9781506326139.

Gorton, R. A. (1983). *School administration and supervision: leadership challenges and opportunities.* WCB.

Greenfield Jr, W. D. (1995). Toward a theory of school administration: The centrality of leadership. *Educational Administration Quarterly, 31(1),* 61-85.

Griffith, F. J. (1979). *Administrative theory in education: Text and readings*. Pendell Publishing Company.

Hoachlander, G., Alt, M., & Beltranena, R. (2001). Leading School Improvement: What Research Says. A Review of the Literature. *Southern Regional Education Board from Board*.

ISLLC. (1996). *Interstate School Leaders Licensure Consortium: Standards for School Leaders: Adopted by Full Consortium, November 2, 1996*. Council of Chief State School Officers.

ISLLC. (2008). Interstate school leaders licensure consortium standards. *Washington, DC: Author*.

Leithwood, K., & Riehl, C. (2003). What do we already know about successful school leadership. *AERA division a task force on developing research in educational leadership*, 1-60.

Leithwood, K., Jantzi, D., & Steinbach, R. (1999). *Changing leadership for changing times*. McGraw-Hill Education(UK).

Murphy, J., & Shipman, N. (1999). The Interstate School Leaders Licensure Consortium: A standards-based approach to strengthening educational leadership. *Journal of Personnel Evaluation in Education, 13(3)*, 205-224.

Schmoker, M., & Marzano, R. J. (1999). Realizing the promise of standards-based education. *Educational leadership, 56*, 17-21.

Sergiovanni, T. J. (1992). *Moral Leadership: Getting to the Heart of School Improvement*. Jossey-Bass Inc.

Sergiovanni, T. J. (2004). *Educational governance and administration*. Boston: Allyn & Bacon.

Wilmore, E. L. (2002). *Principal leadership: Applying the new educational leadership constituent council (ELCC) standards*. Corwin Press.

https://files.eric.ed.gov/fulltext/EJ1068479.pdf

https://www.npbea.org/wp-content/uploads/2017/05/Peformance_Indicators_ 2008.pdf

www.ccsso.org/ISLLC2008Research

www.npbea.org

www.teachernet.gov.uk/publications

www.teachernet.gov.uk/publications

[부록] 교장의 직무기준

		학교비전
직무성향	1	교육을 통한 학생의 변화 가능성을 중시한다.
	2	높은 학습 성취 기준을 반영한 학교 비전을 중시한다.
	3	모든 구성원이 참여한 학교 비전을 중시한다.
	4	비전 달성을 위한 지속적인 학교 혁신 의지를 중시한다.
	5	조직의 성취를 향상하는 직무를 중시한다.
	6	학교 교육의 궁극적 목적인 학습을 중시한다.
	7	학생들의 개인차를 고려한 다양한 학습방법을 중시한다.
직무지식	1	전략적인 기획 능력
	2	조직에 관한 체제이론
	3	효과적인 의사소통
	4	사회 변화의 방향과 미래 사회의 특성
	5	인적자원 관리와 개발
	6	조직이론과 조직발전의 원리
직무수행	1	공동체와 함께 비전을 개발한다.
	2	공동체가 행동 지침으로 삼는 비전에 관한 신념을 명확하게 한다.
	3	비전과 목표개발을 위해 교수-학습과 관련한 다양한 통계를 사용한다.
	4	비전과 사명을 학교공동체에게 전달하기 위한 구체적 활동을 한다.
	5	비전과 목표 달성을 위해 계획과 활동을 구체화한다.
	6	비전 실현을 위한 구성원의 공헌을 격려한다.
	7	목표 달성을 위해 자원을 활용하고 개발한다.
	8	비전 달성을 위해 장애들을 확인하여 중점적으로 다룬다.
	9	비전 달성을 위한 계획을 정기적으로 평가하여 수정한다.
	10	학교개선 노력에 학교공동체와 지역사회를 참여시킨다.
	11	구성원을 존중하며 공정하고 품위 있게 대한다.
	12	각 개인의 책임을 명확히 하고 공헌을 인정한다.
	13	학생과 교직원의 높은 성취를 기대하고 격려한다.
	14	정기적으로 학교문화와 풍토를 평가한다.
		학습문화
직무성향	1	학생의 학습 능력과 교직원의 직무수행 능력에 대한 신뢰를 중시한다.
	2	교직원의 전문성 신장을 격려하는 조직문화를 중시한다.
	3	구성원과 지역사회의 다양성을 중시한다.

	4	안전하고 쾌적하며 지원적인 학습환경을 중시한다.
	5	미래 사회의 주역인 학생과 지도하는 교육자를 중시한다.
	6	교수-학습을 향상하기 위한 합리적인 의사결정을 중시한다.
	7	학교 구성원의 참여와 의사결정을 중시한다.
	8	학교개선을 위한 부단한 노력을 중시한다.
	9	안전하고 쾌적한 학교 환경을 중시한다.
	10	학교 의사결정 과정에 공동체의 참여와 협력을 중시한다.
	11	학교공동체의 공동 이익을 중시한다.
	12	서로를 배려하는 풍토를 중시한다.
직무지식	1	학습과 생활지도 및 진로지도
	2	자료 수집 및 분석 능력
	3	새로운 기술의 사용과 영향
	4	교육프로그램의 다양성
	5	교육과정 원리 및 실제
	6	효과적인 수업원리
	7	평가 및 장학 전략
	8	교수-학습자료와 교육공학의 역할
	9	학생의 성장과 발달이론
	10	학습이론
	11	동기이론
	12	평생학습과 전문직적 능력개발 모형
	13	특수교육
직무수행	1	수요자의 요구에 부응하는 학생 학교생활 지원 프로그램을 개발한다.
	2	교육청과 연계하고 교사의 전문성에 근거하여 교육과정을 결정한다.
	3	교수-학습에 교단선진화 기기를 활용할 수 있도록 지원한다.
	4	다양한 장학과 평가 방법을 적용한다.
	5	학생들에게 다양한 학습경험 기회를 제공한다.
	6	다양한 교수-학습자료를 제공하고 개발을 지원한다.
	7	학습 장애물을 확인하여 명료화한 후 중점적으로 다룬다.
	8	다양한 방법으로 학업성취도를 평가하고 수업장학 활동을 한다.
	9	안전하고 청결하고 심미적인 환경을 조성한다.

학교관리

직무성향	1	책임 완수와 결과에 대한 책임을 중시한다.
	2	성취에 관하여 높은 수준의 기대를 중시한다.

직무지식	1	관리와 평가에 관한 행정 절차
	2	학교관리에 영향을 주는 법적인 쟁점
	3	학교 안전과 보안에 관한 원리와 쟁점
	4	학교관리의 재정 운영에 관한 원리와 쟁점
	5	학교시설과 공간 활용에 관한 원리와 쟁점
	6	시설운영과 관리업무에 관한 최신 기술 시스템
직무수행	1	의사결정에 다양한 정보와 지식을 활용한다.
	2	교육목표를 달성하도록 인적자원을 운영한다.
	3	교육목표에 부합하게 인적·물적 자원을 배분한다.
	4	조직목표 달성을 극대화하기 위한 시간 관리를 한다.
	5	발생할 수 있는 잠재적인 문제점을 확인한다.
	6	조직과 업무분장을 정기적으로 확인·점검하고 조정한다.
	7	재정 자원을 신뢰할 수 있게 관리한다.
	8	비전과 목표 달성을 위해 계획과 절차를 적합하게 수립하여 운영한다.
	9	성공적인 학습 기회에 초점을 맞추어 제반 관리 절차를 운용한다.
	10	급격한 상황 변화에도 지속적인 학교개선이 가능하도록 운영한다.
	11	중요 사안 결정에 구성원을 참여시켜 주인의식과 책무성을 공유한다.
	12	의사소통과 갈등 해결 등의 집단과의 합의 도출 기술을 활용한다.
	13	첨단 기술과 기법을 관리에 적용하여 활용한다.
	14	학교 시설과 지원체제를 안전하게 효율적으로 운영한다.
	15	당면한 문제에 시기적절하게 대처하고 해결한다.
	16	문제를 제대로 인식하고 효과적인 문제해결 기술을 활용한다.
	17	기록의 보안성과 사생활 보호를 지킨다.

지역관계

직무성향	1	학교 구성원들의 평생학습 기회를 중시한다.
	2	공동체와 함께 하는 학교 운영을 중시한다.
	3	구성원과 지역사회의 다양성을 중시한다.
	4	학교 교육의 동반자로서 학부모를 중시한다.
	5	학부모와 지역사회의 자원을 중시한다.
	6	학교정보 공개를 중시한다.
	7	학생과 학부모에 대한 봉사정신을 중시한다.
직무지식	1	학교 사무 관리의 실제
	2	학교와 지역사회의 다양한 상황
	3	학교와 관련한 지역사회의 새로운 쟁점과 경향
	4	학부모와 지역사회의 자원

	5	학부모 및 지역사회와의 관계와 홍보 전략
	6	외부와의 협력체제 구축에 성공적인 학교 모델
	7	학교 교육에 관련된 법규
직무수행	1	교육과정과 지역사회 연계 프로그램을 설계하여 실행하고 평가한다.
	2	단체협약 등 집단협상과 계약 합의를 효과적으로 관리한다.
	3	지역사회와의 긴밀한 관계를 위한 종합적인 프로그램을 수립한다.
	4	지역사회에 폭넓게 참여하여 지역사회 여론을 파악한다.
	5	지역사회 지도자들과의 관계를 증진하여 협력을 이끈다.
	6	지역사회의 다양한 기관과 관계를 맺고 영향력을 발휘한다.
	7	학교와 관련한 지역사회의 이해관계가 나누어질 때 공평하게 대한다.
	8	홍보 매체와의 관계를 효과적으로 발전시키고 유지한다.
	9	학교가 지역사회와 협력할 수 있는 제도적 기회를 마련한다.
	10	교직원에게 대화법 등 대인관계 능력개발의 기회를 제공한다.
	11	지역사회의 다양한 사회 문화적 배경을 존중한다.
	12	학부모와 지역사회의 관심과 요구를 정기적으로 수집하여 활용한다.
	13	교육목표에 맞는 프로그램을 강화한다.
	14	당면할 수 있는 문제의 해결을 위해 이용 가능한 지역사회 자원을 확보한다.
	15	지역사회와 자원을 공유하고 지역단체와 동반자적 관계를 맺는다.
	16	학교 프로그램과 연계한 지역 봉사활동을 실시한다.
	17	학교와 지역사회에서 강조하는 다양한 가치를 살펴서 반영한다.
	18	학교 운영의 다양한 상황과 환경에 관하여 지역사회와 의견을 나눈다.
	19	다양한 지역단체의 대표자들과 지속적인 유대관계를 형성한다.
	20	질 높은 교육 여건 마련을 위해 공공 정책 형성에 참여한다.

윤리 · 상황

직무성향	1	학생 인권을 중시한다.
	2	학생의 교육받을 권리를 중시한다.
	3	의사결정을 할 때 윤리적 원칙을 중시한다.
	4	구성원들의 행동에 대한 윤리적 신뢰를 중시한다.
	5	개인적 가치 정립을 위해 공적인 가치를 중시한다.
	6	방법과 결과에 대한 책임 인정을 중시한다.
	7	교육지도자의 리더십을 중시한다.
	8	다양한 이념과 가치 및 문화를 중시한다.
	9	교육을 사회적 신분 이동 기회의 핵심으로 중시한다.
직무	1	학교문화의 의미와 조성
	2	공교육체제를 유지하는 정치적 원리

지식	3	민주사회 발전 및 경제 성장을 위한 공교육의 역할
	4	민주적인 정책 개발과 정책에 대한 찬반의 역동성
	5	다양한 상황에 적용되는 변화와 갈등해결의 전략
	6	교수-학습과 관련한 다양한 사회적 쟁점과 동향
	7	학교에 영향을 미치는 다양한 상황 및 사회·문화적 배경
직무수행	1	교육에 영향을 미치는 다른 의사결정자들과의 대화를 중시한다.
	2	교육에 영향을 미치는 정책 결정 상황에 적극적인 참여를 중시한다.
	3	학생들의 권리 보호와 교육 기회를 위한 법적인 제도 활용을 중시한다.
	4	교육의 본질 추구에 맞는 윤리적이며 합법적인 행정을 중시한다.
	5	갈등이 있을 수 있는 개인과 집단과도 신뢰 관계를 유지한다.
	6	공적 자원과 자금을 투명하고 적합하게 운용한다.
	7	개인적인 윤리 가치관이 전문직의 윤리강령과 일치하게 실천한다.
	8	윤리적으로 솔선수범한다.
	9	학교공동체가 더 높은 수준을 성취할 수 있도록 장려한다.
	10	개인적 이익보다는 교육프로그램 향상을 위해 영향력을 발휘한다.
	11	구성원의 정당한 권리를 존중한다.
	12	교장의 행정 업무처리가 학교공동체에 미치는 영향에 대해 심사숙고한다.
	13	구성원을 동등하고 공정하게 대우한다.
	14	다양한 요구를 존중하고 신중을 기해 적극적으로 반영한다.
	15	구성원이 윤리적으로 행동하리라는 기대와 지지를 표현한다.
	16	학교 운영에 대한 최종적인 책임을 진다.
	17	학생과 교직원의 권리와 비밀을 보호한다.
	18	감사와 학교평가 등의 장학 활동을 위하여 학교 운영 상황을 공개한다.
	19	법적 의무를 수행한다.
	20	법과 절차를 공정하고 사려 깊게 적용한다.
	21	법률, 정책, 규정의 틀에서 지역사회와 협력하여 학교를 경영한다.
	22	구성원과 지역사회의 기대에 부응하는 학교 운영 환경조성에 힘쓴다.

제9장

미국과 영국의 교장양성[*]

1. 교장양성의 필요성

학교의 성공에 영향을 미치는 교장의 역할이 주목을 받으면서 교장 인사제도의 개선이 관심사로 부상하였다. 지식정보화 사회는 학교의 의사결정 구조 등 경영 방식의 변화를 요구한다. 교육 결과의 책무에 대한 요구가 높아지면서 학업성취도 평가와 정보공시제의 도입 등 학교는 여러 강한 도전에 직면하고 있다. 교장직principalship은 교사직teachership과 차별화된다. 교장은 수업의 실제적 측면뿐 아니라 학교 정책의 실현과 대외관계 등 학교경영에 관한 전문성을 가져야 한다(Fullan, 2001; Schleicher, 2007).

학교의 성공을 위해서는 유능한 학교장을 발탁하고 체계적으로 전문성을 함양하는 정책이 필요하다(Pont, Nusche, & Moorman, 2008). 시대의 요구에 따라 달라지는 교장의 전문성은 직전교육pre-service education과 현직연수in-service education를 통해 개발될 수 있다. 직전교육은 인재를 발굴해 학교를 성공으로 이끌 전문역량을 키워 교

---

[*] 김이경·정일화·김미정·김수아(2009). 미국과 영국의 교장 직전교육 사례 비교 분석. 교육행정학연구, 27(1), 327-348.

장직으로 입문하게 하는 중요한 단계다. 우리나라는 교장 공모제를 계기로 직전교육, 선발, 임용, 평가 등 교장 정책에 대한 관심이 새롭게 환기되고 있다. 이런 가운데 교장양성 전문과정을 도입한다는 방안이 보도되어 교육계의 이목을 끌었다(경향신문, 2008).

우리나라는 직전교육에 해당하는 교장자격연수제의 주관 기관, 후보자 선발, 교육과정 운영에 대해 많은 문제 제기가 있었다(김명수, 2004; 신현석·전상훈, 2007; 윤정일, 2002). 자격연수의 내용이 직무와 관련이 적거나 형식적 이론 및 교양 수준에 머문다는 비판을 받았다(김명수, 2005; 노종희, 1996). 문제해결을 위해 자격취득과정의 다양화, 교육행정대학원 설립, 교육행정전문가 박사과정 설치와 같은 보다 체계적이고 장기적으로 교장 후보자를 양성하는 방안이 타진된 바 있다(김이경·한유경·박상완, 2007; 이종재·김왕준, 2003; 주삼환, 2005).

승진제도에서 양성제도로의 급격한 전환은 문제를 수반할 수 있다. 양성제를 채택하고 있는 국가의 사례를 분석하여 타산지석으로 삼을 필요가 있다. 양성제를 채택하는 국가라고 해서 현재에 만족하지는 않는다. 교장의 중요성이 갈수록 강조되면서 기존 직전교육 시스템에 대한 개선안이 꾸준하게 모색된다. 더 우수한 교장을 양성하고자 개선 노력이 활발한 국가의 사례를 분석할 필요가 있다.

양성제를 채택하면서 발전적 변화를 시도하는 미국과 영국의 사례를 선정해 살펴본다. 영국은 중앙집권적으로 관리하면서 운영은 지방분권형을 취한다. 미국은 관리와 운영을 지방분권형으로 한다. 비슷하면서 다르게 접근하는 두 국가를 비교하면 상호보완적인 시사점을 찾으리라 판단하였다. 두 국가의 사례에서 살필 중점 문제는 다음과 같다. 첫째, 직전교육제도의 배경과 특징은 무엇인가? 둘째, 제공기관, 후보자 선발, 교육과정, 자격증 취득은 어떻게 이루어지나? 셋째, 공통점과 차이점은 무엇인가? 넷째, 우리나라에 주는 시사점은 무엇인가?

연구는 설정한 항목을 비교하는 방법으로 다음과 같이 진행했다. 첫째, 국내외 문헌, 정책보고서, 웹사이트의 자료를 중심으로 국가별 특징과 개선 동향을 고찰해 공통점과 차이점을 찾았다. 둘째, 주요 제공기관, 후보자 선발, 교육과정, 자격증 취득의 네 항목 중심으로 분석하였다. 분석 내용은 우리나라 교장자격연수의 문제점을 다룬 문헌, 선행 연구, 국제연구에 제시된 분석의 틀을 종합해서 정했다(김명수, 2004; 김이경 등, 2007; 정성수·김도기·이쌍철, 2007; 정태범, 2000; 태원경, 2005). 그리고 국가별 배경적 특징을 고려해서 분석할 세부 사례를 선정하였다.

미국은 교장양성과정의 다원화 추세에 따라 혁신적인 과정을 제공하는 대표적인 기관 세 곳을 선정해 분석한 후 공통적 특징을 추출하였다. 영국은 국립교장양성대학NCSL: National College for School Leadership의 '국가교장자격NPQH: National Professional Qualification for Headship' 프로그램을 분석하였다.[1] 개별 분석을 토대로 두 국가의 공통점과 차이점을 비교하였다. 마지막으로, 우리나라 교장양성제도의 도입에 주는 시사점을 도출하였다. 비교 및 분석의 절차에 따른 분석의 틀은 [그림 1]과 같다.

---

1) 2009년에 이 논문이 발표된 이후, 2013년 영국 정부의 조직 개편으로 NCSL은 TA(Teaching Agency)와 통합되어 'NCTL(National College for Teaching and Leadership'로 대체됨. 2018년 NCTL의 업무는 교육부와 TRA(Teaching Regulation Agency)로 이관됨. TRA는 교원소청과 교사의 전문성 유지 등의 업무를 수행하고, NPQH 과정은 교육부에서 인증한 여러 민간 기관에서 유료로 운영함

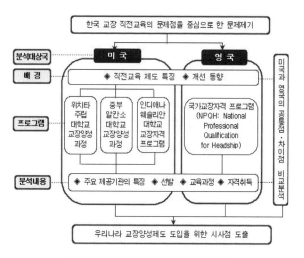

[그림 1] 연구 절차에 따른 분석의 틀

2. 교장양성제도의 배경 분석

1) 미국의 교장양성제도의 배경

미국은 일찍이 지방분권에 따라 중앙정부의 교육에 대한 개입을 최소화하였다. 초·중등 교육은 기본적으로 주 정부 소관 사항으로, 교육재정, 교원자격 부여, 교육과정 등이 주 정부와 지방 수준에서 결정되며 교장 직전교육도 예외가 아니다. 교장직 진출 경로는 교사직과 분리되어 양성과정을 통해 교장자격증을 취득해야 한다. 주마다 약간의 차이가 있으나 교육행정 전공 석사학위 수준 이상으로 개설된 과정을 의무적으로 이수해야 한다(박상완, 2004; 이동성, 2006; 한만길, 2004). 전형적인 교장양성기관은 주교육부와 미국교사교육평가인증협의회NCATE: National Council for Accreditation of Teacher Education 의 인가를 받은 대학원으로 사범대학 내의 석사학위과정degree program

이나 자격증 취득을 목적으로 개설된 전문과정progressional program으로 구분된다. 양성기관에 입학한 예비 교장은 교육을 받고 실습을 거친 후 교육평가원ETS: Educational Testing Service이 주관하는 시험에 통과하면 자격증을 취득한다(주삼환, 2005).

1990년대 이후 미국에서 교장양성 정책에 대한 비판의 목소리가 높아졌다. 그 핵심은 첫째, 대부분 양성과정은 대학원입학자격시험GRE: Graduate Record Examination 성적과 학부 평균학점GPA: Grade Point Average을 기준으로 입학자를 선발하여 학교 리더의 자질을 검증하는 데 한계가 있다(Norton, 2002). 둘째, 프로그램이 현장과 동떨어진 추상적이고 이론 중심적으로 편성되어 학교의 전문경영인으로 양성하기에 부적절하다. 셋째, 양성과정을 제공하는 기관의 난립으로 질 관리가 소홀하여 자격인증에 대한 신뢰도가 낮다(Lashway, 2003). 양성과정 자체에 대한 비판과 더불어 지원자의 감소로 인한 교장 부족 및 예비 교장의 질 저하를 우려하는 목소리도 만만치 않다. 문제의 원인을 정부의 교장 직전교육 개선 노력의 미흡에서 찾는다(Hale & Moorman, 2003). 이를 해결하기 위해 주 정부나 범국가적 협의기구를 구심점으로 한 공동 노력은 물론, 양성기관별로 자구 노력이 활발하게 추진되었다.

1996년 주 정부와 여러 국가위원회 대표로 구성된 학교지도자자격협의회ISLLC: Interstates School Leaders Licensure Consortium에서 교장 직무기준을 개발해서 양성과정에 반영한 사례는 주목할 만하다. 교장의 전문적 성향, 지식기반, 직무수행 기준을 담고 있는 ISLLC 기준은 미국의 50개 주 가운데 43개 주에서 채택하고 있다(Neilson, 2006). 2001년에는 교육리더양성개선국가위원회NCAELP: National Commission for the Advancement of Educational Leadership Preparation를 설립해 양성과정의 질을 지속해서 관리하고 있다. 교사교육평가인증협의회NCATE에서는 ISLLC 기준을 교육리더십 프로그램의 준거로 제시하고 인증평가를 한다.

양성기관은 전통적인 틀을 벗어나서 현장 밀착형 프로그램을 제공하기 위한 개혁을 시도하였다. 그 결과 미국의 교장양성과정은 다원화되는 추세를 보인다(Hale & Moorman, 2003). 예를 들면, 전통적 제공기관인 사범대학 내에 대학원 학위과정으로 개설된 양성과정programs in university-inside colleges of education 외에도, 비사범대에 개설된 전문과정programs in universities-outside colleges of education이 있다. 그리고 학교구와 타 기관의 연계를 통해 제공하는 협력과정partnerships between school districts and/or other organizations과 전통적 형식에서 벗어난 기관nontraditional providers이 제공하는 새로운 프로그램도 운영된다.

2) 영국의 교장양성제도의 배경

오랫동안 지방분권 체제를 유지하던 영국의 교육은 1988년 제정된 「교육개혁법」을 토대로 중앙집권화되면서 지역교육청의 역할은 축소되고 학교장과 학교운영위원회의 권한이 강화되었다(Dean, 2007; Tjeldvoll, Cales, & Welle-Strand, 2005). 역할이 축소된 지역교육청으로서는 체계적인 교육을 통해 우수한 교장을 양성하는데 한계가 있었다. 역할이 강화된 학교운영위원회 역시 교장을 선발할 수 있게 되었지만, 주도해서 교장을 양성하는 일은 거의 불가능한 일이었다. 전통적 방식으로는 우수한 교장을 배출하지 못하고 교장직은 점점 매력을 잃어 향후 교장직을 승계할 인재가 부족하다는 인식이 팽배해졌다.

우수한 교장의 양성 문제가 대두되면서 학교 리더십 개발, 연구, 개혁에 전념하는 국가적인 기관이 필요해졌다(DfEE, 2000). 1997

년 출범한 노동당 정부의 Tony Blair 수상은 집권 직후 1998년에 발간한 녹서Green Paper를 통하여 교장의 중요성과 양성과정의 개혁에 주목했다. 국가 수준에서 교장양성을 책임지는 기관으로 국립교장 양성대학NCSL: National College for School Leadership을 설립하게 된다.

영국의 교장자격은 강화되는 추세다. 모든 교장에게 NCSL을 통해 '국가교장자격NPQH: National Professional Qualification for Headship'을 2013년 까지 취득하도록 요구한다. 교직경력 단계별 리더십을 강화하여 우수 교장을 확보할 수 있는 체제의 구축에 힘입어 차세대 교장을 확보하고 역량을 강화하려는 노력은 점차 결실을 거두고 있다. 2006년을 기준으로 지난 5년을 돌아볼 때 NPQH를 취득한 예비 교장 100명 가운데 불과 10명만이 임용되었으나(NCSL, 2006), 최근에는 약 40~50%에 이르고 있다(NCSL, 2008b).

과거에는 NPQH 취득 과정 중에 있는 예비 교장 가운데 교장직 희망자가 63%에 그쳤으나(Earley, Collarbone, Evans, Gold, & Halpin, 2002), 몇 년 사이에 85% 이상으로 증가하였다(Huber, Moorman, & Pont, 2007). MORIMarket and Opinion Research International에서 수행한 조사에서 NPQH를 취득한 교장 가운데 90% 이상은 역할에 자신감을 가졌다(School, 2008: 119; Stevens, Brown, Knibbs, & Smith, 2005: 29). 영국은 국가적 교장직전교육 개혁이 성공을 거두고 있다고 자평하면서, 양성제도를 지속해서 정비해 나가고 있다.

3) 미국과 영국의 교장양성제도의 배경 비교

미국은 양성기관의 난립과 과정의 부실로 교장의 리더십 함양에 실패한 점이, 영국은 지역별, 학교별로 제공하는 기존의 방식으로는 우수 교장을 확보하기 어렵다는 점이 문제의 핵심을 이룬다. 두 국가는 1990년대 이후 전문성을 갖춘 교장이 제대로 양성되지 못하는 상황을 국가적 문제로 간주하였다. 두 국가는 교장직의 위상 저하로 교장 기피 현상이 생겨 우수한 교장의 확보에 차질을 빚었다. 특히 사회경제적으로 취약 지역의 교장 부족을 우려하였다.

미국과 영국의 교장 직전교육제도의 개혁 배경에는 성공적인 학교의 핵심은 교장이라는 공통적 인식이 자리 잡고 있다. 두 국가의 직전교육제도 개혁의 배경은 <표 1>과 같다. 두 나라는 문제 인식은 유사하지만, 해결을 위한 접근은 다르다. 미국은 직전교육 제공기관의 다양화와 현장 중심의 프로그램 개선을 핵심 전략으로 내세운다. 영국은 중앙 차원의 교장양성기관 설립과 교장의 전문성과 관련한 다양한 기관의 협력과 연계체제 구축을 핵심으로 삼는다.

<표 1> 미국과 영국의 교장양성제도의 개혁 배경 비교

구 분	미 국	영 국
문제 인식	▪ 양성기관 난립 및 프로그램 부실로 리더의 자질 함양 실패 ▪ 교장직 매력 저하와 신뢰성 저하로 교장 부족 우려	▪ 기존 양성제도의 부실로 우수 교장의 양성 부족 ▪ 양성기관에 대한 국가적 관심 미흡
해결 대안	▪ 국가 차원의 원칙 제시 및 양성기관의 자구 노력을 통한 다원화	▪ 국가의 직접적 관여 및 국가적 양성기관 설립

3. 교장양성 프로그램

1) 미국의 교장양성 프로그램

미국의 직전교육 사례의 분석을 위해 선별된 프로그램은 효과성과 참신성으로 인하여 학자와 평가기관에 의해 주목받는다(Hale & Moorman, 2003). 첫째는 위치타주립대학교Wichita State University의 사범대학 내에 설치된 석사과정이다. 둘째는 중부 알칸소대학교 University of Central Arkansas의 비사범대 대학원 석사과정이다. 셋째는 인디애나 웨슬리안대학교Indiana Wesleyan University가 교장양성을 위해 새로 만든 교장자격 프로그램PLP: Principal Licensure Program이다. 제공하는 형태는 각각 다르지만, 전통적 방식을 탈피해 새로운 시도를 하고 있다.

위치타주립대학교 교장양성과정은 사범대학 내에 개설된 교육학 석사과정으로, 대학교 소재지인 캔사스Kansas 주의 교장자격증을 취득하는 과정이다. 이 과정은 현장과 연계된 탐구와 이론을 통해 학교를 성공적으로 경영할 수 있는 지도자 양성을 목표로 한다. 석사학위 취득 후에는 박사과정에 진학해서 공부를 계속할 수 있다.

선발 기준은 공인받은 학사학위를 소지한 현직 교사로서 학부 3학년과 4학년의 학점 평균이 3.0 이상이어야 한다. 교장과 장학사의 추천서, 1년 이상의 교직경력과 교육 활동을 기재한 이력서와 증빙 자료, 입학 후 성취할 목표를 담은 자기소개서 등을 제출해야 한다. 입학자가 소속한 학교장이 멘토 역할을 자원한다는 서약서를 반드시 제출해야 한다. 이는 양성과정 동안 소속 학교의 멘토 교장과 긴밀하게 협력해 역량을 강화하려는 조치다.

양성과정은 2년에 걸친 6학기 동안 총 33학점을 취득해야 한다. 학기별로 이론 중심의 세미나와 현장 중심의 실습 관련 과목이 지정되어 있다. 각 학기에 제공되는 과목명과 이수 학점은 <표 2>와 같다. 교육과정은 학교지도자자격협의회ISLLC 기준을 반영해 편성되고, 예비 교장의 소속 학교장 및 다른 학교의 교장이 멘토가 되는 등 현장과 밀접히 협력, 연계해 운영된다.

<표 2> 위치타주립대학교 교장양성과정 학기별 과목 및 학점

학기	과목	학점
1년 여름학기	세미나: 교육리더십 개관Introduction to Education Leadership, 팀 기반 협력Team-based Collaboration, 연구과정Inquiry Process 실습: 학교 개교 I School Opening I	3 1
1년 가을학기	세미나: 교육리더십과 학교재정Introduction to Educational Leadership and School Finance 실습: 교육리더십과 학교재정Introduction to Educational Leadership and School Finance	3 3
1년 봄학기	세미나: 교직원과 커뮤니티 관계Staff and Community Relations 실습: 교직원과 커뮤니티 관계Staff and Community Relations	3 3
2년 여름학기	실습: 학교 폐교School Closing 세미나: 다양성/사회 정의Diversity/Social Justice 실습: 학교 개교II School Opening II	1 3 1
2년 가을학기	세미나: 학교법과 인사관리School Law and Personnel Management 실습: 학교법과 인사관리School Law and Personnel Management	3 3
2년 봄학기	세미나: 교육과정과 학습이론Curriculum and Learning Theory 실습: 교육과정과 학습이론Curriculum and Learning Theory	3 3

* www.webs.wichita.edu/?u=coededleadership&p=/Programs/Masters

자격증 취득을 위해서는 소정의 과목을 모두 이수해야 할 뿐 아니라 종합시험을 통과해야 한다. 교육평가원ETS: Educational Testing Service 이 주관하는 교사자격인증시험Praxis II[2] 가운데 코드 번호 1010에 해당하는 학교지도자자격평가SLLA: School Leaders Licensure Assessment에 합격해야 한다. ETS가 실시하는 Praxis II의 자격 평가 가운데에 SLLA 는 교장, 장학사, 학교지도자의 자격 부여를 위한 평가다. 평가의

---

2) Praxis II는 교사자격인증 시험으로 교과 지식과 교수기술을 측정하는 평가다. ETS에서 시행하는 시험을 치른 후, ETS가 주 교육부에 점수를 통보하면 주 교육부는 합격 여부를 결정한다(주삼환 등, 2007: 111).

목표는 예비 교장이 전문적 지식과 기술, 책임감 등에 있어서 ISLLC 기준에 얼마나 잘 부합하는지를 측정하는 것이다.

중부 알칸소대학교 교장양성과정은 경영·행정대학원의 석사과정MS.: Master of Science으로 운영되는 교장 및 행정가 양성과정이다. 이 과정은 ISLLC 기준을 반영해 편성된다. 전문 교육지도자 육성을 목표로 학생의 요구 충족과 학업성취 향상을 도모하는 강력한 지도자, 효과적인 의사소통자, 변화 관리자의 양성을 지향한다. 매년 20명의 입학생이 2년의 6학기 동안 36학점을 이수한다.

입학자는 교사자격증 소지자로서 3년 이상의 교직경력이 있어야 한다. 대학원입학자격시험GRE 성적과 소속 학교장의 추천서, 전문가 추천서, 학기당 5일 동안의 현장실습을 허락한다는 소속 학교장의 승인서류 등을 제출해야 한다. 서류 전형 후 입학위원회의 면접에 합격하면 입학할 수 있다.

두 번째 학기부터는 강의와 인턴과정을 병행한다. 인턴과정은 180시간 이상을 현장 전문가인 멘토와 함께 수행한다. 멘토는 예비 교장과 교수진이 협의해서 선정하고, 전문적인 훈련을 받는다. 이수 과목과 학점은 <표 3>처럼 리더십 중심이다. 자격증 취득을 위해 제출해야 하는 포트폴리오에는 인턴과정 경험을 토대로 교장의 직무지식, 직무기술, 직무성향을 보여주는 전문적인 내용이 포함된다. 과정을 수료한 후 학교지도자자격평가SLLA: School Leaders Licensure Assessment에서 주 정부가 요구하는 점수 이상을 획득하면 자격증을 취득한다.[3]

---

3) 2008년 SLLA는 Arkansas, California, Connecticut, District of Columbia, Indiana, Kansas,

<表 3> 중부 알칸소대학교의 교장양성 프로그램 학기별 과목 및 학점

학기	과목	학점
1학기	학교 리더십 기초Foundation of School Leadership 연구 설계Research Design	6
2학기	학교중심 조직 리더십School-Based Organizational Leadership 교육법School Law, 인턴과정 I Internship I	6
3학기	교육과정 및 프로그램 리더십Curriculum and Program Leadership for Schools 인턴과정 II Internship II	6
4학기	수업지도자로서 교장Principal as Instructional Leader, 인턴과정III Internship III	6
5학기	관리자로서 교장Principal as Manager, 인턴과정IV Internship IV	6
6학기	협동적 학교 리더십Collaborative School Leadership 인턴과정 V Internship V, 포트폴리오Portfolio	6

* www.uca.edu/gbulletin/03/30705.html

인디애나 웨슬리안대학교 교장양성과정은 전문 교장자격 프로그램PLP: Principal Licensure Program을 통해 인디애나주의 초등과 중등 공립학교 교장을 배출한다. 사범대학에서 운영하는 석사과정의 상위 프로그램인 전문과정으로 기간은 13~16개월이다. 필수과목 18학점과 교육학 석사 필수과목 18학점을 이수해야 한다. 동 대학교의 교육학 석사학위 취득자는 교육학 석사 필수과목 가운데 9학점을 면제받는다. 교육과정은 ISLLC 기준에 따르며, 학교 현장에 기반을 둔 경험을 제공한다. 학교의 성취도를 향상하고 공동체의 발전을 이끌 지도자 양성을 목표로 한다.

PLP는 주 정부가 인증한 대학원에서 석사학위를 취득해야 입학할 수 있다. 석사학위 미소지자는 선수과목으로 교육학 석사 필수

Kentucky, Louisiana, Maine, Maryland, Mississippi, Missouri, New Jersey, North Carolina, Tennessee, Virginia에서 학교 지도자의 자격 평가를 검증하는 데 사용된다. 주에서 요구하는 기준은 조금씩 다르다. North Carolina는 155점, Indiana와 Kansas는 165점 이상을 받아야 자격증을 취득할 수 있다. California는 가장 높은 점수인 173점 이상을 요구한다. SLLA는 해당 주에서 시험에 응시하고, 이를 인정하는 다른 주에도 제출할 수 있다(www.ets.org/sls).

과목을 이수해야 한다. 교사자격증 소지자에게 지원 자격이 부여되며 3년 이상의 교직경력이 요구된다. PLP는 전문연구와 인턴과정의 두 단계로 운영된다. 전문연구는 리더십 이론과 실제에 관한 탐구에 초점을 맞추고, 인턴과정은 연구과정과 맞물려 학기 중 이루어진다. 인턴과정은 접근이 수월한 지역사회 내 장소에서 학기의 교육과정과 토요일 세미나를 병행 운영한다. 필수과목과 이수 학점은 <표 4>와 같다. 마지막 학기에 포트폴리오를 제출한다. 주 정부가 요구하는 SLLA 점수를 충족하면 자격증을 취득한다.

<표 4> 인디애나 웨슬리안대학교의 교장자격 프로그램 영역별 과목 및 학점

영 역	과 목	학점
전문연구	교육 리더십Educational Leadership	3
	학교-커뮤니티 협력School-Community Collaboration	3
	행정과정의 법적인 측면Legal Aspects of Building Administration	3
인턴과정	교장론School Principalship	3
	교장 인턴과정과 포트폴리오Principal Internship and Portfolio	3
	공모교장 포트폴리오Applied Principals Portfolio	3
교육학 석사 필수	미국교육의 현안과 쟁점Contemporary Issues in American Education	3
	교육과정: 개발과 편성Curriculum: Development and Design	3
	수업 이론과 구안Instructional Theory and Design	3
	학생수행의 개별 평가Individual Assessment of Student Performance	3
	교육연구 적용Applied Educational Research	3
	교육 리더십Educational Leadership	3

* www.caps.indwes.edu/PLP/courses.htm

이상 살펴본 세 양성과정의 주요 특징과 공통점은 다음과 같다. 기존의 사범대학 석사학위 중심에서 탈피하여 비사범대학의 석사과정이나 그보다 상위인 전문과정으로 운영된다. 이는 제공기관의 다양화와 다원화를 의미하는 것으로, 개별 양성기관의 자발적 개혁 의지를 토대로 한다. 과정은 대학원 석사 이상의 수준으로 약 2년

정도가 소요되고, 주말과 여름학기까지 활용하는 밀도 높은 일정으로 운영된다. 취득할 학점은 33~36학점으로 우리나라의 박사학위과정에 상응하는 수준이다.

양성과정의 입학 요건은 기관에 따라 차이는 있으나 다음의 공통점이 있다. 교사자격증과 교육경력을 필수로 요구한다. 교장이 될 의지와 잠재력을 중시하고 소속 학교장의 추천서를 요구한다. ISLLC 기준에 따라 구성된 교육과정은 인턴십과 멘토링 등 실제 경험을 축적할 수 있게 현장과의 연계에 초점을 둔다. 교육평가원 ETS이 주관하는 학교지도자자격평가SLLA에서 해당 주州의 기준을 통과해야 자격증을 취득하는 여과 장치를 둔다. <표 5>는 세 양성과정의 항목별 특징을 보여준다.

<표 5> 미국의 교장양성과정 비교

구분	위치타 주립대학교	중부 알칸소대학교	인디애나 웨슬리안대학교	공통 특징
교육 수준	사범대학 교육학 석사과정	경영·행정대학원 석사과정	박사과정과 연계된 석사 상위 전문과정	경영·행정학 접목 박사과정과 연계
입학 자격	교사자격증 필수 1년 이상 교직경력	교사자격증 필수 3년 이상 교직경력	교사자격증 필수 3년 이상 교직경력	교사자격증 요구 1~3년 교직경력
선발 요건	학부 3, 4학년 성적 3.0 이상, 학교장 및 동료 추천서 3부	GRE 점수, 추천서	석사학위 소지자, 성적증명서, 추천서	선발 요건 강화 (학위, 성적 외에 추천서 요구)
교육 기간	2년	2년	13~16개월	1~2년
이수 학점	33학점: 이론(18), 인턴과정(15)	36학점: 이론(24), 인턴과정(12)	36학점: 전문연구(9), 인턴과정(9), 교육학 석사필수(18)	33~36학점 이수 인턴과정 필수
교육내용	ISLLC 기준의 교육과정 및 인턴과정 등 실무경험의 중시			
자격증	ETS의 SLLA에 합격하면 교장자격증 취득			

2) 영국의 교장양성 프로그램

영국의 국립교장양성대학NCSL: National College for School Leadership '국가교장자격NPQH: National Professional Qualification for Headship'을 부여하는 교장직전교육 책임 운영기관이다. 1998년 공포된 「고등교육 및 교원 관련법」을 근거로 2004년 4월 1일부터 임용되는 신규 교장은 NPQH를 취득해야 하고, 최소한 국립교장양성대학NCSL의 NPQH 과정에 입학했거나 과정 중에 있어야 한다(DfES, 2004). NCSLNational College for School Leadership은 'college'라는 명칭으로 통용되나 일반 대학교와 다르고 정부 기구도 아니다(Levine, 2005). 학위를 부여하지 않는다는 점에서 대학교를 기반으로 하는 미국의 양성과정과 차별화된다.

NCSL은 중앙정부가 설립했으나 비정부 공익기관 성격으로 독립적으로 운영된다. 정부, 국공립고등교육기관, 사립고등교육기관 및 자문기관, 개별 교장을 유기적으로 연결하고, 이들 기관의 인적 자원을 교수진으로 활용한다. NCSL은 과정 운영을 위해 전국에 권역별로 10개의 핵심 협력 주관 기관을 지정했다(Barnett, 2006). 이 기관들은 지역교육청LEAs: Local Education Authorities, 고등교육기관, 학구Dioceses, 교육 관련 전문단체, 공익단체 등 다양한 기관 및 기구와 협력망을 구축한다. 이러한 운영구조는 예비 교장의 시간적, 지리적 접근성 및 다양한 개인적 배경을 고려하고 인적 자원을 범국가적으로 활용하기 위해서다. NCSL 협력망 체제는 [그림 2]와 같다.

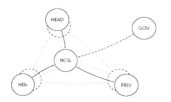

Gov - 정부
HEIs - 공립고등교육기관
PRIV - 사립고등교육기관 및 자문기관 등
HEAD - 개별 교장
NCSL - 국립교장양성대학

[그림 2] 영국의 NCSL 운영 체제(Tjeldvoll et al., 2005: 32)

NCSL은 석사과정과 상호 학점을 인정하여 양성과정의 매력도를 높인다. 이론과 실제의 균형을 도모하여 과정의 완성도를 높이고자 한다. NCSL은 지역 주관 기관 외에 입학센터, 개발센터, 졸업센터를 운영한다. 입학센터는 지원 및 등록을 위한 평가를 맡는다. 개발센터는 지역별 안내 일정 수립, 코치 배치, 현장실습 학교 등록, 예비 교장의 능력개발 활동 등을 담당한다. 졸업센터는 영국 전역의 NPQH 취득을 위한 평가를 관리한다.

NPQH 과정 지원 자격 교원자격증 소지 여부나 교감 경력을 요구하지 않는다. 다양한 배경을 지닌 폭넓은 지원자를 대상으로 '국가교장직무기준NSH: National Standard for Headteachers'에 부합하는 능력을 발휘할 자를 선발해 양성하고자 한다. 대체로 학교 리더십 그룹 혹은 행정팀의 일원으로서 학교 운영 전반에 걸쳐 리더십을 발휘하고, NSH 영역별로 명시된 성취 업적과 전문성을 갖춘 자로서 가급적 2~3년 이내 교장직에 지원할 예정인 자를 대상으로 한다. 현직 교장이나 소속 기관 상급자의 지원을 받는 자와 NCSL에서 제시한 NPQH 과정 이수에 필수적인 요구 사항을 이행할 수 있으면 지원할 수 있다. NCSL은 다양한 학교 특성과 학생 인적 구성 등의 환경을 고려하여

학교 외의 다른 기관 출신에게도 문호를 개방한다. NPQH 과정의
입학정원 책정은 졸업률 85%를 목표로 한다. NCSL은 2007년에 연
간 입학정원을 2,800명에서 2,000명으로 감축하였다(NCSL, 2007a).
2008~2009년 전국 양성 규모는 2,000명이며, 세 차례로 나누어 각
각 800, 600, 600명의 예비 교장을 선발한다(NCSL, 2008a).

NPQH 교육과정 현장 실무 중심의 개인맞춤형 교육과정을 지향
한다. 표준교육과정이 제시되고 개인의 교육경력과 경험에 맞추어
기간과 내용이 재조직된다. 교육과정 설계와 교수진 조직에 있어서
이론과 실무의 균형을 이루고, ICT 교수-학습 방법 등을 활용한다
(Levine, 2005). NPQH 프로그램은 국가교장직무기준NSH을 따라 조
직되고 운영된다. NSH는 '미래구현', '교수-학습 선도', '자기개발
및 공동협력', '조직관리', '책무성', '지역사회 연계강화'의 여섯 영
역으로 구성된다. NSH는 교장이 갖추어야 할 직무지식, 직무성향,
직무수행의 세부 기준을 직무영역별로 제시한다(DfES, 2004). 2001
년 설계된 모형에 따르면 NPQH는 세 단계를 거친다.

<표 6>에 제시된 바와 같이 Ⅰ은 세 단계를 모두 이수하는 과정
으로 약 12~18개월이 소요된다. Ⅱ는 진입 단계를 생략할 수 있어
서 약 15개월이 소요된다. Ⅲ은 능력개발 단계에서는 일부 과정을
선택하되 최종 단계는 모두 이수해야 하며 약 6개월 소요된다
(NCLS, 2007a). NPQH 교육 단계 모형은 2007년에 재개정되었다.
[그림 3]처럼 2007년에는 입학 평가를 강화하고 개인맞춤형 경로와
졸업 과정을 더 체계화했다. 입학 평가, 능력개발 과정, 360° 피드백
및 배치에 의한 자기 평가를 강조한다(NCSL, 2007b).

<표 6> NPQH 교육과정의 단계별 내용

단계	내용	I	II	III
진입 단계	학습모듈study modules	■		
	면대면 이벤트face-to-face events	■		
	온라인 학습online learning	■		
	학습탐색review of learning	■		
능력개발 단계	방문계약contract visit	■	■	■
	학습모듈study modules	■	■	
	면대면 이벤트face-to-face events	■	■	
	온라인 학습online learning	■	■	■
	학습탐색review of learning	■	■	
	학교개선 활동school improvement work	■	■	■
	다른 학교방문school visits	■	■	
	학교 현장 평가school-based assessment	■	■	■
최종 단계	48시간 집합교육48-hour residential	■	■	■
	최종평가final assessment	■	■	■
과정 이수 기간		약 12-18개월	약 15개월	약 6개월

* http://forms.ncsl.org.uk/mediastore/image2/intake10information.pdf

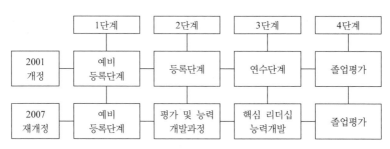

[그림 3] 2001년과 2007년에 개정된 NPQH 교육 단계 비교

NPQH는 다음의 다섯 가지 핵심 리더십 개발 단계를 토대로 구성된다. ① 교사가 교육 리더나 교장이 되고자 하는 희망을 품는 시기의 초반 리더십emergent leadership, ② 리더 역할은 수행하나 교장직 수

행과는 아직 거리가 있는 부장heads of faculty과 부교장deputy heads 시기의 기반基盤 리더십established leadership, ③ 교장 입직 단계 및 학교장으로서 역할에 익숙해지는 단계entry to headship, ④ 리더의 경험을 확장하고 능력을 향상하는 상급 리더십advanced leadership, ⑤ 능력과 경험을 바탕으로 다른 리더의 교육, 멘토링, 장학을 수행하는 컨설턴트 리더십consultant leadership이다(Dean, 2007; Huber et al., 2007). 교육방법은 현장 멘토를 주축으로 한 온라인 학습, 자율학습, 면대면 학습, 현장실습 등으로 이루어진다. 특히 현장실습은 좋은 반응을 보여 인턴과정을 확대할 전망이다(Young, 2008). 인턴과정은 우수 현직 교장과의 면대면 및 온라인 학습, 소속 학교장을 멘토로 하여 수행하는 학교개선 활동, 성공적인 다른 학교에 5~20일 동안 배치되어 해당 학교장의 멘토링을 받는 과정 등으로 구성된다.

NPQH 자격취득 보통 2년 정도가 소요된다. 교장 직무를 수행할 준비가 되었다고 판단될 때 졸업을 위한 평가를 신청하며, 결과에 따라 졸업 여부가 결정된다. 현직 교장을 포함한 패널로 구성된 평가단이 졸업 대상자의 포트폴리오를 근거로 국가교장직무기준NSH에 부합하는 리더십을 발휘하고 학교를 경영할 능력이 있는지를 심사하여 NPQH를 부여한다(NCSL, 2007c). NPQH 취득을 위한 최종평가는 하루 동안 진행된다. 집단평가, 논술평가, 패널로 구성된 평가단 면접, 개인 면접 등 4단계 과정을 거치면서 피평가자가 교장 직무수행 준비도를 전반적으로 보여줄 기회를 제공한다(Carlin, 2005). NPQH는 한번 취득하면 영구히 인정된다(DfES, 2004). NPQH 학습경험은 대학원의 관련 학위 과정에 진학할 때 인정되어 이수에 필요한 학점의 약 30%까지 면제받는다. 2004년 4월 1일부터 새로 교장에 임용되려면 반드시 NPQH를 취득하여야 하지만, 그 이전에 교장으로 임용되어 재직 중이거나 과거에 교장 경력이 있으면 예외가 적용된다. NPQH를 갖추기 위한 경과조치로 2009년 3월 31일까지 유예기간을 두는데, 이 기간에 신규 교장으로 임용되기 위해서는 NPQH를 소지하거나 NPQH 과정에 있어야 한다. 자격취득을 조건으로 임용된 자는 2013년 3월 30일까지 취득해야 한다.

3) 미국과 영국의 교장양성 프로그램 비교

미국과 영국의 사례를 제공기관, 선발 요건과 방식, 교육과정의 구성과 이수 방식, 자격증 취득을 중심으로 비교하면 다음과 같은 공통점과 차이점이 드러난다. 제공기관은 미국은 주별로 다르고 주로 대학의 석사과정 또는 석사 이상의 전문과정을 통해 양성하고, 영국은 독립된 기관인 국립교장양성대학NCSL에서 양성한다. 두 나라는 교장을 양성하는 전문과정이 있고, 학위 과정과 연계를 도모하며, 제공기관과 다른 기관과의 협력을 통해 인프라 구축과 인적자원 활용의 극대화를 꾀한다. 양성과정 입학자를 선발할 때 미국은 교사자격증 소지와 교직경력을 필수로 요구하고, 영국은 교사자격증이나 교직경력이 있으면 입학에 유리하나 필수로 요구하진 않으며 문호를 개방한다. 교육과정 구성은 미국은 학교지도자자격협의회ISLLC의 교장 직무기준을 따르고, 영국은 국가교장직무기준NSH을 토대로 한다. 두 나라 모두 현장 중심의 인턴과정 비중을 강조하며, 과정을 마치는 데 1년 이상이 소요된다. 최종적으로 자격증을 취득하기 위해서는 미국은 외부 검증과정으로 교육평가원ETS에서 주관하는 학교지도자자격평가SLLA를 통과해야 하고, 영국은 내부 검증과정으로 국립교장양성대학NCSL 졸업 평가단의 포트폴리오 심사와 심층 면접을 거쳐야 한다. 이상의 내용을 정리하면 다음 <표 7>과 같다.

<표 7> 미국과 영국의 교장양성 프로그램 비교

구분		미국	영국
제공기관	기관 종류	주洲별로 성격이 다른 대학원	중앙의 국립교장양성대학 지역 국가교장자격 센터
	교육 수준	석사과정M.Ed. 또는 M.S. 석사과정 상위의 전문과정 양성과정과 학위 과정의 연계	학위가 아닌 전문과정 석사과정과 연계해 상호 학점 인정
선발	교사자격	교사자격증 1~3년 이상의 교직경력	교사자격증과 교직경력은 입학에 유리 비교사에게도 문호 개방
	입학요건	성적증명서, 학교장 추천서 등	NSH 기준에 적격한 경험과 자질
교육과정	교육 기간	13~24개월	4~12개월
	이수 학점	이론과 인턴과정의 33~36학점	개인맞춤형
	교육내용	ISLLC 기준의 프로그램 1. 비전 2. 학교문화와 수업프로그램 3. 관리 4. 학부모와 지역사회 관계 5. 행정가의 윤리 6. 광범위한 상황적 맥락	NSH 기준의 프로그램 1. 미래구현 2. 교수-학습 선도 3. 자기개발 및 공동협력 4. 조직관리 5. 책무성 6. 지역사회 관계강화
자격증 취득		ETS의 SLLA를 통과하면 발급	NCSL 졸업 평가단의 포트폴리오 심사 및 심층 인터뷰

4. 미국과 영국의 교장양성제도의 시사점

미국과 영국의 사례처럼 교장양성 프로그램은 최소한 대학원 수준의 운영이 요구된다. 우리나라 초등교사의 28.7%, 중학교 교사의 37.4%, 고등학교 교사의 40.0%는 이미 석사학위 이상이다(한국교육개발원, 2015: 77). 교장으로서 전문성과 위상을 갖출 수 있는 수준의 양성과정이 되어야 한다.

미국과 영국은 양성과정의 매력과 효용성을 높이기 위해 교육학, 행정학, 경영학 분야 등의 석·박사학위 과정과의 쌍방향 연계를 활발히 한다. 이런 시도는 현장 실천가의 적극적인 참여와 협력을 유도해서 이론과 실제의 전문성을 겸비한 우수 교장을 배출하기 위해서다. 우리나라도 개인의 교육 경험이 타 학위 과정과 연계되도록 설계할 필요가 있다.

입학 요건으로 미국은 교사자격증을 요구하나 영국은 문호를 개방한다. 교사자격증과 교직경력을 요구하는 관행에서 탈피해 비교육계 인사의 입학을 허가하는 움직임이 늘고 있고, 성공 사례도 제시되고 있다(Pont et al., 2008). 유능한 교장을 조기에 확보하기 위해서는 폐쇄적일 필요가 없음을 보여준다. 자질을 갖춘 자가 양성과정에 들어올 수 있는 검증 절차의 강화가 중요하다.

미국과 영국의 교장양성은 교장의 상像을 먼저 구체화하고, 과업과 기능보다는 목적과 결과 중심의 직무기준에 따라 교육과정을 편성해 운영한다. 현장과 밀접하게 협력하고 개인맞춤형 학습경험을 고려해 프로그램을 제공한다. 직무기준은 양성기관의 교육과정 등을 인증하고 평가하는 주요 준거다. 우리나라도 이상적인 교장상校長像을 정립하고 국가 수준의 교장 직무기준을 개발하여, 현장과 연계한 실천적 교육과정, 필요한 역량의 선택적 적용이 가능한 개인맞춤형 교육과정을 설계할 필요가 있다.

미국과 영국은 교장양성과정을 이수하면 자격을 자동으로 부여하지 않고 최종적으로 검증하는 별도의 장치를 두고 있다. 미국과 영국의 자격 검증 방식은 다르지만, 교장의 자질과 능력을 객관적으로 검증하는 기구나 기관에 의해 자격증의 질 관리가 체계적으로 이루어진다. 우리나라도 교장양성과정에서 별도의 자격 심사 절차를 두거나, 제3의 평가기관을 통해 자격증의 질을 관리할 필요가 있다.

참고문헌

경향신문(2008). 경쟁력 없는 사립대 퇴출한다. 2008.12.28. 기사.

김명수(2004). 교장임용제도의 쟁점과 개선 방안. 교육행정학연구, 22(4), 131-148.

김명수(2005). 교육행정가 연수프로그램(교육과정)으로 본 지식기반: 그 실상과 과제. 제33차 한국교육행정학회 연차학술대회자료집.

김이경·한유경·박상완(2007). OECD 학교장 리더십 개선 국제비교연구(Ⅱ): 주요국 쟁점 및 사례 분석. 한국교육개발원.

노종희(1996). 교육행정가의 전문화. 교육행정학연구, 13(2), 69-92.

박상완(2004). 전문성 강화와 질 유지를 위한 외국의 다양한 교장임용제도. 교육개발, 146, 59-66.

신현석·전상훈(2007). 교원승진제도 변화에 대한 역사적 신제도주의적 분석: 정책적 시사점의 탐색. 교육행정학연구, 25(3), 129-149.

윤정일(2002). 교육의 질적 향상을 위한 교사양성체제의 발전 방향. 한국교원교육연구, 19(1), 5-24.

이동성(2006). 조직문화 접근을 통한 한국과 OECD 5개국의 교장임용제도 비교분석. 비교교육연구, 16(4), 237-263.

이종재·김왕준(2003). 교원인사제도 혁신 논의의 방향과 과제. 교육행정학연구, 21(4), 259-278.

정성수·김도기·이쌍철(2007). 미국과 영국의 교장양성 및 자격프로그램 분석. 비교교육연구, 17(3), 217-240.

정태범(2000). 교장의 양성체제. 한국교원교육연구, 17(3), 23-45.

주삼환(2005). 미국의 교장: 미국의 교육행정과 교장론. 학지사.

주삼환·정일화·박소화·김수구·김미정·박홍희·류지은(2007). 교육행정 사례연구. 학지사.

태원경(2005). 주요 선진국의 학교장양성 프로그램에 관한 비교 연구. 미래교육연구, 12-1(5), 141-162.

한국교육개발원(2015). 2015 교육통계분석자료집-유·초·중등교육통계편.

한만길(2004). 교장 임용제도의 다양화 방안. KEDI Position Paper, 1(13). 한국교육개발원.

Barnett, B. G. (2006). Emerging Trends in International Leadership Education, *Journal of Research on Leadership Education 1(1)*.

Carlin, I. (2005). Leadership fellowship 2004-2005 report: Preparing for the principalship-lessons from the English experience. NSW Department of Education and Training.

Dean, D. R. (2007). Thinking Globally: The National College of School Leadership-A Case Study in Distributed Leadership Development. *Journal of Research on Leadership Education 2(1).* 1-62.

DfES (2000). Department for Education and Employment remit letter for NCSL, 25 September.

DfES (2004). *Guidance on the mandatory requirement to hold the National Professional Qualification for Headship.*

Earley, P., Collarbone, P., Evans, J., Gold, A., & Halpin, D. (2002). *Establishing the current state of school leadership in England.* Stationery Office.

Fullan, M. (2001), *The new meaning of educational change.* New York: Columbia University.

Hale, E. L., & Moorman, H. N. (2003). *Preparing school principals: A national perspective on policy and program innovations.* Institute for Educational Leadership. 4455 Connecticut Avenue NW Suite 310, Washington, DC 20008.

Huber, S., Moorman, R. H., & Pont, B. (2007). School leadership for systemic improvement in England.

Lashway, L. (2003). Transforming Principal Preparation. ERIC Digest.

Levine, A. (2005). Educating school leaders. The education schools project. *Education Schools Project.*

NCSL (2006). Growing Tomorrow's Leaders-Warrington conference summary.

NCSL (2007a). Re-design of NPQH: Advice to Secretary of State.

NCSL (2007b). Comparison between current and proposed mode.

NCSL (2007c). National Professional Qualification for Headship: Information for prospective applicants.

NCSL (2008a). *Corporate Plan 08/09.*

NCSL (2008b). What are we learning about... NPQH graduates?

Neilson, R. A. (2006). *Interstate School Leaders Licensure Consortium Standards for School Leaders: A Pilot Study* (Doctoral dissertation). University of North Carolina at Wilmington.

Norton, J. (2002). Preparing school leaders: It's time to face the facts. *Universities in the lead: Redesigning leadership preparation for student achievement*, 1-13.

Pont, B., Nusche, D., & Moorman, H. (2008). Improving school leadership, Volume 1: Policy and practice. *OECD Publications.*

Schleicher, A. (2007). PISA 2006: Science competencies for tomorrow's world. *OECD Publications.*

Schools, S. (2008). *Improving School Leadership, Volume 2 Case Studies on System Leadership: Case Studies on System Leadership* (Vol. 2). OECD publishing.

Stevens, J., Brown, J., Knibbs, S., & Smith, J. (2005). Follow-up research into the state of school leadership in England. *London: DfES.*

Tjeldvoll, A, Cales, C, Welle-Strand, A. (2005). School leadership training under globalization: Comparisons of the UK, the US and Norway. *Managing Global Transitions International Research Journal, 3(1), 23-50.*

Young, M. (2008). NCSL's five-region internship programmes, 2006-2007.

http://news.khan.co.kr/kh_news/khan_art_view.html?artid=200812281803405&code=940401

www.gov.uk/government/publications/national-professional-qualifications-npqs-list-of-providers/list-of-national-professional-qualification-npq-providers

www.outstandingleaders.org/qualifications/npqh

제10장
수석교사제의 헌법소원 심판청구의 쟁점 고찰*

1. 수석교사제의 도입 과정

수석교사제는 '관리와 행정 중심'의 교직 사회를 '가르치는 일'에서 전문성을 발휘하는 '교수-학습과 연구 중심'의 학습조직인 교단으로 조성하는 제도적 장치를 위해, 관리직 중심의 교직 생애 목표를 '관리직managing'과 '교수직teaching'으로 구분해야 한다는 도입 이유에 근거한다(김희규, 2007; 이윤식, 2006). 교수직이 존중받는 학교로 조성하기 위해 기존 '준교사-2급정교사-1급정교사-교감-교장'의 자격체제를 '준교사-부교사-정교사-선임교사·교감-수석교사·교장'으로 개편해 수석교사에게 교내 장학, 상담, 연구의 역할을 부여하는 제안이 일찍이 있었다(서정화·노종희·정영수·강인수·서주원, 1981).

1980년대 들어 교원자격의 다단계, 교원자격체제 이원화, 승진체제의 다원화, 직무의 분화 등에 관한 연구가 계속되면서 관리직 중심의 자격체계뿐 아니라 교수직 자격체계의 필요성이 대두되었다(노

* 정일화(2015). 수석교사제 헌법소원 심판청구의 쟁점 고찰. 교육법학연구, 27(1), 191-213.

종희, 2006; 박종렬, 2000; 우영옥, 2014: 178; 최희선·노종희·이윤식, 1994; 전용조·나일수·박순한, 2014: 63 재인용). 교수직과 관리직의 이원화 모형이 연구의 주를 이루며 '교직발전 종합방안'(교육부, 2000)은 승진 절차를 밟는 구조로 수석교사제를 제시하였다(박영숙, 2001).

<표 1> 수석교사제 유형과 모형

유형	연구자	모 형	직렬체계
교수직 관리직 이원화	서정화 등 (1981)	↗ 선임교사 → 수석교사 준교사 → 부교사 → 정교사 ↘ 교감 → 교장	교수직 관리직
	교육부 (1992)	↗ 수석교사 2급 정교사 → 1급 정교사 → 선임교사 ↘ 교감 → 교장	교수직 관리직
	김선종 등 (1994)	↗ 선임교사 → 수석교사 2급 정교사 → 1급 정교사 ↓↑ ↘ 주임교사 → 교감 → 교장	교수직 관리직
	한국 교육 개발원 (2000)	(보직) 장학사 장학관 ↑↑ ↓↓ (자격) 2급 정교사 → 1급 정교사 ↗ 선임교사 → 수석교사 ↘ 교감 → 교장 (보직) ↑↑ ↓↑ 장학사 장학관	장학직렬 교수직렬 관리직렬 장학직렬
	교육부 (2000) 1안	↗ 수석교사 2급 정교사 → 1급 정교사 ↘ 교감 → 교장	교수체계 관리체계
교수체계 관리체계 교차	교육부 (2000) 2안	↗ 수석교사 2급 정교사 → 1급 정교사 ↓↑ ↘ 교감 → 교장	교수체계 관리체계
직급 다단계	교육부 (2000) 3안	2급 정교사 → 1급 정교사 → 수석교사 → 교감 → 교장	일원화체계

* 전용조 등(2014). 수석교사의 직무수행능력에 관한 연구. 수석교사출판부. pp. 64-67의 내용을 정리

수석교사제 운영 모형은 <표 1>처럼 교수직과 관리직의 이원화,

교수직과 관리직의 교차, 교수직과 관리직의 직급 다단계화의 세 가지로 분류할 수 있다(김혜숙·백승관·김희규, 2007). 수석교사 제 시범 운영은 2008년 <표 1>의 교육부 1안과 교육부 2안 어느 한쪽 모형을 확정하지 않고, 현장에서 긍정적인 성과를 도출하며 2008년 171명, 2009년 295명, 2010년 333명, 2011년 756명으로 규모를 확대해 1급 정교사 이후 상위 자격 단계로 방향을 설정하였 다(조동섭·김수영·전제상·정성수, 2011; 한국교육개발원, 2008).

수석교사제는 국회에서 2011년 6월 22일 법제화되었고, 2012년 유·초·중등을 합해 1,131명이 수석교사로 임용되었다. 2014년에 는 유치원 25명, 초등 801명, 중등 1,055명, 특수 14명, 보건 2명 등 총원 1,897명이었다(우영옥, 2014: 1). 2018년은 유치원 23명, 초등 632명, 중학교 469명, 고등학교 345명의 총 1,469명, 2019년 은 유치원 22명, 초등 614명, 중학교 440명, 고등학교 327명의 총 1,403명으로 규모가 축소되고 있다(한국교육개발원, 2018, 2019).

법제화되기까지의 과정을 살펴본다. 2010년 교육부장관은 대통령 주재로 열린 '제2차 교육개혁 대책회의'에서 수업능력이 뛰어난 교 사를 교감·교장의 관리직에 상응해 우대하는 수석교사제 도입을 보고하고 언론에 직접 발표했다(MBC, 2010; YTN, 2010).[1] 수석교 사제 법률안의 국회 상정을 몇 달 앞두고 청와대 교육수석은 한국 교총 회장과의 정책간담회에서, 수석교사는 석좌교수와 같은 특임교 수로서 교장 아래 직급이 아니면서 연구실을 지니고 역할을 할 수 있어야 함을 대통령에게 보고했다고 밝혔다(한국교육신문, 2011).

---

1) 2008년 2월 29일부터 2013년 3월 22일까지의 교육과학기술부는 「정부조직법」 개정(2013.03 .23)으로 교육부로 개칭. 이 논문에서는 교육부 및 교육부장관으로 표기함

2010년 1월 국무총리실 주관으로 수석교사제의 방향과 틀을 잡는 데 주요 역할을 맡은 '수석교사제 시행 TF팀'이 구성되었다.

> TF팀은 「정부시행령」을 통해 교장으로 승진이 가능한 '행정교감과 수업교감'으로 구분하여 시범운영 중인 수석교사를 전격적으로 수업교감에 '승진 임명'하는 안을 청와대에 보고하려 했다. 그러나 교장 승진 경쟁자가 늘어나리라는 우려, 수석교사제 본래 취지와 다르게 수업교감으로 격하시키는 것을 반대하는 의견, 교장에 상응하는 최고의 대우가 필요하다는 요구, 교원단체 등의 반대로 무산되었다. 교육부 주관으로 수석교사 대표단과 한국교총 3자 간에 열린 최종 5차 회의에서 수업교감 승진 임명안을 철회하고, 수석교사는 교수직의 최고 직위로서 '교장급 대우'를 하며 수석교사와 교장은 '대등한 파트너 관계'로 설정하였다. '의사'와 '약사'의 관계처럼 교수·연구 분야는 수석교사가 '처방'하고, 교장은 수석교사의 처방에 따라 행정부서를 동원하여 '시행'하는 안을 합의했다.[2]

2010년 12월 국회 교육과학위원회의 임해규 국회의원은 수석교사제도의 법안 제안 이유에 관한 대표 발의를 통해 "1급 정교사자격을 취득하고 나면 교감, 교장으로 나아가는 단선적인 승진제도 외에 경로가 없기 때문에, 교사의 수업전문성을 인정하여 그에 맞는 역할을 부여하는 상위 교사자격 제도를 신설하여 가르치는 일에 헌신해온 교사가 우대받는 풍토를 조성할 필요성이 있다."라고 하였다(헌법소원심판청구서, 2012).

김진표 국회의원과 박보환 국회의원이 각각 대표 발의한 「초·중등교육법」과 「교육공무원법」의 일부개정법률안에 대한 2011년 3

---

2) 수석교사제 시행 TF팀 5차 회의에 참석한 수석교사의 기록을 발췌 정리함(대한민국교직발전연구회, 2013.10.07)

월 국회 교육과학기술위원회의 검토 보고에 의하면, "교원자격체제는 2급 정교사 → 1급 정교사 → 교감 → 교장으로 나아가는 단선적인 승진제도이고, 기타 상위 교사자격을 취득하는 제도가 마련되지 않아 학생 교육보다는 승진 가점 획득에 유리한 업무를 선호한다는 등의 문제가 있다."라며 기존 승진제도의 문제점을 지적하였다(헌법소원청구준비서면, 2013).

2011년 4월에 김영진 국회의원은 "교육과 수업에 대한 전문화된 교사를 요구하는 시대의 요청에 부응하기 위해 현행 교사자격체계를 분화하여 상위 자격취득을 유도하고, 이를 통하여 교사의 자질과 능력을 향상할 수 있는 제도의 필요성이 제기되고 있다."라며 대표 발의하였다. 2011년 6월 28일 관련 법률 개정 당시, 국회 교육과학기술위원장인 변재일 국회의원은 입법 발의를 통해 "전문화된 교사를 요구하는 시대의 요청에 부응하기 위해서는 현행 교사자격체제를 보다 분화하여 상위 자격취득을 유도하고 교사의 능력과 자질을 향상할 수 있는 제도가 필요하다."라고 수석교사제 도입 이유를 밝혔다(한국교육발전연구회, 2013).

국회에서 법률적으로 제도화하려는 수석교사제의 방향은 기존의 단선적인 관리직 승진체제를 교수직 상위 자격취득의 승진자격체제로 변화하려는 것이 핵심이다. 법률이 통과하자 교육부는 "수석교사제는 1981년부터 30여 년간 추진을 위해 노력해 온 제도로 수업 전문성을 가진 교사가 우대받는 교직 분위기 조성을 위해 현행 일원화된 **교원승진체제**를 교수$_{Instruction}$ 경로와 행정관리$_{Management}$ 경로의 이원화 체제로 개편하려는 것이다."라는 [그림 1]이 포함된 보도자료를 냈다(교육부, 2011). [그림 1]은 <표 1>에서 교수직과 관리직을 이원화하는 교육부(2000) 1안의 수석교사제 모형과 일치한다.

[그림 1] 교원승진체제 이원화

2. 수석교사제의 실제

수석교사제 헌법소원 심판청구의 법적 쟁점을 이해하기 위해, 수석교사의 자격과 선발이 어떤 법적 기준과 절차에 따라 이루어지는지, 그리고 수석교사제의 관련 법 규정과 실제적 운영을 살핀다.

1) 수석교사의 자격과 선발

수석교사는 「초·중등교육법」 제21조 제3항에 따라, 정교사(1급·2급), 준교사, 전문상담교사(1급·2급), 사서교사(1급·2급), 실기교사, 보건교사(1급·2급) 및 영양교사(1급·2급)의 자격을 소지해야 한다. 15년 이상의 교육경력을 가지고 교수·연구에 우수한 자질과 능력을 가진 사람 중에서 선발하여 대통령령으로 정하는 바에 따라 교육부장관이 정하는 연수 이수 결과를 바탕으로 검정·수여하는 자격증을 받은 사람을 「교육공무원법」 제6조의2(수석교사의 자격)에 따라 수석교사 직급으로 임용한다.

「교원 등의 연수에 관한 규정 시행규칙」 제4조의2(수석교사 자격연수 대상자의 선발) 제1항에 따르면, 「유아교육법」 제22조 제3항 및 「초·중등교육법」 제21조 제3항의 경력이 있는 사람으로서, 소속 학교 또는 기관의 추천을 받은 사람 중에서 교육감이 공개 전형을 통해 선발한다. 학교장은 수석교사추천위원회에서 심의한 적격자를 교육청에 추천한다. 시·도교육청은 수석교사선발위원회를 구성하고, 서류심사와 역량평가 등의 전형으로 선발한다. 1차 심사에 연구대회 실적을 포함하나, 교감 승진에 필요한 보직교사 경력은 반영하지 않는다. 2차 역량평가는 동료 교원 및 학생과의 소통, 갈등 조정 능력 등을 살피고 현장 실사를 한다. 심사과정에서 과락제 등 기준의 도달 여부를 적용한다(교육부, 2013). 수석교사와 (공모)교장·교감의 자격취득을 위한 교육(행정)경력을 비교하면 <표 2>와 같다. 수석교사 자격취득을 위해서는 내부형 공모교장에게 요구되는 15년 이상의 교육경력을 갖춰야 한다.

<표 2> 중등 수석교사·(공모)교장·교감의 자격취득을 위한 교육(행정)경력

수석교사	공모교장	교장	교감
정교사(1급·2급), 준교사, 전문상담교사(1급·2급), 사서교사(1급·2급), 실기교사, 보건교사(1급·2급) 및 영양교사(1급·2급)의 자격을 소지한 사람으로서, **15년 이상**의 교육경력과 일정한 재교육을 받은 사람	교원으로서 전임으로 근무한 경력(교육전문직원으로 근무한 경력을 포함한다)이 **15년 이상**인 교육공무원이나 사립학교 교원 중에서 공모를 통하여 선발된 사람	·중등학교의 교감 자격증을 가지고 **3년 이상**의 교육경력과 일정한 재교육을 받은 사람 ·학식·덕망이 높은 사람으로서 대통령령으로 정하는 기준(**9년 이상**의 초등학교 이상 교육경력)에 해당한다는 인정을 교육부장관으로부터 받은 사람 ·**15년 이상**의 초등학교 이상 교육경력 또는 교육행정경력이 있는 사람	·중등학교 정교사(1급) 자격증 또는 보건교사(1급) 자격증을 가지고 **3년 이상**의 교육경력과 일정한 재교육을 받은 사람 ·중등학교 정교사(2급) 자격증 또는 보건교사(2급) 자격증을 가지고 **6년 이상**의 교육경력과 일정한 재교육을 받은 사람 ·교육대학의 교수·부교수로서 **6년 이상**의 교육경력이 있는 사람

수석교사제가 법제화된 후, 교육부 학교지원국장은 국가정책을 홍보하는 한국정책방송원의 KTV에 출연해 새로운 교직승진체제를

언급하면서 수석교사의 위치를 교감과 동급으로 이해하면 된다고 밝혔다(KTV, 2011). 교육부 학교지원국장의 이 발언을 통해, 수석교사제 시행 TF팀에서 논의된 바와는 차이가 있으나, 수석교사는 적어도 교감급에 상응하는 위상으로 이해할 수 있다. 이렇듯 수석교사제는 수업전문성을 가진 교원에게 교장, 교감과 같은 관리직에 상응하는 교수직 최고의 위치를 부여하여 교육 본연의 역할인 '가르치는 일'이 존경받는 교직문화를 조성한다는 취지로 출범했다.

2) 수석교사 관련 법 규정과 현실

「교육공무원법」 제6조, 제6조의2 및 제7조는 교사 자격, 수석교사 자격, 교장·교감 자격을 구분한다. 「초·중등교육법」 제19조는 교장·교감·수석교사 및 교사로 교원을 구분한다. 「초·중등교육법」 제20조는 교직원의 임무를 교장·교감·수석교사 및 교사로 구분한다. 「교육공무원법」 제29조는 장학관·교장·공모교장·수석교사의 임용을, 동법 제30조는 교감·교사·장학사의 임용을 구분하여 규정한다. 교육부는 2011년 7월 25일 이후부터 '교장, 교감, 수석교사, 교사'로 교원을 구분했다(교육부, 2014). 안전행정부는 수석교사 직위 823, 직급 17276, 계급 217번의 행정표준코드를 부여했다.[3] 행정표준코드에 따라 교육행정업무시스템NEIS은 수석교사의 직급, 계급, 직위를 구분하여 2012년 임용된 수석교사의 현직위 승진일은 법제화 시행일인 2012년 3월 1일로 기록된다.

「초·중등교육법」 제19조 제1항은 "학교에는 다음 각 호의 교원을 둔다.", 동조 동항 제1호는 "초등학교·중학교·고등학교·공민

---

3) 문재인 정부에서는 행정안전부

학교·고등공민학교·고등기술학교 및 특수학교에는 교장·교감·수석교사 및 교사를 둔다. 다만, 학생 수가 100명 이하인 학교나 학급 수가 5학급 이하인 학교 중 대통령령으로 정하는 규모 이하의 학교에는 교감을 두지 아니할 수 있다."라고 규정한다. 이에 따르면 교감은 학생과 학급 수를 고려해 배치하지 않을 수 있으나, 언급되지 않은 교장·수석교사·교사는 모든 학교에 당연히 배치해야 하는 것으로 이해할 수 있다. 교육부는 2012년 도입 때 '1학교, 1수석교사 배치' 원칙과 2019년까지 8,500여 학교에 수석교사를 배치하겠다고 발표했지만(한국교육신문, 2015), 2014년부터 교육청별 수석교사 선발 인원을 배정하지 않고(한국교육신문, 2013), 매년 선발 규모가 축소되면서 제도의 폐지를 걱정하기도 한다(경기in, 2014).

「초·중등교육법」 제19조(교직원의 구분) 제4항은 학교에 두는 교원의 정원에 필요한 사항은 대통령령으로 정하게 한다. 하지만 「지방교육행정기관 및 공립의 각급 학교에 두는 국가공무원의 정원에 관한 규정」은 제2조(정원) 제2항에서 교장, 교감, 교사 정원만을 규정한 채 수석교사를 교사 정원에 포함한다. 이를 따라 교육부와 시·도교육청은 교원자격검정 실무편람, 교원정원배정표, 인사관리표에 수석교사를 별도 구분하지 않는 실정이다. 「공무원임용령」 제2조(정의)는 "'임용'은 신규채용, 승진임용, 전직, 전보, 겸임, 파견, 강임, 휴직, 직위해제, 정직, 강등, 복직, 면직, 해임 및 파면을 말한다."라고 규정한다. 2급 정교사 자격을 가진 사람이 임용시험을 거쳐 채용되거나 외부에서 개방형 공모교장으로 새롭게 임용할 때 '신규임용'의 용어를 쓴다. 법령에서의 쓰임과 다르게

15년 이상의 경력을 가진 현직 교사 가운데 선발하여 수석교사로 임명할 때 '신규임용'으로 잘못 인사 발령하는 시·도교육청의 사례가 있다.

수석교사제의 시행에도 불구하고 정부 중앙부처와 시·도교육청 등은 교장·교감·교사로만 교원을 구분해 공문을 전파하고 수석교사를 교사에 포함하게 만든다. 「초·중등교육법」 제19조 제3항의 "원활한 학교 운영을 위하여 교사 중 교무校務를 분담하는 보직교사를 둘 수 있다."라는 규정을 수석교사에게 적용하려는 사례도 있다. 드물긴 하지만 일부 학교는 비교적 저경력의 수석교사를 특정 부서의 계원으로 배정해 보직교사의 관리를 받게 하기도 한다. 보직교사를 통상 높여 부르는 '부장'을 붙여서 '수석부장'으로 호칭하는 일이 있다. 일부 학교는 학교요람 등에 교장·교감·보직교사·교사로만 구분하고 수석교사를 보직교사 또는 교사에 포함한다. 수석교사는 별도의 직위 및 직급 구분에도 불구하고, 수석교사 명칭에 '교사'가 붙어서인지 교사군教師群에 포함한 진로상담교사, 보건교사, 사서교사에 붙는 '교사'처럼 인식되기도 한다.

수석교사는 교사의 교수·연구 활동을 지원하지만, 학교 외 다른 교육기관 파견이 허용된 사례는 아직 없다. 2012년 한국초중수석교사회의 질의에 교육부가 답신한 공문에 따르면, 수석교사는 임기 중 교장·교감의 자격취득을 할 수 없을 뿐 전문직으로의 전직은 법률적으로 제한받지 않는다(교육과학기술부, 2012). 이처럼 제도 도입 초기에는 전문직 전직을 제한하지 않았고, 수석교사의 공모교장 임용 사례도 있었다. 하지만 현재 교육부와 시·도교육청은 명문화된 법률조항 없이 임의로 확대 해석해서 도입 초기의 제도 안정화라는 취지로 공모교장과 교육전문직 선발 전형 지원 대상에서 수석교사를 공공연히 제한한다.

학교폭력유공교원 승진가산점 부여 대상과 학습연구년제 대상에 교장, 교감과 더불어 수석교사를 제외한 것에서 수석교사에 대한 시각을 일부 가름할 수 있다.[4] 하지만 「교육공무원 성과상여급 지급 지침」은 수석교사를 교사와 같은 수준으로 적용한다. 명예퇴직 대상 우선 선정 기준은 수석교사를 교사급으로 분류한다. 「교육공무원법」은 제29조의3(수석교사의 임용 등) 제3항에서 "수석교사는 대통령령으로 정하는 바에 따라 수업부담 경감, 수당 지급 등에 대하여 우대할 수 있다."라고 규정한다. 하지만 대통령 시행령인 「교육공무원임용령」은 제9조의8(수석교사의 우대) 제2항에서 "수석교사에게는 예산의 범위에서 연구활동비를 지급할 수 있다."라고 규정하여, 법률에 명시된 수당 대신에 활동보고서와 연구비 정산이 따르는 공적 경비인 연구활동비로 지급한다.[5]

일부 교육청은 수석교사를 교장·교감처럼 별도 정원으로 학교에 배치하나, 정원 내 '교사관리'를 하는 시·도교육청이 많다. 정원 내 교사관리로 인해 수석교사는 학교에서 난처한 존재가 된다. 정원 내 교사는 학교의 업무를 분담한다. 법률로 정해진 고유 역할이 있는 수석교사를 제외하면 다른 교사의 업무 부담이 증가한다. 교장·교감은 수석교사의 수업 경감 부분을 정규 교사가 아닌 반일제 또는 시간제 기간제 교사가 담당하는 것을 꺼린다. 최근 수석교

---

4) 이 논문 발표 이후에 일부 시도에서는 수석교사를 학습연구년제 대상에 포함함

5) 국세청에서는 수석교사의 연구활동비를 "근로소득"이라 한다(법령해석과-1621, 2015). 2019년부터는 영수비 정산을 하지 않음. 2015년에 이 논문 발표 이후 2019년부터 활동보고서와 영수증 증빙 요구 등 정산이 폐지됨

사를 별도 정원으로 관리하던 한 교육청이 정원 내로 전환하려는 움직임을 보이는 것처럼, 수석교사의 위상은 시간이 지나며 나아지기보다는 악화되고 있다. 수석교사 시범 운영에 전반에 대한 이해와 관련해서 직위별로 인지도가 달라 적극적인 홍보가 필요하다고 밝힌 것처럼(조동섭 등, 2011), 법제화 뒤에도 교장·교감의 이해와 수용 정도에 따라 수석교사의 위상과 역할에 차이를 보인다.

교육 당국은 과거 관리직 중심의 승진체제나 자격체제의 관점과 관행에서 벗어나지 못하고 있다. 수석교사 임기를 마치고 교장자격 취득이 가능하다고 하나, 현실적으로는 불가능하다(우영옥, 2014: 184). 승진 대상자 선정에 필수적인 근무성적평정을 교사로서 다시 시작해야 한다. 수석교사는 중요 승진 요소로 부각한 학교폭력예방 유공교원 승진가산점을 임기 중에는 받을 수 없어,[6] 수석교사 4년의 임기 후에 교장·교감 자격취득은 사실상 불가하다. [그림 2]처럼 교수직과 관리직 승진체제 이원화를 지향하는 바가 수석교사제 입법목적이지만, 실제로는 일원화체제 모형인 [그림 2]의 '교육부 3안'보다도 더 제한적으로 운영되는 측면이 있다. 이에 수석교사제 관련 법률과 시행령의 차이로 인한 수석교사의 위상과 역할의 불분명을 해소하고자 헌법소원 심판청구를 하여 헌법재판소의 종국을 기다리고 있다.[7]

---

6) 교장과 함께 수석교사는 학교폭력예방유공교원 승진가산점 부여 대상에서 처음부터 제외됨. 이후 교감은 제외 대상으로 추가됨

7) 「헌법재판소법」 제69조 ① 헌법소원의 심판은 그 사유가 있음을 안 날부터 90일 이내에, 그 사유가 있는 날부터 1년 이내에 청구하여야 한다.

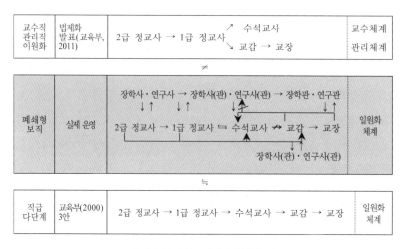

[그림 2] 수석교사제의 실제 운영

3. 수석교사제 헌법소원 청구의 쟁점

청구인은 「교육공무원법」 제29조의3(수석교사의 임용 등) 제4항
(2011.07.25. 법10905호로 개정된 법률), 「교육공무원 승진규정」(대
통령령 제23245호, 2011.10.25.자로 개정된 법령) 제2조(적용대상)
제2항, 「교육공무원임용령」(대통령령 제23245호, 2011.10.25.자로
개정된 법령) 제9조의8(수석교사의 우대) 제2항, 「공무원수당 등에
관한 규정」(대통령령 제23499호, 2012.01.06.자로 개정된 법령) 제
17조의2(관리업무수당)와 제18조의6(직급보조비)의 규정이 수석교
사의 『헌법』 제10조 행복추구권, 『헌법』 제11조 평등권, 『헌법』 제
15조 직업선택의 자유를 침해한다고 주장한다.

심판청구의 쟁점은 <표 3>과 같다. 이 가운데 「교육공무원법」 제29조의3 제4항, 「교육공무원 승진규정」 제2조 제2항과 관련하여 수석교사 임용이 승진인지, 아니면 교사와 동급에서의 보직의 변경인지가 핵심 쟁점이다. 심판청구를 한 「공무원수당 등에 관한 규정」 제17조의2는 수석교사의 승진임용 여부에 대한 헌법재판소의 결정에 따라 기속되기 때문에 부차적이라고 할 수 있다. 핵심 쟁점인 「교육공무원법」 제29조의3 제4항과 「교육공무원 승진규정」 제2조 제2항을 중심으로 살펴본다.

<표 3> 헌법소원 청구의 침해된 원인의 핵심 쟁점 법령과 내용

쟁점 법령 및 규정	내용
「교육공무원법」 제29조의3 제4항[8]	수석교사는 임기 중에 교장·원장 또는 교감·원감 자격을 취득할 수 없다.
「교육공무원 승진규정」 제2조 제2항	수석교사에 대해서는 이 영을 적용하지 아니한다.
「공무원수당 등에 관한 규정」 제18조의6	공무원에게는 예산의 범위에서 별표 15의 지급 구분표에 따라 직급보조비를 보수지급일에 지급한다.

1) 교장·교감자격취득 제한의 위헌성

「교육공무원법」 제6조의2(수석교사의 자격), 「교육공무원법」 제29조의3(수석교사의 임용 등) 제1항은 수석교사의 자격과 임용을 교사보다 상위로 정하고, 「교육공무원법」 제13조(승진)는 그 구체적 사항을 대통령령에 위임한다. 하지만 대통령령인 「교육공무원 승진규정」 제2조(적용대상) 제2항은 "수석교사에 대해서는 이 영을 적용하지 아니한다."라고 규정한다. 이 규정이 수석교사의 승진임

---

8) 제29조의3은 제29조의4로 이동(2011.09.30). 본 논문은 헌법소원 심판청구 당시의 법률조항인 제29조의3으로 표기함

용을 부정하는 불완전 부진정입법부작위로 헌법 정신인 평등권을 침해하는지가 심판청구의 첫 번째 쟁점이다. 청구인의 주장에 대해 반론을 제기한 교육부를 피청구인으로 칭한다.

청구인의 주장 교육전문직렬인 장학직(장학사-장학관)과 연구직(연구사-연구관)은 해당 직위에서 경력을 인정받아 임기 중에 다른 직렬의 자격을 취득하거나, 승진과 전직이 허용된다. 행정관리직렬(교장·원장·교감·원감)은 다른 직렬인 교육전문직으로 전직할 수 있다. 수석교사는 행정관리직렬로 승진한 교감, 교장의 지위에 상응하는 교수직렬의 승진임에도 불구하고 승진이 부정되고, 수석교사 임기 중에 행정관리직렬인 교장·교감자격취득과 공모교장 응모를 모두 제한받는다. 법률상 제한받지 않는 교육전문직렬 등 다른 직렬로의 전직이 사실상 제한된다. 「교육공무원법」 제29조3의 4항 "수석교사는 임기 중에 교장·원장 또는 교감·원감 자격을 취득할 수 없다."라는 규정은 평등권을 훼손하지 않는 합리적인 이유 제시나 합당한 인사상의 보응책 없이 수석교사의 교장(감)·원장(감)자격취득만을 제한하여 『헌법』 제10조 행복추구권, 제11조 평등권, 제15조 직업선택의 자유를 침해한다고 주장한다.

피청구인의 주장 수석교사 임기 중에 교장 등의 자격취득을 허용하면 수석교사를 교장 등의 하위 직급으로 인식하게 하여 수석교사가 교장 등으로 승진하기 위한 중간적 지위로 전락하는 폐단이 충분히 예상된다. 이로 인한 부작용으로 수석교사제 도입의 목적을 달성할 수 없다. 수석교사 임용기간 4년 중 교장·교감자격취득을 잠정 제한하지만, 임기를 마치면 취득할 수 있어 문제가 없다고 주장한다.

쟁점 소결 수석교사는 임기 중에 교장·교감의 자격취득과 전직을 제한받는 등 헌법에서 보장한 평등권을 침해받는 측면이 있다. 승진과 전직이 가능한 교장·교감의 행정관리직렬, 다른 직렬의 자격취득과 전직 및 승진이 가능한 장학직렬·연구직렬인 교육전문직원과 비교할 때 상대적 불평등에 놓인 면이 있다. 피청구인은 수석교사는 임기를 마치고 교장·교감자격 취득을 할 수 있다고 주장한다. 하지만 교사 가운데 우수한 역량과 실적을 인정받아 선발된 수석교사가 교사로 복귀해 수석교사 경력이 없는 교사와 관리직 승진 경쟁을 한다면, 수석교사의 우수한 역량과 업적에 대한 우대 없이 오히려 불리로 인해 교장(감)자격 취득은 사실상 불가능하다.[9] 예를 들면, 수석교사는 임기 중 승진의 필수 요소인 '학교폭력예방유공교원가산점' 부여 대상에서 제외되고 교사로 돌아와 승진의 핵심인 최고의 근무성적평정을 받기 위해 다시 시작해야 한다.

피청구인은 수석교사 임기 중에 교장 등의 자격취득을 허용하면 수석교사를 교장 등의 하위 직급으로 인식하게 하여 수석교사를 교장 등으로 승진하기 위한 중간적 지위로 전락하는 폐단이 예상됨으로 도입의 목적을 달성할 수 없다고 주장한다. 동시에 피청구인은 수석교사의 임용은 '승진'이 아닌 교사와 동급에서의 '보직의 변경'에 불과하다고 주장한다. 이 두 주장은 이율배반적이라 할 수 있다. 전자의 주장에 깔린 의미는 수석교사는 교장 등의 하위 직급이 아

---

9) 수석교사 임기를 마친 후 교사로의 임용을 피청구인은 '복귀', 청구인은 '강임'이라는 입장임

니라는 말과 다르지 않을 것이다. 하지만 수석교사의 성과상여금을 교사와 동급으로 지급하는 등 교장·교감자격취득을 제한하는 데 상응하는 인사상 합당한 조처가 없다. 폐쇄적인 전직 임용만을 허용하면 헌법상 공무담임권에 저촉되지 않는 합리적인 이유가 제시되어야 한다(조석훈, 2012). 「교육공무원법」 제29조3(수석교사의 임용) 제4항은 헌법상 보장된 평등권과 직업선택의 자유를 침해하는 불완전 부진정입법부작위 법령이라고 지적한 주장이 헌법재판소의 결정에 수용될 가능성이 있다.

2) 교육공무원 승진규정의 수석교사 배제의 위헌성

「교육공무원 승진규정」(대통령령 제23245호, 2011.10.25.자로 개정된 법령) 제2조(적용대상) 제2항 "수석교사에 대해서는 이 영을 적용하지 아니한다."가 수석교사의 『헌법』 제10조 행복추구권, 제11조 평등권, 제15조 직업선택의 자유를 침해하는지, 헌법에서 보장한 평등권을 침해하는지가 심판청구의 두 번째 쟁점이다.

청구인의 주장 「교육공무원법」은 제13조(승진)에서 "교육공무원의 승진임용은 같은 종류의 직무에 종사하는 바로 아래 직급의 사람 중에서 대통령령으로 정하는 바에 따라 경력평정, 재교육성적, 근무성적, 그 밖에 실제 증명되는 능력에 의하여 한다."라고 규정한다. 「초·중등교육법」 제21조(교원의 자격) 제3항은 "수석교사는 제2항의 자격증을 소지한 사람으로서 15년 이상의 교육경력(「교육공무원법」 제2조 제1항 제2호 및 제3호에 따른 교육전문직원으로 근무한 경력을 포함한다)을 가지고 교수·연구에 우수한 자질과 능력을 가진 사람 중에서 대통령령으로 정하는 바에 따라 교육부장관이 정하는 연수 이수 결과를 바탕으로 검정·수여하는 자격증을 받은 사람이어야 한다."라고 규정한다. 「교육공무원법」은 제6조의2(수석교사의 자격)에서 "수석교사는 「유아교육법」 제22조제3항 및 「초·중등교육법」 제21조제3항의 자격이 있는 사람이어야 한다."라고 규정한다. 이렇듯 수석교사의 임용은 바로 아래 직급의 사람 중에서 실제 증명되는 능력에 의한 승진임용이라고 주장한다. 수석교사의 임용이 행정관리직렬에 상응하는 교수직렬로의 승진이 아닌 교사와 동급 내의 전보로서의 단순한 보직의 변경이라면 교수직렬과 행정관리직렬의 승진체계 이원화라는 수석교사 법제화 취지를 무색하게 하는 일이고, 동급 내의 보직 변경이라면 교장·교감의 자격취득을 제한하는 것은 이율배반적인 불평등이라고 말한다. 따라서 「교육공무원 승진규정」 제2조 제2항은 법률에서 명시적으로 위임하지 않은 사항을 규정한 대통령령의 오류라고 주장한다.

피청구인의 주장 「교육공무원법」 제29조의3 제5항은 수석교사제도의 운영에 관하여 대통령령에 위임한다. 그 위임을 받은 「교육공무원임용령」은 제9조의7 제2항에서 "수석교사가 임기를 마친 경우에는 임기가 끝나는 날의 다음 날에 수석교사 임용 전의 직위로 복귀한다."라고 규정한다. 이는 수석교사 임용을 '승진'으로 보지 않겠다는 명백한 취지고, 「교육공무원 승진규정」 제2조 제2항은 "수석교사에 대해서는 이 영을 적용하지 아니한다."라고 수석교사를 승진 적용 대상에서 제외하고 있어 '승진'이 아닌 '보직 변경'이라고 주장한다. 그리고 「교육공무원임용령」 제14조(승진임용방법) 제1항의

"임용권자 또는 임용제청권자가 소속교육공무원(대학의 교원 및 수석교사는 제외한다.)을 승진임용하고자 할 때에는 승진후보자 명부의 고순위자 순위에 의하여 승진예정인원의 3배수 범위안에서 임용하거나 임용제청하여야 한다."라는 규정에 비추어 승진후보자 명부를 작성하지 않는 수석교사 임용은 보직의 변경이라고 주장한다.

쟁점 소결 「초·중등교육법」 제19조는 수석교사를 교장·교감·교사와 구분한다. 「교육공무원법」 제29조3(수석교사의 임용 등)과 동법 제30조(교감·교사·장학사 등의 임용)에서 보듯 수석교사는 구분되어 임용된다. 「교육공무원법」 제2조 제6항은 "'임용'이란 신규채용, 승진, 승급, 전직, 전보, 겸임, 파견, 강임, 휴직, 직위해제, 정직, 복직, 면직, 해임 및 파면을 말한다."라고 규정한다. 수석교사의 임용은 경력 재직자 가운데 선발해 임용한다. 수석교사의 임용은 신규채용, 전직, 겸임이 아닌 승진에 해당한다고 판단할 수 있다. 「초·중등교육법」 제21조 제3항은 "수석교사는 제2항의 자격증을 소지한 사람으로서 15년 이상의 교육경력을 가지고 교수·연구에 우수한 자질과 능력을 가진 사람 중에서 대통령령으로 정하는 바에 따라 교육부장관이 정하는 연수 이수 결과를 바탕으로 검정·수여하는 자격증을 받은 사람이어야 한다."라고 규정한다.[10] 교사 가운데서 우수한 자질과 능력이 입증된 상위 자격으로의 수석교사 자격증을 취득하게 한다. 따라서 수석교사는 선발된 승진임용이라

---

10) 「초·중등교육법」 제21조 제2항 '교사는 정교사(1급·2급), 준교사, 전문상담교사(1급·2급), 사서교사(1급·2급), 실기교사, 보건교사(1급·2급) 및 영양교사(1급·2급)로 나누되, 별표 2의 자격 기준에 해당하는 사람으로서 대통령령으로 정하는 바에 따라 교육부장관이 검정·수여하는 자격증을 받은 사람이어야 한다.'

고 할 수 있다. 「교육공무원법」 제13조(승진)는 "교육무원의 승진 임용은 같은 종류의 직무에 종사하는 바로 아래 직급의 사람 중에서 대통령령으로 정하는 바에 따라 경력평정, 재교육성적, 근무성적, 그 밖에 실제 증명되는 능력에 의하여 한다."라고 규정한다. 여기에서 "대통령령으로 정하는 바에 따라"는 「교육공무원 승진규정」을 뜻한다. 「교육공무원 승진규정」 제2조(적용대상) 제2항은 "수석교사에 대해서는 이 영을 적용하지 아니한다."라고 규정한다. 법률은 수석교사 자격증을 가진 자를 수석교사 자격으로 임용하도록 한다. 법률이 그 구체적 사항을 대통령 시행령에 위임하면 시행령은 입법목적에 충실히 법률에서 명시한 바에 따라야 하는데 그렇지 않은 적용이라고 할 수 있다.

수석교사의 임용은 승진이 아닌 '보직 변경'이라는 피청구인의 주장에 대해 살펴본다. 「국가공무원법」 제5조(정의)는 "'전보'란 같은 직급 내에서의 보직 변경 또는 고위공무원단 직위 간의 보직 변경(제4조제2항에 따라 같은 조 제1항의 계급 구분을 적용하지 아니하는 공무원은 고위공무원단 직위와 대통령령으로 정하는 직위 간의 보직 변경을 포함한다)을 말한다."라고 규정하여 전보를 부연 설명하면서 '보직의 변경'을 언급한다. 「교육공무원법」 제2조 제9항은 "이 법에서 '전보'란 교육공무원을 같은 직위 및 자격에서 근무기관이나 부서를 달리하여 임용하는 것을 말한다."라고 규정한다. 따라서 교사와는 별개의 상위 자격취득과 임용으로 생성된 직위, 직급, 계급인 수석교사에게 교사와 등급의 '보직 변경'을 적용할 수 없을 것이다. 피청구인은 「교육공무원임용령」 제9조의7 제2항 "수석교사가 임기를 마친 경우에는 임기가 끝나는 날의 다음 날에 수

석교사 임용 전의 직위로 복귀한다."라는 규정에 비추어 '승진'이
아닌 '보직의 변경'이라고 주장한다. 하지만 앞에서 언급한 것처럼
같은 직급 내에서의 보직 변경 또는 고위공무원단 직위 간의 보직
변경 둘 가운데 승진이 아닌 보직의 변경이라면 수석교사는 교사와
동등한 직급이라는 의미로 이해할 수 있다. 피청구인은 수석교사
임기 중에 교장 등의 자격취득을 허용하면 수석교사를 교장 등의
하위 직급으로 인식되는 폐단이 예상된다고 밝힌 바 있다. 이는 수
석교사는 교장 등의 하위 직급이 아니라고 시사하면서 동시에 승진
이 아닌 교사와 동급의 '보직의 변경'이라고 하는 것은 이율배반적
으로 볼 수 있다. 교장 등의 하위 직급이 아니라면 상응하는 인사
상의 조처가 따라야 한다. 승진이 아닌 교사와 동급의 보직 변경이
면 다른 교사처럼 교장·교감자격취득과 전직을 제한할 수 없을 것
이다. 또한 교육전문직렬(장학직렬·연구직렬)은 임기 중에 교장과
교감의 자격취득과 전직 및 공모교장 응모의 제한을 받지 않는 것
과 비교해 헌법이 보장한 평등권과 직업선택의 자유를 침해받는다
고 볼 수 있다.

「교육공무원법 승진규정」 제2조(적용대상) 제2항 및 「교육공무원
임용령」 제14조(승진임용방법) 제1항처럼 수석교사를 승진임용 대
상에서 제외하려 한다면, 「교육공무원법」 제13조(승진) 및 제14조
(승진후보자 명부)에서 "수석교사는 승진임용에 해당하지 않는다."
라고 명시해야 한다. 하지만 법률로 규정하지 않은 이유는 「초·중
등교육법」 제21조 제3항 수석교사 자격증을 가진 자를 「교육공무
원법」 제6조의2 수석교사 자격으로 임용하도록 규정한 바와 같이,
수석교사는 법률에서 상위 자격의 임용, 즉 승진으로 인정한다고

볼 수 있다. 따라서 상위법인 「교육공무원법」 제13조(승진)에서 위임한 사항을 구체화하는 과정에서 부진정입법부작위한 「교육공무원법 승진규정」 제2조(적용대상) 제2항 및 「교육공무원임용령」 제14조(승진임용방법) 제1항은 헌법에서 보장한 평등권과 직업선택의 자유를 침해한다고 할 수 있다.

4. 수석교사제의 개선 방향

「교육공무원승진규정」 제2조(적용대상) 제2항은 "수석교사에 대해서는 이 영을 적용하지 아니한다."라고 규정한다. 「교육공무원임용령」 제14조(승진임용방법) 제1항은 "임용권자 또는 임용제청권자가 소속교육공무원(대학의 교원 및 수석교사는 제외한다.을 승진임용하고자 할 때에는 승진후보자 명부의 고순위자 순위에 의하여 승진예정인원의 3배수 범위안에서 임용하거나 임용제청하여야 한다."라고 규정한다. 이처럼 수석교사를 승진임용 적용대상과 승진임용방법에서 제외한다면, 상위법인 「교육공무원법」 제13조(승진) "교육공무원의 승진임용은 같은 종류의 직무에 종사하는 바로 아래 직급의 사람 중에서 대통령령으로 정하는 바에 따라 경력평정, 재교육성적, 근무성적, 그 밖에 실제 증명되는 능력에 의하여 한다." 및 제14조(승진후보자 명부) 제1항 "교육공무원의 임용권자 또는 임용제청권자는 제13조 및 대통령령으로 정하는 바에 따라 자격별 승진후보자 명부를 순위에 따라 작성하여 갖추어 두어야 한다." 그리고 동조 제2항 "교육공무원을 승진임용할 때에는 승진후보자 명부의 순위가 높은 사람부터 차례로 결원된 직위에 대하여 3배수의 범위에서 승진임용하거나 승진임용을 제청하여야 한다. 다만, 대통령령으로 정하는 특수자격이 있는 사람을 승진임용하거나 승진임용을 제청할 때에는 그러하지 아니하다."라는 규정과 더불어 "수석교사는 승진임용에 해당하지 않는다."라고 명시하여 대통령령에 위임해야 타당하다 할 것이다. 하지만 「교육공무원임용령」 제9조의7(수석교사의 임용제한 등) 제1항의 "수석교사의 임용의 제한에 관하여는 제16조를 준용한다. 이 경우 '승진임용'을 '수석교사로 임용'으로, '승진임용제한기간'을 '수석교사임용제한기간'으로 본다."와 같은 승진임용제한 사유는 법률에서 근거를 찾을 수 없다(조석훈, 2012: 196).

수석교사는 일정 교육경력을 갖춘 사람 가운데 수업역량과 연구실적을 위주로 선발한다. 현재의 「교육공무원 승진규정」은 관리직 단일체계의 승진구조에 따른 규정이다. 관리직과 교수직 승진자격 이원화 체제로의 새로운 변화를 반영한 승진임용방법을 보완하여 규정해야 타당할 것이다. 「교육공무원법」 제13조(승진)는 "교육공무원의 승진임용은 … 경력평정, …, 그 밖에 실제 증명되는 능력에 의하여 한다."라고 규정한다. 기존의 「교육공무원 승진규정」의 관리직 승진임용은 "경력평정, 재교육성적, 근무성적, 그 밖에 실제 증명되는 능력"에 의한다. 새롭게 법제화된 교수직과 관리직의 이원화 체제에 따른 「교원 등의 연수에 관한 규정」 제6조 제3항의 관련 위임 법령인 「교원 등의 연수에 관한 규정 시행규칙」 제4조의2(수석교사 자격연수 대상자의 선발)에 관한 사항을 「교육공무원 승진규정」에 반영해 규정할 필요가 있다. 「교육공무원임용령」 제14조(승진임용방법) 제1항 "임용권자 또는 임용제청권자가 소속교육공무원(대학의 교원 및 수석교사는 제외한다.)"의 규정은 대학의 교원을 승진 대상에서 제외하는 것이 아니고 승진임용방법을 달리한다는 의미로 수용해야 타당하다. 「교육공무원법」 제8조(교수 등의 자격), 「고등교육법」 제16조(교원조교의 자격기준 등)에 따라 대학 교원의 승진자격체제는 조교수-부교수-교수로 구분된다. 「대학교원 자격기준 등에 관한 규정」 제2조(교원 및 조교의 자격)에 따르면 승진후보대상자 명부 작성 없이 학력, 연구실적연수, 교육경력연수를 자격기준으로 삼아 인사위원회의 인정을 받아 임용되거나 상위의 직에 임용된다. 수석교사를 대학의 교원과 함께 승진후보자 명부와 관련해 제외한 것은 교수와 수석교사의 승진 방법이 행정관리직렬이나 교육전문직렬과는 다른 교수직렬의 특수성을 반영하였기 때문이다. 기존의 승진후보자 명부 작성 여부를 승진의 절대적인 판단 근거로 삼아서는 안 된다.

피청구인이 주장한 수석교사 임용은 보직의 변경에 해당하여 수석교사의 승진후보자 명부를 작성하지 않든, 승진후보자 명부 작성을 않기 때문에 승진이 아닌 보직의 변경이라 하든, 승진후보자 명부 작성이 승진임용에서 반드시 지켜져야 하는가를 살펴본다. 「교육공무원임용령」 제15조(특별승진임용)에서 "교육부장관이 재직중 특별한 공적이 있다고 인정하는 교육공무원"은 제14조(승진임용방법)의 규정에도 불구하고 승진후보자 명부 작성에 의하지 않고 승진임용할 수 있는 길을 열어 놓고 있다. 「교육공무원법」은 제14조(승진후보자 명부) 제1항에서 "교육공무원의 임용권자 또는 임용제청권자는 제13조 및 대통령령으로 정하는 바에 따라 자격별 승진후보자 명부를 순위에 따라 작성하여 갖추어 두어야 한다.", 동조

제2항에서 "교육공무원을 승진임용할 때에는 승진후보자 명부의 순위가 높은 사람부터 차례로 결원된 직위에 대하여 3배수의 범위에서 승진임용하거나 승진임용을 제청하여야 한다."라고 규정한다. 「교육공무원법」은 제14조 제2항에서 "다만, 대통령령으로 정하는 특수자격이 있는 사람을 승진임용하거나 승진임용을 제청할 때에는 그러하지 아니하다."라고 규정한다. 이에 비추어 수석교사의 승진을 부정하는 근거의 하나인 '승진후보자 명부'는 승진 요건에 절대적이지 않다고 볼 수 있다. 수석교사자격이란 특수자격에 따른 승진임용 제청의 형식의 특별 승진으로도 볼 수 있다. 「교육공무원법」 제15조(우수 교육공무원 등의 특별 승진) 제1항은 "교육공무원이 다음 각 호의 어느 하나에 해당하고, 상위의 자격증을 취득하거나 자격기준을 갖춘 때에는 제13조와 제14조에도 불구하고 특별 승진임용할 수 있다. … 2. 교수·지도 및 연구 등 직무수행 능력이 탁월하여 교육 발전에 큰 공헌을 한 사람. …"으로 대상을 규정한다. 이에서 보듯이 교수·지도 및 연구 등이 탁월하여 교육 발전에 공헌한 자는 상위의 자격증이 없거나 자격기준을 갖추지 못해도 특별 승진임용할 수 있다. 「초·중등교육법」 제21조(교원의 자격) 제3항은 "수석교사는 제2항의 자격증을 소지한 사람으로서 15년 이상의 교육 경력을 가지고 교수·연구에 우수한 자질과 능력을 가진 사람 중에서 대통령령으로 정하는 바에 따라 교육부장관이 정하는 연수 이수 결과를 바탕으로 검정·수여하는 자격증을 받은 사람이어야 한다."라고 규정한다. 「교육공무원법」 제15조(우수 교육공무원 등의 특별 승진)의 요건으로 손색이 없다. 경찰공무원과 일반공무원이 특정한 공적이 있는 경우에 이루어지는 특별 승진 사례와도 견줄 수 있다.

피청구인은 수석교사 임용은 승진이 아니고 보직의 변경이라고 주장한다. 「국가공무원법」 제5조(정의)는 "같은 직급 내에서의 보직 변경", "고위공무원단 직위 간의 보직 변경", "계급 구분을 적용하지 아니하는 공무원은 고위공무원단 직위와 대통령령으로 정하는 직위 간의 보직 변경"으로 보직 변경에 관해 규정한다. 수석교사는 교사, 교감, 교장과 구분되는 직위, 직급, 계급을 가진다. 수석교사는 교사와 같은 직급도 아니고 독자적인 계급을 지녀 "대통령령으로 정하는 직위 간의 보직 변경"에 해당하는 "계급 구분을 적용하지 아니하는 공무원"에도 속하지 않는다. 수석교사는 교사와 동급에서의 보직 변경이 아닌 교장 등의 직급에 상응한 승진임용이라고 판단할 수 있다. 수석교사제 도입을 위해 「초·중등교육법」과 함께 개정된 「교육공무원법」 제29조의3(수석교사의 임용 등) 제5항은 "수석교사의 운영 등 그 밖에 필요한 사항은 대통령령으로 정한다."라고 규정한다. 이는 대통령령이 법제화 목적에 부합할 것을 전제로 한 위임이다. 가르치는 일이 존중받는 교직문화 조성을 위해 입법 취지인 관리직에 상응하는 교수직 최고 우대에 비추어 볼 때, 수석교사의 승진을 부정하거나 격하시키는 위임은 아닐 것이다. 교원의 자격체제는 「교육공무원법」 제6조의2(수석교사의 자격)에 의거한 '교사-수석교사'의 교수직 승진체제 형성, 「교육공무원법」 제7조(교장-교감의 자격)에 의거한 '교사-교감-교장'의 관리직 승진체제 형성, 「교육공무원법」 제9조(교육전문직원의 자격)에 의거하여 '장학사-장학관'의 장학직 승진체제 및 '연구사-연구관'의 연구직 승진체제를 형성한다. 교수직렬인 수석교사 임용이 다른 직렬에 상응하는 대우를 받는 임용이라면, 교수직의 가치를 유지하기 위한 제한이 가능하다고 할 수 있다. 교수직렬의 수석교사는 인사상 제한에 합당한 우대가 미흡한 상태인 데 비해, 다른 직렬은 해당 직위에 합당한 대우를 받으며 제한 없이 다른 직렬로의 이동도 허용된다면, 수석교사는 다른 직렬과는 차별적으로 직업선택의 자유를 침해받는다고 할 수 있다.

피청구인이 제출한 헌법소원심판청구답변서(2013)에서 "수석교사 임기 중에 교장 등의 자격취득을 허용하면 수석교사를 교장 등의 하위 직급으로 인식하여…"에서 유추할 수 있듯이, 교장 등의 하위 직급이 아니라면 수석교사는 교장 등과 동등한 또는 상당한 직급에 해당할 것이다. 「교육공무원법 승진규정」 제2조(적용대상) 제2항 및 「교육공무원임용령」 제14조(승진임용방법) 제1항에 따라 수석교사를 승진임용 대상에서 제외한다면, 「교육공무원법」 제13조(승진) 및 제14조(승진후보자 명부)에서 "수석교사는 승진임용에 해당하지 않는다."라고 명시해 대통령령에 위임해야 한다. 이처럼 규정하지 않은 이유는 「초·중등교육법」 제21조 제3항에서 수석교사 자격증을 가진 자를 「교육공무원법」 제6조의2 수석교사 자격으로 임용하도록 규정한 것처럼, 수석교사는 이미 법률에서 인정한 상위 자격의 임용, 즉 승진임용이기 때문이다. 수석교사는 다른 직렬에 상응하는 대우 없이 임기 중에 교장(감)·원장(감)자격 취득과 전직 및 공모교장 응모의 제한을 받는다. 다른 직렬에 부여된 기회와 차별해서 제한하는 것은 헌법에서 보장한 평등권과 직업선택의 자유를 침해한다고 볼 수 있다. 따라서 「교육공무원법」 제29조3(수석교사의 임용) 제4항 "수석교사는 임기 중에 교장·원장 또는 교감·원감 자격을 취득할 수 없다." 그리고 하위 위임된 대통령 시

행령인 「교육공무원 승진규정」 제2조(적용대상) 제2항 "수석교사에
대해서는 이 영을 적용하지 아니한다."라는 규정은 헌법상 보장된
기본권인 평등권과 직업선택의 자유를 침해하는 부진정입법부작위
법령으로 헌법재판소의 결정에 따라 시행령과 제도를 재정립할 필
요가 있다.

참고문헌

경기in(2014). 수석교사제 제대로 하자. 2014.11.17. 기사.

교육부(1992). 교육발전 기본구상.

교육부(2000). 교직발전 종합방안(시안).

교육부(2011). 30년 교육계 숙원 사업, 수석교사제 드디어 법제화. 2011.06.29. 보도자료.

교육부(2012). 수석교사 법령 개정 관련 청원에 관한 회신. 교원정책과-4657. 2012.04.26.

교육부(2013). 2014년 수석교사 선발·운영 계획' 발표. 2013.11.26.

교육부(2014). 교육부 교원정책과-6827. 2014.10.31.

김선종·송광용·진동섭·허종열(1994). 교원자격제도 개편 방안 연구: 수석교사제를 중심으로. 한국교원단체총연합회 교육정책연구소.

김혜숙·백승관·김희규(2006). 수석교사제 도입에 관한 기초 정책 연구. 교육인적자원부.

김희규(2007). 학교조직과 학습조직. 한국학술정보.

노종희(2006). 수석교사제의 합리적 도입방안과 해결과제. 교육연구사 논집, 19(5), 17-22.

대한민국교직발전연구회(2013). 수석교사제는 승진을 전제로 법제화되었다. 2013.10.07. http://cafe.daum.net/mtsuport.

박영숙(2001). 자격 및 승진체제에서의 교직발전종합방안 실행과제. 한국교원교육연구, 18(2), 139-156.

박종렬(2000). 교수 활동을 중시하는 선임·수석교사제. 한국교원교육연구, 17(2), 67-91.

서정화·노종희·정영수·강인수·서주원(1981). 교육공무원 인사행정제도의 개선방향. RR-144, 한국교육개발원.

우영옥(2014). 수석교사제의 정책 변동 분석. 박사학위논문. 홍익대학교.

이윤식(2006). 왜 수석교사제가 필요한가. 한국교육신문, 2006. 9. 25.

전용조·나일수·김순한(2014). 수석교사의 직무수행능력에 관한 연구. 수석교사출판부.

조동섭·김수영·전제상·정성수(2011). 2010년 수석교사제 시범 운영 평가 및 직무 설계 방안 연구. 대전광역시교육청.

조석훈(2012). 수석교사 지위와 임용에 관한 법적 검토. 교육법학연구, 24(1), 181-203.

최희선·노종희·이윤식(1994). 교원자격·승진체계 2원화 추진방안 연구. 교육부 교원자격승진체계 발전연구위원회.

한국교육개발원(2008). 수석교사 시범운영 평가 진단 및 개선 정책포럼. CRM 2008-23.

한국교육개발원(2018, 2019). 교육통계연보.

한국교육발전연구회(2013). 수석교사제 조기 정착 방안. 미출간.

한국교육신문(2011). 올 스승의 날 함께 하자. 2011.03.14. 기사.

한국교육신문(2013). 수석교사 선발도 대폭 줄 듯. 2013.12.23. 기사.

한국교육신문(2015). '연구하는 교직' 포기하나. 2015.02.16. 기사.

헌법소원심판청구답변서(2013). 2012헌마494 교육공무원법 제29조의3 제5항 등 위헌확인. 법무법인△△.

헌법소원심판청구서(2012). 2012헌마494 교육공무원법 제29조의3 제4항 등 위헌확인. 법무법인○○.

헌법소원심판청구준비서면(2013). 2012헌마494 교육공무원법 제29조의3 제4항 등 위헌확인. 법무법인○○.

KTV(2011). 수석교사제, 공교육의 질 높인다. 2011.08.08. 보도.

MBC(2010). 고참 교원 수석교사·관리직 이원화. 2010.04.27. 보도.

YTN(2010). 수업 잘하는 '수석교사' 우대. 2010.04.26. 보도.

제11장

헌법재판소의 수석교사제 결정례의 평석[*]

(주: 위 제목의 별표(*)는 각주 표시)

1. 수석교사제 도입과 갈등의 배경

2015년 헌법재판소는 2012년 제기된 '수석교사제 헌법소원 심판청구'에 대해 승진규정조항 및 임용령조항의 청구는 각하, 수당규정 등의 조항과 관련해서는 기각 결정을 내렸다. 수석교사제의 역사적 논의의 맥락과 이해관계에 따라 법령의 내용에 관한 해석의 차이로 갈등이 불거졌듯이(조석훈, 2012: 200), 헌법재판소의 판시 또한 해석의 차이로 수석교사의 직위 등 위상의 구체성을 명확하게 해소하지 못한 채 논란은 여전하다.

수석교사제가 제안된 배경은 일차적으로 행정 우위의 교직 풍토 속에서 관리자로 승진하는 것이 교직 생애의 최종 목표로 여기는 인사행정제도의 불합리를 개선하는 데 있다(우영옥, 2014: ii). 전문화된 교사를 요구하는 시대의 요청에 부응하기 위해 교사자격체제를 보다 세분화하여 상위 자격을 마련하고,[1] 교사가 교육의 본질

---

* 정일화(2015). 헌법재판소의 수석교사제 결정례의 평석을 통한 수석교사제 규율의 문제점과 개선방안. 교육법학연구, 27(3), 271-294.

1) 「초·중등교육법」(법률 제10914호), 「유아교육법」(법률 제10913호), 「교육공무원법」(법률 제

인 가르치는 일에서 보람을 얻도록 관리직 중심의 자격승진체제와는 별도로 교수직의 자격승진체제를 제공하려는 제도다(이상일, 2015: 3). 수석교사제는 2008년부터 2011년까지 4년 동안의 시범운영을 통해 필요성을 인정받았다(이윤식·박승란, 2012; 조동섭·김수영·전제상·정성수, 2011).

2011년 7월 25일 국회에서 관련 법률이 개정되고 2012년에 1,131명의 수석교사를 임용해 학교에 배치하였다. 도입 취지에 따라 관리직에 상응하는 교수직 위상이 학교에서 실현되기를 바랐던 기대와 다르게, 현장의 이해 부족과 당국의 불분명한 태도로 인해 수석교사의 위상이 불명확하게 비춰져 교육구성원 간 인식에 혼란이 생기고 갈등이 불거졌다. 제도의 도입을 주장한 한국교총은 교장 등 기존 직위와의 관계를 살피느라 위상 정립에는 소극적인 태도를 보였다. 전교조는 교장공모제 도입을 조건으로 제도를 수용했으나 승진체계로서 존립을 원치 않았다. 지속하는 대립 구조 속에서 정책 방향은 승진구조의 개념에서 전문성을 심화하는 자격체제의 개념으로 변동되었고, 교육 주체 간 입장의 차이로 인해 수석교사제의 본질적 취지가 상당히 축소되었다(우영옥, 2014: iii-iv).

청구인은 수석교사가 학교에서 열악한 처우와 불편한 입장에 처한 것은 법령의 미비 때문으로 판단하고 관련 법령이 헌법의 평등권을 침해한다는 이유로 헌법소원을 제기하였다. 청구인은 「교육공무원법」 제29조의4 제4항[2] "수석교사는 임기 중에 교장·원장 또는 교감·원감 자격을 취득할 수 없다.", 「교육공무원 승진규정」

10905호)의 개정이유

2) 「교육공무원법」 11066호로 개정된 법령(2011.09.30) ④ 수석교사는 임기 중에 교장·원장 또는 교감·원감 자격을 취득할 수 없다.

제2조 제2항 "수석교사에 대해서는 이 영을 적용하지 아니한다.",
「공무원수당 등에 관한 규정」 제17조의2[3] "별표 13에 해당하는 공무원에게는 예산의 범위에서 월봉급액의 9퍼센트(연구직공무원, 지도직공무원 및 교육공무원은 7.8퍼센트)를 관리업무수당으로 지급한다.", 「공무원수당 등에 관한 규정」 제18조의6[4] "공무원에게는 예산의 범위에서 별표 15의 지급 구분표에 따라 직급보조비를 보수지급일에 지급한다."라는 규정을 쟁점의 근거로 삼았다(정일화, 2015).

헌법재판소는 수석교사의 승진규정은 교사를 비교집단으로 삼고 연구활동비는 관리직의 수당 및 직급보조비와 비교해 판시하였다. 헌법재판소의 결정에도 불구하고 수석교사의 법적 지위에 관한 논란은 여전히 계속되고 있다. 헌법재판소의 판시, 법제화 취지와 입법목적, 관련 법령의 보완을 통해 법적으로 명확하게 제시해 논란을 해소해야 한다. 헌법재판소의 결정을 평석評釋하고, 관련 법령을 고찰해 드러난 수석교사제의 법적 문제의 개선 방안을 제안하고자 한다.

2. 수석교사제 헌법소원 심판청구의 쟁점

청구인은 수석교사 임용은 행정관리직렬로 승진한 교감, 교장에 상응해 신설된 교수연구직렬의 지위로서 관련 법령의 불비不備 또는

---

3) 대통령령 제23099호로 개정되고, 2013.01.09. 대통령령 제 24300호로 개정되기 전의 법령(2011.08.29) ① 별표 13에 해당하는 공무원에게는 예산의 범위에서 월봉급액의 9퍼센트(연구직공무원, 지도직공무원 및 교육공무원은 7.8퍼센트)를 관리업무수당으로 지급한다. ···.

4) 대통령령 제22290호로 개정된 법령(2010.07.21)

미비로 인해 다른 직렬에 비해서 합리적이지 않은 차별을 받고 기본권을 침해당한다고 주장하였다. 정부를 대리한 피청구인 자격의 교육부는 심판청구 관련 법률조항은 수석교사로의 임용은 승진이 아님을 명시하고 있어 보직의 변경이라고 주장하며 청구의 부적법을 주장하였다.

1) 교장·교감자격취득 제한의 위헌성

청구인은 수석교사 임용은 다음의 법률에 따라 도입 형성된 교수연구직렬의 승진에 해당한다고 주장하였다. 「초·중등교육법」 제19조 제1항 제1호 "초등학교·중학교·고등학교·공민학교·고등공민학교·고등기술학교 및 특수학교에는 교장·교감·수석교사 및 교사를 둔다." 동법 제20조 제1항부터 제4항까지의 교장, 교감, 수석교사, 교사의 임무 구분. 동법 제21조 제3항 "수석교사는 제2항의 자격증[5]을 소지한 사람으로서 15년 이상의 교육경력(교육공무원법 제2조제1항제2호 및 제3호에 따른 교육전문직원으로 근무한 경력을 포함한다)을 가지고 교수·연구에 우수한 자질과 능력을 가진 사람 중에서 대통령령으로 정하는 바에 따라 교육부장관이 정하는 연수 이수 결과를 바탕으로 검정·수여하는 자격증을 받은 사람이어야 한다." 「교육공무원법」 제29조의4 제1항 "수석교사는 교육부장관이 임용한다." 동법 제2조(정의) 제6항 "이 법에서 '임용'이란 신규채용, 승진, 승급, 전직, 전보, 겸임, 파견, 강임, 휴직, 직위해제, 정직, 복직, 면직, 해임 및 파면을 말한다."

---

5) 정교사(1급·2급), 준교사, 전문상담교사(1급·2급), 사서교사(1급·2급), 실기교사, 보건교사(1급·2급) 및 영양교사(1급·2급)

수석교사는 「교육공무원법」 제29조의4 제4항 "수석교사는 임기 중에 교장·원장 또는 교감·원감 자격을 취득할 수 없다." 및 「교육공무원 승진규정」 제2조 제2항 "수석교사에 대해서는 이 영을 적용하지 아니한다."라는 규정에 의해 헌법에서 보장한 기본권을 침해당한다고 주장했다. 교사의 상위 자격인 교감 등의 관리직과 교사에서 전직한 장학사-장학관 및 교육연구사-교육연구관의 교육전문직은 임기 중 상위 자격취득 및 승진과 전직이 모두 허용된다. 만약 폐쇄적인 전직 임용만을 허용하려면 헌법상 공무담임권에 저촉되지 않도록 하는 합리적인 이유가 제시되어야 한다(조석훈, 2012: 181). 「교육공무원법」 제29조의4 제4항과 「교육공무원 승진규정」 제2조 제2항은 합리적 이유 없이 수석교사의 승진을 인정하지 않으면서 관리직 자격취득도 제한하여 평등권을 침해한다고 주장하였다.

피청구인은 수석교사제는 '헌법 및 교육기본법에서 보장하는 교육의 자주성과 전문성을 확보하기 위한 제도'이며 기존의 교원자격체제와는 다른 자격제도로 이를 분명히 하기 위해 일정 교육경력 이상의 교수·연구에 우수한 자질과 능력을 지닌 자를 수석교사로 임용한다고 하였다. 따라서 심판 대상의 법령은 이원화된 교원자격체계가 안정적으로 운용되어 수석교사제도를 보호하고 유지하기 위한 것이라고 주장하였다(헌법소원심판청구답변서. 2013: 6). 또한 「교육공무원임용령」 제9조의7 제2항 "수석교사가 임기를 마친 경우에는 임기가 끝나는 날의 다음 날에 수석교사 임용 직전의 직위로 복귀한다."라는 규정처럼, 수석교사는 영구적으로 교장의 자격취득을 제한받지 않고 잠정적 제한이어서 수석교사제도의 목적에 비추어 관련 법률조항이 기본권의 본질적인 내용을 침해하지 않는다고 주장하였다.

청구인은 기본권 침해의 비교집단과 관련하여 수석교사가 되려면 교사에서 일정 교육경력과 전문성을 갖추어 상위 자격을 취득한 뒤 임용의 절차를 거치는 점을 고려했을 때, 이를 거친 수석교사를 일반 교사와 비교로 삼는 것은 불합리하다고 보았다. 일반 교사에서 일정 요건을 갖추어 임용되는 교육전문직이 비교 대상이어야 한다고 주장했다. 피청구인은 장학사·장학관, 교육연구사·교육연구관과 같은 교육전문직은 교사와 같이 교장 등의 자격을 취득할 수 있는 지위에 있지만, 「초·중등교육법」 제20조(교직원의 임무) 제4항 "교사는 법령에서 정하는 바에 따라 학생을 교육한다."라는 규정처럼, 학생을 교육하는 교사와는 다른 업무를 수행하는 직군인 만큼 이들과 수석교사를 비교할 수 없다고 하였다.

수석교사는 교사의 상위 자격취득 후 임용된 교수연구직렬의 직위로 기존의 「교육공무원 승진규정」에서 대상으로 인정되지 않고 임기 중 관리직 자격취득, 공모 교장, 교육전문직으로의 전직을 제한받는다. 이에 비해 교수연구직의 전념성專念性이 상대적으로 떨어지는 다른 직렬의 직위는 임기 중 수석교사의 임용을 포함해 교수직과 관리직의 자격취득, 승진, 공모 교장, 전직에 제약받지 않는다. 이는 이원화된 교원자격체계의 안정적 운용과 수석교사제도의 보호를 위해 마련된 법령이라고는 하나 교수연구직에 전념하는 수석교사 일방에게만 불평등한 과잉 제한이라는 문제가 제기될 수 있다.

2) 승진규정의 수석교사 배제의 위헌성

「교육공무원법」은 제29조의4 제4항에서 "수석교사는 임기 중에 교장·원장 또는 교감·원감 자격을 취득할 수 없다."라고 규정한다. 「교육공무원 승진규정」은 제2조 제2항에서 "수석교사에 대해서는 이 영을 적용하지 아니한다."라고 규정한다. 「교육공무원임용령」은 제9조의7 제1항에서 "수석교사의 임용의 제한에 관하여는 제16조를 준용한다. 이 경우 '승진임용'을 '수석교사로 임용'으로, '승진임용제한기간'을 '수석교사임용제한기간'으로 본다."라고 규정한다. 동법 제16조 제1항은 "교육공무원은 다음 각 호의 어느 하나에 해당하는 경우에는 승진임용될 수 없다."라고 규정한다.

청구인은 「교육공무원 승진규정」제2조(적용대상) 제2항이 수석교사의 기본권을 침해한다며 위헌확인을 제기했다. 청구인은 제도 도입의 취지와 입법목적을 들어 수석교사는 행정관리직렬로 승진한 교장·교감에 상응하는 교수연구직렬의 승진에 해당한다고 주장하였다. 청구인은 「초·중등교육법」제21조 제3항은 초·중등학교 정교사 1급 또는 2급 자격을 소지하고 15년 이상의 교육경력을 가진 자가 수석교사 자격을 취득할 수 있도록 하여 수석교사를 교사의 상위 직급의 개념으로 구성하였고, 「교육공무원법」제29조의4 제1항과 동법 제2조 제6항에 따라 승진임용에 해당한다고 하였다.[6]

청구인은 수석교사는 교수연구직위의 승진임용에 해당하나 관련 법령이 불완전 불평등하게 규정되거나 새로운 교수연구직렬에 부합하는 승진규정의 측면에서 결함을 보인다고 하였다. 수석교사의 임

---

6) 「교육공무원법」제29조의4(수석교사의 임용) ① 수석교사는 교육부장관이 임용한다. 「교육공무원법」제2조 ⑥ 이 법에서 "임용"이란 신규채용, 승진, 승급, 전직, 전보, 겸임, 파견, 강임, 휴직, 직위해제, 정직, 복직, 면직, 해임 및 파면을 말한다.

용이 교사와 동일 직급에서 이루어지는 '보직의 변경'으로 설명되어 관리직의 교장 등에 비해 수석교사는 현저하게 저열한 처지에 있다고 주장하였다(헌법소원심판청구서, 2012). 수석교사제는 교사-교감-교장의 관리직 승진 경로 외에 교수직 승진 경로를 마련해 '가르치는 일'에 대한 전문성을 더욱 촉진하고 우대하려는 목적인바, 관리직은 승진으로 인정하고 교수직은 인정하지 않는다면 수석교사제도를 형해화形骸化하는 결과를 낳는 것이라고 주장했다(헌법소원심판청구준비서면, 2013).

피청구인은 「교육공무원법」 제29조의4 제2항의 "수석교사는 최초로 임용된 때부터 4년마다 대통령령으로 정하는 업적평가 및 연수 실적 등을 반영한 재심사를 받아야 하며, 심사기준을 충족하지 못한 경우 대통령령으로 정하는 바에 따라 수석교사로서의 직무 및 수당 등을 제한할 수 있다."라는 규정, 「교육공무원임용령」 제9조의7 제2항의 "수석교사가 임기를 마친 경우에는 끝나는 날의 다음 날에 수석교사 임용 전의 직위로 복귀한다."라는 규정은 수석교사의 임용을 '승진'으로 보지 아니하겠다는 취지임이 명백하다고 주장하였다. 수석교사제도는 능력과 경력을 갖춘 교사의 일반 행정업무의 부담을 줄이는 대신에 수업 연구에 매진해 교육의 전문성을 높이는 취지이며, 수석교사 임용은 '보직의 변경' 정도에 불과하고 '승진'으로 볼 수 없다고 하였다(헌법소원심판청구답변서. 2013: 11).

「교육공무원임용령」 제9조의7 제1항과 제16조 제1항은 수석교사의 임용과 임용제한을 다른 교육공무원의 승진임용과 승진임용제한에 준하도록 한다. 이를 통해 수석교사의 직위 정도를 가름할 수 있다. 「교육공무원임용령」 제14조(승진임용방법) 제1항에 따르면

대학의 교원과 수석교사는 승진후보자 명부를 작성하지 않는다. 교수연구직인 대학의 교원은 경력과 연구실적 등에 의해 '조교수-부교수-정교수'의 승진이 이루어지기 때문에 승진후보자 명부 작성에 의한 승진임용방법에서 제외한 것이다. 대학의 교수연구직 교원과 성격이 유사한 수석교사를 이 규정에 포함한 것은 수석교사의 승진임용을 부정하는 것이 아니다. 기존의 관리직 일원적 승진체계의 승진명부 작성에 의한 방법을 적용하지 않고 대학의 교원처럼 교수연구직에 맞는 다른 방식을 적용한다고 이해해야 타당할 것이다. 승진후보자 명부 작성을 거쳐야 하는 기존 방식을 수석교사에게는 적용하지 않기 때문에 승진이 아니라고 한다면, 새로운 교수직렬의 도입 취지를 몰각(沒却)하는 문제가 제기될 수 있다.

3) 수당 등의 위헌성

청구인은 「공무원수당 등에 관한 규정」 제17조의2 제1항 "별표 13에 규정된 공무원에게는 예산의 범위에서 다음 각 호의 구분에 따라 관리업무수당을 지급한다.", 동법 제18조의6 "공무원에게는 예산의 범위에서 별표 15의 지급 구분표에 따라 직급보조비를 보수지급일에 지급한다."에 대해 위헌확인을 청구했다. 청구인은 수석교사는 교사와 다른 상위 자격취득을 고려할 때 승진임용된 자로서 「교육공무원법」 제29조의4 제3항 "수석교사는 대통령령으로 정하는 바에 따라 수업부담 경감, 수당 지급 등에 대하여 우대할 수 있다."라는 규정에 따른 시행령 마련이 합당하다고 주장하였다. 하지만 「교육공무원 승진규정」은 제2조 제2항에서 "수석교사에 대해서는 이 영을 적용하지 아니한다."라고 규정하며, 「교육공무원임용령」은 제9조의8 제2항에서 "수석교사는 예산의 범위에서 연구활동비를 지급할 수 있다."라고 규정하기에, 「공무원수당 등에 관한 규정」은 교장과 교감은 지급대상에 포함하나 수석교사는 제외하여 수석교사의 평등권을 침해한다고 하였다.

피청구인은 청구인의 주장은 승진을 전제해야만 성립이 가능한 논리로 보직의 변경인 수석교사의 임용을 교장, 교감 등으로의 임용과 동일시할 수 없어 교장 등에 대해서 지급하는 수당을 수석교사에게도 지급하는 것은 부당하다 하였다(헌법소원심판청구답변서, 2013). 「공무원수당 등에 관한 규정」 17조의2 및 같은 규정 [별표 13]에 따라 관리업무수당은 교장과 4급 상당 이상의 직위에 보직된 장학관과 교육연구관에게 지급되고 교감 등에게는 직급보조비가 지급되기 때문에, 「교육공무원법」 제29조의4 제4항 "수석교사는 임기 중에 교장·원장 또는 교감·원감 자격을 취득할 수 없다." 및 기타 법령의 내용 및 그에 따른 직급의 체계상 법령의 개정 없이 대상에 포함하기는 어렵다고 밝혔다.

수석교사제 도입의 핵심은 교원의 승진체계를 새로운 교수연구직렬과 기존의 행정관리직렬로 이원화하는 것이다(정일화, 2015). 교육부는 국회의 법제화 직후에 "수석교사제는 1981년부터 30여 년간 추진을 위해 노력해 온 제도로 수업전문성을 가진 교사가 우대받는 교직 분위기 조성을 위해 현행 일원화된 **교원승진체제**를 교수Instruction 경로와 행정관리Management 경로의 이원화 체제로 개편하려는 것이다."라고 공표하였다(교육부, 2011). 이처럼 교육부는 '승진체제'로서 수석교사제를 확인한 사실이 있다. 위에서 피청구인이 청구인의 주장을 반박하고자 "청구인의 주장은 승진을 전제로 해야만 성립 가능한 논리"라는 표현은 오히려 청구인의 주장을 지지한 다고 할 것이다.

「교육공무원법」 제29조의4 제3항은 "수석교사는 대통령령으로 정하는 바에 따라 수업부담 경감, 수당 지급 등에 대하여 우대할 수 있다."라고 규정한다. 이를 바탕으로 시행령은 '연구활동비'가 아닌 '연구활동수당'으로 규정해야 합당할 것이다. 하지만 「교육공 무원임용령」 제9조의8 제2항은 "수석교사는 예산의 범위에서 연구 활동비를 지급할 수 있다."라고 규정해 수익적 성격인 관리수당에 비해 현재와 같은 수석교사의 연구활동비는 경비적 성격의 지출로 관리받는 불평등한 차별을 보인다. 따라서 청구인은 「공무원수당 등에 관한 규정」에 수석교사 수당과 관련한 조항의 불비를 이유로 문제를 제기하였다.

3. 헌법재판소의 결정에 관한 평석

헌법재판소는 「교육공무원 승진규정」 제2조 제2항, 「교육공무원 임용령」 제9조의8 제2항에 대해서 각하 결정을 내렸다.[7] 「교육공무 원법」 제29조의4 제4항, 「공무원수당 등에 관한 규정」 제17조의2 와 제18조의6에 대해서는 기각하였다. 위헌확인 판시를 평석하여 수석교사제 관련 법령 구성의 문제점을 도출하고자 한다.

---

7) 이하는 헌법재판소의 2012헌마494(2015.06.25) 결정문을 인용해 평석함

1) 「교육공무원법」 제29조의4 제4항

청구인은 수석교사 임용은 교장, 교감 등 관리직에 상응하는 '교수직 승진'이라고 주장하며 「교육공무원법」 제29조의4 제4항 "수석교사는 임기 중에 교장·원장 또는 교감·원감 자격을 취득할 수 없다."라는 규정의 위헌확인을 제기했다. 피청구인은 수석교사 임용은 승진이 아닌 교사에서의 '보직의 변경'이라고 주장했다(헌법소원심판청구서, 2012: 3; 헌법소원심판청구답변서, 2013: 10-11).

결정의 요지 헌법재판소는 일반 교사가 관리직으로의 승진을 위한 경력평정 등에 몰두하는 폐단을 시정하고 교육의 본질인 교수·연구를 우대하는 분위기를 조성하기 위해서는 일원적·수직적인 승진체계에서 벗어난 수석교사가 고유 업무인 연구·교수에 전념하게 할 필요가 있다고 하였다. 수석교사 임기 중 교장 등 관리직 자격을 취득하지 못하게 한 관련 법률조항은 청구인의 평등권을 침해하지 않는다고 판시했다. 헌법재판소는 수업전문성이 뛰어난 교사가 관리직 승진을 하지 않고도 관리직에 상응하는 대우를 받으며 지속해서 가르치는 일에 자긍심을 갖고 교직 생활을 할 수 있게 하려고 관리직 승진 중심의 교원자격체계를 개편한 것이 수석교사제라고 확인하면서 아래와 같은 이유로 청구를 기각하였다.

> 일원적·수직적인 교원승진체제에서 벗어나 전문적으로 교수·연구활동을 담당하도록 신설된 별도의 직위인 수석교사를 교장 등 관리직 교원과 달리 운영하고 이를 조기에 정착시키려는 데에 이 사건 법률조항의 입법목적이 있다. 이러한 입법목적을 실현하기 위해서는 수석교사들이 교장 등 관리직에 지원하거

나 관리직으로 나아가기 위한 경력 관리를 하는 것을 제한하는 것이 불가피하다. 그리고 일반 교사로 남아 교장 등 관리직 자격을 취득할지 수석교사가 되어 연구·교수 지원 활동에만 전념할지 여부는 본인의 자발적인 선택에 달려 있다. 또한 수석교사를 그만두고 일반 교원으로 복귀하면 교장 등 관리직 승진을 위한 자격취득이 가능하다. 이러한 사정을 고려할 때, 이 사건 법률조항이 일반 교사와 달리 수석교사 임기 중에 교장 등 관리직 자격취득을 제한하는 것은 합리적인 이유가 있는 것이므로, 청구인들의 평등권을 침해하지 아니한다.

결정의 평석 헌법재판소는 수석교사가 관리직 승진과는 구분되는 별도의 교수연구직으로 교장 등에 상응하는 일정한 대우를 받는 지위임을 밝혔다. 헌법재판소는 수석교사의 '승진'과 '보직의 변경'을 명시적으로 언급하지는 않고 "기존의 일원적·수직적인 교원승진체계에서 벗어나 전문적으로 교수·연구활동을 담당하도록 신설된 별도의 직위"라고 판시하였다. 헌법재판소는 교수연구직인 수석교사의 정체성을 보호하려는 관점에서 임기 중에 교장 등의 자격을 취득할 수 없게 하는 제한은 기존의 교장 등으로의 승진과는 다른 별도의 제도 도입의 취지에 부합할 뿐 아니라 정착을 위해 불가피하다고 하였다. 헌법재판소의 기각 결정은 관리직에 상응하는 교수연구직렬의 승진 위격의 부인이 아닌 제도 도입의 취지를 살리고자 관리직 자격취득을 제한한 측면의 불가피성을 인정한 것으로 이해할 수 있다. 헌법재판소는 청구인이 실질적으로 다투는 것은 일반 교사는 교장 등의 관리직 자격취득에 아무런 제한이 없으나 수석교사만 제한되는 것은 기본권을 침해한다는 주장으로 받아들여, 수석교사가 관리직에 뜻이 있으면 관리직 승진체계에 속해 기회를 가질 수 있다며 평등권을 침해하지 않는다고 판시하였다. 하지만 수석교사가 일반 교원으로 복귀해 관리직 자격취득이 가능하다는 판시의 원칙은 현실에서는 거의 불가능하다(우영옥, 2014: 184). 수석교사는 일정 경력 이상의 교사 가운데 선발, 임용된다. 헌법재판소는 비교 대상을 일반 교사로 삼아 심리했지만, 일정 경력 이상의 교사 가운데 선발되어 임용된 교육전문직과 교감 등의 관리직을 비교 대상으로 하는 게 타당할 것이다. 관리직과 전문직 등은 그 나름의 도입과 입법목적에도 불구하고 전직과 승진에 제한을 받지 않는다. 입법목적과 정착을 이유로 다른 직위에게 허용되는 바를 제한한다면 평등권을 해한다고 볼 수 있다.

소결 헌법재판소의 결정에서 다음의 의미를 도출할 수 있다. 첫째, "일원적·수직적인 교원승진체계에서 벗어나 전문적으로 교수·연구활동을 담당하도록 신설된 별도의 직위"라고 밝힘으로써 기존의 일원적인 '교사-교감-교장'의 행정관리직렬과 '교사-수석교사'의 교수연구직렬의 이원화 체계를 분명히 구분했다. 둘째, "수석교사를 교장 등 관리직 교원과 달리 운영해야 한다."라고 밝혀, 이원화로 개편된 교원자격체계의 교수연구직렬을 반영한 승진규정의 보완이 요구된다. 셋째, "수석교사제를 조기에 정착하려는 데 이 사건 법률조항의 입법목적이 있다."라고 밝힌 점에서, 정착되는 상황에 맞춰 개정이 가능한 입법재량에 해당한다. 헌법재판소는 수석교사제는 "일반 교사들이 교육·연구에 전념하기보다는 관리직으로 승진하기 위하여 경력평정 등에만 몰두하였던 교육계의 폐단을 시정하고, 교수·연구에 탁월한 능력을 가진 교원을 우대하는 분위기를 조성하기 위해" 도입되었고, "일원적·수직적인 교원승진체제에서 벗어나 전문적으로 교수·연구활동을 담당하도록 신설된 별도의 직위"라고 밝혔다. 이는 수석교사의 교수직 승진을 부인하는 게 아니라 새로운 교수연구직렬의 승진 위상을 확인한 판시라고 할 수 있다.

2) 「교육공무원 승진규정」 제2조 제2항

청구인은 「교육공무원 승진규정」 제2조 제2항 "수석교사에 대해서는 이 영을 적용하지 아니한다."에 관한 위헌확인을 제기하였다. 헌법재판소는 「교육공무원 승진규정」 제2조 제2항은 「교육공무원법」 제29조의4 제4항 "수석교사는 임기 중에 교장·원장 또는 교감·원감 자격을 취득할 수 없다"에 따른 법체계상 통일적인 규정으로 간주해 판시하였다.

결정의 요지 헌법재판소는 「교육공무원 승진규정」 제2조 제2항은 일반 교원의 승진체계에서 배제되어 별도의 직위에 있는 수석교사 임기 중 교장 등의 자격을 취득할 수 없도록 한 「교육공무원법」 제29조의4 제4항을 확인하는 것에 지나지 않는다고 판단하였다. 헌법재판소는 위헌확인이 청구된 「교육공무원법」 29조의4(수석교사의 임용 등) 제4항과 「교육공무원 승진규정」 제2조(적용대상) 제2항을 수미상관으로 판단했다. 「교육공무원법」 29조의4 제4항은 수석교사의 평등권을 침해하지 아니하고, 이 동법 동항을 확인하는 「교육공무원 승진규정」 제2조 제2항은 일반 교사가 교장, 교감 등 관리직 승진체계에서 해당 자격을 취득하게 하는 승진규정인바, 이와는 별개의 교수연구직렬인 수석교사의 기본권을 침해하지 않는다고 판시하였다. 따라서 이 사건 승진규정조항에 의한 기본권 침해 가능성은 없다며 청구의 적법성을 인정하지 않고 아래와 같이 각하하였다.

이 사건 법률조항은 수석교사 임기 중 교장 등의 자격을 취득할 수 없도록 함으로써 수석교사를 일반 교사들의 승진체계로부터 완전히 분리하였고, 그에 따라 이 사건 승진규정조항이 '교육공무원 승진규정'을 수석교사에게 적용할 수 없도록 한 것이다. 따라서 이 사건 승진규정조항은 독자적으로 청구인들의 기본권을 제한하는 것이 아니라, 수석교사의 임기 중 교장 등의 자격을 취득할 수 없도록 한 이 사건 법률조항에 따라 수석교사들이 일반 교원의 승진체제로부터 배제되어 있음을 확인하고 있는 것에 지나지 아니하므로, 이 사건 승진규정조항에 의한 기본권침해가능성은 인정되지 아니한다.

결정의 평석 헌법재판소는 수석교사제를 "기존의 교장 등으로의 승진과는 다른 별도의 제도"라고 판시하며, 수석교사는 기존의 일원적인 승진체계에서 완전하게 분리된 별도의 직위로 교장 등의 관리직에 상응해 합리적 차별이 가능하게 법적 위상이 부여되었다고 밝혔다. 수석교사는 개인의 적성을 고려해 자발적으로 관리직을 택하지 아니하였고, 전문적으로 교수·연구활동을 담당하는 별도의 직위인 수석교사는 관리직 교원과 달리 운영해야 하므로, 일원적·수직적인 교원승진체계를 반영한 「교육공무원 승진규정」을 수석교사에게 적용하지 않는 것은 기본권을 침해하지 않는다고 판시하였다. 즉 현행 「교육공무원 승진규정」은 일원적·수직적인 교원 승진체계를 위해 마련된 것이어서 수석교사는 이에 해당하지 않는다는 판시다.

전문적으로 교수·연구활동을 담당하는 별도로 신설된 직위인 수석교사는 일원적 관리직 승진체계에서 벗어나 행정관리직인 교장 등의 교직원과 달리 운영된다면, 임기 중 '승진의 제한'보다는 '전직의 제한'이 타당하다. 수석교사의 직무가 교감·교장과 종류가 같고, '교사-수석교사-교감-교장'의 일원화 승진체계에서만 기존의

「교육공무원 승진규정」 적용이 부합한다. '승진'과 '승진 제한'은 동일 종류의 직무에 속한 자격체계의 상위 직위의 임용과 관련된다. 교수·연구의 직무를 담당하는 수석교사와 관리직인 교장 등은 상호 다른 직무와 다른 자격체계의 '전직'과 '전직의 제한'이 적합할 것이다. 헌법재판소가 관리직 승진에 적용되는 「교육공무원 승진규정」과 다른 별도의 교수직 승진규정의 보완 필요성을 적시했다면 제도 정립의 구체적 지침이 되었을 것이다. 청구인은 임기 중 관리직 자격취득의 제한과 「교육공무원 승진규정」에서 수석교사를 배제한 것을 문제로 삼기보다는, 제도의 입법목적을 바탕으로 교수연구직렬의 형성을 논증해서 신설된 별도 직위에 부적합한 「교육공무원 승진규정」의 불완전을 쟁점으로 판단을 구했다면 제도 정립을 위한 보다 진일보한 접근 방식이었을 것으로 판단된다.

소결 헌법재판소는 「교육공무원 승진규정」 제2조(적용대상) 제2항은 수석교사제의 입법목적과 관리직에 상응하는 우대를 살펴 평등원칙을 해하지 않는 합리적 차별로 보았다. 「교육공무원 승진규정」 제2조 제2항 "수석교사에 대해서는 이 영을 적용하지 아니한다."라는 규정은 교수직의 승진을 기존의 관리직 승진규정인 「교육공무원 승진규정」에 적용할 수 없다는 의미로 해석해야 할 것이다. 「교육공무원임용령」의 제9조의7 제1항 "수석교사의 임용의 제한에 관하여는 제16조를 준용한다. 이 경우 '승진임용'을 '수석교사로 임용'으로, '승진임용제한기간'을 '수석교사임용제한기간'으로 본다."라는 규정은 수석교사가 교수연구직렬의 승진임용에 해당하기 때문이라고 해석할 수 있다. "수석교사를 일반 교사들의 승진체계로부터 완전히 분리하였고, 그에 따라 이 사건 승진규정조항이 '교육공무원 승진규정'을 수석교사에게 적용할 수 없도록 한 것이다."라는 헌법재판소의 판시는 새로운 교수연구직렬의 승진을 위한 별도의 규정 마련을 주문한 반증으로 볼 수 있다. 수석교사는 「초·중등교육법」 제21조(교원의 자격)에 따라, 교육전문직원으로 근무한 경력을 포함한 교육경력이 15년 이상이며, 교수·연구에 우수한 자질과 능력을 갖춘 사람 중에서 경쟁, 선발하여 연수 이수 결과를 바탕으로 검정·수여하는 자격증을 받은 사람을 임용한다. 헌법재판소의 판시를 근거로 수석교사의 명확한 위상이 법적으로 보완되어 정립되어야 할 것이다. "일반 교사들이 교육연구에 전념하기보다는 관리직으로 승진하기 위하여 경력평정 등에만 몰두하였던 교육계의 폐단"(헌재, 2012헌마494)을 시정할 수 있는 교수연구직렬의 승진 규정이 마련되어야 할 것이다. 이번의 청구와 심리는 '승진의 제한'은 다루었으나, 교수연구직과 행정관리직 간 '전직의 제한' 관점에 관한 논의가 필요하다.

3) 「공무원수당 등에 관한 규정」 제17조의2 제1항 등

청구인은 「교육공무원임용령」 제9조의8 제2항 "수석교사에게는 예산의 범위에서 연구활동비를 지급할 수 있다.", 「공무원수당 등에 관한 규정」 제17조의2 제1항 "별표 13에 규정된 공무원에게는 예산의 범위에서 다음 각 호의 구분에 따라 관리업무수당을 지급한다.", 동법 제18조의6 "공무원에게는 예산의 범위에서 별표 15의 지급 구분표에 따라 직급보조비를 보수지급일에 지급한다."라는 규정에 관한 위헌확인을 청구했다. 헌법재판소는 수석교사의 비교집

단인 교장 등 관리직이 받는 관리업무수당과 직급보조비 지급대상에 수석교사를 포함하지 않는 이 사건 관련 수당규정조항이 헌법의 평등권을 침해하는지를 살폈다.

결정의 요지 헌법재판소는 「교육공무원임용령」에 의거해 수석교사의 연구활동비를 지급하고 「공무원 수당 등에 관한 규정」을 따라 교장 등 관리직에게 관리업무수당 또는 직급보조비를 지급하는 것은 교수직과 관리직의 직무 특성을 고려한 합리적 차별이라고 할 수 있어 기본권을 침해하지 않는다며 청구를 기각했다. 헌법재판소는 입법목적에 따라 수석교사의 직무와 교장 등 관리직의 직무가 이원적이어서 직무를 구분해 수당의 성격을 달리하여 지급하는 것은 평등권을 침해하지 않는다고 하였다. 헌법재판소는 「교육공무원임용령」 조항의 수석교사의 연구활동비가 수익적 조항에 해당하는 실비변상적 수당이며, 교감 등에게 지급되는 직급보조비와 유사하다고 밝혔다.

> 수석교사에게는 이러한 관리업무수당이나 직급보조비가 지급되지 않고, 이 사건 임용령조항에 따라 연구활동비가 지급된다. … 수석교사에게 교장 등 관리직 교원과는 달리 수당이 지급되는 것은, 관리직 교원과 수석교사가 담당하는 업무가 서로 다른 것에서 기인한다. 교장 등의 관리직 교원에게는 교무를 통할하고 소속 교직원을 지도·감독하는 관리 임무가 부여되는 반면에, 수석교사에게는 교사로서의 기본 직무 이외에 교수·연구활동 지원이라는 특수한 임무가 부여된다. 이러한 직무 구분에 따라, 교장 등의 관리직에게는 관리업무수당 또는 직급보조비가 지급되고, 교수·연구직에 해당하는 수석교사에게는 연구활동비가 지급되는 것이다.

결정의 평석 헌법재판소는 수석교사와 관리직 교원은 담당하는 직무가 달라 교수연구직인 수석교사에게는 연구활동비가 지급되고, 교장 등 관리직에게는 관리업무수당 또는 직급보조비가 지급되는 것은 이유 있는 합리적 차별이라고 보았다. 헌법재판소는 수석교사의 연구활동비는 실비변상적 성격으로 교감 등에게 지급되는 직급보조비와 유사하다고 하였다. 월 40만 원의 수석교사 연구활동비는 교장 및 4급 이상 직위의 장학관 등의 관리업무수당에 상응하는 액수다. 교사는 명예퇴직을 하면 교감으로 특별 승진, 교감은 명예퇴직을 하면 교장으로 특별 승진, 수석교사는 명예퇴직을 하면 수석교사다. 이러한 수석교사의 연구활동비로 책정된 금액은 교수직으로서 최종 직위인 수석교사의 위격位格에 부합한다고 할 수 있다. 헌법재판소는 연구활동비 지급의 근거인 「교육공무원임용령」 제9조의8 제2항을 수익적 조항으로, 연구활동비를 실비변상적 수당으로 판단하였지만, 실제로는 경비로 관리된다. 헌법재판소의 이런 판시는 수석교사제의 도입 취지와 위상을 고려했으나 현실을 간과한 면이 있고, '관리'의 의미를 교수연구직렬의 도입에 따른 새로운 관점에서 '직무의 관리'로 폭넓게 보기보다는 기존의 '행정' 중심의 측면에서 협소하게 해석한 측면이 있다고 볼 수 있다.

「교육공무원법」 제29조~29조의4는 장학관, 교장, 공모교장, 수석교사의 직위에 대한 임용을 규정한다. 동법의 제30조는 교감, 교사, 장학사 등의 임용을 규정한다. 제29조와 제30조의 구분은 임용의 격을 달리한 규정이다. 따라서 수석교사는 4급에 상당의 직위인 장학관, 교장, 공모교장과 같은 위격位格의 임용 대상에 해당한다.[8]

---

8) 「교육공무원법」 제29조(장학관의 임용), 제29조의2(교장 등의 임용), 제29조의3(공모에 따른

「공무원수당 등에 관한 규정」의 [별표13] '관리업무수당 지급대상표'의 제시처럼, 연구직공무원, 헌법연구관(보), 4급 상당 이상의 직위에 보직된 교육연구관 등도 관리업무수당의 지급대상이다. 이처럼 연구직 관련 공무원도 관리업무수당의 지급대상에 해당하듯이 '관리'라는 의미를 관리직 자체보다는 '(교수・연구・행정) 직무의 관리'의 의미로 이해할 수 있다. 「교육공무원법」 제29조의4 제3항은 대통령령으로 정하는 바에 따라 수석교사의 수당 지급 등을 우대할 수 있게 규정한다. 교수연구직렬 최고의 위치인 수석교사의 '직무의 관리' 관점으로 접근한다면, 지급대상에 포함할 수 있을 것으로 판단된다.

「교육공무원법」 제29조의4 제3항은 수석교사의 수당 지급을 우대할 수 있다고 규정한다. 이를 따른 「교육공무원임용령」 제9조의8(수석교사의 우대) 제2항이 "수석교사에게는 예산의 범위에서 연구활동비를 지급할 수 있다."라는 임의 규정이다. 「공무원수당 등에 관한 규정」 제17조의2(관리업무수당) 제1항 "… 예산이 범위에서 … 관리업무수당을 지급한다."와 제18조의6(직급보조비) "… 예산의 범위에서 … 직급보조비를 보수지급일에 지급한다."라는 당연 규정이다. 수익 성격의 관리직의 관리업무수당과 직급보조비는 자율적으로 사용할 수 있다. 헌법재판소는 「교육공무원임용령」 제9조의8 제2항은 수익적 조항으로 연구활동비는 실비변상적 성격의 '수당'이라고 판시했으나, 연구활동비는 연구 목적으로 사용 후 증빙자료를 제출하는 등 실제로는 경비로 집행된다는 점에서 관리업무수당 및 직급보조비와 차별이 존재한다. 헌법재판소는 수석교사제가 "수업

교장 임용 등), 제29조의4(수석교사의 임용 등)

전문성이 뛰어난 교사들이 교장 등 관리직으로 승진하지 않고도 일정한 대우를 받으면서 지속적으로 교단에서 자긍심을 갖고 교직 생활을 할 수 있게 하려는 취지에서 도입한 제도이다."라고 밝혔다. 새로운 교수연구직렬의 도입에 따라 기존의 관리직 승진체계의 「교육공무원 승진규정」과 「공무원수당 등에 관한 규정」 등 관련 법령은 변화를 반영하지 못하고 있다. 교수직에 비해 관리직을 우위에 놓는 관행 규정이 답습된다면, "일반 교사들이 교육연구에 전념하기보다는 관리직으로 승진하기 위하여 경력평정 등에만 몰두하였던 교육계의 폐단을 시정하고, 교수·연구에 탁월한 능력을 가진 교원을 우대하는 분위기 조성"(헌재, 2012헌마494)이라는 제도 도입의 취지는 무색하게 될 것이다.

소결 헌법재판소는 직무 구분에 따라 교장 등 관리직에게는 관리업무수당 또는 직급보조비가 지급되고 수석교사에게는 연구활동비가 지급된다고 밝혔다. 헌법재판소는 수석교사의 연구활동비는 실비변상적 성격의 수당으로 교감 등에게 지급되는 직급보조비와 유사하다고 하였다. 매월 보수에 포함하여 지급되는 직급보조비에 비해 연구활동비는 매월 보수에 포함되어 지급되지 않고 학교회계로 입금되어 연구 목적으로만 사용된다는 점에서 직급보조비와 차이가 있다고 하였다. 수석교사의 수당 등을 우대할 수 있는 「교육공무원법」 제29조의4 제3항의 규정에도 불구하고, 시·도교육청은 시범운영 때부터 이어온 관행에 따라 법제화 이후에도 수석교사 연구활동비의 지출 항목과 비율을 정해 관리하고 사용한 영수증을 요구한다. 본인의 인건비로 일정 부분 사용되는 일반적인 연구비와 비교해도 더 엄격한 기준이 적용된다.[9] 직무 구분에 따라 관리직의 수당 등에 상응하여 수익적 성격의 연구활동비를 수석교사에게 지급한다는 헌법재판소의 판시에 부합하기 위해서는, 교수연구직렬의 '직무의 관리'에 따른 수당이어야 할 것이다. 기존의 관리직 중심의 「공무원수당 등에 관한 규정」도 연구직 관련 공무원을 지급대상에 포함한다. 관리업무수당은 (행정)관리직에게만 지급되는 '관리'의 개념보다는 교수, 연구, 행정 등 담당한 '직무의 관리'라는 개념으로 접근함이 타당하다. 「공무원수당 등에 관한 규정」 제17조의2의 대상에 수석교사를 포함하는 것이 수업전문성이 우대받는 교직문화 개선을 위한 새로이 도입된 교수연구직렬 형성의 입법목적에 부합할 것이다.

4. 수석교사제의 법적 개선 방안

헌법재판소는 수석교사 임기 중 관리직 자격취득의 제한을 제도 정립을 위해 필요한 합리적 차별로 인정하였다. 이 결정은 교수연구직인 수석교사의 위상을 부인하는 것이 아닌, 고유의 정체성을 보호하기 위한 것이다. 헌법재판소의 "일원적·수직적인 교원승진 체계에서 벗어나 전문적으로 교수·연구활동을 담당하도록 신설된 별도의 직위"라고 한 판시, 제도 도입의 법률 개정이유인 "전문화된 교사를 요구하는 시대의 요청에 부응하기 위하여 현행 교사자격 체제를 보다 세분화한 상위 자격", 그리고 「교육공무원법」 제2조

---

9) 2015년에 이 논문 발표 이후 2019년부터 영수증 증빙 요구 등 정산이 폐지됨

(정의) 제6항의 임용의 정의에 따라, 수석교사는 새롭게 형성된 교수연구직렬에 자격임용된 승진에 해당한다. 하지만 「교육공무원 승진규정」에서 부작위를 하여 교장 또는 교감 등 어디에 상응한 직위인지 현행 법령에서는 불분명하다. 수석교사제의 부적 성과에 가장 큰 영향 변인은 법제도 기반 부재로, 지위 등을 명확하게 법제화하는 노력이 필요하다(이윤식·박승란, 2012: 363).

새로운 교수연구직렬의 형성 관점에서 법규를 보완해야 한다. 헌법재판소는 수석교사의 연구활동비는 행정관리직의 수당 또는 직급보조비와 유사하다고 밝혔다. 「교육공무원법」 제29조의4 제3항은 "수석교사는 대통령령으로 정하는 바에 따라 수업부담 경감, 수당 지급 등에 대하여 우대할 수 있다."라고 규정한다. 이를 위임받은 대통령령은 수석교사의 수당을 우대하지는 못해도, 적어도 직위에 상응하는 기본적 수당을 규정해야 한다. 그런데 「교육공무원임용령」 제9조의8 제2항 "수석교사에게는 예산의 범위에서 연구활동비를 지급할 수 있다."는 수당이 아닌 비용 성격의 임의 규정이다. 관리직 등의 수당과 직급보조비를 규정한 「공무원수당 등에 관한 규정」의 제17조의2 "별표 13에 규정된 공무원에게는 예산의 범위에서 다음 각 호의 구분에 따라 관리업무수당을 지급한다."와 제18조의6 "공무원에게는 예산의 범위에서 별표 15의 지급 구분표에 따라 직급보조비를 보수지급일에 지급한다."는 당연 규정이다. 공무원의 수당을 규정한 「공무원수당 등에 관한 규정」에 수석교사의 수당을 포함하는 것이 법체계상 타당하다. 전문 사회로의 시대 변화를 반영해 '관리업무수당'의 의미를 '행정업무의 관리'에서 '행정, 교수, 연구 등 전문적 직무의 관리'로 성격을 넓혀 「공무원수당 등에 관한 규정」에서 교수연구직렬의 수석교사 수당을 규정해야 한다.

『헌법』제31조 제6항은 "… 교원의 지위에 관한 기본적인 사항은 법률로 정한다."라고 규정하고, 「초·중등교육법」은 제19조 제4항에서 "학교에 두는 교원의 정원에 필요한 사항은 대통령령으로 정하고, 교육부장관은 교원의 정원에 관한 사항을 매년 국회에 보고하여야 한다."라고 규정한다. 헌법재판소는 "다른 교원들과 그 자격을 달리하여 일정 인원을 수석교사의 정원으로 설정한 후 이에 맞추어…"라고 판시하였다. 「지방교육행정기관 및 공립의 각급 학교에 두는 국가공무원의 정원에 관한 규정」에 '수석교사 정원'을 규정해야 한다. 대학의 교원은 '조교수-부교수-정교수'의 교수연구직 자격 승진제, '교수-학장-부총장-총장'의 관리직 체계, 그리고 '단과대학장·대학원장·부총장·총장' 등의 관리직 보직임용제로 구분해 운영한다. 헌법재판소의 판시에서 시사하듯 유·초·중등도 '교사-교감-교장'의 관리직과 구분되는 '교사-수석교사'의 교수직 승진체계를 법령으로 분명하게 뒷받침할 필요가 있다. 헌법재판소의 판시를 따라 일원적·수직적인 승진체계에서 벗어나 교수·연구를 담당하는 별도 직위인 새로운 수석교사의 위격과 교수연구직렬의 형성을 반영해 기존 관리직 중심의 승진규정과 수당규정 등을 보완해야 할 것이다.

참고문헌

교육부(2011). 30년 교육계 숙원 사업, 수석교사제 드디어 법제화. 2011.06.29. 보도자료.

우영옥(2014). 수석교사제의 정책 변동 분석. 박사학위논문. 홍익대학교.

이상일(2015). 수석교사제의 안정적 정착을 위한 정책 제언. **제337회 국회(정기회) 국정감사 정책** **자료집③**, 1-23.

이윤식·박승란(2012). 수석교사제 시범운영의 성과요인 분석, **교육행정학연구**, 30(1), 363-391.

정일화(2015). 수석교사제 헌법소원 심판청구의 쟁점. **교육법학연구**, 27(1), 191-213.

조동섭·김수영·전제상·정성수(2011). 2010년 수석교사제 시범 운영 평가 및 직무 설계 방안 연 구. **대전광역시교육청**.

조석훈(2012). 수석교사의 지위와 임용에 관한 법적 검토. **교육법학연구**, 24(1), 181-203.

헌법소원심판청구답변서(2013). 교육공무원법 제29조의3 제5항 등 위헌확인. 법무법인△△.

헌법소원심판청구서(2012). 2012헌마494 교육공무원법 제29조의3 제4항 등 위헌확인. 법무법인○○.

헌법소원심판청구준비서면(2013). 2012헌마494 교육공무원법 제29조의3 제4항 등 위헌확인. 법무 법인○○.

제4부

교육자치제도

제12장

교육감 직선제의 위헌확인 심판청구의 쟁점 고찰*

1. 교육감 선출제도의 갈등

「지방교육자치에 관한 법률」 제43조 "교육감은 주민의 보통·평등·직접·비밀선거에 따라 선출한다."라는 규정에 대한 위헌확인이 심리 중이다(헌재, 2014헌마662). 교육감 선출제도는 임명제와 간선제에 이어 주민직선제 방식으로 변화했다. 현행의 선거 방식은 "교육감이 학교운영위원들을 선거인단으로 한 간선제로 선출되는 과정에서 여러 문제점이 발생하여 교육감을 주민직선으로 선출하도록 하며, … 현행 제도의 운영과정에서 나타난 일부 미비점을 개선·보완하려는 것임."이라는 법률의 개정이유를 들어 직선제로 바뀐 것이다.[1] 하지만 주민직선제는 교육의 정치적 중립성 훼손의 논란으로 위헌확인 심판청구에 이르렀다.

헌법재판소는 '주민참여의 원리, 지방분권의 원리, 일반행정으로부터의 독립, 전문적 관리'의 지방교육자치 원칙에 따른 교육감 선

---

* 정일화·정지욱(2015). 교육감 직선제 위헌확인 심판청구의 쟁점 고찰. 교육법학연구, 27(2), 57-85.

1) 「지방교육자치에 관한 법률」 제8069호 법제명변경 및 전면개정 2006.12.20. ("지방교육자치에관한법률"에서 변경)의 개정이유

출제도에 대해 헌법의 가치를 훼손하지 않는 범위에서 입법재량을 인정한다(헌재, 2000헌마283; 헌재, 99헌바113). 헌법재판소는 학교운영위원회 전원에 의한 간선제2000-2006의 위헌성과 관련해 학교운영위원이 아닌 유치원과 초·중등의 일부 학부모가 「지방교육자치에 관한 법률」[2] 제62조 제1항은 선거권과 평등권 등을 침해하고 교육의 자주성을 위배한다고 주장한 헌법소원 심판청구 건을 기각한 바 있다(헌재, 2000헌마283).

주민이 직접 선출하는 방식이 가장 민주적이고 교육자치에 부합한다는 측면에도 불구하고, 투표 행위 자체가 고도의 정치성을 갖는 본질적 한계로 인해 교육감 선거가 정당 선거에 예속되어 교육의 자주성, 전문성, 정치적 중립성을 훼손한다는 비판의 목소리가 높다(이상철, 2011: 247; 이일용·장승혁, 2014: 188). 이런 가운데 지방교육자치의 방향에 대한 우리 사회 여러 분야의 입장은 아래처럼 갈린다.

대통령 소속의 지방자치발전위원회는 지방자치와 지방교육자치를 통합하는 방안인 '지방자치발전 종합계획'을 발표하였다(오동호. 2015, 16-20). 국회는 여야별로 시·도지사가 의회의 동의를 얻어 임명하는 법률안을 발의하거나,[3] 직선제 폐지는 불가하다고 반대한다(중앙일보, 2015a). 시·도지사협의회는 교육자치를 분리하는 국

---

2) 「지방교육자치에 관한 법률」 제6216호 전문개정 2000.01.28.

3) 2015년 5월 28일 새누리당 윤재옥의원 등 10인에 의해 발의된 「지방교육자치에 관한 법률」 일부개정법률안(의안번호 1915298)의 제안이유 및 주요내용을, "현행법에 따른 '교육감 주민직선제'는 과도한 선거비용의 발생뿐만 아니라, 지방자치단체의 장과 교육감 간의 갈등으로 교육정책의 통일성이 저하되고 있으며 교육의 정치화로 인해 과도한 이념대립이 야기되어 교육정책이 표류하는 등 교육감 직선제 도입 이후 다양한 문제점이 지속적으로 제기되고 있음. 이에 현행 교육감 직선제를 폐지하고 시·도지사가 시·도의회의 동의를 얻어 임명하도록 함으로써 교육정책의 통일성을 제고하고 교육자치와 행정자치 간의 갈등 해소를 통한 지방교육의 발전에 기여하려는 것임."이라고 밝힘

가는 거의 없고 지방재정의 탄력성을 위해 직선제 폐지를 주장한다(뉴스1, 2013). 반면에 시·도교육감협의회는 교육자치와 지방자치의 일원화는 교육을 정치권력에 예속시키려는 발상이라고 반발한다(연합뉴스, 2012). 시민단체도 갈린다. 직선제는 최악의 제도라거나(한국일보, 2015), 시장의 러닝메이트제나 임명제는 무리라고 지적한다(뉴스토마토, 2015). 교원단체도 대립한다. 한국교총은 교육의 정치적 중립의 훼손 등 정치선거화의 폐해를 이유로 직선제의 폐지를 주장하고(중앙일보, 2015b), 전교조는 직선제 폐지 방안은 정치적 중립성을 흔드는 정략적 이해관계에 따른 시도라며 반대한다(전교조, 2014a, 2014b).

이처럼 교육감 직선제를 두고 입장이 서로 첨예하게 대립하는 가운데, 「지방교육자치에 관한 법률」 제43조의 위헌확인 청구에 대한 헌법재판소의 결정은 지방교육자치의 향방을 가를 수 있어 초미의 관심을 받고 있다. 따라서 헌법에서 추구하는 지방교육자치의 가치와 헌법재판소의 판례를 바탕으로 교육감 직선제 위헌확인 심판청구의 쟁점을 고찰하여 헌법 가치를 구현할 수 있는 지방교육자치제도의 방향을 살피고자 한다.

2. 지방교육자치제에 대한 헌법재판소의 판시

위헌심판의 쟁점을 평석評釋하기 위해 지방교육자치의 법률적 근거, 교육의 자주성·전문성·정치적 중립성, 지방자치와의 관계 속에서 지방교육자치의 특수한 상황으로 제시한 '이중의 자치' 등에 관한 헌법재판소의 판례를 고찰한다.

1) 지방교육자치제의 법률적 근거

헌법재판소는 현행 지방교육자치제도의 헌법적 근거는 헌법이 보장하는 지방자치제도의 이념과 함께『헌법』제31조 제4항의 "교육의 자주성·전문성·정치적 중립성 및 대학의 자율성은 법률이 정하는 바에 의하여 보장된다."라는 규정에서 찾을 수 있다고 판시하였다(헌재, 2002헌마4; 헌재 2007헌마1175). 이에 따라 교육의 자주성 등에 관해 규정한「교육기본법」제5조 및 지방자치단체의 교육 등에 관한 사무를 분장할 별도의 기관을 두도록 규정한「지방자치법」제112조에 따른「지방교육자치에 관한 법률」이 지방교육자치를 규율한다(헌재, 2002헌마4).

지방자치는『헌법』제117조에 명문화되어 있으나 지방교육자치는 헌법에 명문화되지 않아 교육자치가 헌법상의 가치가 아닐 수 있고(김성배, 2011: 165),『헌법』제31조 제4항의 교육의 자주성 원리와 교육자치는 서로 무관하며 헌법상의 제도보장이 아닌 법률 정책의 산물이라는 주장이 있다(정종섭, 2010: 964; 표시열, 2010: 148 재인용). 반면에 지방교육자치제도는『헌법』제31조 제4항에 근거를 둔 것으로 지방자치와는 구별되는 독자성을 지니고, 법률로는 그 본질적 요소를 침해할 수 없는 제도보장의 성격을 지닌다는 주장이 맞선다(허종렬, 2007: 128).

헌법재판소는 지방교육자치를『헌법』제31조 제4항과『헌법』제117조 제1항에 따른 '교육제도 법률주의'의 제도보장으로 간주한다.『헌법』제31조 제4항은 "교육의 자주성·전문성·정치적 중립성 및 대학의 자율성은 법률이 정하는 바에 의하여 보장된다."라고 규정하고, 『헌법』 제117조 제1항은 "지방자치단체는 주민의 복리에 관한 사무를 처리하고 재산을 관리하며, 법령의 범위 안에서 자치에 관한 규정을 제정할 수 있다."라고 규정한 바, 이는 교육자치와 지방자치에 대한 제도보장이다(헌재, 2010헌마285).

헌법의 제도보장을 따라 「지방자치법」은 제2조(지방자치단체의 종류) 제3항에서 "제1항의 지방자치단체 외에 특정한 목적을 수행하기 위하여 필요하면 따로 특별지방자치단체를 설치할 수 있다."라고 규정한다. 「지방자치법」 제121조(교육·과학 및 체육에 관한 기관) 제1항은 "지방자치단체의 교육·과학 및 체육에 관한 사무를 분장하기 위하여 별도의 기관을 둔다."라고 지방교육단체의 존재 근거를 규정한다.

이를 근거로 「지방교육자치에 관한 법률」 제1조는 "이 법은 교육의 자주성 및 전문성과 지방교육의 특수성을 살리기 위하여 지방자치단체의 교육·과학·기술·체육 그 밖의 학예에 관한 사무를 관장하는 기관의 설치와 그 조직 및 운영 등에 관한 사항을 규정함으로써 지방교육의 발전에 이바지함을 목적으로 한다."라고 밝혀 특별지방자치단체로서 지방교육자치단체의 성립을 규정한다. 이처럼 『헌법』 제31조 제1항이 "모든 국민은 능력에 따라 균등하게 교육을 받을 권리를 가진다."라고 명시한 국민의 교육권을 구현하고자 『헌법』 제31조 제4항의 교육의 자주성·전문성·정치적 중립성을 위한 제도보장으로 「지방교육자치에 관한 법률」이 형성된 것이다.

헌법재판소는 지방교육자치는 지방적 자치와 문화적 자치의 속성을 지니는 특수성으로 인해 정치 부문과는 다른 모습으로 구현될 수 있는 입법권자의 재량을 허용한다(헌재, 99헌바113). 하지만 『헌법』 제31조 제6항에서 규정한 교육제도 법정주의는 기본권의 제한과 형성에 관한 본질적 사항은 반드시 법률로 정해야 한다는 법률유보 원칙의 구체화로 헌법의 가치를 망실忘失한 입법이어서는 안 된다(헌재, 89헌마88). 헌법의 가치를 정변正辯하는 헌법재판소의 판시처럼, 지방교육자치는 지방자치권의 일환으로서 보장되는 것으로『헌법』 제31조 제4항이 보장하는 교육의 자주성·전문성·정치적 중립성을 구현하기 위한 것이다(헌재, 99헌바113).

2) 교육의 자주성·전문성·정치적 중립성

『헌법』 제31조 제1항은 "모든 국민은 능력에 따라 균등하게 교육을 받을 권리를 가진다."라고 명시한다. 헌법재판소는 국민의 '교육권'은 인간의 존엄과 가치와 문화국가 등 헌법의 기본이념을 실현하는 기본권으로 교육자와 교육전문가가 주도하고 관할管轄할 필요에서 교육의 자주성·전문성·정치적 중립성은 법률로 보장되어야 한다며 아래와 같이 판시했다(헌재, 2001헌마710; 헌재, 89헌마88).

> 헌법 제31조 제1항에서 보장하고 있는 교육권은 "인간의 존엄과 가치", "민주국가", "문화국가", "사회국가", "조국의 평화적 통일"이라고 하는 헌법의 기본이념을 실현시키기 위한 필요·불가결의 기본권으로서, 이러한 헌법상의 제 목표는 교육의 자주성과 전문성 그리고 정치적 중립성이 보장되는 경우에만 기대할 수 있다. 즉, 교육의 내용과 방법은 이러한 헌법의 기본목표의 실현을 위한 것이어야 하고, 국가의 특정 정책이나 이념 또는 특정정당의 정책목표 등 헌법상의 기본적 가치질서 이외의 어떠한 부당한 영향으로부터도 독립되어야 하기 때문에 교육의 자주성과 전문성 및 정치적 중립성 특히 국가로부터의 독립성이 반드시 보장

되어야 한다. 그러기에 헌법 제31조 제4항은 "교육의 자주성·전문성·정치적 중립성 및 대학의 자율성은 법률이 정하는 바에 의하여 보장된다."

헌법재판소는 교육은 국가의 특정 정책, 특정 정당 등 외부의 부당한 간섭과 영향에서 벗어나야 한다며 교육의 자주성·전문성·정치적 중립성 각각에 대해 아래와 같이 밝혔다(헌재, 2010헌마285).

'교육의 자주성'이란 교육이 정치권력이나 기타의 간섭 없이 그 전문성과 특수성에 따라 독자적으로 교육 본래의 목적에 기하여 조직·운영·실시되어야 한다는 의미에서의 교육의 자유와 독립을 의미하고(헌재 2002.03.28. 2000헌마283, 판례집 14-1, 211, 226-227 참조), '교육의 전문성'이란 교육정책이나 그 집행은 가급적 교육전문가가 담당하거나, 적어도 그들의 참여하에 이루어져야 함을 말하며(헌재 2003.03.27. 2002헌마573, 판례집 15-1, 319, 332 등 참조), '교육의 정치적 중립성'이란, 교육이 국가권력이나 정치적 세력으로부터 부당한 간섭을 받지 아니할 뿐만 아니라 그 본연의 기능을 벗어나 정치영역에 개입하지 않아야 한다는 것을 말한다(헌재 2004.03.25. 2001헌마710, 판례집 16-1, 422, 437 참조).

교육감 선출제도는 임명제에서 간선제, 그리고 직선제로 변화하면서 후보자의 정치적 행태가 문제로 부각하였다. 헌법재판소는 교육의 정치적 중립성과 관련하여 교육계 스스로의 엄정한 자세를 아래와 같이 촉구했다(헌재, 89헌마88; 헌재, 2001헌마710).

교육의 자주성·전문성·정치적 중립성을 헌법이 보장하고 있는 이유는 교육이 국가의 백년대계의 기초인 만큼 국가의 안정적인 성장 발전을 도모하기 위해서는 교육이 외부세력의 부당한 간섭에 영향받지 않도록 교육자 내지 교육전문가에 의하여 주도되고 관할되어야 할 필요가 있다는 데서 비롯된 것이라고 할 것이다. 그러기 위해서는 교육에 관한 제반정책의 수립 및 시행이 교육자에 의하여 전담되거나 적어도 그의 적극적인 참여하에 이루어져야 함은 물론 교육방법이나 교육내용이 종교적 종파성과 당파적 편향성에 의하여 부당하게 침해 또는 간섭당하지 않고 가치중립적인 진리교육이 보장되어야 할 것이다. 교육의 정치적 중립성은 교육이 국가권력이나 정치적 세력으로부터 부당한 간섭을 받지 아니할 뿐만 아니라 그 본연의 기능을 벗어나 정치영역에 개입하지 않아야 한다는 것을 말한다. 교육은 그 본질상 이상적이고 비권력적인 것임에 반하여 정치는 현실적이고 권력적인 것이기 때문에 교육과 정치는 일정한 거리를 유지하는 것이 바람직하기 때문이다.

헌법재판소는 주민의 직선에 의한 교육감 선거 과정에서의 정치적 중립의 필요성을 밝히면서 직선제가 교육의 자주성, 전문성, 정치적 중립성을 침해하지 않게 하는 법률적 조치를 주문하였다(헌재, 2010헌마285).

주민의 직접선거에 의하여 선출되는 교육감선거과정에서 정치적 중립성이 보장되지 않는다면 교육행정을 교육전문가에 의하여 자주적으로 수행토록 하려는 헌법 제31조의 취지는 무색해지고 말 것이다. 교육자치 및 지역교육발전을 위한 전문성을 가진 인사보다는 정치적 성향을 가진 인사, 대중적 인기가 높거나 사회적 지명도가 높은 인사가 교육감선거에서 유리해질 수밖에 없고, 교육전문가가 후보로 나선 경우라도 특정 정당 또는 유권자들의 정치적 선호도를 더 의식할 수밖에 없어 교육의 발전을 위한 정책개발보다는 대중적 인기에 영합하는 정책을 추진할 가능성이 크므로, 교육의 자주성·전문성에 대한 헌법적 요구에 역행하는 결과가 될 수 있기 때문이다.

헌법재판소는 『헌법』 제31조 제4항 "교육의 … 정치적 중립성 …은 법률이 정하는 바에 의하여 보장된다."라고 명시한 바를 바탕으로 공무원과 교육공무원의 정치적 중립은 제도로 보장된다고 밝혔다(헌재, 2001헌마710). 헌법재판소는 「지방교육자치에 관한 법률」 제46조는 교육감선출 과정에 정당의 선거관여 행위를 금지하고, 「지방공무원법」 제57조는 교육감의 정당가입 및 정치활동을 금지하고, 「지방교육자치법」 제50조는 교육감 선거에 관하여 정치자금법을 준용하도록 규정하여 「정치자금법」 제3조 제1호의 "그밖의 정치활동을 하는 자"에 교육감 및 교육감 선거의 후보자는 명백히 해당하지 않다고 밝혔다(헌재, 2013헌바169). 이처럼 헌법재판소는 교육의 자주성과 전문성을 헌법의 당연한 가치로 인용하면서 교육의 정치적 중립성 보장에 대해 강조했다.

3) 이중의 자치

헌법재판소는 지방교육자치는 지방자치권행사의 일환으로 보장되는 것으로 중앙권력에 대한 지방적 자치의 속성과 더불어 『헌법』 제31조 제4항이 보장하는 교육의 자주성·전문성·정치적 중립성을 구현하기 위해 정치권력에 대한 문화적 자치의 특수성도 지니는 '이중의 자치'라고 하였다(헌재, 99헌바113). 헌법재판소는 지방자치기관은 중앙권력의 수직적 분배라는 속성상 중앙정치기관의 구성과는 다른 방법으로 국민주권·민주주의 원리가 구현될 수 있고, 교육 부문도 문화적 권력이라는 특수성으로 인해 정치와는 다른 모습으로 구현될 수 있다면서 헌법에 따른 제도보장인 지방교육자치 선거는 '민주주의·지방자치·교육자주'의 헌법적 가치를 만족해야 한다고 판시하였다(헌재, 2002헌마57; 헌재, 99헌바113).

　　'민주주의'의 요구를 절대시하여 비정치기관인 교육위원이나
교육감을 정치기관(국회의원·대통령 등)의 선출과 완전히 동일
한 방식으로 구성한다거나, '지방자치'의 요구를 절대시하여 지방
자치단체장이나 지방의회가 교육위원·교육감의 선발을 무조건
적으로 좌우한다거나, '교육자주'의 요구를 절대시하여 교육·문
화분야 관계자들만이 전적으로 교육위원·교육감을 결정한다거
나 하는 방식은 그 어느 것이나 헌법적으로 허용될 수 없다. 지
방교육자치도 지방자치권행사의 일환으로서 보장되는 것이므로,
중앙권력에 대한 지방적 자치로서의 속성을 지니고 있지만, 동시
에 그것은 헌법 제31조 제4항이 보장하고 있는 교육의 자주성·
전문성·정치적 중립성을 구현하기 위한 것이므로, 정치권력에
대한 문화적 자치로서의 속성도 아울러 지니고 있다. 이러한 '이
중의 자치'의 요청으로 말미암아 지방교육자치의 민주적 정당성
요청은 어느 정도 제한이 불가피하게 된다. 지방교육자치는 '민
주주의·지방자치·교육자주'라고 하는 세 가지의 헌법적 가치를
골고루 만족시킬 수 있어야만 하는 것이다.

학계에는 지방교육자치를 지방자치의 일환으로 간주하는 견해도
있다(김경회·안선회·오대영·김대욱, 2010: 13-16; 김영환, 2011:
105 재인용). 『헌법』 제8장 제117조 및 제118조의 지방자치 조항
과 「지방자치법」 제121조(교육·과학 및 체육에 관한 기관)를 헌법
상 교육의 자주성과 교육자치제도는 무관하다는 근거로 삼고, 「지
방분권법」[4] 제12조 2항 "국가는 교육자치와 지방자치의 통합을 위
하여 노력하여야 한다."라는 조항을 내세워 교육감 선임방식으로

---

4) 「지방분권촉진에 관한 특별법」과 「지방행정체제 개편에 관한 특별법」이 폐지되고, 법률 제
　11829호 「지방분권 및 지방행정체제개편에 관한 특별법」이 신규제정(2013.05.28) 이후에 현
　재는 약칭 「지방분권법」으로 불리는 법률 제16888호 「지방자치분권 및 지방행정체제개편에
　관한 특별법」 일부개정됨(2020.01.29)

시·도지사 임명+시·도의회 동의(윤성현, 2012: 92), 시·도지사 러닝메이트제(이기우, 2011: 35), 시·도지사와의 공동등록형 직선제 등의 안이 제시된 바 있다(김영환, 2012: 99).

헌법재판소는 지방교육자치는 『헌법』 제31조 제4항의 교육의 자주성·전문성·정치적 중립성을 구현하는 지방자치권행사의 일환으로서 보장되는 것이라고 판시하였다. 이처럼 지방교육자치는 『헌법』의 제31조 제4항과 제117조 제1항에 의한 제도보장으로 「지방자치법」 제2조 제3항과 제121조 제1항에 따라 「지방교육자치에 관한 법률」이 형성된다. 헌법학계는 교육의 자주성·전문성·정치적 중립성과 지방자치에 대한 헌법 가치 간의 조화를 강조하면서 선거방법은 대체로 일치하게 입법형성의 문제로 간주하고 개선에 무게를 둔다(고전, 2014: 3).

3. 교육감 직선제 위헌확인 심판청구의 쟁점

청구인은 교육감 직선제는 『헌법』 제31조 제4항의 교육의 자주성·전문성·정치적 중립성의 보장을 위반하고, 민주주의·지방자치·교육자주의 헌법적 가치에 미충족하고, 유·초·중등교원의 공무담임권을 침해한다고 주장한다. 관련한 헌법과 헌법재판소의 판례를 바탕으로 심판청구의 쟁점을 살핀다.

1) 교육의 자주성·전문성·정치적 중립성 위반 여부

지방교육자치는 『헌법』 제31조 제4항이 보장하는 교육의 자주

성·전문성·정치적 중립성을 구현하기 위한 것이다(헌재, 99헌바
113; 헌재, 2000헌마283). 교육감 직선제가 이를 위반한다는 주장
과 반론에 대해 헌법재판소의 관련 판례를 바탕으로 살핀다.

청구인의 주장 헌법에 따른 교육자치는 교육의 전문성과 정치적
중립성이 본질적 가치다. 비정치기관인 교육감을 정치기관의 선출
과 완전히 같은 방식으로 구성하는 것은 교육의 정치적 중립성을
보장한 헌법 가치를 훼손한다(한국교총, 2014b). 고도의 정치적 행
위인 선거 방식으로 교육감을 선출하는 것은 '입법 수단의 과잉'
처사이어서(한국교총, 2014c), 교육의 정치적 중립성을 보장하는 헌
법의 가치를 훼손할 소지가 다분하다. 교육감 직선제는『헌법』제
117조 제1항 "지방자치단체는 주민의 복리에 관한 사무를 처리하
고 재산을 관리하며, 법령의 범위 안에서 자치에 관한 규정을 제정
할 수 있다."에 규정된 지방자치와 민주성에만 치우친 제도로『헌
법』제31조 제4항의 '교육의 자주성·전문성·정치적 중립성' 가치
를 훼손한다(한국교총, 2014c).

반론 정치권력에 대하여 교육이라는 문화적 자치의 보장이 필요
한 점으로 인해(헌재, 99헌바113), 교육의 정치적 중립성을 보장하
고자 정당경력 소유자의 피선거권을 일정하게 제한하는 것이 헌법
에 부합하고, 제도적 보완을 통해 교육에 대한 정당의 개입을 최소
화하는 것이 필요하다. 교육감 직선제가 폐지된다면 이후 도입이 예
견되는 '임명제' '시·도지사-교육감 러닝메이트제' '시·도지사-교
육감 공동등록제' 등은 정당의 개입을 전면화하는 것으로 위헌 시

비에 휩싸일 수밖에 없는 제도다(전교조, 2014a, 2014b).

소결 선거제도는 논리·필연적으로 요청되는 일정한 형태가 있는 것은 아니다(헌재, 2002헌마4). 헌법재판소는 지방교육자치의 영역에서는 주민자치의 원칙이라는 민주주의적 요청만을 관철하는 것이 반드시 바람직하다고 볼 수 없고, 교육자치의 특성상 민주적 정당성에 대한 요청이 일부 후퇴하더라도 이는 헌법적으로 용인될 수 있다고 판시하였다(헌재, 2000헌마283; 헌재, 99헌바113). 하지만 입법재량이 인정된다고 하더라도 헌법적 통제에서 자유롭지는 않다(헌재, 2002헌마4). 교육정책의 결정이나 그 집행은 외부세력의 부당한 간섭에 영향받지 않고 가급적 교육자 내지 교육전문가가 주도하고 관할할 수 있는 교육의 자주성·전문성·정치적 중립성이 보장되어야 한다(헌재, 2000헌마278; 헌재, 2007헌마117; 헌재, 2007헌마1175; 헌재, 2010헌마285; 헌재, 94헌마119).

헌법재판소는 교육 부문의 특수성으로 인해 정치 부문과는 다른 모습으로 구현될 수 있어, '민주주의'의 요구를 절대시해 비정치기관인 교육감을 정치기관의 선출과 완전히 동일하게 구성하는 방식은 헌법적으로 허용될 수 없다고 판시하였다(헌재, 2007헌마117; 헌재, 99헌바113). 교육감 직선제 선출을 앞두고 개정된 「지방교육자치에 관한 법률(2010.02.26. 법률 제10046호)」은 교육감 선거에서 정당의 관여를 배제하는 조치를 강화했다. 정당원의 경력 제한, 정당의 교육감후보자 추천 금지, 정당의 교육감 선거 관여 행위 금지, 후보자의 특정 정당 지지·반대의 의사 표시 금지 및 특정 정당으로부터의 지지·추천의 의사 표명 금지, 당원경력 표시 금지,

추첨 순서에 따른 후보자의 성명 나열 등 정치선거와 구별한다. 이처럼 교육감 선거 과정의 정치적 중립성 보장을 위해 정당의 관여를 배제할 필요성은 직선제로 인한 문제점과 관련해 강조될 수밖에 없다(헌재, 2010헌마285).

『헌법』 제117조 제2항은 지방자치단체의 종류를 법률로 정하도록 한다.『헌법』 제118조 2항은 지방의회 의원선거와 지방자치단체의 장의 선임 방법을 입법형성에 맡긴다(헌재, 2002헌마4). 이를 따라「지방자치법」 제121조 제1항은 "지방자치단체의 교육·과학 및 체육에 관한 사무를 분장하기 위하여 별도의 기관을 둔다.", 제2항은 "제1항에 따른 기관의 조직과 운영에 관하여 필요한 사항은 따로 법률로 정한다."라고 규정하고, 「지방교육자치에 관한 법률」 제43조는 "교육감은 주민의 보통·평등·직접·비밀선거에 따라 선출한다."라고 규정한다. 교육감 선임 방법은 입법형성에 따라 선출제이든 임명제이든 가능하다(헌재, 2002헌마4). 지방교육자치가 갖는 특수한 헌법적 의의로 인해「지방교육자치에 관한 법률」 제46조는 교육감 선거 과정에서 정치적 중립성을 확보하고자 지방자치단체장의 선거와 다르게 정당의 선거관여 행위 금지 등을 규정한다(헌재, 2007헌마117; 헌재, 2010헌마285; 헌재, 99헌바113). 따라서 현행 교육감 직선제의 법률적 효력은 타당하다 할 것이다.

2) 민주주의, 지방자치, 교육자주의 헌법적 가치 미충족 여부

지방교육자치는 '민주주의·지방자치·교육자주'의 헌법적 가치를 골고루 만족해야 한다(헌재, 99헌바113). 교육감 직선제가 이런 헌법적 가치를 충족하지 못한다는 주장과 반론에 대해 헌법재판소의 판례를 바탕으로 살핀다.

청구인의 주장 광역자치의 교육감 선거는 유권자가 후보자를 잘 알지 못한 채 '묻지 마' 투표의 행태를 보인다. 이는 지방교육자치의 민주주의적·지방자치적 성격과 부합하지 않는다(한국교총, 2014c). 정당의 조직과 자금을 지원받는 정치선거와 달리 교육자 홀로 광역단위의 선거를 치를 수밖에 없어 진영논리와 정치세력의 개입이 불가피하다(한국교총, 2014c). '민주주의·지방자치·교육자주'의 헌법적 가치를 골고루 만족해야 하는 지방교육자치의 기관 구성에 있어 민주주의의 요구만을 절대시하여 비정치기관인 교육감을 정치기관의 선출과 완전히 동일한 방식으로 구성한 직선제는 헌법적으로 허용될 수 없다(한국교총, 2015; 헌재, 99헌바113).

반론 헌법재판소는 정당경력 소유자의 피선거권을 일정하게 제한하는 것은 헌법에 부합할 뿐만 아니라 다른 제도적 보완을 통해 교육에 대한 정당의 개입을 최소화하는 것이 필요하다고 판시하였다(교육운동연대·교육혁명공동행동·서울교육단체협의회, 2014; 헌재, 2010헌마285). 교육감 직선제 폐지 방안은 교육자치를 정면에서 훼손하는 조치다(전교조, 2014a, 2014b). 교육의 자주성을 유지하고 주민의 의사를 제대로 반영하기 위해서, 주민직선제가 교육자치제도의 취지에 가장 부합한다(교육운동연대 등, 2014). 지방자치단체장 러닝메이트 또는 시·도지사 임명제로 전환된다면 정당의 직접적 개입을 초래하게 되어 교육의 자주성을 침해하고 교육의 정치적 중립성을 훼손하게 된다.

소결 『헌법』 제118조 제2항은 "지방의회의 조직·권한·의원선거와 지방자치단체의 장의 선임 방법 기타 지방자치단체의 조직과 운영에 관한 사항은 법률로 정한다."라고 규정하여 지방자치단체장의 선임 방법을 법률로 유보한다. 지방교육자치는 지방자치권의 일환으로 보장된다(헌재, 99헌바113). 입법목적의 달성을 위해 구체적으로 어떠한 방법을 선택할 것인가는 그것이 현저하게 불합리하고 불공정한 것이 아닌 한 입법재량에 속한다(헌재, 96헌마89; 헌재, 2000헌마283). 「지방교육자치에 관한 법률」 제24조(교육감후보자의 자격) 및 제46조(정당의 선거관여 행위 금지 등)는 교육의 자주성, 전문성, 정치적 중립성을 보장하고자 한다. 지방교육자치는 민주주의·지방자치·교육자주의 '헌법적 가치'를 골고루 만족시킬 수 있어야 한다(헌재, 99헌바113). '정치기관의 선출과 동일한 방식, 시·도지사 및 의회에 의해 좌우되는 방식, 교육·문화 관계자들만의 결정방식'은 헌법적으로 허용할 수 없는 한계다(헌재, 2000헌마283; 헌재, 99헌바113). 이처럼 헌법재판소는 앞선 다른 교육감 선출제도에 대해 문제점을 적시는 하였으나 위헌결정과는 거리가 있었다. 교육감 직선제 역시 '헌법적 가치'의 어느 한쪽에 치우쳐 보이는 측면이 있을지라도 일방을 배척하지 않는 한 위헌결정은 아닐 것으로 예단할 수 있다.

3) 유·초·중등교원의 공무담임권 침해 여부

『헌법』 제25조는 "모든 국민은 법률이 정하는 바에 의하여 공무담임권을 가진다."라고 규정해 보장한다. 이는 공직취임권을 포괄하고 있고(헌재, 96헌마200; 헌재, 2007헌마40), 그 보호영역에는 공직취임 기회의 자의적인 배제가 포함된다(헌재, 2004헌마947; 헌재, 2007헌마40). 헌법재판소의 관련 판례를 바탕으로 청구 내용의 위헌성 여부를 평석한다.

청구인의 주장 교육의 정치적 중립성을 이유로 교육전문가인 유·초·중등교원은 정치활동이 금지되고 현직을 그만두지 않으면 교육감 피선거권이 제한되어 사실상 입후보할 수 없다. 피선거권의 제약을 받지 않는 대학교원과 비교할 때 유·초·중등교원의 피선거권만을 제한한다. 교육감의 선출을 정치시민사회 세력에 의해 좌우되는 선거 방식으로 하는 것은 법체계의 정당성을 위협한다. 이렇게 선출된 교육감은 선거와 관련해 보은·특혜·정실 인사로 연결되어 유·초·중등교원의 공무담임권을 침해한다. 현행의 교육감 직선제는 「공직선거법」을 준용하여 엄청난 선거비용이 소요된다. 특정 정치세력, 시민사회세력의 등을 업는 정치적 선거 방식으로 진행될 수밖에 없다. 능력과 경험을 갖춘 청렴한 교육자·교육전문가가 입후보해 당선되기는 현실적으로 어렵다. 선출방식으로 규정한 '선거'라는 용어 자체가 교육전문가의 교육감 진출에 대한 진입 장벽을 의미한다(전교조, 2014a, 2014b; 한국교총, 2014a, 2014b).

반론 유·초·중등교원의 공무담임권을 침해한다는 면에서는 직선제 폐지를 찬성하거나 반대하는 측의 목소리가 같다. 유·초·중등교육을 대표하는 교육감을 선출할 때 대학교원은 휴직 상태에서 입후보할 수 있으나, 유·초·중등교원은 사직 후에나 가능한 현재의 교육감 선거제도는 헌법에서 보장한 공무담임권을 침해한다고 주장한다. 이에 덧붙여 청구인은 교육의 정치적 중립성을 이유로 유·초·중등교원의 정치활동을 제한하지만, 교육감선출은 고비용과 특정 정치세력이 당락에 영향을 미치는 정치적인 방식으로 이루어져 사실상 유·초·중등교원의 공무담임권을 침해한다고 주장한다. 직선제 폐지를 반대하는 측은 대학교원에게는 선거운동이 허용되고 유·초·중등교원은 선거운동을 할 수 없는 불평등이 존재한다는 이유를 부가적으로 들고 있다(교육운동연대 등, 2014; 전교조, 2014a, 2014b).

소결 교육감 직선제가 유·초·중등교원의 공무담임권을 침해하고 있는지를 세 측면에서 살핀다. 첫째, 대학교원은 정당가입과 선거운동의 자유가 허용되고 재직 상태에서 교육감 입후보가 가능하며 휴직의 상태에서 교육감 겸직이 가능하다. 반면에 유·초·중등교원은 교육의 정치적 중립성을 이유로 정당가입과 선거운동이 금지되며 사직을 해야 교육감에 입후보할 수 있다. 이런 면이 대학교원과 비교해 평등권을 훼손하는가이다. 둘째, 고비용과 정치세력에 편승하게 하는 교육감 선거 방식이 정치적 중립성을 준수하는 유·초·중등교원의 공무담임권을 침해하는가이다. 마지막으로 직업공무원인 유·초·중등교원이 교육감 당선자의 보은·특혜·정실 인사로 인해 직업공무원제 훼손 등 공무담임권을 침해하는가이다.

헌법재판소는 입법자에게 본질적으로 같은 것을 자의적으로 다르게, 본질적으로 다른 것을 자의적으로 같게 취급하는 것을 금지하여, '다른 것을 다르게unlike for unlike'라는 합리적 차별의 허용 기준을 제시했다(헌재, 99헌바113; 헌재, 2001헌마710). 대학교원은 정당가입,

선거운동, 현직 보유의 교육감 입후보, 당선 후 휴직 상태의 겸직이 허용되나 유·초·중등교원은 그렇지 않다. 이런 차별이 헌법상 평등권을 침해하지 않는 합리적 또는 부당한 차별로 볼지가 관건이다. 헌법재판소는 대학교원의 정당가입 및 선거운동의 자유를 허용하면서도 유·초·중등교원에 대하여는 이를 금지하더라도 양자 간 직무의 본질이나 내용 그리고 근무태양態樣이 다른 점을 고려할 때 합리적인 차별이어서 과잉입법금지원칙이나 헌법상의 평등권을 침해하지 않는다고 판시한 바 있다(헌재, 2001헌마710). 그러나 유초중등교원의 교육 대상은 선거권이 없으나 대학교원의 교육 대상은 선거권이 있는 점을 고려한다면,[5] 교육선거 등에서 누구에게 피선거권을 부여하고 제한함으로써 정치적 중립 유지와 침해에 더 큰 영향을 미치는지 재고할 필요가 있다. 유·초·중등교원이 정치선거에서의 대학교원과 동등하게 정당의 가입 또는 선거운동의 자유를 주장하지 않는 한 정치적 중립성 보장을 위한 현행 제도의 피선거권과 겸직의 제한에 대해 새로운 관점으로 판단할 필요가 있다. 교육감 입후보자 간의 자격과 권리는 동등하게 보장되어야 한다.

정치선거처럼 많은 선거비용이 소요되는 교육감 선거의 문제가 유·초·중등교원의 공무담임권을 침해하는가와 관련해서는 「공직선거법」을 준용해 모든 입후보자에게 같게 적용된다는 점에서 위헌 요소는 없어 보인다. 교육감 당선 후의 보은 특혜 등 인사권이 부당하게 행사된다면 이는 형사적 판단의 문제라고 할 수 있다. 소속

---

5) 「공직선거법」 제15조(선거권) 제1항 '18세 이상의 국민은 대통령 및 국회의원의 선거권이 있다. ….' 제2항 '18세 이상으로서 … 지방자치단체의 의회의원 및 장의 선거권이 있다.' 기존 19세 이상에서 18세로 낮춰짐(2020.01.14.개정)
「지방교육자치에 관한 법률」 제49조(「공직선거법」의 준용) 제1항 '교육감선거에 관하여 이 법에서 규정한 사항을 제외하고는 … 시·도지사 및 시·도지사선거에 관한 규정을 준용한다. ….'

공무원의 인사 사무를 관장하는 교육감의 인사권은 법령으로 보장받는다. 공무담임권의 침해와 관련해 위헌확인을 청구하기 위해서는 추상적인 정황이 아닌 명확히 제도적인 침해를 들어 청구인의 자기 관련성을 제시해 입증할 필요가 있다.

4. 교육감 선출제도의 법적 개선 방향

지방교육자치는 '교육의 자주성 · 전문성 · 정치적 중립성' 보장을 위한 제도다(헌재, 2010헌마285). 헌법재판소는 지방교육자치의 원칙으로 '주민참여의 원리, 지방분권의 원리, 일반행정으로부터의 독립, 전문적 관리'를 제시했다(헌재, 2000헌마283). 민주주의에서 선거는 국민주권 및 대의민주주의를 실현하는 핵심적인 수단이며, 선거직 공무담임권과 관련된 차별은 민주주의의 기본 전제를 뒤흔든다(헌재, 91헌마44). 합리적인 선거제도를 마련해 공정하게 운영하는 것은 대의제도의 성패를 좌우한다(헌재, 96헌바60). 주민자치의 원칙 측면에서는 교육감 직선제가 바람직한 방식이나, 선거는 교육의 자주성을 구현하는 한 가지 방편에 불과하다(헌재, 2000헌마283).

『헌법』제118조 제2항은 지방자치단체장의 선임 방법을 법률로 정하도록 한다. 입법목적의 달성을 위해 어떤 방법을 선택하든 그것이 현저하게 불합리하고 불공정한 것이 아닌 한 수용된다(헌재, 96헌마89; 헌재, 2000헌마283). 「지방교육자치에 관한 법률」제43조는 주민의 보통 · 평등 · 직접 · 비밀선거에 따라 교육감을 선출하도록 규정하고 있어 직선제의 법률적 효력은 정당하다. 헌법재판소는 대학교원의 정당가입 및 선거운동의 자유를 허용하는 데 비해 유·초·중등교원에 대하여는 이를 금지하더라도 양자 간 직무의 본질이나 내용 그리고 근무태양이 다른 점을 고려할 때 합리적인 차별이어서 과잉입법금지원칙이나 헌법상의 평등권을 침해하지 않는다고 판시한 바 있으나(헌재, 2001헌마710), 이 같은 다른 점의 고려는 정당의 개입이 허용된 정치기관의 선거에 해당한다 할 수 있다.

교육의 정치적 중립을 위한 제도보장인 지방교육자치선거에서 정당 관련 조항을 제외하고 입후보 및 겸직 자격 등을 차별적으로 적용한다면 유·초·중등교원의 공무담임권을 제한하는 과잉입법으로 볼 수 있다. 교육감 선거운동이 정치적 이슈가 아니고 유·초·중등교육과 관련된 직분의 연장이라고 여긴다면 교육당사자의 참여를 촉진한다는 차원에서 유·초·중등교원에게 선택적 휴직을 허용할 수 있을 것이다(고전, 2007: 22). 정치선거와 다르게 교육의 전문성과 정치적 중립성 보장을 위한 자치제도로 지역의 유·초·중등교육의 대표인 교육감 선거에서 대학교원과 다르게 유·초·중등교원은 휴직이 아닌 사직을 하고 입후보하게 하는 것은 적극적인 공무담임권 보장의 관점에서 재고의 대상이 될 수 있을 것이다.

지방자치제도에 대한 각 대안의 장점에도 불구하고 그 나름의 단점도 여전하여 교육자치의 이념을 실현하고 주민의 참여를 보장하는 가장 적합한 방법이 직선제라는 점을 고려한다면 제도의 선택보다는 개선의 측면에서 입법 보완이 바람직하다(송기춘, 2012: 79; 조재현, 2013: 127). 「공직선거법」을 준용하도록 한 현행의 입법 방식을 바꾸어 「지방교육자치에 관한 법률」에서 준용 조문과 방식을 구체적으로 명시하거나(조석훈, 2008: 201), 교육감선거제도의 역사에서 직선제를 하나의 발전으로 보아 이를 안정적으로 운영할 수 있는 제도의 보완이 필요하다(음선필, 2012: 102). 교육의 자주성, 전문성, 정치적 중립성의 훼손에 대한 논란을 덜 수 있는 교육감 선임방식에 대한 탐구와 더불어 교육이 정치에 휘말리는 분명한 이유에 대한 깊은 성찰이 요구된다.

참고문헌

고전(2007). 지방교육자치에 관한 법률' 관련 헌법소원 분석. 교육법학연구, 19(1), 1-25.

고전(2014). 2014 교육감 주민직선 결과 및 쟁점 분석. 교육법학연구, 26(3), 1-25.

교육운동연대·교육혁명공동행동·서울교육단체협의회(2014). 올바른 교육자치법 개정 촉구 기자
　　회견. 2014.01.07.

김경회·안선회·오대영·김대욱(2010). 지방교육 발전을 위한 시, 도지사의 역할 연구.
　　OR2010-07. 한국교육개발원.

김성배(2011). 지방교육자치제도의 조직·인사에 관한 공법적 검토. 공법연구, 40(2), 165-196.

김영환(2011). 헌법상 지방교육자치의 기본원리. 공법연구, 40(2), 103-132.

김영환(2012). 현행 교육감 선출제도의 개선방안. 한국교육법연구, 9(1), 71-102.

뉴스1(2013). 전국시도지사협의회 '지자체가 교육감 임명권 가져야'. 2013.
　　04.24. 기사.

뉴스토마토(2015). 여야, 교육감 직선제 '존폐' 논란. 2015.05.17. 기사.

송기춘(2012). 교육감 직선제 대안에 대한 헌법적 검토. 법학논집, 16(3), 79-126.

연합뉴스(2012). 전국 시도교육감 '교육자치·지방자치 일원화 안돼'. 2012.11.22. 기사.

오동호(2015). 행정을 말하다_포커스 02 :「지방자치발전 종합계획」주요과제 및 추진계획. 지방행
　　정, 64(735), 16-20.

윤성현(2012). 지방교육자치와 교육감 직선제의 헌법학적 재검토. 세계헌법연구, 18(1), 91-123.

음선필(2012). 지방교육자치시대의 교육감 선임방식 -정당배제형 직선제를 위한 변론-. 홍익법학,
　　13(1), 101-144.

이기우(2011). 일반지방행정과 지방교육행정의 관계. 지방행정연구, 25(3), 35-58.

이상철(2011). 교육감 주민직선제 주요 쟁점과 향후 과제: 2010 전국동시 교육감 선거결과를 중심
　　으로. 교육문제연구, 41, 247-274.

이일용·장승혁(2014). 6.4 교육감선거의 법적 쟁점 및 입후보자 특성 분석. 교육법학연구, 26(3),
　　163-192.

전교조(2014a). 올바른 교육자치법 개정 촉구 기자회견. 2014.01.07. 보도자료.

전교조(2014b). 지방자치발전위, 교육감 직선제를 흔들지 말라!. 2014.12.09. 보도자료.

정종섭(2010). 헌법학 원론. 박영사.

조석훈(2008). 교육감 선거 관련「공직선거법」준용 관계 분석. 교육법학연구, 20(1), 185-204.

조석훈(2009). 교육법의 헌법적 정당성: 헌법재판소의 위헌판례를 중심으로. 교육법학연구, 21(2),
　　325-350.

조재현(2013). 교육자치의 이념적 기초와 교육자치기관의 구성원리에 관한 연구 -교육자치기관의
　　독립성, 전문성, 민주적 정당성과 교육감 및 교육의원의 자격요건을 중심으로-. 공법학연
　　구, 14(1), 101-131.

중앙일보(2015a). '교육 혼란만 커졌다' … 새누리, 교육감 직선제 폐지 추진. 2015.04.28. 기사.

중앙일보(2015b). 교육감 직선제 폐지론. 2015.05.05. 기사.

지성수(2006). 직업공무원제도와 공무담임권과의 관계. 헌법논총, 17, 501-527.

표시열(2010). 지방교육자치의 기본가치와 주요쟁점. 교육법학연구, 22(1), 145-167.

한국교총(2014a). 교육감직선제, 위헌·합헌 논란에 대한 교총 입장. 2014.10.08. 보도자료.

한국교총(2014b). 국회 교문위 전문위원실의 교육감 직선제 폐지 검토의견에 대한 교총 입장. 2014.06.17. 보도자료.

한국교총(2014c). 교총, 교육감직선제 위헌 소송 청구. 2014.08.14. 보도자료.

한국교총(2015). 교총 직선제 폐해 확인, 위헌소송 탄력 기대 및 강력 추진. 2015.04.24. 보도자료.

한국일보(2015). 교육감 직선, 범법자만 양산 vs. 폐지 주장은 교육자치 역행. 2015.04.24. 기사.

허종렬(2007). 개정 지방교육자치법의 위헌 요소 검토. 교육법학연구, 19(2), 127-150.

헌재(2000헌마278). 초중등교육법 제31조 등 위헌확인. 2001.11.29.

헌재(2000헌마283). 지방교육자치에관한법률 제62조 제1항 위헌확인. 2002.03.28.

헌재(2001헌마710). 정당법 제6조 제1호 등 위헌확인. 2004.03.25.

헌재(2002헌마4). 지방교육자치에관한법률 제58조 제2항 [별표2] 등 위헌확인. 2002.08.29.

헌재(2002헌마573). 지방교육자치에관한법률 제60조 등 위헌확인. 2003.03.27.

헌재(2004헌마947). 향토예비군설치법시행규칙 제10조 제3항 제5호 위헌확. 2005.12.22.

헌재(2007헌마117). 지방교육자치에관한법률 제24조 제2항 위헌확인. 2009.09.24.

헌재(2007헌마1175). 지방교육자치에 관한 법률 제10조 제1항 등 위헌확인. 2008.06.26.

헌재(2007헌마40). 공직선거법 제200조 제2항 단서 위헌확인. 2009.06.25.

헌재(2010헌마285). 지방교육자치에 관한 법률 제46조 제3항 위헌확인. 2011.12.29.

헌재(2013헌바169). 정치자금법 제3조 제1호 등 위헌소원. 2014.07.24.

헌재(2014헌마662). 지방교육자치에 관한 법률 제43조 위헌확인. 2015.11.26.

헌재(89헌마32). 국가보위입법회의법 등의 위헌여부에 관한 헌법소원. 1989.12.18.

헌재(89헌마88). 교육법 제157조에 관한 헌법소원. 1992.11.12.

헌재(91헌마44). 지방의회의원선거법 제36조 제1항 에 대한 헌법소원. 1995.05.25.

헌재(94헌마119). 대학입시기본계획일부변경처분 위헌확인. 1996.04.25.

헌재(96헌마200). 공직선거및선거부정방지법 제16조 제3항 위헌확인. 1996.06.26.

헌재(96헌마89). 공직선거및선거부정방지법 제15조 위헌확인. 1997.06.26.

헌재(96헌바60). 공직선거및선거부정방지법 제230조 제1항 제1호 위헌소원. 1997.11.27.

헌재(99헌바113). 지방교육자치에관한법률 제53조 등 위헌소원. 2000.03.30.

제13장

헌법재판소 판례의 교육의 정치적 중립성과 지방교육자치제[*]

1. 지방교육자치제도의 배경과 상황

학교운영위원만을 선거인단으로 하는 간선제의 문제점을 개선하기 위해 2010년에 일부개정된 「지방교육자치에 관한 법률」(이하 「지방교육자치법」) 제43조는 "교육감은 주민의 보통·평등·직접·비밀선거에 따라 선출한다."라고 규정해 교육감 직선제를 제도화하였다. 주민대표성을 강화한다는 명분으로 교육의원제가 일몰되고 도입된 교육감 직선제는 민주성 요구는 해결하였으나 정치적 중립성 확보에는 실패했다는 비판에 직면하게 되어(김영환, 2012: 81), 2014년 교육의 정치적 중립성 위반 등을 이유로 '교육감 직선제 위헌소송 청구'로 이어졌다. 이와 별개로 지방교육자치제는 헌법 가치에 위배되어 지방자치에 통합되어야 한다는 제도에 대한 근본적인 문제도 제기된다(오동호, 2015; 윤성현, 2012: 92).

같은 법 원리와 규정을 근거로 다른 논리의 성립이 가능하여 각

---

* 정일화(2015). 교육의 정치적 중립성의 헌법재판소 판례에 기반한 지방교육자치제 방향 탐색. 교육행정학연구, 33(3), 269-292.

계는 헌법과 법령을 해석한다(김영환, 2012: 81; 안주열, 2014: 216), 예를 들면, 『헌법』 제31조 제4항은 위임 입법에 의한 교육의 자주성·전문성·정치적 중립성의 보장이고(허종렬, 2007: 128), 교육위원회의 폐지 또는 지방의회와의 통합은 헌법상 교육의 정치적 중립성 원리에 반하고(표시열, 2010), 교육행정의 분리 독립의 원리가 헌법상 도출된다는 것은 허상에 불과하고(김성배, 2011: 166), 헌법은 교육자치·지방교육자치·교육감 직선제를 명시적으로 규정하지 않고 지방교육과 직접 관련된 법률유보를 폭넓게 허용한다는 등의 해석이 있다(윤성현, 2012: 91).

이렇게 다양한 법률적 해석은 교육이 정치권력의 지배를 받아 정치적 중립이 훼손될 것을 우려하는 '교육의 절대적 중립성'의 입장과 법치국가에서 교육의 정치적 중립성 보장을 전제로 하는 '교육의 상대적 중립성'의 입장 간 차이에 기인한다. 관점의 차이는 있지만, 교육이 본래 목적을 다하도록 기능할 수 있게 제도적으로 정치적 중립성을 보장해야 한다는 데는 서로의 뜻이 일치할 것이다. 교육은 정치적 이데올로기 및 이해관계와 무관한 자체의 본질적 목적이 있고, 그것의 실현을 위한 활동은 정치적 세력의 영향과는 상관없이 이루어져야 한다(이돈희, 2015: 3). '왜 교육의 정치적 중립성을 헌법에 규정했는가'라는 문제를 돌아보면, 특히 정치적으로 오염된 폐해가 컸기에 정치권으로부터의 중립이 절실히 요청된다(이광윤, 2003: 265).

교육에 대한 헌법의 가치를 실현하는 교육제도는 입법부에 의해 입법되고 행정부에 의해 지원된다. 이러한 역할은 교육 본래의 목적과 기능이 정치적으로 중립적이도록 보장하기 위한 것이지만, 정치세력은 정치적 이해로 교육에 영향을 미치려 한다. 이렇듯 정치적 세력의 작용과 관련된 제도적 특징에서 비롯하는 교육의 정치적 중립성은 다양한 정치적 세력을 어떻게 관리하고 작용하는가에 대한 대응의 문제다(이돈희, 2015). 따라서 교육이 정치적으로 중립을 견지하며 대응할 수 있는 제도형성의 원칙이 중요하다.

헌법재판소는 지방교육자치의 운영상 폐해와 제도의 개선에 대해 다음과 같이 밝혔다. "간선제로 선출되는 과정에서 여러 문제점이 발생하여 교육의원 및 교육감을 주민직선으로 선출하도록 하며, … 현행 제도의 운영과정에서 나타난 일부 미비점을 개선·보완하려는 것임."[1], "주민대표성을 제고하기 위하여 … 소견발표회와 선거공보 외에 후보자 초청회담·토론회를 허용하는 한편, 현행 제도의 운영상 나타난 일부 미비점을 개선·보완하려는 것임."[2] "사회적으로 문제가 되는 교육감 등 선출 관련 비리를 방지하기 위하여 … 현행제도의 운영상 나타난 일부 미비점을 개선·보완하려는 것임."[3] 이처럼 법률을 개정해 오고 있으나 문제는 끊이지 않는다.

어떤 제도이든 시행착오를 거듭한다는 점에서 큰 틀의 선거 방식은 근본적인 문제는 아니라고 볼 수 있다. 다원적 정치세력이 교육에 미치는 영향과 작용에 대해 중립적으로 대응할 수 있는 기준의 부재가 문제라고 할 수 있다. 지방교육자치제에 관한 대립적 논의는 대부분 외재적 틀인 제도 측면에 초점이 맞추어져 있고 정치적 중립성을 실현하는 제도형성의 접근 원칙에 대한 논의는 부족하다. 선거 방식과 관련한 제도 개선을 논의할 때, 최상위 법적 구속력이

---

1) 「지방교육자치에 관한 법률」 제8069호 법제명 변경 및 전면개정(2006.12.20.) 개정이유
2) 「지방교육자치에 관한 법률」 제6216호 전문개정(2000.01.28.) 개정이유
3) 「지방교육자치에 관한 법률」 제5467호 일부개정(1997.12.17.) 개정이유

있는 헌법재판소의 판례를 바탕으로 원칙을 세운 후 이를 바탕으로 접근할 필요가 있다.

2. '교육의 정치적 중립성'의 함의

교육의 정치적 중립성에 대한 철학적 근원, 내포하는 가치, 역사적 배경을 고찰해 교육의 정치적 중립성의 의의意義를 이해하고 헌법 조항과 헌법재판소의 판례를 살핀다.

1) '교육의 정치적 중립성'의 의의

Aristoteles는 국가는 자연적 결과이고 인간은 정치적인 동물이 명백하며 천부적으로나 단지 우연한 것이 아닐지라도 국가 없는 인간은 인간 그 이상 혹은 그 이하라고 하였다. 그러한 사람을 Homer는 "홀로 나는 새와 견줄만하며, 전쟁을 좋아하는 떠돌이, 종족이 없는 무법자이고 가정이 없는 존재일 뿐이다."라고 하였다.[4] 아리스토텔레스의 "인간은 정치적 동물zoon politikon이다."는 인간의 사회성에 관한 철학적 명제로 정치성이 인간의 중요한 본성임을 확인한다(한상수, 2007: 535). 이는 Thomas Aquinas에 의해 "인간은 사회적 동물animal sociale이다."라는 명제로 재구성된 것처럼, 공동체 생활에서 인간이 갖는 정치적 특성은 정연한 사회를 이루고 국가를 구성하는 자연성이다. '정치政治'는 "국민이 인간다운 삶을 영위하게 하고 상호 간의 이해를 조정하며 사회 질서를 바로잡는 따위의 역

---

4) The Portable Library of Liberty. http://files.libertyfund.org/pll/quotes/164.html

할"이라는 의미를 갖는다.[5] 그런데 정치의 실상은 그다지 순수하거나 정의롭지 않은 권력적 파당의 모습으로 나타나고, 비정치적인 모든 것은 정치와 분리되거나 중립적이기 어렵다.

현재의 교육자치도 집단의 속성을 갖는 공동체이고, 어떤 선거 방식이든 국가의 권력을 위임받아 권한을 행사하는 일종의 정치적 활동이다. 이에 『헌법』 제31조 제4항은 "교육의 자주성·전문성·정치적 중립성 및 대학의 자율성은 법률이 정하는 바에 의하여 보장된다."라고 명시해서 정치적 세력의 교육에 대한 개입을 차단하고 교육은 불편부당不偏不黨의 전문적 사무事務로 '학생의 교육을 받을 권리'와 '교원의 가르칠 권리'를 보호할 수 있게 한다. 「교육기본법」 제6조 제1항은 "교육은 교육 본래의 목적에 따라 그 기능을 다하도록 운영되어야 하며, 정치적·파당적 또는 개인적 편견을 전파하기 위한 방편으로 이용되어서는 아니 된다."라고 규정한다. 교육의 정치적 중립성이란 교육은 국가 등 외부세력이 가하는 정치적 영향력에서 자유로워야 한다는 요청이자 헌법에 의해 학교 교육을 위임받은 국가와 교사들에 대한 헌법적 요청으로, '정치의 교육적 중립'과 '교육의 정치적 중립' 양면을 충족해야 한다(권영성, 1999: 246; 노기호, 2000: 178; 허진성, 2011: 146).

교육의 정치적 중립성은 「교육기본법」 제6조 제1항에서 밝힌 것처럼 교육 본래의 목적에 따른 기능과 운영 전반을 포함한다. 교육의 정치적 중립성을 실현하는 기본적 내용으로는 교육의 정치적 무당파성, 교원의 정치적 중립, 권력으로부터 교육의 독립, 교육에 대한 정치적 압력의 배제, 교육의 정치 불간섭, 교육내용과 교육과

---

5) 국립국어원 표준국어대사전

정 운영의 정치적 자유를 들 수 있다(김혜숙·장덕호·조석훈·홍준현·김종성, 2013: 139; 노기호, 2000: 178; 허종렬, 2007: 127). 교육의 정치적 중립성 및 교육의 자주성과 전문성의 관계를 볼 때, 자주성은 전문성의 보장을 위해 요구되는 것이며 중립성은 자주성의 보장을 위해 필요하다는 점에서 상호 밀접하다(신현직, 1999). 교육의 정치적 중립성을 바탕으로 교육의 자주성이 보장되고 교육의 자주성은 교육의 전문성을 보장하는 연결 고리를 갖는다. 이처럼 교육의 정치적 중립성은 교육의 자주성과 전문성을 위한 보루堡壘다. 교육의 정치적 중립성이 훼손되면 교육의 자주성과 전문성의 보장도 흔들린다.

2) '교육의 정치적 중립성'의 역사적 배경

헌법은 법질서 체제에서 가장 상위에 위치하는 법규범, 즉 최고규범 또는 최고법이다. 최고규범으로서 헌법은 자기 보장성을 갖는다(이준일, 2008). 『헌법』이 교육에 대해 어떻게 규정하는지 확인하고, 규정이 어떠한 과정으로 제정되었고, 법해석학의 관점에서 어떤 의미를 함축하는지 밝히는 일은 우리 교육이 제 역할을 하기 위한 중요한 작업이다(안기성, 1988: 27). 과거 서구西歐 및 현대적 공교육제도에서 교육의 정치적 중립성에 대한 역사적 요구의 일면과 우리 『헌법』이 추구하는 교육의 정치적 중립성에 대한 고찰이 필요하다.

교육의 정치적 중립성은 종교적 중립성과 함께 근대 이후 공교육의 중립성에 관해 세워진 기본원칙 가운데 하나다(노기호, 2000: 178). 헌법재판소는 교육의 정치적 보장 원칙만을 따로 판시하지 않고 교육의 자주성과 전문성의 보장 원칙과 함께 거론한다. 『헌법』의 교육의 자주성・전문성・정치적 중립성 조항의 진정한 의미를 이해하려면, 이를 헌법 조항에 삽입하게 된 역사적, 사회적 배경을 알 필요가 있다(안기성, 1995: 21).

교육에 관한 인권은 프랑스 혁명의 과정에서 나타나듯이 종교와 국가권력으로부터의 교육의 자유가 시발점이었다. 19세기 중엽부터 국가주의 사상에 입각하여 공교육법제의 변형인 절대주의적 국가교육법제를 형성하여 근대 교육법의 기본원리마저 부정하기에 이르렀다. 철저한 중앙집권적 교육과정행정에 의해 교육이 지배되어 교육의 종교적 정치적 중립성의 보장은 물론 교육의 자주성의 원리도 부정되었으며, 이는 사이비입헌주의 하에서 파시즘체제를 구축하는 결정적인 수단으로 이용되었다. 현대적 공교육제도가 교육의 자유보다 교육의 평등을 위한 생존권 내지 사회권으로 파악되면서 국가의 개입이 확대되고 그 과정에서 국가권력의 교육지배가 다시 문제가 되었고, 교육 본질에 입각한 교육의 자주성이 정치적 중립성의 요구로 나타나게 되었다(신현직, 1999: 157, 164-165).

제1차 세계대전 이전 서구의 교육은 대개 국가체제 유지를 위한 수단의 하나로 일방적인 가치를 주입하고 권위에 복종하게 가르치려는 목적으로 이루어졌다(배소연, 2013: 139). 이후 대부분 국가는 교육의 정치적 중립성을 선언하고 법으로 규정했다(허진성, 2011: 144). 우리 『헌법』의 연원으로 1985년에 제정된 「홍범洪範 14조」는 근대의 법률제도와 교육제도에 익숙하지 못했던 당시 상황을 나타내듯 현대 헌법의 기본권인 교육권 개념은 감지할 수 없고 국가적 목적을 부각하였다(안기성, 1988: 31). 1919년 제정된 임시정부의 『대한민국임시헌장』은 교육의 의무를 강조하였고, 1941년 대한민국 임시정부의 기본이념인 「대한민국건국강령」은 교육에 대한 국가의 감독을 원칙으로 정했다(김성배, 2011: 167). 1948년 7월 17일에 공포된 『대한민국헌법』의 제16조는 "모든 국민은 균등하게 교육을 받을 권리가 있다. 적어도 초등교육은 의무적이며 무상으로 한다."라고 교육권을 규정했으나, "모든 교육기관은 국가의 감독을 받으며 교육제도는 법률로써 정한다."라고 하여 교육의 정치적 중립성은 빠진 채 교육기관에 대한 국가 감독권만을 규정했다. 이로 인해 학교는 비일비재하게 내무나 경찰의 통제를 받아야 해서 교육행정이 경찰행정에서 해방되는 것을 갈망하였다(안기성, 1995: 22).

1962년 12월 26일에 전문개정된 『헌법』 제6조 제2항은 "공무원의 신분과 정치적 중립성은 법률이 정하는 바에 의하여 보장된다."라고 규정하여 '정치적 중립성'을 명시하였다. 『헌법』 제27조 제4항은 "교육의 자주성과 정치적 중립성은 보장되어야 한다."라고 '교육의 정치적 중립성'을 처음 규정하였다(헌재, 2001헌마710). 『헌법』 제27조 제5항은 "교육제도와 그 운영에 관한 기본적인 사항은 법률로 정한다."라고 규정하였다. 1962년 『헌법』 개정 때 교육의 자주성과 교육의 정치적 중립의 조항이 추가된 것은 정치적 독단에 의해 교육이 좌우되는 상황으로 인해 학교 사회를 중심으로 불만이 고조되어 일어난 1960년 4·19혁명에 따른 요구의 수용이라 할 수 있다(안기성, 1995: 22). 1980년 10월 27일에 전부개정된 제5공화국 『헌법』 제29조 제4항은 "교육의 자주성·전문성 및 정치적 중립성은 법률이 정하는 바에 의하여 보장된다."라고 규정해 교육의 전문성을 추가하였다.

헌법의 교육에 관한 직접 조항은 그 시대의 교육에 대한 정치적 산물임을 부정할 수 없다(백규호, 2014: 71). 헌법이 교육의 정치적 중립성을 명시한 바는 제헌 학자의 시대적 반성의 반영이기도 하다. 한시적 국가권력의 부당하고 왜곡된 교육 지배 또는 당파성을 배격하여 교육의 정치적 중립성을 확보하는 일은 교육의 본질 달성하는 데 꼭 필요하다는 관점에서, "공권력이 설치하는 교육기관은 일체의 정치적 권위로부터 가능한 한 독립하지 않으면 안 된다."라고 진리교육의 자유성을 표현한 Condorcet의 말을 떠올릴 수 있다(신현직, 1999: 157). 진리와 진실에 충실해야 한다는 교육의 본질로부터 요구되는 정치적 중립성은 권력지배에서 교육의 독립을 의미하는 것이지 교육내용에서 정치적 요소를 배제하는 것은 아니다(신현직, 1999: 166). 헌법에서 종교와 정치의 분리를 적시하였으나 교육은 그렇지 않은 것처럼, 교육은 정치를 초탈해 존립하기 어렵다. 이런 면에서 깨지기 쉬운 유리병을 조심스럽게 다루듯 교육의 정치적 중립성을 유지하려는 사회·정치체제의 합의와 더불어 교육자 및 교육계 스스로 정치적 중립성의 훼손을 경계해야 한다.

3. '교육의 정치적 중립성' 관련 헌법재판소의 판례

민주주의 헌법은 국민의 기본권 보장을 위해 국가권력을 제한하는 국민의 국가계약의 문서다. 『헌법』 제31조 제4항 "교육의 자주성·전문성 및 정치적 중립성은 법률이 정하는 바에 의하여 보장된다."의 '법률이 정하는 바'는 제한적 법률유보가 아니라 형성적 법률유보로의 해석이 타당하다(백규호, 2014: 74). 『헌법』 제31조 제4항 따라 「교육기본법」 제6조(교육의 중립성) 제1항은 "교육은 교육 본래의 목적에 따라 그 기능을 다하도록 운영되어야 하며, 정치적·파당적 또는 개인적 편견을 전파하기 위한 방편으로 이용되어서는 아니 된다."라고 규정하였다. 헌법의 '교육의 정치적 중립성' 선언의 의미는 '정치의 교육적 중립'도 내포한다(노기호, 2000: 180).[6] 헌법상 교육의 정치적 중립성은 교육의 목적과 기능을 실현하기 위한 것으로 이해되어야 한다(배소연, 2013: 157). 헌법재판소는 교육의 자주성·전문성·정치적 중립성의 관계를 아래와 같이 밝혔다(헌재, 2001헌마710).

교육의 자주성·전문성·정치적 중립성을 헌법이 보장하고 있는 이유는 교육이 국가의 백년대계의 기초인 만큼 국가의 안정적인 성장 발전을 도모하기 위해서는 교육이 외부세력의 부당한 간섭에 영향받지 않도록 교육자 내지 교육전문가에 의하여 주도되고 관할되어야 할 필요가 있다는 데서 비롯된 것이라고 할 것이다. 그러기 위해서는 교육에 관한 제반정책의 수립 및 시행이 교육자에 의하여 전담되거나 적어도 그의 적극적인 참여하에 이루어져야 함은 물론 교육방법이나 교육내용이 종교적 종파성과 당파적 편향성에 의하여 부당하게 침해 또는 간섭당하지 않고 가치중립적인 진리교육이 보장되어야 할 것이다(헌재, 89헌마88). 교육의 정치적 중립성은 교육이 국가권력이나 정치적 세력으로부터 부당한 간섭을 받지 아니할 뿐만 아니라 그 본연의 기능을 벗어나 정치영역에 개입하지 않아야 한다는 것을 말한다. 교육은 그 본질상 이상적이고 비권력적인 것임에 반하여 정치는 현실적이고 권력적인 것이기 때문에 교육과 정치는 일정한 거리를 유지하는 것이 바람직하기 때문이다.

---

6) 「교육기본법」의 규정을 살펴보면, '교육의 정치적 중립'에 관한 내용만을 담고 있고, '정치의 교육적 중립'에 관한 규정을 찾아 볼 수 없다(노기호, 2000: 180). 그러나 헌법재판소는 이 둘의 의미를 포함하여 판시하였고, 두 가지 의미의 수용으로 이해하는 것이 일반적이다.

헌법재판소의 결정에서 비록 헌법재판관 소수의 의견이지만 『헌법』이 명시한 교육의 자주성과 중립성의 보장을 위해 국가로부터 교육의 독립성을 밝힌 아래의 내용은 주목할 필요가 있다(헌재, 89헌마88).

> 헌법 제31조 제1항에서 보장하고 있는 교육권은 "인간의 존엄과 가치", "민주국가", "문화국가", "사회국가", "조국의 평화적 통일"이라고 하는 헌법의 기본이념을 실현시키기 위한 필요·불가결의 기본권으로서, 이러한 헌법상의 제목표는 교육의 자주성과 전문성 그리고 정치적 중립성이 보장되는 경우에만 기대할 수 있다. 즉, 교육의 내용과 방법은 이러한 헌법의 기본목표의 실현을 위한 것이어야 하고, 국가의 특정 정책이나 이념 또는 특정정당의 정책목표 등 헌법상의 기본적 가치질서 이외의 어떠한 부당한 영향으로부터도 독립되어야 하기 때문에 교육의 자주성과 전문성 및 정치적 중립성 특히 국가로부터의 독립성이 반드시 보장되어야 한다. 그러기에 헌법 제31조 제4항은 "교육의 자주성·전문성·정치적 중립성 및 대학의 자율성은 법률이 정하는 바에 의하여 보장된다."

교육의 정치적 중립을 해하는 부당한 영향력 행사를 차단하여 교육 및 국가의 안정적 발전을 꾀함은 교육자치제의 성립 이유다. 교육자치의 모든 것은 교육의 본질에 충실해야 하고, 불편부당한 실천이 정치적 중립성을 보장받고 유지하는 요건이다. 헌법재판소는 공무원에게 요구되는 정치적 중립성은 제도적으로 보장되며, 『헌법』제31조 제4항 "교육의 … 정치적 중립성 …은 법률이 정하는 바에 의하여 보장된다."라는 명시에 따라 헌법적 차원에서 교육공무원에게는 더욱 강력하게 적용되는 정치적 중립의 보장이 필요하다고 판시하였다(헌재, 2001헌마710).

교육의 정치적 중립성에 대한 요청은 교육이 정치에서 완전히 배제되거나 분리되는 것을 의미하지 않는다(배소연, 2013: 130). 동시에 교육이 본연의 기능을 벗어나 정치영역에 개입하지 않아야 한다(헌재, 2001헌마710). 교육이 정치적 중립성을 유지할 때 교육 외부의 세력에 국가와 지방자치단체가 포함되느냐는 논란은 차치하고, 헌법에 보장된 교육권과 교육의 정치적 중립성을 침해하는 부당한 제반 간섭을 교육의 본질에서 벗어난 외부세력이라고 한다면, 배척되는 것이 마땅하다. 교육의 정치적 중립성 유지를 위해서는 가치중립적인 진리교육을 침해하는 당파적 편향성에 저촉되지 않아야 한다.

『헌법』 제27조 제5항은 "교육제도와 그 운영에 관한 기본적인 사항은 법률로 정한다.", 『헌법』 제31조 제4항은 "교육의 자주성·전문성·정치적 중립성 및 대학의 자율성은 법률이 정하는 바에 의하여 보장된다." 그리고 『헌법』 제31조 제6항은 "학교교육 및 평생교육을 포함한 교육제도와 그 운영, 교육재정 및 교원의 지위에 관한 기본적인 사항은 법률로 정한다."라고 규정해 교육제도 법률주의를 선언한다. 헌법재판소는 "교육제도 법률주의는 국가의 백년대계인 교육이 일시적인 특정 정치세력에 의하여 영향을 받거나 집권자의 통치상의 의도에 따라 수시로 변경되는 것을 예방하고 장래를 전망한 일관성이 있는 교육체계를 유지·발전시키기 위한 것이다."라고 판시하였다(헌재, 99헌바14).

『헌법』 제37조 제1항은 "국민의 자유와 권리는 헌법에 열거되지 아니한 이유로 경시되지 아니하고, …"라고 규정하고, 『헌법』 제37조 제2항은 "국민의 모든 자유와 권리는 국가안전보장·질서유지

또는 공공복리를 위하여 필요한 경우에 한하여 법률로써 제한할 수
있다. 그러나 제한하는 경우에도 자유와 권리의 본질적인 내용을
침해할 수 없다."라고 규정한다.[7] 따라서 입법재량에 맡겨 형성되는
교육 관련 법률은 『헌법』 제31조 제4항이 명시한 교육의 자주성,
전문성, 정치적 중립성의 보장을 망실하거나 경시하는 과잉 또는
과소입법이지 않고, 비례의 원칙, 최소침해의 원칙, 법익균형의 원
칙 등 기본권 제한의 원칙 준수를 요구하는 헌법의 허용 범위에 부
합해야 한다.

4. 지방교육자치의 헌법적 본질과 방향

헌법재판소는 교육제도의 기본적 사항을 법률로 정할 때 헌법 가
치의 본질을 침해하지 않는 한 입법형성의 자유에 속한다고 판시하
였다(헌재, 89헌가106; 헌재, 95헌바19; 헌재, 99헌바14). 헌법의
고찰을 통해 교육의 정치적 중립성을 보장하는 지방교육자치제의
방향을 탐색한다.

1) 지방교육자치의 헌법적 본질

헌법재판소의 교육자치제와 관련한 판단의 준거는 일차적으로
헌법 정신과 헌법의 기본권 보장 관련 규정과 부합하는지에 달려있

---

7) 헌재(91헌마67). 『헌법』 제37조 제2항에 의하면 기본권은 원칙적으로 법률에 의해서만 제한
   될 수 있는데, 이때의 기본권을 제한하는 법률은 국회에서 제정한 형식적 의미에서의 법률이
   어야 하므로, 기본권의 제한은 직접 법률에 의하거나 법률의 근거에 의한 법규명령에 의해서
   가능하며, 형식적 법률 이외의 법규범, 즉 법률의 근거나 위임이 없는 명령, 조례 또는 관습
   법 등에 의해서는 제한할 수 없다.

다(고전, 2007: 2). 『헌법』 제10조는 "모든 국민은 인간으로서의 존엄과 가치를 가지며, 행복을 추구할 권리를 가진다. 국가는 개인이 가지는 불가침의 기본적 인권을 확인하고 이를 보장할 의무를 진다."라고 규정하여 국민의 기본권 보장을 명시한다. 『헌법』 제22조 제1항은 "모든 국민은 학문과 예술의 자유를 가진다." 그리고 『헌법』 제31조 1항은 "모든 국민은 능력에 따라 균등하게 교육을 받을 권리를 가진다."라고 규정하여 국민의 학문의 자유와 교육권을 기본권으로 명시한다.

『헌법』 제31조 제4항은 "교육의 자주성·전문성·정치적 중립성 및 대학의 자율성은 법률이 정하는 바에 의하여 보장된다."라고 규정하여 교육권을 실현하는 교육의 자주성·전문성·정치적 중립성의 제도보장으로 교육자치를 가능하게 한다. 『헌법』 제117조 제1항은 "지방자치단체는 주민의 복리에 관한 사무를 처리하고 재산을 관리하며, 법령의 범위 안에서 자치에 관한 규정을 제정할 수 있다." 그리고 제117조 제2항은 "지방자치단체의 종류는 법률로 정한다."라고 하여 지방자치를 규정하였다. 이를 따라 「지방자치법」과 「지방교육자치법」이 제정되었다.

「지방자치법」 제2조 제1항은 지방자치단체를 '특별시, 광역시, 특별자치시, 도, 특별자치도. 시, 군, 구'로 구분하고, 제2조 제3항은 "제1항의 지방자치단체 외에 특정한 목적을 수행하기 위하여 필요하면 따로 특별지방자치단체를 설치할 수 있다."라고 규정한다. 동법 제9조 제1항은 "지방자치단체는 관할 구역의 자치사무와 법령에 따라 지방자치단체에 속하는 사무를 처리한다.", 동법 제9조 제2항은 "제1항에 따른 지방자치단체의 사무를 예시하면 다음 각 호와 같다."라고 규정하고, 제2항 제5호는 '교육·체육·문화·예술의 진흥에 관한 사무'의 '가'에서 "유아원·유치원·초등학교·중학교·고등학교 및 이에 준하는 각종 학교의 설치·운영·지도 ⋯"를 제시한다. 「지방자치법」 제2조 제2항은 "다만, 법률에 이와 다른 규정이 있으면 그러하지 아니하다."라는 단서를 달아 「지방교육자치법」의 효력을 수용한다.

「지방자치법」 제121조 제1항은 "지방자치단체의 교육·과학 및 체육에 관한 사무를 분장하기 위하여 별도의 기관을 둔다.", 제2항은 "제1항에 따른 기관의 조직과 운영에 관하여 필요한 사항은 따로 법률로 정한다."라고 규정하여 지방교육자치의 제도보장을 한다. 「지방교육자치법」 제1조는 "이 법은 교육의 자주성 및 전문성과 지방교육의 특수성을 살리기 위하여 지방자치단체의 교육·과학·기술·체육 그 밖의 학예에 관한 사무를 관장하는 기관의 설치와 그 조직 및 운영 등에 관한 사항을 규정함으로써 지방교육의 발전에 이바지함을 목적으로 한다."라고 규정한다. 「지방자치법」과 「지방교육자치법」의 관계를 따르면 지방교육자치는 지방자치의 영역 가운데 하나라고 할 수 있다.

헌법은 교육의 자유라는 시민의 기본권 보장 측면과 현실 정치에서 교육이 왜곡된 역사의 교훈을 통해 『헌법』 제31조 제4항에서 교육의 자주성·전문성·정치적 중립성을 명시하여 법률적으로 보장하도록 한다. 『헌법』 가치를 구현하기 위해 「교육기본법」 제5조는 교육의 자주성과 전문성을,[8] 동법 제6조는 교육의 중립성을 규정

---

8) 「교육기본법」 제5조(교육의 자주성 등) ①국가와 지방자치단체는 교육의 자주성과 전문성을 보장하여야 하며, 지역 실정에 맞는 교육을 실시하기 위한 시책을 수립·실시하여야 한다.

한다.[9] 하지만 「지방교육자치법」 제1조(목적)는 교육의 자주성, 전문성, 지방교육의 특수성을 명시하나 교육의 중립성을 누락하고 있다.[10] 이는 앞서 언급한 바처럼, 「지방교육자치법」은 「지방자치법」 제121조(교육·과학 및 체육에 관한 기관) 제1항과 제2항 등의 근거 또는 준용한 법률 형성에 기인한다고 할 수 있다. 하지만 아래와 같이 헌법재판소가 판시한 지방교육자치의 헌법적 본질을 고려하면(헌재, 99헌바113), 「지방교육자치법」은 헌법에 따른 직접적인 법률 형성이 가능하다 할 것이다.

> 국민주권의 원리는 공권력의 구성·행사·통제를 지배하는 우리 통치질서의 기본원리이므로, 공권력의 일종인 지방자치권과 국가교육권(교육입법권·교육행정권·교육감독권 등)도 이 원리에 따른 국민적 정당성기반을 갖추어야만 한다. 그런데, 국민주권·민주주의원리는 그 작용영역, 즉, 공권력의 종류와 내용에 따라 구현방법이 상이할 수 있다. … 지방교육자치도 지방자치권 행사의 일환으로서 보장되는 것이므로, 중앙권력에 대한 지방적 자치로서의 속성을 지니고 있지만, 동시에 그것은 헌법 제31조 제4항이 보장하고 있는 교육의 자주성·전문성·정치적 중립성을 구현하기 위한 것이므로, 정치권력에 대한 문화적 자치로서의 속성도 아울러 지니고 있다. 이러한 '이중의 자치'의 요청으로 말미암아 지방교육자치의 민주적 정당성요청은 어느 정도 제한이 불가피하게 된다. 지방교육자치는 '민주주의·지방자치·교육자주'라고 하는 세 가지의 헌법적 가치를 골고루 만족시킬 수 있어야만 하는 것이다.

---

9) 「교육기본법」 제6조(교육의 중립성) ① 교육은 교육 본래의 목적에 따라 그 기능을 다하도록 운영되어야 하며, 정치적·파당적 또는 개인적 편견을 전파하기 위한 방편으로 이용되어서는 아니 된다.

10) 「지방교육자치에 관한 법률」 제1조(목적) '이 법은 교육의 자주성 및 전문성과 지방교육의 특수성을 살리기 위하여 … 목적으로 한다.'

"지방교육자치도 지방자치권행사의 일환으로서 보장되는 것이므로, 중앙권력에 대한 지방적 자치로서의 속성을 지니고 있지만, 동시에 그것은 『헌법』 제31조 제4항이 보장하는 교육의 자주성·전문성·정치적 중립성을 구현하기 위한 것이므로 …"라고 한 헌법재판소의 판시처럼, 지방교육자치는 중앙권력에 대비되는 포괄적 개념으로 지방자치의 속성을 지니나 지방자치단체와는 별개의 독립적인 문화적 자치라고 해석할 수 있다.

2) 지방교육자치제도의 방향

교육의 정치적 중립성 보장은 법률 등에 의해 형성되는 과정이 중요하다(배소연, 2013: 130). 교육의 정치적 중립성을 구현하는 현실 적용의 기준에 따른 접근이 필요하다. 정치적 압력에서 교육의 중립성과 객관성을 지키고 교육계 내부에서 교육의 자주성·전문성·정치적 중립성을 실현할 수 있는 교육감을 선출해야 한다는 국민적 합의(김영환, 2012: 100), 그리고 지방교육자치와 관련한 헌법재판소의 판시에 부합하는 개선이 요구된다.

지방교육자치제 개선의 원칙 '정치적 균형성'의 측면에서 해법을 구하는 것이 합리적인 방향이다. 헌법재판소는 지방교육자치를 중앙권력에 대한 지방적 자치의 속성과 정치권력에 대한 문화적 자치의 속성을 지닌 '이중의 자치'라고 하여 정치와 교육의 균형과 조화를 요구했다(헌재, 99헌바113). 정치적 간섭과 영향을 최소화하기 위해 어느 한쪽으로 기울지 않는 균형의 측면에서 개선과 발전 방향을 모색해야 한다.

'정치적 영향력의 최소화' 측면에서의 접근이 필요하다. 선거의 시기, 규모, 대상, 방법, 입후보 자격 등에서 지방교육자치선거와 지방자치선거의 확연한 구별이 필요하다. 교육과 정치는 일정 거리를 유지하는 것이 바람직하다(헌재, 2001헌마710). 헌법재판소는 '이중의 자치'로 인해 지방교육자치는 정치기관의 선거와 같은 방식을 허용할 수 없다고 판시한 바 있다. 현행 교육감 선거는 정치기관의 선거와 동일하지 않다고 하나 지방자치단체장 선거 시기와 유권자가 같아 정치적 세력의 영향을 받지 않을 수 없다. 정치적 영향을 최소화하고 문화적 자치를 강화하는 방안을 찾아야 한다.

'분산적 권한체제'를 검토할 필요가 있다. 헌법재판소는 교육이 본질상 비권력적이며 본연의 기능을 벗어나 정치영역에 개입하지 않아야 한다고 판시하였다(헌재, 2001헌마710). 광역과 기초자치의 권력분립처럼 지방교육자치의 권역과 권한이 분산되어야 한다(홍정선, 2010: 84; 김성배, 2011: 171 재인용). 지방자치는 광역단체장과 기초단체장의 분산적 권한체제다. 이에 비해 현행 지방교육자치는 교육감이 광역의 인사권을 갖는 등 권한이 집중되어 정치적 파급력이 클 수 있다. 지방교육자치의 권역을 시·군·구 단위로 분화하든 유·초·중·고의 학교급으로 분리하든 한쪽에 집중된 권한을 분산해야 한다.

'선거비용의 최소화'를 이루어야 한다. 헌법재판소는 문화적 자치인 지방교육자치는 정치기관의 선출과 동일한 방식을 허용할 수 없다고 하였다(헌재, 99헌바113). 이는 교육의 정결성을 보호하려는 뜻을 지닌다. 현행의 교육감 선거비용은 정당의 지원을 받는 광역자치단체장의 선거와 동일해서 재력이 부족한 교육전문가는 나서기 어렵고, 후보자마다 당선을 위해 암암리에 정치권의 연계도 마다하지 않을 가능성이 크다. 헌법재판소는 "교육감직선제 하에서는 선거비용의 확보 및 선거인력의 조직적 운용이 더욱 중요해지게 되었으므로, 교육감에 출마하려는 자가 정당의 조력을 받으려는 유혹을 가지게 된다."라고 밝힌 바 있다(헌재, 2010헌마285). 이런 폐해를 차단하기 위해서는 '선거비용의 최소화'가 요구된다.

'교육의 전문성'을 강화해야 한다. 헌법재판소는 교육은 교육전문가에 의하여 주도되고 관할되어야 하고, 교육감은 '고도의 전문성'을 갖출 것이 요구된다고 판시하였다(헌재, 2002헌마573; 헌재, 2007헌마117). 『헌법』 제31조 제4항은 교육의 전문성을 보장한다. 교직이 전문직이듯이 지방교육자치제장 또한 '교육전문가'이어야 한다. 현행법은 교육감후보자의 교육경력 또는 교육행정경력을 최소 기준으로 3년 이상 요구하고, 교육·학예에 관한 의안과 청원을 심사·의결하는 시·도의원의 교육경력 또는 교육행정경력을 필수 자격요건으로 제한하지 않는다. 교육의 전문직 측면에서 자격요건을 상향해야 한다.

헌법재판소의 판시는 지방교육자치제가 어떤 원칙에 따라 구성되고 운영되어야 하는지에 대한 지침이다. 교육에 미치는 정치적 영향력 또는 교육이 정치에 미칠 수 있는 파급력이 어느 일방에 치우치지 않는 '정치적 균형성', 정치적 작용에 거리를 두고 안정적 교육 활동이 가능한 '정치적 영향력의 최소화', 한곳에 권한이 집중되어 세력화하는 것을 차단할 '분산적 권한체제'를 고려할 필요가 있다. 지방교육자치 선거는 그 자체로 학생들에게 모범이 되어야 한다는 점에서 청렴하고 전문성을 갖춘 인사가 선거비용의 부담 없이 나설 수 있게 '선거비용의 최소화'를 이루어야 한다. 그리고 교육의 전문직 측면에서 '교육의 전문성'이 확고히 담보될 수 있어야 한다.

교육감제 현행 교육감 직선제는 정치적 중립성의 훼손 논란, 선거법 위반, 과다한 선거비용, 유능한 교육전문가보다는 유명인이 유리한 선거 방식 등이 문제점으로 지적된다. 교육감 선임제도에 대해 헌법재판소는 교육자치의 보장이 헌법의 가치를 훼손하지 않는다면 입법권의 재량과 기본권의 제한을 허용한다.[11] 「지방교육자치법」은 교육의 정치적 중립성을 보장하는 방편으로 정당이 지방교육자치 선거에 관여하는 행위를 금지한다.[12] 그러나 선거 과정에서 정치권과 이념단체가 공공연하게 개입해 정치화되어 교육의 본질적인 가치를 왜곡한다(김영환, 2012: 79).

현재의 교육감 선출방식에 대한 논란 속에서, 지방교육 분야에서 선거제의 실효성 및 헌법학적 문제 등을 들어 여러 방안이 제시된다. 예를 들면, 시·도지사에 의한 임명+시·도의회의 동의 방식(윤성현, 2012: 101; 박명호·이익주, 2015), 시·도지사와 정책을 연대하는 공동 등록과 공동 선거운동의 직선제(김영환, 2012: 99), 시·도지사 러닝메이트제(이기우, 2011: 36; 최진혁·김찬동,

---

11) 헌재(99헌바113). 지방교육자치의 영역에서는, 지방적 특수성이나 교육의 자주성·전문성·정치적 중립성 등과 같은 요구에, 그 교육문화적 가치·문화적 권력에 요구되는 정결성·순수성 등의 요청에서, 혼탁·과열된 선거분위기가 교육계에 끼칠 부정적 요소들을 제도적으로 차단할 필요에서, 민주주의의 어떤 면면을 부득이 일부 양보할 수밖에 없는 경우를 용인하지 않을 수 없다. 민주적 선거라는 이름으로 선거운동의 자유를 여기에 고집하는 것은 헌법적으로 받아들이기 어렵다. 헌법은 중용을 통하여 조화로운 질서를 실현하는 장치이며, 그 이상(理想)은 극대화가 아니라 최적화에 있기 때문이다.

12) 「지방교육자치에 관한 법률」 제10046호(2010.02.26)

2011: 98), 확대된 학교운영위원에 의한 간선제, 교육관계자 전원에 의한 간선제(권혁운, 2011: 33), 현행 직선제의 틀 안에서 보완하되 장기적으로 새로운 형태의 선출제도가 필요하다는 의견(최영출·박수정·김민희·오세희, 2011) 등이다.

교육환경은 정치적 공해에서 해방되고 보호되어야 한다(허영, 1999: 413; 노기호, 2000: 178 재인용). 현재의 지방교육자치제는 정치적 중립성의 훼손으로 인해 교육계 안팎의 위기에 직면해 있다. 이런 와중에 직선제 폐지 또는 지방자치와의 통합을 주장하는 목소리가 있다. 이에 비해 교육감 선거제도의 역사에서 직선제를 하나의 발전으로 보아 안정적으로 운영할 수 있는 제도적 보완이 더 필요하고(음선필, 2011: 102), 주민직선제의 대안에 대한 논의보다 정착이 우선이며(이상철, 2011: 243), 교육의 민주성이나 주민통제성의 측면에서는 직선제가 우위에 있다는 시각이 있다(안철현, 2013: 250).

헌법재판소처럼 헌법상 정치적 중립성을 요구받는 기관은 합의제로 운영된다(음선필, 2011: 127). 교육감 선출제도가 정치적 중립성을 확보하기 위해서는 정치적 균형성과 정치 영향력의 최소화 측면에서 독임제보다는 합의제 형태를 모색할 필요가 있다. 그렇지만 합의제 집행기관 형태는 교육자치의 본질에서 현저히 이탈한 것으로 가장 마지막 단계에서 검토 가능한 대안이라는 의견이 있다(송기창, 2015). 합의제는 정치적 중립성을 유지하는 독립적 지위의 국가교육위원회 설치와 맞물려서 고려될 수도 있을 것이다.

교육의원제 헌법재판소는 지방교육자치가 중앙권력으로부터의 지방적 자치 속성과 '교육의 자주성·전문성·정치적 중립성'의 구현을 위한 문화적 자치 속성을 지닌 '이중의 자치'이며, 이로 인해 지방교육자치의 민주적 정당성에 대한 요청은 어느 정도 제한이 불가피하다고 아래와 같이 판시한 바가 있다(헌재, 99헌바113).

> 지방교육자치는 '민주주의·지방자치·교육자주'라고 하는 세 가지의 헌법적 가치를 골고루 만족시킬 수 있어야만 한다. '민주주의'의 요구를 절대시하여 비정치기관인 교육위원이나 교육감을 정치기관(국회의원·대통령 등)의 선출과 완전히 동일한 방식으로 구성한다거나, '지방자치'의 요구를 절대시하여 지방자치단체장이나 지방의회가 교육위원·교육감의 선발을 무조건적으로 좌우한다거나, '교육자주'의 요구를 절대시하여 교육·문화 분야 관계자들만이 전적으로 교육위원·교육감을 결정한다거나 하는 방식은 그 어느 것이나 헌법적으로 허용될 수 없다.

이처럼 헌법재판소는 비정치기관인 교육위원을 정치기관의 선출과 완전히 동일한 방식으로 구성할 수 없다고 판시하였다.[13] 따라서 교육위원제를 대체한 현재 시·도의회의 상임위원회인 교육위원회 소속의 시·도의원 대부분은 정당원으로 정치기관의 선출과 완전히 동일한 방식으로 선출된 바, 이들로 교육위원회를 구성하는 것은 위헌 소지가 있다. 교육자치와 일반자치를 통합하려다 교육감을 그대로 놔둔 채 교육위원회를 시·도의회로 통합하는 선에서 정치적으로 타협한 '교육의원 일몰제'는 교육 외부의 영향력 확대의 방증이다(김용일, 2012, 2013).

'교육의원 일몰제'는 교육의 자주성·전문성을 보장받을 권리와

---

13) 2010년 개정된 「지방교육자치에 관한 법률」에 따라 2014년 선거 때 교육의원을 선출하지 않음. 단, 「제주특별자치도 설치 및 국제자유도시 조성을 위한 특별법」은 '교육의원'을 규정하여 제주도는 교육의원제가 존치하고, 정당에 소속되지 않은 교육 및 교육행정 경력자인 교육의원은 도의회의원과 함께 상임위원회인 교육위원회를 구성함

공무담임권을 침해한다며 위헌확인이 청구되었으나, 청구 기간을 준수하지 못한 이유로 각하되었다(헌재, 2014헌마103). 각하는 되었지만, 헌법재판소는 시·도의회에 의해 좌우되는 방식을 금한 바 있어 위헌성을 헤아린다면 사유는 충분히 인정된다 할 수 있다. 이렇듯 전원 일반의원형의 교육위원회 제도는 교육자치와 지방자치의 조화와 균형의 관점에서 흠결이 있다(고전, 2014: 13). 교육의원 일몰제는『헌법』제31조 제4항의 교육의 자주성과 전문성의 보장은 물론이고 정치적 중립성의 보장 측면에서도 재고되어야 한다.

지방자치 영역과 지방교육자치의 사무가 법률적으로 중복 보장이고 지방교육자치는 헌법상 도출이 아니라는 주장이 있다(김성배, 2011). 그러나 극히 소수의 무소속을 제외하고 지방자치단체장과 지방의원 모두가 정당원인 것을 고려한다면 지방자치와 별개로 지방교육자치가 헌법의 가치인 교육의 자주성·전문성·정치적 중립성을 실현할 가능성에는 미치지 못할 것이다. 따라서 독립적인 교육위원회가 헌법적 규범에 더욱 근접하다 할 것이다.

5. 지방교육자치제도의 개선 방향

헌법재판소는 헌법 가치를 훼손하지 않는다면 지방교육자치에 관한 입법권의 재량과 기본권의 제한을 허용한다. 즉 지방교육자치의 선출방식에서 '정치기관의 선출과 동일한 방식, 시·도지사 및 의회에 의해 좌우되는 방식, 교육·문화 관계자들만의 결정방식'을 헌법적으로 허용할 수 없는 한계로서 설정하고, '민주주의·지방자치·

교육자주'의 헌법적 가치를 골고루 만족해야 한다고 판시하였다.

헌법적 본질 가운데 하나는 국민주권주의와 민주주의의 구현이다. 국가의 교육입법권, 교육행정권, 교육감독권, 지방자치권 등 공권력의 구성·행사·통제는 국민적 정당성을 기반으로 해야 한다(표시열, 2010: 148). 교육 그리고 (헌)법의 과업은 대가를 비싸지 않게 하고 특히 노력을 중단하는 것보다는 결과가 더 나쁘지 않게 하는 것을 고민하는 일이 될 수 있다(은승표, 2008: 120). "헌법은 중용을 통하여 조화로운 질서를 실현하는 장치이며, 그 이상理想은 극대화가 아니라 최적화"라는 헌법재판소의 판시는 현실적인 법적 실효성을 고려해 충분조건이 아닌 필요조건의 제시로 볼 수 있다.

교육의 정치적 중립성에 대한 다양한 해석과 논란의 상당 부분은 이해관계 상충으로 인해 빚어지나, 근본적으로는 정치성이 인간의 자연적 본성이어서 교육이 정치에서 완전히 동떨어질 수 없다는 데 기인한다. 중립적이고 비정치적인 것이 정치와 분리되기는 현실적으로 어렵다. 교육의 제반 법과 제도는 정치를 통해 생성되고 변형되기 때문에 교육은 정치와 유리될 수 없다. 안정적인 교육 활동을 위해 정치적 중립성을 견지하는 원칙을 찾아야 한다. 헌법재판소의 판시에서 도출한 정치적 균형성, 정치 영향력의 최소화, 분산적 권한체제, 선거비용의 최소화, 교육의 전문성의 측면에서 개선을 모색하는 것이 현실적으로 합리적인 방향일 것이다.

이러한 원칙과 방향에 따라 교육감 선임 문제는 시·도의회의 교육상임위원회 및 교육위원제와 함께 검토가 필요하다. 독임제를 유지한다면 지방선거와 비대칭 구조의 선거 방식, 시·군·구 기초교육자치의 도입, 입후보자의 교육경력 요건 강화 및 입후보자 정당

경력의 엄격한 제한 등을 고려한 개선이 필요하다. 비정당 교육경력자를 선임해 시·도의회의 교육위원회를 구성하는 방식, 지방선거와 비대칭적인 선거 시기 및 방식, 시·군·구 기초교육자치제, 입후보자의 교육경력 요건 강화, 정당경력의 금지 또는 최소화, 명예직 교육위원 등 다양한 관점에서 검토가 필요하다.

헌법상 '교육의 정치적 중립성'에 대한 해석이 '민주복지국가'의 기본이념에 부합하는 규범적 의미를 온전히 회복하는 방향으로 확대되어야 한다(배소연, 2013: 129). 우리의 민주주의의 성숙을 고려할 때, 향후 헌법재판소의 결정은 규범적 타당성을 충족하는 필요충분조건을 이루는 방향으로 진전하리라 기대된다. 따라서 교육의 정치적 중립성에 대한 규범적 타당성의 필요충분조건에 한 걸음이라도 더 근접하는 제도형성의 접근법을 살펴야 할 것이다.

참고문헌

고전(2007). '지방교육자치에 관한 법률' 관련 헌법소원 분석. 교육법학연구, 19(2), 1-25.

고전(2014). 교육의원 일몰제의 규범적 타당성 진단연구. 교육법학연구, 26(2), 1-25.

권영성(1999). 헌법학원론. 법문사.

권혁운(2011). 교육감 직선제의 쟁점과 개선방안. 교육정치학연구, 18(2), 33-56.

김성배(2011). 지방교육자치제도의 조직·인사에 관한 공법적 검토. 공법연구, 40(2), 165-196.

김영환(2012). 현행 교육감 선출제도의 개선방안 -공동등록형 주민직선제를 중심으로-. 한국교육법연구, 9(1). 71-102.

김용일(2012). 교육감 주민직선제 개편 관련 개정 법률안 비교 연구. 교육법학연구, 24(3), 53-77.

김용일(2013). 교육의원선거 일몰제 도입에 관한 비판적 고찰. 교육정치학연구, 20(2), 1-20.

김혜숙·장덕호·조석훈·홍준현·김종성(2013). 교육감 선출제도에 관한 연구: 이해관계자에 대한 인식조사를 중심으로. 사회과학연구, 24(3), 135-159.

노기호(2000). 교육의 정치적 중립성과 교원의 정치적 권리의 제한. 공법연구, 28(3), 176-198.

박명호·이익주(2015). 한국형(型) 교육감 선임제도의 모색을 위한 시론(試論). 정치·정보연구, 18(1), 215-237.

배소연(2013). 헌법상 교육의 정치적 중립성에 관한 비판적 검토-교육관련 입법과 판례를 중심으로-. 연세 공공거버넌스와 법, 4(1), 127-164.

백규호(2014). 헌법 제31조 제4항 '교육의 전문성'의 해석과 법률유보의 한계성. 교육법학연구, 26(2), 69-99.

송기창(2015). 지방교육자치제에 대한 역사적 고찰과 미래 방향 모색. 교육행정학연구, 33(2), 105-127.

신현직(1999). 교육의 자주성, 전문성, 정치적 중립성의 법리. 교육법학연구, 11, 153-169.

안기성(1988). 헌법과 교육. 교육법학연구, 1, 27-74.

안기성(1995). 교육의 전문성과 자주성에 관한 교육법 해석학. 교육법학연구, 7, 19-35.

안주열(2014). 교육자치제도의 제도적 보장에 관한 헌법적 고찰. 법학연구, 42, 195-220.

안철현(2013). 교육감 선출제도 논쟁 분석과 대안 모색. 한국지방자치학회보, 25(2), 233-253.

오동호(2015). 행정을 말하다:「지방자치발전 종합계획」주요과제 및 추진계획. 지방행정, 64(735), 16-20.

윤성현(2012). 지방교육자치제와 교육감 직선제의 헌법학적 재검토. 세계헌법연구, 18(1), 91-123.

은승표(2008). 헌법과 교육 그리고 교육이념. 교육법학연구, 20(2), 97-122.

음선필(2011). 교육감 선임방식에 관한 헌법원리. 교육법학연구, 23(2), 107-131.

이광윤(2003). 교육제도의 헌법적 문제에 관한 연구. 헌법재판연구, 14, 1-341.

이기우(2011). 일반행정과 지방교육행정과의 관계. 지방행정연구, 25(3), 35-58.

이돈희(2015). 공교육제도의 정치적 중립성에 관한 연구. 학술원논문집, 54(1), 1-37.

이상철(2011). 교육감 주민직선제 주요 쟁점과 향후 과제: 2010년 전국동시 교육감 선거결과를 중심으로. 교육문제연구, 41, 247-274.

이일용·장승혁(2014). 6.4 교육감선거의 법적 쟁점 및 입후보자 특성 분석. 교육법학연구, 26(3), 163-192.

이준일(2008). 헌법학강의. 홍문사.

최영출·박수정·김민희·오세희(2011). 이해관계자 AHP 분석을 통한 교육감 선출제도의 대안 탐색. 지방정부연구, 15(1), 51-73.

최진혁·김찬동(2011). 분권형 국가운영체제를 위한 교육선거 개선방안: 교육자치의 적정단위와 행정역할을 중심으로. 한국지방자치학회보, 23(3), 69-100.

표시열(2010). 지방교육자치의 기본가치와 주요쟁점. 교육법연구, 22(1), 145-167.

한상수(2007). 아리스토텔레스의 인간관 : 정치적 동물로서의 인간. 성균관법학, 19(1), 533-560.

허영(1999). 한국헌법론. 박영사.

허종렬(2007). 개정 지방교육자치법의 위헌 요소 검토. 교육법학연구, 19(2), 127-150.

허진성(2011). 교사의 정치적 수업과 교육의 정치적 중립성에 관한 연구. 세계법학연구, 27(3), 139-161.

헌재(2001헌마710). 정당법 제6조 제1호 등 위헌확인. 2004.03.25.

헌재(2002헌마573). 지방교육자치에관한법률 제60조 등 위헌확인. 2003.03.27.

헌재(2010헌마285). 지방교육자치에 관한 법률 제46조 제3항 위헌확인. 2011.12.29.

헌재(2014헌마103). 지방교육자치에 관한 법률 부칙 제2조 제1항 위헌확인. 2014.03.11.

헌재(89헌가106). 사립학교법 제55조 등 에 관한 위헌심판. 1991.07.22.

헌재(89헌마88). 교육법 제157조 에 관한 헌법소원. 1992.11.12.

헌재(95헌바19). 교원지위향상을위한특별법 제10조 제3항 위헌소원. 1998.07.16.

헌재(99헌마14). 진정종결처분 위헌확인. 1999.01.12.

헌재(99헌바113). 지방교육자치에관한법률 제53조 등 위헌소원. 2000.03.30.

홍정선(2010). 신 지방자치법. 박영사.

제14장
『헌법』 제31조 제4항과 지방교육자치제*

1. 교육감 선거의 논란

『헌법』 제31조 제4항이 명시한 '교육의 자주성·전문성·정치적 중립성'은 현행 교육감 직선제에서 실질적으로 지켜지는가? 2010년 2월 「지방교육자치에 관한 법률」(이하 「지방교육자치법」)을 개정해 신설된 제43조 "교육감은 주민의 보통·평등·직접·비밀선거에 따라 선출한다."라는 규정에 따라 도입된 직선제는 헌법이 보장한 교육의 정치적 중립성을 해치고 '교육의 정치화'를 부추기는 제도라며 2014년 위헌확인 청구가 제기된 바 있다(문화일보, 2014). 헌법재판소는 교육감 직선제가 학생의 교육받을 권리, 부모의 자녀교육권, 교육자 및 교육전문가의 공무담임권, 교원의 교육권과 직업수행의 자유를 침해하지 않는다고 밝히며 청구를 각하했다(송기창, 2017: 10; 헌재, 2014헌마662).

2018년 지방선거와 함께 실시된 민선 7기 교육감 선거에서 정치적 중립성 훼손에 관한 논란은 또다시 불거졌다. 선거 과정에서 이

* 정지욱·교신저자정일화(2020). 헌법 제31조 제4항에 기반한 지방교육자치 제도형성의 개선방안. 교육법학연구, 32(1), 137-164.

념적 대립이 교육의 정치적 중립을 위태롭게 한다는 지적이 있었다 (김영환, 2012: 81; 윤성현, 2012: 92). 이는 교육감 선거가 지방선 거와 동시에 치러지면서 정당 대결의 부수적인 대리전으로 전개되 는 탓이 큰 것으로 보인다(뉴데일리, 2018; 서울신문, 2018b). 정당 이 교육감 선거에 관여하는 행위는 법으로 금지되지만, 정당마다 지지세 확산 또는 정책 집행의 동조 세력을 규합하려는 듯 정치적 이념이나 정책 지향을 표방하는 특정 교육감후보를 암묵적 지지를 넘어 때로는 공연히 노출하여 지지 세력의 호응을 유도한다(오마이 뉴스, 2018; 한국일보, 2018).

교육의 정치적 중립을 감시해야 할 언론과 시민단체도 이념적 관 점의 보도나 활동을 넘나든다. 당락에 지대한 영향을 미치는 언론 은『헌법』과 법률이 정한 교육의 정치적 중립성을 간과하고 후보자 의 이념적 표방을 여과 없이 부각해 보도하여 대결을 부추기는 듯 한 인상을 주기도 한다(연합뉴스, 2018b). 일부 시민단체, 때로는 교육계와 종교계가 정치적 이념에 따른 교육감후보의 추대 또는 단 일화에 나서기도 한다.

『헌법』의 본질적 가치를 침해하지 않는 한 법률적으로 어떠한 내 용, 형식, 과정을 거쳐 정치적 목표를 달성하고 규율할 것인가에 대 한 '입법재량'이 부여된다(류충현, 2009a: 29). 입법형성권에 따른 교육감 직선제에서 드러나는 문제점은 보완하거나 개선이 우선 필 요한 부분이다(김달효, 2016: 12; 안주열, 2014: 216; 음선필, 2012: 102; 정일화·정지욱, 2015: 79). 직선제 유지를 전제로 한 다면,『헌법』제31조 제4항의 '교육의 자주성·전문성·정치적 중 립성'을 침해하는 선거 과정의 요인을 차단 또는 최소화하는 법률적 보완이 이루어져야 할 것이다.

2. 교육감 선거의 실태

헌법재판소는 "교육과 정치는 일정한 거리를 유지하는 것이 바람직하다."라고 판시하였다(헌재, 2001헌마710). 현행 교육감 선거는 선거에 영향을 미치는 정치적 세력에 편승해 교육의 정치화라는 부작용을 드러내 보인다.

1) 교육감 선거의 정치적 프레이밍

정당은 이념과 이해를 공유하는 정치적 집단이다(전광석, 2014: 113). 영국과 프랑스의 근현대 역사에서 알 수 있듯이 보수와 진보의 대립은 정당정치의 뿌리다. 특정 집단의 주의主義 또는 이데올로기 같은 가치체제를 실현하려는 정치판의 이념적 이분법은 Schmitt가 말한 '적과 동지'로 구분하는 냉혹한 현실 정치의 표상으로 작용하는데, 이는 교육감 선거에도 차용되는 듯하다(김항, 2010: 94; 김효전·정태호, 2012; 정재요, 2018: 172).

보수와 진보의 이념이 고유한 단일 속성만을 담고 있다고 볼 수는 없고, 둘을 어느 정도 포괄하는 중도의 개념도 있지만, 일반적으로 민주주의의 정치적 이념은 보수-진보라는 이분법적인 형태로 설명되며, 가장 보편적인 정치적 대결 구도는 이념의 좌우 차원이다(강원택, 2005: 195-196). 지방선거의 당선자 대부분이 주요 정당 소속인 것처럼 지지 동원의 기제로서 정당 간 경쟁 구조는 선거에 큰 영향을 미친다(황아란, 2015: 367).

시민은 여론을 주도하는 정당과 언론의 프레이밍에 반응한다(Iyengar, 1994, 1996). 여론의 가변성은 정보 생산과 유통의 주체들이 어떤 프레이밍을 통해 대중에게 정보를 전달하고 대중이 어떻게 반응하느냐에 따라 결정된다(류재성, 2018: 37). 정당 공천이 적용되는 광역단체장과 광역의원, 기초단체장과 기초의원의 전국동시지방선거에서도 이런 프레이밍은 유효하다. 교육감 선거는 전국동시지방선거의 정당 대결이라는 '정치적' 맥락 속에서 동시에 치러지면서 제도적으로 부조화 형국을 보인다(함승환, 2019: 338). 교육감 선거는 정당 공천은 배제되지만 '일괄 투표 방식'인 전국동시지방선거의 정치적 진영 프레이밍에 갇히게 되어 '교육의 정치적 중립성'의 가치는 크게 위협받는다(고전, 2010: 86). 교육감후보는 상대의 가치를 배척하지 않고 포용해야 하는 교육의 본질과 모범을 외면한 이념적 대결 프레임에 편승하는 게 현실이다(함승환, 2019: 327).

「지방교육자치법」 제46조 등은 정당과 단체 등 정치세력의 교육감 선거 개입을 금지한다. 하지만 선거 자체가 정치적 속성을 지니고 정당과 거리를 두도록 하는 요청의 실효성은 의문시된다. 똑같은 광역 선거이지만 정당의 지원을 받는 시도광역자치단체장과 다르게 '나 홀로' 격의 교육감후보는 선거운동의 유리로 인해 정당 조직에 기대려는 유혹을 받는 등 정치적 세력이 교육감 선거에 실질적으로 영향을 미치는 실정이다(송기창, 2017: 20; 음선필, 2012: 115, 119). 더욱이 교육감후보는 선거공약으로 사실상 정치적 이념을 드러냄으로써 정당 간의 대리전 양상을 띠며 교육의 정치적 중립성을 훼손한다.

한 지역방송의 지방선거 관련 보도에서 광역단체장은 전체 보도량의 34.3%를 상회했으나 교육감은 9.3%의 비중을 차지했다(김재영·양선희, 2018: 59). 언론의 관심은 교육감보다 시·도지사 선거에 관심이 치우치고 이에 따라 유권자도 영향을 받는다.「지방교육자치법」제48조 제3항은 후보자의 게재순위를 선거구별 순환배열 방식으로 규정한다. 정당별 국회의원 의석수에 따른 기호 배열을 연상하는 '초두효과primacy effect'의 집중은 어느 정도 분산되었지만, 선거구별로는 정치선거 연동형의 초두효과는 여전하다(고전, 2019: 21). 매번 교육감 선거는 정당 대립의 프레이밍에 귀속하는 것을 효율적인 득표 전략으로 삼는다.

2018년 6·13 전국동시지방선거의 당선자를 보도하는 언론마다 정당별 소속의 광역단체장 당선자를 해당 정당의 상징색으로 구분하였다. 이와 함께 교육감 당선자의 이념적 성향을 분류해 시·도 단체장과 같거나 비슷한 색으로 표시했다. 교육감 당선자는 광역단체장의 사실상 러닝메이트처럼, 시·도지사 당선자의 소속 정당과 정치 이념적 성향과 일치시켜 보도되는 모양새였다. 교육감 선거는 법률로써 정당 공천과 개입이 금지되지만, 당선경쟁력은 정당과 연계된 진영의 힘에 좌우되고 있어 사실상 정당과 정파에 의해 영향을 받는 정당효과가 작동한다(함승환, 2019: 325).

2) 교육감 선거의 정치 이념적 대결의 실태

「교육기본법」제6조 제1항은 "교육은 교육 본래의 목적에 따라 그 기능을 다하도록 운영되어야 하며, 정치적·파당적 또는 개인적 편견을 전파하기 위한 방편으로 이용되어서는 아니 된다."라고 규정한다. 「지방교육자치법」 제46조는 교육감 선거에서 정당의 선거 관여 행위 등의 금지와 더불어서 교육감후보자가 특정 정당을 지지·반대하거나 특정 정당으로부터 지지·추천받고 있음의 표방을 금지한다. 정무직공무원으로 취임할 교육자치의 최고책임자인 교육감이 선거공약이나 언론 등을 통한 정치적 이념의 공공연한 표방은 개인적 차원을 넘어서 교육의 정치적 중립을 위배하는 행위에 해당한다고 할 수 있다. 그런데 교육감후보의 정치적 이념은 TV 토론과 인터뷰를 통한 후보자의 공개적 표명, 보수 및 진보로 확연하게 구분되는 시민단체의 추대 또는 지지, 정파를 가르는 듯한 언론 보도, 심지어는 선거공보물에서도 접할 수 있다(서현진, 2014; 양은택·김왕준, 2018; 이일용·장승혁, 2014).

정당은 자당에 우호적인 교육감후보를 당선시켜 정책 집행의 우위를 점하고자 한다. 국회의원이 교육감(예비)후보의 선거사무소를 방문해 문제로 불거지는 것처럼(충청투데이, 2018), 정당은 교육감후보의 공약에 대한 직접 또는 간접으로 지지를 표명함으로써 결과적으로 '진보' 대 '보수'의 대결 양상을 띠는 이념적 틀에 교육감 선거를 포위한다(이상철, 2009: 12). 정당 간 후보 단일화처럼 '보수 교육감' 또는 '진보 교육감' (단일) 후보임을 내세우는 모습 또한 선거 때마다 재연된다. 이념적 색채를 띠는 시민단체는 특정 후보를 지지하거나 단일화 과정에 개입한다(경남신문, 2018; 서울신문, 2018a). 이처럼 교육감 선거는 정당과 정치적 시민단체의 대리전 양상을 보이며 정치의 장이 된다(김영환, 2012: 79; 안철현, 2013: 244; 이상철, 2009: 12; 이일용·장승혁, 2014: 175; 이종근,

2015, 157).

교육의 정치적 중립성 훼손에 영향을 미치는 언론의 역할은 가볍지 않다. 언론은 특정 가치를 선전하는 게 아니라 도덕적 공간에 존재하는 다양한 가치 준거를 알려주고, 시민이 이런 공동체 가치를 수용하고 실천하게 시민사회를 활성화하는 역할을 해야 한다(강명구, 2005: 47). 하지만 '정파성'은 한국 언론의 중대한 결함으로 지적된다(강명구, 2005; 남재일, 2008; 이재경, 2008; 김영욱, 2011: 107 재인용). 언론은 상당히 일관된 정파성을 가지고 단지 특정 정치 행위의 이력으로 보수와 진보를 구별해 보도하여 유권자의 태도에 강한 영향을 미친다(고전, 2019: 2; 이소영, 2017: 1; 정재요, 2018: 172).

2018년 6·13 전국동시지방선거 다음 날, 대부분 언론은 교육감 당선자를 보수와 진보로 구분해 보도했다. 일부는 당선자가 표방한 정치적 이념과 다르게 분류하거나,[1] 상반된 정치 성향으로 분류하기도 하였다(양은택·김왕준, 2018: 287). 2018년 선거 결과에 대해 대부분 언론은 "17개 시·도 가운데 14곳에서 진보 성향 교육감이 당선되었다. 진보 압승이 재현됨에 따라 대통령의 교육개혁이 탄력받을 것이다."라는 등,[2] 주로 당선자의 이념 성향에 초점을 맞춰 특정 정당이 내세우는 정책과 연결해 보도하였다.

---

1) 뉴시스(2018). 6·13 지방선거 교육감 개표 결과... 진보14·보수2·중도1; 뉴스1(2018b). 진보 교육감 14곳서 압승... 현직도 12명 모두 당선; 연합뉴스(2018a). 6·13 지방선거 교육감 선거 결과, 진보15, 보수2.

2) 문화일보(2018). 진보, 전국 교육감 14곳 석권··· 보수 2·중도 1곳; MBC(2018). 17곳 중 14곳 '진보' 교육감 당선. 이외에 다수 언론도 이와 비슷하게 보도함

3) 교육감후보의 선거공약과 이념 표방

교육은 보수-진보의 어느 하나를 선택해서 가르치는 것이 아니다. 우리나라와 유럽의 보수-진보의 태동과 가치가 다르듯이(양은택·김왕준, 2018: 272), 보수-진보라는 이념 성향 또한 이분법적으로 단일한 가치를 대표할 수 없다(강원택, 2005: 194). 교육은 가치중립적인 측면에서 학생 중심의 다양한 가치 스펙트럼을 다루어야 한다. 그러나 정당과 시민단체 등 보수와 진보의 정파적 대립국면에서 어느 한쪽의 정치적 성향을 드러내는 것이 득표에 유리하다면, 교육감후보들은 인근 시도 또는 전국 규모로 모여서 공동으로 공약 발표나 회견을 한다(뉴스1, 2018a).

「지방교육자치법」 제46조 제2항은 "당원은 소속 정당의 명칭을 밝히거나 추정할 수 있는 방법으로 선거관여 행위를 할 수 없다.", 제3항은 "후보자는 특정 정당을 지지·반대하거나 특정 정당으로부터 지지·추천받고 있음을 표방할 수 없다."라고 규정한다. 이에 따르면 정당명을 밝히지 않더라도 추정할 수 있는 방법으로 교육감(예비)후보를 지지 또는 선전할 수 없다. 하지만 정당(원)이 교육감후보를 추천하거나 지지하지 않더라도 특정 정당에 우호적으로 보이는 시민단체가 나서 교육감후보를 추천하고 지지함으로써 대신하는 것으로 보인다.

진영 프레임은 진보나 보수로 생각하고 믿는 신념집단true believers의 '포획'을 목표로 교육감후보들이 사실상 정치적 노선을 분명히 밝히게 만든다(류재성, 2019: 92; 함승환, 2019: 338). 교육감후보마다 광역단체장후보가 속한 정당이나 지지율이 높은 정당과 관련성이 드러나 보이게 선거현수막과 선거공보물에 특정 정당과 유사한 색감을 사용하는 경향을 보인다. 드물게는 선거공보물에 정당경력을 노출해서 「지방교육자치법」을 위반하기도 한다(연합뉴스, 2019).

교육감후보 간 표면적인 이념적 대립에 비해 선거공약은 일부를 제외하고는 큰 차이가 없거나 공약을 대하는 유권자의 태도 또한 모호하다. 예를 들면, 이념 성향과 관계없이 '사회적 약자와 소외 계층의 이익 대변'이 제시되고, '불평등 축소, 평등 지향성'은 방법론은 차이가 있으나 원칙론적인 수준에서 인식을 공유하고, 교육복지 강화와 관련 있는 공약은 보수와 진보의 구분이 무색할 정도로 내용이 다수 중첩한다(정재요, 2018: 187-189). 유권자의 정책 선호의 일관성은 낮은 수준이며, 유권자 자신이 생각하는 정치이념과 상반되는 정책을 선호하기도 한다(류재성, 2019: 96).

정당 같은 정치적 조직이 부재한 교육감후보는 선거 조직과 지지 세력의 필요로 인해 손쉽게 정치적 이념 대결 구도에 편승한다. 헌법재판소는 "선거비용의 확보 및 선거인력의 조직적 운용이 중요해짐에 따라 교육감에 출마하려는 자는 정당의 조력을 받으려는 유혹을 가지게 되고 정당들도 교육감 선거를 통해 정치적 영향력을 행사하려는 욕구가 더욱 강해진다."라고 밝힌 바 있다(헌재, 2007헌마1175).

정치적으로 중립적이지 않은 교육공약을 내세우는 등(송기창, 2017: 25), 정치 이념적 성향을 표방해 당선되면 지지 세력의 이념에 편중된 정책 집행을 하게 된다. 주민의 요구보다 선거에 도움을 준 정당 및 교원단체 등의 교육정책 방침을 고려하지 않을 수 없다(이상철, 2009: 12). 지지세력에 대한 특혜 및 정실 인사를 반복한다(송기창, 2017: 25). 정당 출신의 교육감 보좌관이 시도교육청의 별정직·개방직·임기제 공무원으로 채용된다(고전, 2019: 13). "교육감이 정당의 도움으로 당선되면, 그 정당의 이익을 위해 교육의 정치적 중립성을 훼손할 우려를 배제할 수 없다."라는 헌법재판소 판시처럼(헌재, 2007헌마1175), 논공행상으로 지적받는 인사의 불공정성 문제가 불거진다.

헌법재판소는 "교육제도 법률주의는, 교육이 일시적인 특정 정치세력에 의하여 영향을 받거나 집권자의 통치상의 의도에 따라 수시로 변경되는 것을 예방하고 일관성이 있는 교육체계를 유지, 발전시키기 위한 것이다."라고 밝혔다(헌재, 99헌바14). "교육의 자주성·전문성·정치적 중립성을 헌법이 보장하고 있는 이유는 … 당파적 편향성에 의하여 부당하게 침해 또는 간섭당하지 않고 가치중립적인 진리교육이 보장되어야 할 것이다."라고 판시했다(헌재, 89헌마88).

이에 비추어, 「지방교육자치에 관한 법률」 제18조 '시·도의 교육·학예에 관한 사무의 집행기관'인 교육감후보 또는 당선자의 공공연한 이념적 표방이 가치중립적이지 않다면 『헌법』과 법률 위반의 소지가 다분하다. 『헌법』 제31조 제4항을 입법화한 「교육기본법」 제6조 제1항 "교육은 교육 본래의 목적에 따라 그 기능을 다하도록 운영되어야 하며, 정치적·파당적 또는 개인적 편견을 전파하기 위한 방편으로 이용되어서는 아니 된다."라는 규정의 위반 소지도 있다. 「지방교육자치에 관한 법률」 제46조 제3항 "후보자는 특정 정당을 지지·반대하거나 특정 정당으로부터 지지·추천받고 있음을 표방(당원경력의 표시를 포함한다)하여서는 아니 된다."라는 규정을 위반한다고 할 수 있다.

우리 사회는 교육감 선거를 치를 때마다 정치적 중립성이 훼손되는 문제를 지적한다. 하지만 선거가 끝나면 우려의 목소리는 사그라져 관심에서 멀어지고 다음 선거철이 되면 다시 반짝하기를 반복한다. 이런 일이 되풀이되지 않고 교육의 정치적 중립이 뿌리내릴 수 있게 정당은 물론이고 교육의 정치적 중립을 감시할 역할과 책임이 있는 시민단체와 언론이 제 역할을 할 수 있도록 법률적 보완 등 제도 개선이 필요하다.

3. 『헌법』제31조의 제도형성과 평석

『헌법』제31조 제1항~제6항에 따른 제도형성을 살피고, 헌법재판소의 결정을 중심으로『헌법』제31조 제4항에서 밝힌 '교육의 자주성·전문성·정치적 중립성'의 관계와 의미를 평석한다.

1)『헌법』제31조와 제도형성

『헌법』제31조 제4항 "교육의 자주성·전문성·정치적 중립성…은 법률이 정하는 바에 의하여 보장된다."라는 규정은『헌법』제31조 제6항 "학교교육 및 평생교육을 포함한 교육제도와 그 운영, 교육재정 및 교원의 지위에 관한 기본적인 사항은 법률로 정한다."의 교육제도법정주의에 일정한 제약을 가하는 우선적 원칙규범으로 작용한다(정일화, 2015: 275).『헌법』제31조 제4항의 "법률이 정하는 바에 의하여"의 의미는 단순히 법률 형식의 보장보다는 제4항에 언급된 요건을 충족하여 실효적으로 더 강화된 보장을 입법자에게 명령한 '구체화입법명령규정'으로 이해해야 한다(홍석노, 2008: 52).

교육의 자주성을 위한 「지방교육자치법」은 『헌법』 제31조 제4항 "교육의 자주성·전문성·정치적 중립성… 은 법률이 정하는 바에 의하여 보장된다." 및 『헌법』 제117조 제2항 "지방자치단체의 종류는 법률로 정한다."에 따라 형성된 「지방자치법」의 제121조(교육·과학 및 체육에 관한 기관)에 근거한다.[3] 지방자치단체의 교육·학예에 관한 사무를 관장하는 기관의 설치와 그 조직 및 운영 등에 관한 사항을 규정하는 특별법으로 「지방교육자치법」이 제정되었고,[4] 시·도의 교육·학예에 관한 사무의 독임제 집행기관으로서 교육감을 둔다.

「지방교육자치법」 제3조는 "지방자치단체의 교육·학예에 관한 사무를 관장하는 기관의 설치와 그 조직 및 운영 등에 관하여 이 법에서 규정한 사항을 제외하고는 그 성질에 반하지 않는 한 「지방자치법」의 관련 규정을 준용한다."라고 규정한다. 「지방자치법」이 「지방교육자치법」의 모법母法인 모양새다. 시·도의 교육과 학예에 관한 사무는 지방자치단체의 사무 범위로 규정하나 별도의 집행기관으로 교육감을 둔 이유는 『헌법』 제31조 제4항이 교육의 자주성·전문성·정치적 중립성은 법률로 정해 보장한다고 명시한 바의 반영이다.

『헌법』 제31조에 따라,[5] 「교육기본법」 제1조는 "이 법은 교육에

---

3) 「지방자치법」 제121조(교육·과학 및 체육에 관한 기관) ① 지방자치단체의 교육·과학 및 체육에 관한 사무를 분장하기 위하여 별도의 기관을 둔다. ② 제1항에 따른 기관의 조직과 운영에 관하여 필요한 사항은 따로 법률로 정한다.

4) 「지방교육자치법」 제1조(목적) 이 법은 교육의 자주성 및 전문성과 지방교육의 특수성을 살리기 위하여 지방자치단체의 교육·과학·기술·체육 그 밖의 학예에 관한 사무를 관장하는 기관의 설치와 그 조직 및 운영 등에 관한 사항을 규정함으로써 지방교육의 발전에 이바지함을 목적으로 한다.

관한 국민의 권리·의무 및 국가·지방자치단체의 책임을 정하고 교육제도와 그 운영에 관한 기본적 사항을 규정함을 목적으로 한다."라고 규정한다. 그리고 제5조와 제6조에서 '교육의 자주성과 전문성' 및 '교육의 중립성'을 밝혔다. 동법 제14조 제1항은 "학교교육에서 교원의 전문성은 존중되며, 교원의 경제적·사회적 지위는 우대되고 그 신분은 보장된다.", 동조 제4항은 "교원은 특정한 정당이나 정파를 지지하거나 반대하기 위하여 학생을 지도하거나 선동하여서는 아니 된다."라고 규정한다. 이는 『헌법』 제31조 및 『헌법』 제7조의 법률적 구체화다.

「교육기본법」과 「지방교육자치법」 등 교육과 관련한 법은 『헌법』이 명시한 '교육의 자주성·전문성·정치적 중립성'을 규정으로 구현해야 한다. 「교육기본법」은 제5조와 제6조에서 교육의 자주성과 전문성, 중립성을 명시했지만,[6] 「지방교육자치법」 제1조에서 "이 법은 교육의 자주성 및 전문성과 지방교육의 특수성을 살리기 위하여"라고 한 바와 같이, 『헌법』이 명시한 '교육의 자주성·전문성·정치적 중립성' 가운데 정치적 중립성을 적시하지 않았다.

『헌법』 제117조 제2항 "지방자치단체의 종류는 법률로 정한다."

---

5) 헌법 제31조 ① 모든 국민은 능력에 따라 균등하게 교육을 받을 권리를 가진다. ② 모든 국민은 그 보호하는 자녀에게 적어도 초등교육과 법률이 정하는 교육을 받게 할 의무를 진다. ③ 의무교육은 무상으로 한다. ④ 교육의 자주성·전문성·정치적 중립성 및 대학의 자율성은 법률이 정하는 바에 의하여 보장된다. ⑤ 국가는 평생교육을 진흥하여야 한다. ⑥ 학교교육 및 평생교육을 포함한 교육제도와 그 운영, 교육재정 및 교원의 지위에 관한 기본적인 사항은 법률로 정한다.

6) 「교육기본법」 제5조(교육의 자주성 등) ① 국가와 지방자치단체는 교육의 자주성과 전문성을 보장하여야 하며, 지역 실정에 맞는 교육을 실시하기 위한 시책을 수립·실시하여야 한다.
「교육기본법」 제6조(교육의 중립성) ① 교육은 교육 본래의 목적에 따라 그 기능을 다하도록 운영되어야 하며, 정치적·파당적 또는 개인적 편견을 전파하기 위한 방편으로 이용되어서는 아니 된다.

및 제118조 제1항 "지방자치단체에 의회를 둔다."에 의거한 「지방자치법」에 따라 보통지방자치단체로 특별시와 광역시 및 도(광역지방자치단체), 특별자치시·도, 시와 군 및 구(기초지방자치단체)를 설치하고, 「지방교육자치법」에서 특별지방자치단체로 교육감을 둔다. 보통지방자치는 기초지방자치단체에도 기초의회가 설치된다. 반면에 교육자치는 교육의회가 구성되지 않고 광역시도의회의 상임위원회로 운영된다. 이는 『헌법』 제117조 제1항 "지방자치단체의 종류는 법률로 정한다.' 및 제118조 제1항 '지방자치단체에 의회를 둔다."라는 규정에 부합하지 않는다. 교육의 과제를 지방에 위임하는 경우에도 헌법상 교육에 관한 원리는 충실히 실현되어야 한다(전광석, 2014: 721).

『헌법』이 지향하는 교육자치의 본질을 구현하기 위해서는 교육의 자주성, 전문성 및 중립성의 보장 여부가 핵심이다(조성규, 2011: 331). 기능적 교육자치를 잘하기 위해서는 먼저 교육자치기관의 구성이 제대로 이루어져야 한다. 지방자치와 지방교육자치는 법 원리적으로 구별되는 것으로, 그 형성원리 및 규범적 보호 정도가 상이하다(조성규, 2011: 329). 『헌법』이 명시한 교육자치의 요체인 '교육의 자주성·전문성·정치적 중립성' 가운데 어느 하나라도 간과되면, 특히 교육의 정치적 중립성이 간과되면 교육의 자주성과 전문성 보장의 약화로 이어진다(신현직, 1999: 156). 『헌법』에서 명시한 교육의 자주성, 전문성, 중립성은 불가분의 관계로 「지방교육자치법」의 목적에 지방교육의 특수성과 더불어 '교육의 자주성·전문성·정치적 중립성'의 세 요체를 모두 적시해야 한다.

2) 교육의 자주성·전문성·정치적 중립성

헌법재판소는 교육의 정치적 보장 원칙만을 떼지 않고 교육의 자주성과 전문성 보장 원칙과 함께 거론해 판시하였다(헌재, 2001헌마710; 헌재, 89헌마88). '교육의 자주성·전문성·정치적 중립성'이 훼손되면 특정 정치세력에 영합하는 교육이 우려된다(김철수, 2009: 1150; 조재현, 2013: 109 재인용). 지방교육자치는 중앙권력에 대한 지방자치의 속성과 『헌법』 제31조 제4항에 따른 정치권력에 대한 문화적 자치의 속성을 아울러 지니는 '이중의 자치'다(헌재, 2007헌마117; 헌재, 99헌바113). 지방교육자치로 실현되는 교육의 자주성이란 교육이 정치권력 등의 간섭 없이 본래의 목적에 따라 자주적으로 전문적인 조직을 갖춰 운영되어야 한다는 의미다(헌재, 2000헌마283).

정치적 중립성의 원리는 헌법질서의 중요한 질서형성 개념 가운데 하나다(류시조, 2015: 66). 정치적 중립성은 정치적 세력으로부터의 자유로움과 다원적 정치세력의 작용에 대한 중립적 대응을 의미한다(이돈희, 2015: 3). 교육의 정치적 중립성은 '정치의 교육적 중립성'의 의미도 내포한다(노기호, 2000: 180). 일본의 헌법은 교육의 정치적 중립성을 명시하지 않지만, 우리 『헌법』이 교육의 정치적 중립성을 규정한 까닭은 교육이 정치에 오염된 폐해가 컸기 때문이다(이광윤, 2003: 265). 정치적 이데올로기나 이해관계와 무관한 목적을 갖는 교육의 본질을 실현하는 활동은 정치적 세력의 영향과는 상관없이 다양한 관점을 포괄해 이루어져야 한다. 헌법재판소는 『헌법』이 '교육의 자주성·전문성·정치적 중립성'을 보장하는 이유를 아래와 같이 밝혔다(헌재, 2001헌마710).

교육의 자주성·전문성·정치적 중립성을 헌법이 보장하고 있는 이유는 교육이 외부세력의 부당한 간섭에 영향받지 않도록 교육자 내지 교육전문가에 의하여 주도되고 관할되어야 할 필요가 있다는 데서 비롯된 것이라고 할 것이다. 교육에 관한 제반정책의 수립 및 시행이 교육자에 의하여 전담되거나 … 교육방법이나 교육내용이 종교적 종파성과 당파적 편향성에 의하여 부당하게 침해 또는 간섭당하지 않고 가치중립적인 진리교육이 보장되어야 할 것이다(헌재, 89헌마88). 교육의 정치적 중립성은 교육이 국가권력이나 정치적 세력으로부터 부당한 간섭을 받지 아니할 뿐만 아니라 그 본연의 기능을 벗어나 정치영역에 개입하지 않아야 한다는 것을 말한다.

『헌법』 제31조 제4항을 따라 「교육기본법」 제5조 제1항은 "국가와 지방자치단체는 교육의 자주성과 전문성을 보장하여야 하며, 지역 실정에 맞는 교육을 실시하기 위한 시책을 수립·실시하여야 한다.", 제6조 제1항은 "교육은 본래의 목적에 따라 그 기능을 다하도록 운영되어야 하며, 정치적·파당적 또는 개인적 편견을 전파하기 위한 방편으로 이용되어서는 아니 된다."라고 규정한다. '정치적·파당적' 방편의 제한은 교육이 특정 정당을 위한 수단으로 이용되어 특정 정당에게만 유리한 교육을 금지하는 것으로 해석된다(류충현, 2009b: 202). 하지만 당파적 정치교육의 금지, 교사의 정치 활동의 규제, 교육행정의 정치적 중립성, 교육에 대한 정치적 압력의 배제, 공교육의 정치적 중립성 원리를 실현하기 위한 법제도적 장치는 미흡하다(노기호, 2006: 454).

「지방교육자치법」 제46조 제3항(정당의 선거관여 행위 금지 등) "후보자는 특정 정당을 지지·반대하거나 특정 정당으로부터 지지·추천받고 있음을 표방(당원경력의 표시를 포함한다)하여서는 아니 된다."라는 규정이 정치적 표현의 자유 등을 침해한다는 이유로 위헌확인이 청구된 일이 있다. 헌법재판소는 이 조항은 교육감 선거 과정에서 정치적 중립성을 확보하려는 대표적인 조치라고 밝히며 다음과 같이 '기각' 결정을 하였다(헌재, 2010헌마285).

> 교육감선거운동과정에서 후보자의 과거 당원경력 표시를 금지시킴으로써 유권자들이 특정 후보자가 해당 정당으로부터 지지받고 있다거나 해당 정당의 정치적 신조와 관련되어 있다고 오해함으로써 유권자의 의사가 왜곡되지 못하게 하고, 이와 같이 교육감 선출과정에 정당의 영향력이 간접적으로 나타나는 현상을 미연에 방지함으로써 교육의 정치적 중립성을 확보하고자 하는 것인바, … 교육감선거과정에서 정당의 관여를 철저히 배제함으로써 교육의 정치적 중립성을 확보하려는 공익에 비하여 크지 않다 할 것이므로, … 교육감선거후보자의 정치적 표현의 자유를 침해하지 아니한다.

이 판시에서 '정치적 신조'는 보수와 진보의 이념이고, 「지방교육자치법」 제46조 제3항(정당의 선거관여 행위 금지 등)은 보수와 진보 이념을 표방하는 정당의 영향력이 '직접적'은 물론이고 '간접적'으로도 교육에 미치는 현상도 방지하여 교육의 정치적 중립성을 확보하려는 목적을 담고 있다는 것을 알 수 있다. 『헌법』 제31조의 가치는 교육행정의 수행 과정뿐만 아니라 교육감 선출과정에서도 당연히 고려되어야 하는 가치다(정승윤, 2017: 67). 헌법재판소는 교육의 자주성을 실현하는 교육자치의 선출제 운영을 잘못하여 교육의 전문성, 중립성이 침해되지 않도록 하는 법률적 조치의 필요성을 아래와 같이 밝혔다(헌재, 2010헌마285).

교육감선거과정에서 정치적 중립성이 보장되지 않는다면 교육
행정을 교육전문가에 의하여 자주적으로 수행토록 하려는 헌법
제31조의 취지는 무색해지고 말 것이다. … 전문성을 가진 인사
보다는 정치적 성향을 가진 … 인사가 교육감선거에서 유리해질
수밖에 없고, 교육전문가가 후보로 나선 경우라도 특정 정당 또
는 유권자들의 정치적 선호도를 더 의식할 수밖에 없어 교육의
발전을 위한 정책개발보다는 대중적 인기에 영합하는 정책을 추
진할 가능성이 크므로, 교육의 자주성·전문성에 대한 헌법적 요
구에 역행하는 결과가 될 수 있기 때문이다.

헌법재판소는 "교육문화적 가치·문화적 권력에 요구되는 정결
성·순수성 등의 요청에서, 혼탁·과열된 선거분위기가 교육계에
끼칠 부정적 요소들을 제도적으로 차단할 필요에서, 민주주의의 어
떤 면면을 부득이 일부 양보할 수밖에 없는 경우를 용인하지 않을
수 없다."라고 판시하였다(헌재, 99헌바113). '교육의 정치적 중립
성'은 교육이 정치적 세력으로부터 부당한 간섭을 받지 아니할 뿐
만 아니라 그 본연의 기능을 벗어나 정치영역에 개입하지 않아야
한다는 것을 말한다.

『헌법』 제31조의 정치적 중립성에 관한 규정은 입법으로 어떻게
구체화하느냐에 따라 교육제도의 본질적인 보장 여부가 결정된다.
헌법은 입법권자에게는 제도형성의 지침인 동시에 최소입법의 한계
로 기능한다(정승윤, 2017: 39). 『헌법』 제31조 제4항의 "교육의 자
주성·전문성·정치적 중립성은 법률이 정하는 바에 의하여 보장된
다."에서 "법률이 정하는 바"는 제한적 법률유보가 아니라 형성적
법률유보 해석이 타당하다(백규호, 2014: 74). 교육의 정치적 중립
성은 교육의 자주성과 민주성을 조정하는 기제의 역할을 한다(조석
훈, 2015: 302). 교육에 대한 정치적 작용에 중립적으로 대응해 입

지_{立地}를 다질 수 있는 지방교육자치 제도형성과 운영이 중요하다 (정일화, 2015: 271).

교육감 직선제를 통해 독임제 행정집행기관인 교육감을 선출하는 형식은 교육의 자주성과 민주성을 충족한다고 내세울 수 있으나, 자격요건이 완화됨으로써 교육의 전문성과 정치적 중립성이 침해될 수 있다(음선필, 2012: 117). 교육감의 자격요건으로 경력년수와 정당원이 아닌 기한은 오랜 기간 지속해서 하향되었다(김혜연·김성열, 2016: 25). 현행 교육감후보 자격으로 3년의 교육경력 또는 교육행정경력, 정당원 경력 1년의 제한 규정은 교육의 전문성과 정치적 중립성의 최소기준이라 할 수 있어 헌법 취지를 축소한 반영이다.

「지방교육자치법」의 선거 관련 대부분 규정은 「공직선거법」과 「정치자금법」을 준용한다.[7] 「정치자금법」과 「공직선거법」은 정당 소속의 후보자를 전제로 규정한다(권혁운, 2011: 35). 갈수록 교육감 선거는 『헌법』이 명시한 교육의 정치적 중립성을 침해하며 헌법의 가치에 반하는 양상을 보인다. 정당 등 정치세력의 철저한 배제를 주문하는 헌법재판소의 판시와도 배치되는 현실이다. 준용 방식은 입법 기술상 경제성의 측면에서는 유리하지만, '필요한 변경'을 어떻게 할지는 불분명한 문제점이 있어 포괄적으로 「공직선거법」을 준용하게 하면 교육감 선거의 규범이 구체적인 사례에 따라 어떻게 적용될 것인지 이해하기 어려워질 수 있다(조석훈, 2008: 186).

---

7) 「지방교육자치법」 제49조(「공직선거법」의 준용), 제50조(「정치자금법」의 준용)

4. 『헌법』 제31조 제4항의 제도형성 개선 방안

정치적 중립성이 보장되지 않으면 자주성이 훼손되고 결과적으로 전문성 보장이 취약해진다. 교육의 정치적 중립성은 교육의 자주성과 전문성을 보장하는 보루인 셈이다. '교육의 자주성·전문성·정치적 중립성'과 관련해 소극적인 최소입법에 머물지 않고 『헌법』의 취지를 적극적으로 반영하는 입법형성이 바람직한 지향이다.

1) 교육의 자주성

『헌법』 제31조 제4항의 "교육의 자주성·전문성 및 정치적 중립성"이란 교육이 정치권력 등의 간섭 없이 그 전문성과 특수성에 따라 독자적으로 교육 본래의 목적에 기반해 조직·운영·실시되어야 한다는 의미에서 교육의 자유와 독립이라고 할 수 있다(류충현, 2009b: 199). 교육의 자주성을 교육 주체에 대한 부당한 간섭의 배제라고 할 때, 정당, 노동조합, 매스컴이 교육에 부당하게 간섭하려 한다면 배제의 대상에 포함된다(신현직, 1999: 29; 황해봉, 2007: 65 재인용).

「지방교육자치법」은 독임제 집행기구로서 교육감의 지위와 권한과 직선제에 의한 교육감 선거 등을 규정해 교육의 자주성을 보장한다. 『헌법』 제118조 제1항은 "지방자치단체에 의회를 둔다."라고 규정하여 광역시도는 시·도의원을 선출하여 지방의회를 구성하고 교육위원회를 상임위원회로 둔다. 교육위원회를 지방의회 상임위원회로 편입시킨 것은 『헌법』 제31조 제4항에 명백히 위반된다(김학성, 2017: 343). 시·도의회로부터 의사결정기구인 교육위원회의 분리·독립은 교육자치제도 보장을 위한 핵심이다. 시도의회에 통합된 교육위원회가 고유기능을 수행할 수 없는 경우에는 교육자치제도의 핵심 가치인『헌법』제31조 제4항에 반한다고 할 수 있다(안주열, 2014: 211).『헌법』제 31조 제4항,『헌법』제117조 제2항,『헌법』제118조 제1항의 당위 규정에 따라「지방자치법」과 별개로「지방교육자치법」이 형성된 바, 특별지방자치단체인 지방교육자치단체에도 교육의회가 설치되어야 한다.

제주특별자치도는「제주특별자치도 설치 및 국제자유도시 조성을 위한 특별법」에 따라 도의회의원 4명과 별도로 교육의원 5명을 선출하여 의회 내에 교육위원회를 구성한다.『헌법』에 따른 법률은 공평하게 적용되어야 하지만, 제주도를 제외한 다른 시·도는 2014년「지방교육자치법」개정에 따라 시도의회의 상임위원회로 교육위원회를 구성한다.『헌법』과「지방자치법」에 의거하여 형성된 지방교육자치의 이해를 위해서는 헌법재판소의 아래 판시를 살펴야 할 것이다(헌재, 2007헌마117).

> 지방교육자치는 … 중앙권력에 대한 지방적 자치로서의 속성을 지니고 있지만, 동시에 헌법 제31조 제4항이 보장하고 있는 교육의 자주성·전문성·정치적 중립성을 구현하기 위한 것이므로 정치권력에 대한 문화적 자치로서의 속성도 아울러 지니고 있는 것이다. 이러한 '이중의 자치'의 요청으로 … 지방교육자치는 '민주주의·지방자치·교육자주'라고 하는 세 가지의 헌법적 가치를 골고루 만족시킬 수 있어야만 하는 것이다.

제주특별자치도의 경우는 교육의 전문성과 자주성의 보장이라는 측면에서 다른 시도에 비해 상대적으로『헌법』취지에 근접한다.

제주도는 교육의원의 피선거자격을 다른 시도의 교육감피선거자격에 준하는 요건으로 제시한다.[8] 교육자치의 기본원리는 전문성, 독립성, 민주적 정당성이다(조재현, 2013: 113). 비정당적 선거, 전문적 교육행정, 민주적 통제라는 가치들이 균형을 맞추게 고안되어야 독립성의 확보가 가능하다(McClain, 1988; 조재현, 2013: 124 재인용). 전문성과 중립적인 교육자치를 위해서 독임제 집행기관인 교육감을 견제할 교육의회는 구성원 대부분이 정당원인 현재의 시·도광역의회에서 독립해 별도의 교육자치의회로 운영되어야 타당할 것이다.

2) 교육의 전문성

헌법재판소는 2007. 5. 11. 시행의 「지방교육자치법」 제24조(교육감후보의 자격) 제2항 "교육감후보자가 되고자 하는 사람은 후보자등록신청개시일을 기준으로 … 교육행정경력 5년 이상 있거나 양 경력을 합하여 5년 이상 있는 자이어야 한다."라는 규정이 공무담임권 등 기본권을 침해하는지 여부에 관한 위헌확인 청구에 대해 아래와 같이 판시하였다(헌재, 2007헌마117).[9]

> 교육감은 … 고도의 전문성을 갖출 것이 요구된다. 법 제24조 제2항은 … 교육의 전문성과 자주성의 요청에 부합한다. 위 조항

---

8) 「제주특별자치도 설치 및 국제자유도시 조성을 위한 특별법」 제66조(교육의원의 피선거자격 등) ① 교육의원후보자가 되려는 사람은 시·도의회의원의 피선거권이 있는 사람으로서 후보자등록신청개시일부터 과거 1년 동안 정당의 당원이 아닌 사람이어야 한다. ② 교육의원후보자가 되려는 사람은 후보자등록신청개시일을 기준으로 다음 각 호의 어느 하나에 해당하는 경력이 5년 이상이거나 다음 각 호의 어느 하나에 해당하는 경력을 합한 경력이 5년 이상인 사람이어야 한다.

9) 2017.07.26. 시행. 「지방교육자치법」 제24조(교육감후보자의 자격)에서는 3년 이상으로 규정함

이 규정하지 아니하는 교육 관련 경력만이 인정되는 경우 교육
분야에 고유한 전문지식에 기초한 경험과 합리적 정책결정능력
을 일반적으로 가지고 있다고 보기 어려우므로 … 과도하게 기본
권을 제한하는 것이라 볼 수 없다.

헌법재판소는 해당 법 조항은 "교육전문가가 교육행정을 총괄하
는 교육감이 될 수 있도록 하기 위한 것으로서 교육의 전문성과 자
주성의 요청에 부합한다."라고 판시했다. 교육감에게는 '고유한 전
문지식'과 '고도의 전문성'이 요구된다고 밝히며, 법 조항이 추구하
는 공익과의 관계에서 기본권을 과도하게 침해한 것으로 볼 수 없
다며 청구를 기각하였다. 헌법이 명시한 교육의 전문성과 자주성
구현에 부합하려면 교육감은 고도의 전문성에 요구되는 일정 수준
의 교육경력 또는 교육행정경력을 갖추어야 한다는 취지의 판시다.
이후 2010. 2. 26 시행「지방교육자치법」일부개정을 통해 제24
조(교육감후보자의 자격) 제2항은 "교육공무원으로서 교육행정경
력" 부분에서 교육공무원을 삭제하고, '교육행정경력'으로 하여,
"교육감후보자가 되려는 사람은 후보자등록신청개시일을 기준으로
제10조 제2항에 따른 교육경력 또는 교육행정경력이 5년 이상 있
거나 양 경력을 합한 경력이 5년 이상 있는 사람이어야 한다."로
바뀌었다. 그런데 이 조항의 유효 기한을 2014년 6월 말까지 한시
하는 바람에 2014년 7월에 임기 개시인 민선 6기 교육감 선거에서
는 교육(행정)경력이 전혀 없는 후보가 출마할 수 있었다.
이는『헌법』에서 규정한 전문성과 자주성의 본질적 내용을 침해
한 입법형성으로 교육자치를 훼손하고 정치권의 입맛에 맞춘 입법
재량권의 행사라는 비난을 받았다. 입법권자의 입법재량은 자치의

본질을 최대로 보장할 수 있는 범위 내에서 행사되어야 한다는 것을 고려하지 못한 것이다(정순원, 2007: 103). 2016.12.13. 「지방교육자치법」일부개정에서 교육감후보 자격으로 3년의 교육(행정)경력이 되살아났지만, 교육과 교육행정에 요구되는 '고유한 전문지식'과 '고도의 전문성'을 갖추기 위해(헌재, 2007헌마117), 5년의 교육(행정)경력의 요구는 과도하지 않다는 헌법재판소 판시의 취지에 미흡한 소극적 입법이라 할 것이다. 교육감 자격으로 1995년에 15년 이상의 교육경력을 요구하는 규정 전에는 20년 이상이었다. 『헌법』제31조 제4항의 '교육의 전문성'을 충실하게 구현하기 위해서는 교육경력 또는 교육행정경력을 강화해야 한다. 2018년부터 적용되는 현행 교육감후보의 자격으로 '교육경력 또는 교육행정경력 3년 이상'이 충분한가에 대한 검토가 필요하다. 승진제 교장은 교사경력 15년 이상이고, 내부형 공모교장은 교육(행정)경력 15년 이상이다.

「검찰청법」제27조는 "검찰총장은 15년 이상 다음 각 호의 직위에 재직하였던 사람 중에서 임명한다. 1. 판사, 검사 또는 변호사. 2. 변호사 자격이 있는 사람으로서 국가기관, 지방자치단체, 국・공영기업체, 「공공기관의 운영에 관한 법률」제4조에 따른 공공기관 또는 그 밖의 법인에서 법률에 관한 사무에 종사한 사람. 3. 변호사 자격이 있는 사람으로서 대학의 법률학 조교수 이상으로 재직하였던 사람."이라고 규정한다. 헌법재판관도 판사, 검사 또는 변호사. 경력 15년 이상이다. 승진제이든 임명제이든 '고도의 전문성'이 요구되는 정부기관장의 경력 기준은 대체로 15년이다. 교육감 임명제에서 요구 자격의 교육경력을 15년 이상 또는 20년 이상으로 한 역사와 앞서 언급한 기관장에 요구되는 경력 기준을 고려한다면 선출직 교육감후보 자격의 경력 기준은 상향되어야 할 것이다. '고도의 전문성'이 요구되는 분야에서는 임명제에서 선출제로 바뀌어도 전문성의 기준이 되는 경력은 임명제 기준을 준용해야 타당할 것이다.

3) 교육의 정치적 중립성

교육의 정치적 중립성은 행정권력에 의한 교육통제의 배제, 교육내용에 대한 (교육)행정기관의 권력적 개입의 배제, 교육의 정치적 중립을 내용으로 한다(황해봉, 2007: 66). 헌법재판소는 "교육의 자주성·전문성·정치적 중립성을 헌법이 보장하고 있는 이유는 … 교육이 외부세력의 부당한 간섭에 영향받지 않도록 교육자 내지 교육전문가에 의하여 주도되고 관할되어야 할 필요가 있다는 데서 비롯된 것"이라고 밝혔다(헌재, 2001헌마710; 헌재, 89헌마88). 또한 "민주주의의 요구를 절대시하여 비정치기관인 교육감을 정치기관의 선출과 완전히 동일한 방식으로 구성할 수 없다."라고 판시하였다(헌재, 99헌바113).

요구되는 자격 기준을 갖추기 위해 겉으로는 탈당해도 실제로는 정당 조직과 관계가 이어질 가능성이 있다. 교육감 선거에서 정당배제의 원칙에 따라 간선제가 시작된 1991년 "정당의 당원이 아닌 자", 2000년 "과거 2년 동안 정당의 당원이 아닌 자", 2010부터는 "후보자등록신청개시일부터 과거 1년 동안 정당의 당원이 아닌 사람"으로 개정되었다. 제도형성은 입법권자의 몫이나 교육의 정치적 중립성에 관해 헌법 정신을 최대로 구현하기보다는 최소입법의 수준에 그친다. 『헌법』에서 명시한 '교육의 정치적 중립성' 보장과 헌법재판소에 판시한 교육문화적 가치의 정결성·순수성을 위해(헌재, 99헌바113), 현행 기준이 『헌법』 정신에 충분히 부합할 수 있는지에 대한 검토가 필요하다.

언론은 『헌법』이 명시한 교육의 정치적 중립성을 보호하는 파수꾼의 역할을 해야 한다. 교육감후보의 이념적 성향을 단정하는 듯한 보도가 교육의 정치적 중립성을 훼손하는지를 살필 필요가 있다. 미디어 사용자들은 정파적 미디어에 노출되면서 정치적 입장이 양극화될 수 있다(이소영, 2017: 2). 방송 등 토론회와 선거공보물과 선거현수막 등에서 정치적 이념 표방 및 표기를 금지 및 규제하는 대신에 선거공영으로 언론 등을 통해 정책 발표 및 토론의 기회를 제공해야 한다. '정치적임'과 '당파적임'을 가장 잘 드러내는 가치가 '보수와 진보'임을 떠올릴 때, "교육에서 가치중립적인 진리교육의 요구를 실현하기 위해(헌재, 89헌마88)", "지방교육자치의 민주적 정당성 요청은 어느 정도 제한이 불가피하게 된다(헌재, 99헌바113)."라는 헌법재판소의 판시에 비추어 이 같은 제한은 필요하다. 현행 규정에서 현수막이나 선거운동원의 단체복 색깔을 정치인과 유사하지 않게 제한하면서 정치색을 공공연히 드러내는 이념적 성향의 표방을 허용하는 것은 모순이다.

일본의 「교육기본법」 제10조 제1항은 "교육은 부당한 지배를 받아서는 아니 되며, 국민 전체에 대하여 직접 책임을 지고 행해져야 한다."라고 규정한다. '부당한 지배'의 주체는 정치적, 사회적 세력이며, 정당·노동조합·매스컴·일부 부모 등이 포함된다(有倉遼吉, 1992: 127; 노기호, 2006: 440 재인용). 이런 각 주체의 고유한 자유와 권리는 존중되어야 마땅하나 정당 등 정치권과 행정 권력뿐만 아니라 특히 제3의 권부로 일컬어지는 언론의 '교육의 정치적 중립'에 대한 역할 정립이 필요하다.

광역자치단체장과 국회의원 선거는 정치세력의 직접적인 이해를 반영한 「공직선거법」과 「정치자금법」이 적용된다. 지방자치단체장 선거에서 정당은 중앙선관위에서 선거보조금을 지원받으며(KBS, 2018), 짧은 선거 기간에 광범위한 지역에서 일사불란하게 움직일 수 있다. 이에 비해 교육에 몸담아 온 교육감후보가 광역 선거의 과다한 비용을 감당하고 조직을 갖추기는 어려운 일이다. 경기도의 경우에 2018년 교육감후보가 선거비용으로 지출할 수 있는 제한액은 정당 지원과 조직을 갖춘 정당 지원의 광역단체장과 동일한 41억 7천 7백만 원이었다(고전, 2019: 6).

교육감 선거의 선거구 범위와 비용 등이 정당의 지원과 조직을 갖춘 시·도광역단체장과 같게 적용되는 것은 타당하지 않다. 전문적 역량을 갖췄으나 조직과 재력이 없으면 교육감후보로 나서기 어렵다. 교육감후보는 득표에 유리를 꾀하고 선거비용을 보전받으려고 정당 등 정치적 세력에 기대려 할 것이다. 정치적 조직이나 재력이 아닌 전문적 역량을 갖춘 인사의 출마가 가능한 완전공영제가 필요하다(곽창신, 2013: 282).

5. 지방교육자치 제도형성의 방향

『헌법』제31조 제4항과 제6항을 분리해 개별화된 논증방식으로 "법률이 정하는 바에 의하여", "법률로 정한다"라고 한 규정을 특별히 강조하여 입법형성재량권의 범위를 확대했다. 하지만 『헌법』제

31조 제4항은 법률에 의한 구체화가 없으면 선언적 의미에 불과하다(홍석노, 2008: 63-64). 이런 점에서 입법 정신과 자치 현실이 실제적으로 부합하도록(고전, 2017: 27), 『헌법』이 명시한 '교육의 자주성·전문성·정치적 중립성'을 최대로 강화하는 방향으로 입법재량권이 행사되어야 한다. 『헌법』 제31조 제4항의 '교육의 자주성·전문성·정치적 중립성'을 보장하는 지방교육자치를 위해 다음과 같은 측면의 검토가 필요하다.

첫째, 『헌법』 제17조 제2항은 "지방자치단체의 종류는 법률로 정한다."라고 규정하고, 『헌법』 제118조 제1항은 "지방자치단체에 의회를 둔다."라고 규정한다. 「지방자치법」에 따라 광역지방자치단체와 기초지방자치단체 및 해당 의회를 설치한다. 「지방교육자치법」은 교육의회를 두지 않고 있다. 교육이 그 전문성과 특수성에 따라 독자적으로 본래의 목적을 달성하기 위해서는(헌재, 2010헌마285) 교육의회가 필요하다.

둘째, 『헌법』 제31조 제4항에 따라 「교육기본법」 제5조와 제6조는 '교육의 자주성과 전문성' 및 '교육의 중립성'을 규정한다.[10] 「지방교육자치법」 제1조는 교육의 자주성과 전문성, 지방교육의 특수성을 명시하나 '교육의 정치적 중립성'을 누락하고 있다.[11] 헌법적 본질을 고려하면 「지방교육자치법」에 정치적 중립성을 명시한 법률 형성이 이루어져야 한다.

---

10) 「교육기본법」 제5조(교육의 자주성 등) ① 국가와 지방자치단체는 교육의 자주성과 전문성을 보장하여야 하며, 지역 실정에 맞는 교육을 실시하기 위한 시책을 수립·실시하여야 한다. 제6조(교육의 중립성) ① 교육은 교육 본래의 목적에 따라 그 기능을 다하도록 운영되어야 하며, 정치적·파당적 또는 개인적 편견을 전파하기 위한 방편으로 이용되어서는 아니된다.

11) 「지방교육자치법」 제1조(목적) '이 법은 교육의 자주성 및 전문성과 지방교육의 특수성을 살리기 위하여 … 목적으로 한다.'

셋째, 「지방교육자치법」은 '후보자 등록 신청 개시일부터 과거 1년 동안의 정당의 당원이 아닌 사람'으로 자격을 제한한다. 헌법재판소가 "비정치기관인 교육감을 정치기관의 선출과 완전히 동일한 방식으로 구성해서는 안 된다."라고 한 판시(헌재, 99헌바113)에 따른 형식적 요건은 갖췄다. 하지만 교육문화적 가치의 정결성과 순수성의 달성을 위해서는(헌재, 99헌바113) 최대 요건을 충족하는 기준으로 상향해 강화해야 한다.

넷째, 『헌법』 제31조 제4항이 명시한 '교육의 전문성', 교육감은 고도의 전문성이 요구된다고 한 헌법재판소의 판시에 비춰(헌재, 2007헌마117), 교육(행정)경력의 강화가 타당하다. 고도의 전문성이 요구되는 분야는 임명제에서 선출제로 바뀌어도 임명제 때 수준의 경력요건이 적용되어야 한다.

다섯째, 법정선거비용을 최소화하고 선거관리위원회 관리의 완전공영제를 도입해야 한다. 투표지의 후보 순서를 세로나열식에서 기호 없는 가로나열식의 기초선거구별 순환배열로 변경했지만, 초두효과를 나눈 수준에 그친다(김달효, 2016: 13). 기초선거구별로 차이가 나는 유권자 수는 초두효과로 인해 당락을 가를 수 있는 불합리한 면이 있다. 모든 선거구에서 동일한 원형의 투표용지를 적용할 필요가 있다.

마지막으로, 교육감후보뿐만 아니라, 정당, 언론, 사회단체 등이 교육감 선거에서 정치 이념적 진영 논리에 편승하지 않고 정치적 중립의 준수 및 더 나아가 교육의 중립성 훼손의 감시와 교육정책을 검증하는 역할로 자리매김할 수 있게 법률적 보완과 제도 개선이 이루어져야 한다.

참고문헌

강명구(2005). 언론 이렇게 변해야 한다: 언론의 당파성. 신문과 방송, 1, 43-48.

강원택(2005). 한국의 이념 갈등과 진보·보수의 경계. 한국정당학회보, 4(2), 193-217.

경남신문(2018). ***교육감 진보-보수 단일후보 확정. 2018.05.22. 기사.

고전(2010). 지방교육자치제도 개정에 관한 논의. 지방자치법연구, 10(2), 65-90.

고전(2017). 한국의 지방교육자치 입법정신에 관한 교육법학적 논의. 교육법학연구, 29(1), 1-30.

고전(2019). 2018 교육감 주민직선 결과 및 쟁점 분석. 교육법학연구, 31(1), 1-25.

곽창신(2013). 시·도 교육감 선출제도 개선방안 탐색. 지방행정연구, 27(3), 263-288.

권혁운(2011). 교육감 직선제의 쟁점과 개선방안. 교육정치학연구, 18(2), 33-56.

김달효(2016). 교육감 주민직선제 존속의 합당함에 관한 조명. 교육정치학연구, 23(4), 1-16.

김영욱(2011). 한국 언론의 정파성과 사회적 소통의 위기. 한국언론학회 심포지움 및 세미나, 107-136.

김영환(2012). 현행 교육감 선출제도의 개선방안. 한국교육법연구, 9(1), 71-102.

김재영·양선희(2018). 공론장으로서의 지역방송과 지방선거 보도 : 대전·세종·충남 지역 사례분석. 한국언론정보학보, 92, 45-72.

김철수(2009). 헌법학(상), 박영사.

김학성(2017). 교육감선출과 지방의회 일치형 교육위원회제도에 대한 비판적 연구. 강원법학, 50, 319-348.

김항 옮김(2010), 정치신학 : 주권론에 관한 네 개의 장. 그린비.

김혜연·김성열(2016). 교육감 선출제도의 쟁점 분석 -헌법재판소의 결정례를 중심으로-. 교육법학연구, 28(3), 25-53.

김효전·정태호 옮김(2012), 정치적인 것의 개념. 살림출판사.

남재일(2008). 미디어비평, 무엇이 문제인가. 신문과 방송, 453, 18-21.

노기호(2000). 교육의 정치적 중립성과 교원의 정치적 권리의 제한. 공법연구, 28(3), 176-198.

노기호(2006). 일본에서의 교육의 자주성·전문성 및 정치적 중립성에 대한 논의. 공법학연구, 7(1), 436-468.

뉴데일리y(2018). ***교육감 선거… '진보 vs. 보수' 맞대결 승자는?. 2018.05.28. 기사.

뉴스1(2018a). *** 후보 ** 최초 진보교육감 탄생할 터. 2018.05.22. 기사.

뉴스1(2018b). 진보 교육감 14곳서 압승… 현직도 12명 모두 당선. 2018.06.14. 기사.

뉴시스(2018). 6·13 지방선거 교육감 개표 결과… 진보4·보수2·중도1. 2018.06.14. 기사

류시조(2015). 한국 헌법상의 정치적 중립성에 관한 연구. 공법학연구, 16(1), 49-70.

류재성(2018). 프레이밍효과(framing effect)에 대한 설문실험연구. 미래정치연구, 8(3), 35-64.

류재성(2019). 정치이념의 구성 요인에 대한 분석: 한국 유권자는 왜 자신을 보수 혹은 진보라고 생각하는가?. 정치연보연구, 22(2), 91-120.

류충현(2009a). 교육입법의 합헌성 확립을 위한 입법준칙의 모색. 공법연구, 38(1), 25-52.

류충현(2009b). 헌법상 교육조항의 해석론과 주요 입법사례의 분석. 헌법학연구, 15(4), 193-225.

문화일보(2014). 교총회장, 교육감 직선제 폐지 헌법소원 추진. 2014.06.05. 기사.

문화일보(2018). 진보, 전국 교육감 14곳 석권… 보수 2·중도 1곳. 2018.06.14. 기사.

백규호(2014). 헌법 제31조 제4항 '교육의 전문성'의 해석과 법률유보의 한계성. 교육법학연구, 26(2), 69-99.

서울신문(2018a). ***교육감 단일화 진보 '잡음' 보수 '무산'. 2018.05.06. 기사.

서울신문(2018b). 진보 대 보수 양자 대결. 2018.06.10. 기사.

서현진(2014). 동시 선거로 실시된 2014년 교육감 선거의 유권자 투표 형태에 관한 연구. 현대정치연구, 7(2), 35-65.

송기창(2017). 교육감 주민직선제의 쟁점과 개선방안. 교육정치학연구, 24(2), 1-27.

신현직(1999). 교육의 자주성, 전문성, 정치적 중립성의 법리. 교육법학연구, 11, 153-169.

안주열(2014). 교육자치제도의 제도적 보장에 관한 헌법적 고찰. 법학연구, 42, 195-220.

안철현(2013). 교육감 선출제도 논쟁 분석과 대안 모색. 한국지방자치학회보, 25(2), 233-253.

양은택·김왕준(2018). 2014년과 2018년 교육감선거 입후보자 특성 비교 분석. 교육정치학연구, 25(3), 267-296.

연합뉴스(2018a). 6·13 지방선거 교육감선거 결과, 진보 5, 보수 2. 2018.06.14. 기사.

연합뉴스(2018b). 교육감선거 지역별 진보·보수 맞대결. 2018.05.13. 기사.

연합뉴스(2019) ***교육감 벌금 80만원. 2019.05.13. 기사.

오마이뉴스(2018). ***, *** 손잡고 '***도 진보교육감 나올 때 됐다'. 2018.03.21. 기사.

윤성현(2012). 지방교육자치와 교육감 직선제의 헌법학적 재검토. 세계헌법연구, 18(1), 91-123.

음선필(2012). 지방교육자치시대의 교육감 선임방식 -정당배제형 직선제를 위한 변론-. 홍익법학, 13(1), 101-144.

이광윤(2003). 교육제도의 헌법적 문제에 관한 연구. 헌법재판연구, 14, 1-341.

이돈희(2015). 공교육제도의 정치적 중립성에 관한 연구. 학술원논문집, 54(1), 1-37.

이상철(2009). 교육감 주민직선제 쟁점 및 과제 분석: 서울특별시 교육감 선거 결과를 중심으로. 아시아교육연구, 10(2), 1-25.

이소영(2017). 한국 유권자의 정치적 태도에 대한 미디어 효과. 21세기정치학회보, 27(4), 1-29.

이일용·장승혁(2014). 6·4 교육감선거의 법적 쟁점 및 입후보자 특성 분석. 교육법학연구, 26(3), 163-192.

이재경(2008). 한국의 저널리즘과 사회갈등: 갈등유발형 저널리즘을 극복하려면. 커뮤니케이션 이론, 4(2), 48-72.

이종근(2015). 헌법원리에 비추어 본 교육감 직선제의 문제점과 제(諸)대안의 적실성 검토. 교육법학연구, 27(3), 151-184.

전광석(2014). 한국헌법론. 집현재.

정순원(2007). 헌법상 교육자치의 법리와 지방교육자치법의 입법과제. 교육법학연구, 19(2), 103-126.

정승윤(2017). 현행 주민 직선 교육감 선출제도의 문제점과 개선방안에 관한 연구. 법학연구, 58(1), 33-78.

정일화(2015). 교육의 정치적 중립성의 헌법재판소 판례에 기반한 지방교육자치제 방향 탐색. 교육행정학연구, 33(3), 269-292.

정일화·정지욱(2015). 교육감 직선제 위헌확인 심판청구의 쟁점 고찰. 교육법학연구, 27(2), 57-85.

정재요(2018). 2018년 교육감 당선인 선거공약에서의 진보와 좌파 이념. **교육사상연구**, 32(4), 171-193.

조석훈(2008). 교육감 선거 관련「공직선거법」준용 관계 분석. **교육법학연구**, 20(1), 185-204.

조석훈(2015). 교육의 정치적 중립성'의 법적 해석과 적용. **교육법학연구**, 27(3), 295-332.

조성규(2011). 지방교육자치의 본질과 지방교육행정기관의 구성. **지방자치법연구**, 11(4), 303-335.

조재현(2013). 교육자치의 이념적 기초와 교육자치기관의 구성원리에 관한 연구. **공법학연구**, 14(1), 101-131.

충청투데이(2018). 000시당위원장 *** 출신 특정 교육감 후보 지지발언 논란. 2018.03.26. 기사.

한국일보(2018). ***, **교육감 '*** 찍었다'… 법 위반 논란. 2018.06.10. 기사.

함승환(2019). 정당 없는 정당효과?: 교육감 선거 후보자의 당선경쟁력 결정요인 재검토. **지방정부연구**, 23(1), 325-342.

홍석노(2008). 교육제도법정주의의 헌법적 의미와 성격(기능) - 헌법 제31조 제4항과 동조 제6항에 관한 헌법재판소결정의 논증구조와 문제점-. **안암법학**, 27, 39-68.

황아란(2015). 한국 지방선거의 특징과 현직의 직·간접적인 효과 : 역대 지방선거 후보 득표율의 통합자료 분석. **지방정부연구**, 19(3), 365-386.

황해봉(2007). 개정 지방교육자치법의 평가와 앞으로의 과제. 법제자료, 54-78.

헌재(2000헌마283). 지방교육자치에관한법률 제62조 제1항 위헌확인. 2002.03.28.

헌재(2001헌마710). 정당법 제6조 제1호 등 위헌확인. 2004.03.25.

헌재(2007헌마117). 지방교육자치에관한법률 제24조 제2항 위헌확인. 2009.09.24.

헌재(2007헌마1175). 지방교육자치에 관한 법률 제10조 제1항 등 위헌확인. 2008.06.26.

헌재(2010헌마285). 지방교육자치에 관한 법률 제46조 제3항 위헌확인. 2011.12.29.

헌재(2014헌마662). 지방교육자치에 관한 법률 제43조 위헌확인. 2015.11.26.

헌재(89헌마88). 교육법 제157조에 관한 헌법소원. 1992.11.12.

헌재(99헌바113). 지방교육자치에관한법률 제53조 등 위헌소원. 2000.03.30.

헌재(99헌바14). 구 교육법 제85조 제1항 등 위헌소원. 2000.03.30.

KBS(2018). 선관위, 6·13지방선거 보조금 458억 원 7개 정당에 지급. 2018.05.28. 보도.

MBC(2018). 17곳 중 14곳 '진보 교육감 당선'. 2018.06.14. 보도.

有倉遼吉(1992). 教育關係法Ⅱ, 基本法 코멘타르. 日本評論社.

Iyengar, S. (1994). *Is anyone responsible?: How television frames political issues*. University of Chicago Press.

Iyengar, S. (1996). Framing responsibility for political issues. *The Annals of the American Academy of Political and Social Science*, 546(1), 59-70.

McClain, J. S. (1988). Voting Rights Act and Local School Boards: An Argument for Deference to Educational Policy in Remedies for Vote Dilution. *Tex. L. Rev., 67, 139*.

정일화

1985년부터 중등 교단에서 가르치고 있다. 2007년에 교육행정학 박사학위를 취득한 이후 교대와 사대 및 교육대학원에서 교사론, 교육실습의 이론과 실제, 교직실무, 교장학, 교육경영론, 교육행정 및 교육경영, 교육행정사례연구법, 교육인사행정 등의 교과를 맡아 교원의 재교육과 예비 교사 양성에 일조하였다.

교직실무의 길잡이인 『새내기 교사론』, 교육에 대한 생각을 담은 『알파스쿨』, 미국의 최우수 학교를 소개한 『블루리본 스쿨』, 수업장학론을 다룬 『수업분석 및 수업코칭』, 문제해결의 접근법에 관한 『교육윤리 리더십』과 『교육행정 사례연구』, 사례와 판례로 이해하는 『학교폭력의 예방과 대책』, 그리고 『교육행정철학』, 『교육행정 및 교육경영』, 『학업성취 향상 수업전략』, 『초등교직실무』를 출간했다. 개인 시집으로 『첫눈』이 있다.

교육정책과 교육행정 탐구

초판인쇄 2021년 1월 28일
초판발행 2021년 1월 28일

지은이 정일화
펴낸이 채종준
펴낸곳 한국학술정보㈜
주소 경기도 파주시 회동길 230(문발동)
전화 031) 908-3181(대표)
팩스 031) 908-3189
홈페이지 http://ebook.kstudy.com
전자우편 출판사업부 publish@kstudy.com
등록 제일산-115호(2000. 6. 19)

ISBN 979-11-6603-301-8 93370